真理过程论

陈中立 ◎著

中国社会科学出版社

图书在版编目（CIP）数据

真理过程论/陈中立著. —北京：中国社会科学出版社，2016.12
ISBN 978-7-5161-9699-1

Ⅰ.①真… Ⅱ.①陈… Ⅲ.①真理—研究 Ⅳ.①B023.3

中国版本图书馆 CIP 数据核字（2016）第 308443 号

出 版 人	赵剑英	
责任编辑	喻 苗	
责任校对	任晓晓	
责任印制	王 超	

出 版	中国社会科学出版社	
社 址	北京鼓楼西大街甲 158 号	
邮 编	100720	
网 址	http://www.csspw.cn	
发 行 部	010-84083685	
门 市 部	010-84029450	
经 销	新华书店及其他书店	

印 订	北京君升印刷有限公司	
刷 装	廊坊市广阳区广增装订厂	
版 次	2016 年 12 月第 1 版	
印 次	2016 年 12 月第 1 次印刷	

开 本	710×1000 1/16	
印 张	33	
插 页	2	
字 数	385 千字	
定 价	99.00 元	

凡购买中国社会科学出版社图书,如有质量问题请与本社营销中心联系调换
电话:010-84083683

目　录

再版序 真理范畴的源流

一

　　真理是一个永远光辉的名字。古往今来，许多哲学家都追求它，探究它，崇奉它。有些哲学家把探求真理看作是哲学乃至生命的最高追求。卢梭便说："追求真理和正义是人的天职。"的确，古今中外，有多少哲学家、科学家和仁人志士终其一生追寻真理并热诚地鼓励人们热爱真理，遵循真理行事。他们为追求和捍卫真理，和各种反真理的凶恶势力做斗争，忍受许多非人的羞辱和折磨，有的甚至不惜为此而献出了生命。他们的行为可歌可泣，莫大地激励着后来者。

　　这里，让我们看看近代以来西方几位不同国别不同时间不同流派的哲学家，他们的哲学理念各不相同，可是在崇尚真理方面，却又是如此的一致和相似！

　　英国哲学家弗朗西斯·培根爵士（1561—1626），他在《论真理》一文中说："真理是一种无遮无掩的'白昼之光'。""真理犹如一颗金贵的珍珠。""研究真理（就是向它求爱或求婚）、认识真理（就是和它相处）和相信真理（就是享受它）

乃是人性中最高的美德。"培根还说:"有一位诗人为一派哲学增光不少。他曾说:'站在岸上看船舶在海上颠簸是一件乐事;站在一个城堡的窗前看下面厮杀是一件乐事;但是没有一件乐事能与站在真理的高地(一座高于一切的山陵,那里的空气永远是清新而恬静的)俯视下面峡谷中的错误、漂泊、迷雾和风雨相比拟';只要俯视者怀有恻隐之心而无自负之念,他就永远其乐无穷。当然,要是一个人的心灵能以仁爱为动机,以天意为依据,并且以真理为旋转的轴心,那么他就可以说是生活在人间天堂了。"①

法国百科全书派哲学家伏尔泰(1694—1778)在他的《哲学辞典》中论述到"真理"时,曾指出,"我们应该知道真理是什么"。"真理是一个抽象的词,大多数人在他们的书中和判断中使用它的时候,并不在意它是相对于谬误还是相对于谎言而言的。""在期待更好的定义时,还是让我们先从人的角度把真理定义为:'关于本然事实的陈述'。"②

德国哲学家黑格尔(1770—1831)对这个问题的论述就更多了。比如,他曾说:"真理是一个高尚的名词,而它的实质尤为高尚。只要人的精神和心情是健康的,则真理的追求必会引起他心坎中高度的热忱。"③

美国实用主义哲学的创始人之一威廉·詹姆斯(1842—1910)在他第一篇演讲《信仰的意志》中说:"在我们哈佛的自由思想和崇尚客观的气氛里,我们倾向于想象……""我们必须认识真理;我们必须避免错误。""真理确实存在,我们的

---

① 转引自《西方名著入门》9《哲学》,美国不列颠百科全书公司、中国商务印书馆1995年版,第413、414页。

② 同上书,第564—565页。

③ 黑格尔:《小逻辑》,贺麟译,商务印书馆1980年版,第64页。

理智注定要获得它。""相信真理存在和我们的理智能够找到它。""我们需要一个真理；我们需要相信我们的实验、研究和讨论必定使我们不断处在越来越接近这个真理的位置上；我们赞同在这条路线上奋斗出我们的思维生活。"①

二

本书的宗旨是要论述真理是一个过程，而且是一个永远的过程，故书名为"真理过程论"。为了把这个问题论述清楚，本书做如下安排：首先，阐述为什么说真理是一个过程而且是一个永远的过程；其次，探讨真理到底是一个怎么样的过程；最后，论述认清这个问题在理论上的意义和实践价值，特别是它和可持续发展以及人类命运的关系。

但在展开对真理过程论的论述之前，我们又必须首先说清楚本书所说的"真理"是指什么？它是一个什么性质的范畴，它的含义是什么，它的本质含义又是什么，亦即到底什么是真理？而为了说清楚这一连串问题，我们不得不回到"真理"一词的源头，即从探讨它的原初含义开始，而后再来了解它是如何一步步地演变为今天哲学上所说的真理的。正是基于这个考虑，这里才把"真理范畴的源流"，作为本序的重点和中心任务。同时，弄清楚真理范畴的缘起，不仅是本书的需要，而且也是完整地研究真理理论的需要。

---

① 转引自《西方名著入门》9《哲学》，美国不列颠百科全书公司、中国商务印书馆1995年版，第46、58、54、52页。

三

众所周知，今天"真理"这个词并不局限于哲学上的使用，而在宗教中也常被提及，甚至在日常大众的生活里也常常会出现。但是"真理"一词在上述不同领域中虽有相通之处，但在本质含义上又是不同的。比如，宗教里讲真理，多半是在信仰的层面上，强调要虔诚地相信宗教中神的全能。无论是基督教里的上帝，伊斯兰教里的真主，还是佛教里的佛陀，无一不是先知先觉和无所不能的。可以说，在宗教里，宗教教义或神义，便是真理的化身。比如，基督教的《约翰福音》第一章，17，说，"恩典和实际①都是借着耶稣基督来的。"第八章，32，"你们必认识真理，真理必叫你们得以自由。"译者注释说，"这真理，并不是道理上所谓的真理，乃是神圣事物的实际，就是主自己。本节说，真理必叫你们得以自由；36节说，神的儿子叫你们自由。这证明神的儿子，主自己，就是真理。主即是神的具体化身，她就是神所是的实际。因此，实际就是神的神圣元素，给我们实化。当主这位伟大的'我是'进入我们里面作生命，她就在我们里面作光照耀，将神圣元素带进我们里面作实际，这实际，就是那分赐到我们里面的神圣元素，给我们实化，借着神的生命作人的光，使我们得以自由，脱离罪的奴役。主作神的话成为肉体，就是把神当作这实际带给我们，作我们享受的恩典。"所以，第十四章，6，"耶稣说，我就是道路、实际（真理）、生命；若不借着我，没有能到父

---

① 这里"实际"和"真理"同字。——译者注

那里去。"① 在基督教里，真理的含义，大概就是如此。在其他宗教，真理的含义和基督教的情况大同小异。只不过各宗教的教义和崇拜的偶像，各有不同。

在我们日常生活中也常使用"真理"这个词，但相对于哲学上真理的含义，日常生活里说的真理更多的是在真实、公平、正义等意义上说的。

四

中国哲学史上，在近代以前很少直接使用"真理"一词，而是分别讲"真"、"真知"、"智"和"理"。讲"真"比讲"理"要早。大概在公元前四世纪到三世纪的时候，老子和庄子的著作里便已讲到"真"。庄子和古希腊亚里士多德所处的时代差不多。亚里士多德生于公元前 384 年，庄子生于公元前 369 年。而老子比庄子的出生时代还要早些。亚里士多德是第一个给真理以界定的人。老、庄的"真"的含义中也含有真理中"真"的意蕴，但它们又不等同。因为老庄的"真"中还有本原、本性的意思。② 这里不评论哪个概念优，哪个概念劣，只比较它们内涵的异同。中国哲学史上讲"理"要比讲"真"晚些，但对"理"的讨论远比对"真"要丰富和集中。宋明时期是理学的高峰期。在"理"的含义中也含有真理中"理"的含义，但外延不同。

中国哲学史上最早使用"真理"一词是在南北朝时期。南朝梁代释慧皎的《高僧传》四《支遁》篇记载："郗超后与亲

① 《新约圣经恢复本》，美国，水流职事站，2000 年简体字版，第 368、406、432 页。
② 参见弓肇祥《真理理论》，社会科学文献出版社 1999 年版，第 4 页。

友书云：'林法师神理所通，玄拔独悟，数百年来，绍明大法，令真理不绝，一人而已。'"郗超（336—377），东晋名士、佛教理论家。支遁为支道林（313或314—366）的名，亦即林法师，东晋僧人、佛教哲学家、佛教大乘般若六家七宗之一"即色宗"的创始人。郗超和支道林有很深的交往，而且对支道林的学术观点很推崇。这从上引他与亲友书所云，便可清楚。这里所用"真理"一词，据目前所查，是中国哲学史上最早的，是"真理"一词在中国哲学史上的闪亮出现。当然，这里的"真理"，还只是指宗教（这里特指佛教）教义或对宗教教义的正确阐释。但从此，"真理"一词，在那时便慢慢地传播开来。比如，东晋僧人、佛教理论家竺道生（约355—434）在论证他的"大顿悟"（以区别支道林的"小顿悟"）时说："夫真理自然，悟亦冥符。真则无差，悟其容易？不易之体，为湛然常照，但从迷乖之，事未在我耳。"① 梁武帝萧衍的长子萧统（501—531），南朝梁文学家，他亦有"真理虚寂，惑心不解"的说法。从那以后，"真理"便逐渐地泛指正确的道理。但由于中西文化底蕴上的差异、哲学思维逻辑不同，中国在近代以前，人们对真理这个范畴并没有从哲学上给予较多的关注，更没有系统地分析和论述。正如张岱年先生所说："中国哲学中，知识论不甚发达，然亦非无有，不过不如宇宙论与人生论之丰富整齐而已。"②

---

① 转引自任继愈主编《中国哲学发展史·魏晋南北朝》，人民出版社1988年版，第529页。
② 《张岱年文集》第二卷，清华大学出版社1990年版，第572页。

五

我们今天所讲的真理，和宗教里所讲的真理、日常生活中所讲的真理以及和中国哲学史上所讲的真与理之间是有区别的。今天所讲的真理，是哲学认识论的一个范畴，是指人的认识对客观事物及其规律的正确反映。本书所要论述和强调的是，这一反映即人的认识对客观事物特别是对客观事物的本质和规律的正确反映，乃是一个过程。而且，这种正确反映，无论是对客观事物及其规律的整体还是部分来说，都是一个永远无尽的过程。对真理的这一看法，其理论渊源显然不是宗教教义，也不是中国哲学史。从思维逻辑和历史逻辑看，它是来自西方哲学史。但是，哲学作为人类认知的一种形式，作为人类思维的结晶，不管西方哲学、东方哲学、中国哲学，尽管它们的表现形式不同，述语不同，但在内涵实质方面总是相同、相似、相融、相通的。前面张岱年先生说的知识论在中国哲学中"不甚发达，然亦非无有"，说的也是这种情况。同时随着世界交往的增多，情况也在不断地变化。特别是马克思主义哲学的产生，在哲学史上掀起了一次革命。它不但在内容方面进行了革命性变革，而且力图打破原有的地域界限、国家界限、民族界限，使哲学成为世界的哲学，成为人类的共有财富。它虽是基于西方哲学，但却又扬弃了西方哲学，从而对整个人类更具普遍意义。

但是，我们今天所说的"真理"，如果从历史渊源上考察，它的理论源头应该在古希腊哲学。我们甚至可以直接追溯到古希腊哲学家亚里士多德（科学知识真理观）、柏拉图（普遍知识真理观）和赫拉克利特（变化发展真理观）等对真理的看法。

下面，就让我们简单地回顾一下，真理范畴的源和流，即今天作为哲学认识论范畴的真理，它的来源和演变过程。

我们知道，在古希腊，"真理"从一个普通的名词到作为认识范畴，再到一个有明晰内涵的哲学概念，其间经过了一个漫长的过程。

（一）"真理"从一般的名词到哲学认识论范畴的过程

在两千多年前的古希腊哲学时期，以"真理"作为话题的谈论有很多。比如，赫拉克利特、巴门尼德、柏拉图、亚里士多德等等，都论述过真理问题。但这些先哲们的讨论并不是完全在同一个含义上进行的。"真理"从一个普通的名词到作为哲学概念，再到作为认识的范畴，中间经历了一个漫长的渐进过程。从《希英大辞典》上看，一般被用以表示"真理"的那个希腊词，用同一词根作的形容词，表示"真正的"、"真实的"；作副词，表示"真正地"；作动词，表示"说真话"。这个词原来是指：事物由于自身的力量将遮盖其真相的东西去掉，显示出自身本来的样子。就是说，"真理"就是不隐藏、公开化、去掉遮盖物，亦即"去蔽"或"揭示"的意思。不过这里的"去蔽"或"揭示"都是客体"由于自身的力量"，和主体没有关系。也就是说，这个时候，"真理"这个词，还不是一个哲学概念。正像后来海德格尔所指出的，这个词本来是同"存在"、"自然"、"表现"等连在一起的，同主体（人）的认识没有关系，并没有认识论中"真理"的意思。由此，海德格尔说："我们将这个字译成'真理'，是完全误解了。"①中

---

① 汪子嵩等：《希腊哲学史》第 1 卷，人民出版社 1988 年版，第 642 页。

国学者汪子嵩等认为，"海德格尔这样说，就是只承认这个词的原来语源学的意义，而否定了它后来发展的新含义"。①

按照《希英大辞典》的解释，在荷马时代，"真理"的希腊文做"真话"、"真事"讲，和谎言、弄虚作假相对；它的反义词不是"错误"，而是谎话。在荷马以后，这个字获得了一个新的含义，即与"表面的"、"表露出来的"东西相对应的"真实的"、"实在的"东西。到赫西奥德的《神谱》，真与假（表面上真，实际上假的东西）开始同主体（人或神）相关了。"我们懂得怎样讲述许多象是真实的假东西，也知道如何讲述真实的事，如果我们愿意的话。"②这里的"真"和"假"，显然已同主体如何选择直接相关了。

塞诺芬尼（关于他的生卒年代，史料记载相去甚远。近现代西方学者较多地将它定在公元前570—前470年之间）③是最早将"真理"当作哲学范畴来使用的。"可以肯定在残篇第三十四中，塞诺芬尼已经将它当作哲学范畴使用了，因为它是指塞诺芬尼通过心灵得到的认识，和凡人的'意见'、'印象'相对立。"④就是说，真理成为哲学上的一个重要范畴，是从它和主体的认识、知识紧密联系在一起，以表达人的认识的状况（是通过心灵得到的，还是意见、印象）。

赫拉克利特（约公元前540—前480年）说："智慧只在于一件事，就是认识那善于驾驭一切的思想。"⑤他还说，"智慧是最大的优点；智慧就在于说出真理，并且按照自然行事，

① 汪子嵩等：《希腊哲学史》第1卷，人民出版社1988年版，第642页。
② 同上。
③ 同上书，第530—531页。
④ 同上书，第643页。
⑤ 北京大学哲学系外国哲学史教研室编译：《古希腊罗马哲学》，生活·读书·新知三联书店1957年版，第22页。

听自然的话。"① 他还认为，一切都遵照命运而来，命运就是必然性。必然性的本质乃是那贯穿宇宙实体的"逻各斯"。智慧就是认识逻各斯，按照逻各斯行事，亦即按照自然的本性行动。这样，赫拉克利特就把自然的本性、逻各斯、智慧、思想、认识和真理都串联到一起了。这就比塞诺芬尼前进了一大步。他不仅把真理和主体认识联系在一起，而且非常明确地把它和人的思想、认识、智慧紧密地联系到一起。

但是赫拉克利特还不能把真理归结为后来所说的认识论的范畴。因为在赫拉克利特时代，"物质的"和"精神的"还没有明确地区分开来。他所讲的"逻各斯"，在古希腊时期，有不同的用法，其含义并不是很严谨很清晰的。它既具有主观方面的意义，也具有客观方面的意义。赫拉克利特多次使用这个词，也是在不同的意义上使用的，也是既有主观的精神的意义，又有客观的物质的意义。"说它是主观的，即人人都具有健全思想的能力；说它是客观的，即它是事物共同的尺度或规律。"② 所以，赫拉克利特所说的"智慧就在于说出真理"，"智慧就是认识逻各斯"，这里的真理和逻各斯，不仅是相通的等价的，而且可以说就是同一个东西。真理就是逻各斯。这样一来，就很难说真理仅是一个认识论范畴了。

不过，赫拉克利特的最大功绩在于他指出和强调了逻各斯和真理是变化和发展的。他最早意识到了真理是一个过程（详见本书第一章第一节）。

《希腊哲学史》指出，巴门尼德（约公元前515—前445年）继承和发展了塞诺芬尼和赫拉克利特的思想，"他将对

---

① 北京大学哲学系外国哲学史教研室编译：《古希腊罗马哲学》，生活·读书·新知三联书店1957年版，第29页。

② 汪子嵩等：《希腊哲学史》第1卷，人民出版社1988年版，第464页。

'存在'本身的认识（思想）叫做真理。'真理'已经不是
'存在'自己有能力显露出来，而是要靠我们的思想去思考它，
用语言去表达它才能显露出来。就是说，要靠人的认识去揭示
真理。可见，巴门尼德已经将真理和认识联系在一起了，（知
识、认识）从此成为同'真理'紧密关联的哲学范畴"①。

巴门尼德虽然把真理和认识紧密地联系在一起，但他所说
的"真理"，却又不是近现代大多数哲学家所指的、和"错
误"相对立意义上的真理。他很可能是继承了塞诺芬尼的看
法，把"真理"和"意见"相对立。他明确地将"真理"和
"意见"作为一对对立的范畴；指出了"真理之路"和"意见
之路"的区别。他把自己的哲学分为两个部分，一部分是关于
真理的，另一部分是关于意见的。他认为"存在"是有的、真
实的，而"非存在"是没有的、不真实的。这里的"存在"虽
是抽象思维的产物，但它本身并不是精神。巴门尼德讲的真
理，虽然都有常识意义上"真正的"、"真实的"、"真实地"
的意思，但他认为只有认识"存在是存在的"才是真理。这
样，他关于存在的学说，亦即"关于真理的可靠的逻各斯和思
想"，才是可靠的真理。也就是说，真理只能是依靠思想，用
可靠的逻辑推论和证明的方法，方可得到。他认为"意见"是
因人而异的，不确定、不可靠的。除了他的存在学说以外，其
他人包括他自己的其他学说都只是意见。但"意见"并不就是
错误。因意见含有"见解"、"看法"、"观点"的意思。而且，
意见常常是多数人的看法或见解。所以，意见并不是毫无价
值，不值得考察和研究的。巴门尼德虽然没有像近现代哲学家
们那样，能在和错误相对立的意义上谈论真理，然而他将真理

---

① 汪子嵩等：《希腊哲学史》第1卷，人民出版社1988年版，第644页。

和意见作为一对对立的范畴，对哲学研究的进一步开展是有重要意义的。

巴门尼德提出的真理是思想依靠可靠的逻各斯而得到的。这是一个非常重要的思想，比赫拉克利特的真理是逻各斯的思想又前进了一大步。在赫拉克利特那里，真理到底是仅指认识，还是也指认识的对象，好像还是比较模糊的。这和哲学的幼年时期，认识论和本体论还没有分化和区分是直接相关的。而到了巴门尼德这里，真理归属于认识的领域，这一点才得以明确。把真理规范到认识领域，这是巴门尼德对哲学，特别是对认识论和真理论做出的一大贡献。从此以后，一直到今天，绝大多数哲学家，都是沿着认识论的线路，对真理进行着探究。

但是，作为认识范畴的真理，到底意味着什么？它的确切含义又是什么？它和其他的认识范畴又有哪些关系？等等。这些问题，不仅是巴门尼德没有解决的，甚至是他根本未能提出的。因此上述问题便是他以后的哲学家们逐步探索和深化的起点。

（二）柏拉图的普遍知识真理观

公元前 5 世纪前后，希腊社会包括经济、政治、文化等各个方面发生了一次空前的大发展、大动荡和大变化。哲学也相应发生了空前的变化。此前，由于哲学刚从神学中分化出来不久，它研究的中心是宇宙的本原以及宇宙万物如何由本原演化而来的问题。但那时哲学研究很少关心社会的实际问题。换句话说，自然哲学是那时的研究重点。而到了公元前 5 世纪前后，随着社会的动荡和变化，哲学的研究重点也由自然转向人，转为以人和社会为中心的人本主义。这是当时一个势不可当的大思潮。智者派和反智者的理性主义派（苏格拉底、柏拉图、亚里士多德）都产生于这个时期。"人是万物的尺度"和"认识你自己"的著名口号，也都是这个时期提出的。他们的出发点、强调的重点不同，因而结论也不同。智者们从个人的感觉和体验出发，得出了感觉主义、相对主义和怀疑主义的结论；而反智者派则从人的普遍理性出发，得出了理性主义的结论。如果从认识论的角度看，两派争论的焦点，乃是何谓真理，人能不能认识真理，以及如何才能认识到真理的问题。但这时涉及的这几个问题，其蕴涵则和以前以自然哲学为中心时所谈论的不一样。这时都是在认识论的范围内谈论这些问题的。智者派持感觉主义、相对主义，以至走到怀疑主义。而理性主义派则持理性、思维、逻辑来对待这些问题。

以上说明哲学问题的论争是时代的反映。哲学理论是通过人的认识的不同观点、不同意见的碰撞、争论和切磋而发展的。真理论也是在时代的变化中，在人的认识的发展中逐步建构、发展和完善的。真理问题成为一个比较有理论、有体系的真理论，最初可以从柏拉图的哲学中找到。也就是说，他是第一个使真理问题成为有理论体系的哲学家。

柏拉图（公元前427—前347年）是"一位以追求真理为目的的哲学家"。[①] 为了批驳智者们提倡的感觉主义、相对主义和怀疑论，"当时需要一种清醒的理智，以追求绝对真理为目的的理性主义哲学来取代他们，这就是苏格拉底、柏拉图和亚里士多德哲学的历史使命"[②]。

柏拉图肩负这一历史使命，对许多问题发表了自己的见解，从而形成了一个庞大的哲学体系。虽然"有人说过，柏拉

[①]　汪子嵩等：《希腊哲学史》第2卷，人民出版社1993年版，前言第3页。

[②]　汪子嵩等：《希腊哲学史》第2卷，人民出版社1993年版，第294页。

图没有成套学说。他的思想丰富多彩、难以捉摸，特别是不可能归纳为一种体系，归纳为一整套易为人理解的命题和论点"。① 但这里说的"成套学说"和"体系"，似乎有失偏颇。的确，由于柏拉图他自身的认识有一个发展过程，对一些问题的看法前后有变化等原因，他的一些观点为后人的理解增添了难度，但这个发展过程本身，也展示了柏拉图认识增长和变迁的轨迹。撇开这个问题，这里让我们简单地介绍一些他对真理问题的看法。之所以说"一些"，是因为这里的介绍并不全面。柏拉图的真理理论包括许多个方面。比如，真理的对象、真理的含义、真理的对立面、真理的来源、真理的生成以及真理问题在认识论中的位置等等。和这些问题相关的，则是他的"相论"、"知识论"、"回忆说"、"蜡板说"、"鸟笼说"等等。从而，他便使真理问题成为一个有理论有体系的学说了。当然，这里不是指他自己总结和提出了一个"黑格尔式的体系"，而是指人们可以从他浩如烟海的有关真理的方方面面的论述中归纳出的体系。下面让我们来看看他的论述：

他的真理理论是建立在他的相论的基础上的。② 这里我们要弄清两个问题，第一，什么是"相"？第二，真理和"相"的关系。柏拉图并没有给"相"下一个定义，而是通过比喻，以及在论述"相"和其他概念、范畴的关系中，表达了"相"的意蕴。他认为一类事物之所以成为这类事物，是因为它们从本质上共享一个同名的"相"。比如，"美"这一类事物。任何具体的美的事物的美，乃是形形色色、变化不断的，它们之

---

① 《西方名著入门》9《哲学》，美国不列颠百科全书公司、中国商务印书馆1995年版，第611页。

② "相论"过去译为"理念论"。学者们深感此译不恰当。故《希腊哲学史》取"相论"。详细说明见汪子嵩等《希腊哲学史》第2卷，第十四章，第一节。此外，这里有关柏拉图的资料，也都取自该著。

所以成为同一类美的事物，是因为在每一个具体的美的事物背后，都有一个同名的"美的相"。同样，"善"一类的事物有"善相"，正义有"正义相"，数字有"数相"，等等。所以，同类的"相"在同类的事物中，具有共同的普遍的意蕴；而且比起各类具体事物的变幻的表现，"相"则更带有根本性。

柏拉图很推崇巴门尼德。他的"相论"可以说是从巴门尼德的存在论发展而来的。因为"相"的基本特征和"存在"的几个特征基本上是一样的。比如，巴门尼德的"存在"是不生、不灭、不变的，完整的，只有存在可以被思想、被表述，只有存在才有真实的名称，等等。同样，柏拉图的"相"也都具有这些特征。所不同的是，巴门尼德认为只有一个唯一的存在，而柏拉图认为每一类同名的事物都有一个相，有无数类同名的事物就有无数个相。我认为这是柏拉图相对于巴门尼德的一大进步。因为"相"不再停留在巴门尼德所指的统一的混沌的"存在"上，而是变为可以分解分析的对象。同时，反过来又可把"相"理解为一个统一体。如果我们把小类的"相"综合为中类的"相"，中类的"相"又综合为大类的"相"，那么最后在顶层也可以合并为一个"相"了。而这个最顶层的"相"可以对应于巴门尼德的终极"存在"。当然，这仅仅是一种推理。总之，从"相"和"存在"的关系看，亦即从"相"的基本特征看，它并不是观念的范畴，而是客观实在的范畴。正如《希腊哲学史》所指出的，"柏拉图自己在《斐多篇》和《国家篇》中确实没有将'相'当成是主观的概念或观念，而是将它们当作和具体事物相似的客观实在"。① 但是，绝不能把柏拉图的"相"简单地等同于客观实在，更不能把它说成就是像具体事物一样

---

① 汪子嵩等:《希腊哲学史》第 2 卷，人民出版社 1993 年版，第 735 页。

的客观实在；只能说它是"客观实在的"，是"和具体事物相似的客观实在"。这是因为在柏拉图看来，"相"比具体事物更根本，更单一，更具普遍性，比客观实在更精炼更纯粹因而也更深沉。同时他也并不认为"相"和具体事物之间就是绝对地割裂的，而是认为二者是相联系的。对于"相"和具体事物的关系问题，后来他的学生亚里士多德把它说得更清楚，也更准确。亚里士多德指出，"相"（形式）就是事物的本质，它存在于事物之中，并不是在事物之外独立分离存在的。"相"是只可被思想，而不可被感觉的。用今天的话来说，"相"作为事物的本质，是不可被感官直接感知的，却可通过理性（思想）来认识。

对于"相"和真理的关系，柏拉图讲得很多。首先，他借用苏格拉底的话说，"我想求助于逻各斯，通过它认识存在和真理"。[①] 又说，"真理是存在的一种神圣运动，使事物去蔽呈现其本性；错误则指同这种运动相反的、像睡着的人可以掩蔽事物的本性"。[②] 就是说，首先，柏拉图把真理看作是对"相"和"存在"的追求。因为在柏拉图那里，"相"是真正的存在。他认定只有"相"才是真正的存在，认识"相"才能获取真正的知识。因此真理的对象就是各类具体事物背后的"相"。换句话说，真理不是指对具体事物的表面现象的认识，而是指对各类客观具体事物的本质的认识。其次，柏拉图把认识真理的思想和认识事物现象的感觉区分开，甚至对立起来。他认为，认识事物的现象，是各个具体感觉器官的功能，只能被称为感觉和知觉。而认识事物的本质即各类事物的"相"，乃是思想的任务。只有通过"逻各斯"，发挥认识的理性功能，才能认识"相"，才能达到真理。最后，柏拉图明确地把真理

---

① 汪子嵩等：《希腊哲学史》第2卷，人民出版社1993年版，第724页。
② 同上书，第543页。

和错误看作一对对立范畴。他认为"真理是存在的一种神圣运动","错误则指同这种运动相反"的运动。真理和错误是相反的。和真理相背相对应的是错误。就是说,他把和真理相对应的范畴叫作"错误",而不像巴门尼德把真理和意见相对应。"意见"是一个模糊的概念。意见中还可以有对和错之分。所以,把真理的对立面明确为错误,这在真理理论上是一个巨大的进步。

由于真理是思想对"相"的认识,认识"相"才是真正的知识,所以"相"本身的状况,便直接影响着甚至决定着真理的状况。那么,"相"到底是怎么样的呢?是绝对的还是相对的,是静止不变的还是运动变化的?柏拉图对这些问题的回答,在他前期的相论中和后期的相论里,是有变化的。在他前期的相论中,认为"相"是不变的,并认为不变的"相"高于变动的具体事物,知识高于感觉。所以,相应地,在前期相论中,他把认识真理的思想和感觉知觉完全对立起来。认为感觉只能认识具体事物而不能认识"相";知觉也不能认识真理和实在。

后期相论,柏拉图修改了前期对"相"是不变的看法。他默认了赫拉克利特等前辈关于万物是变化的观点。这些观点认为,从天上到地下,一切皆变皆动,只有运动才能保持生命力,停滞便要毁灭。这和他前期认为真正的存在只有不变的"相"的看法有很大的不同。后期他明确地认为完善的存在不应该是没有运动没有生命的东西。也就是说,柏拉图在后期相论中改变了对运动和静止的看法,也即改变了对"相"是不变的看法。他认为完善的存在(亦即"相")应该是有运动、有生命、有理性、有思想的神。与他对"相"的看法的改变相连,他也才修改了原来对思想和感觉关系的看法。前期认为思想和感觉是绝对对立的。后期则认为，"相"本身虽然是超越感性知觉的，可是我们要说明它，还是不能不应用感性知觉的东西。虽然这样讲出来的"相"只是纯粹"相"的影子。所以他要请求逻各斯帮忙。只有通过逻各斯，才能认识真正的存在，认识纯粹的、绝对的"相"。这表明：一方面柏拉图已模糊地提出了要讲清"相"必须有一套专门的语言——"逻各斯的话语"；另一方面也表明，他已意识到，把认识"相"的思想和认识具体事物的感觉绝对地对立起来也是不可取的。所以，后来他在论述知识问题时，又对这一问题做了专门的探讨。总之，随着对"相"的看法的改变，相应的知识以及反映"相"的真理的内涵也在改变。

真理问题和知识问题直接关联。以追求真理为哲学目的的柏拉图，一直把知识问题作为他研究的一个非常重要的题目。他要探究的方面很多，比如，什么是知识，知识的对象是什么，什么是真知识，怎样才能获得真知识，等等。但他主要是论证何为真知识，如何认识"相"的问题，也就是真理问题。可以说，真理问题是柏拉图知识论的核心问题。他认为，知识的对象是"相"，认识"相"才是真正的知识。那么，这里首先遇到的一个问题就是：为什么感觉和意见不能是真正的知识？而认为感觉和意见就是知识的看法，不仅是当时智者们竭力倡导的一种基本观点，而且也是当时为一般人所普遍接受的。但他认定只有"相"才是真正的存在，因而只有认识了"相"才是获得了真正的知识。

那么，接着一个问题就是，人怎样才能认识"相"，获得真正的知识呢？这也是柏拉图在论知识时，自己给自己提出的一个问题。为回答这个问题，他在《会饮篇》讨论如何认识"美的相"时，开始便提出了从认识具体事物逐步上升到最后认识"相"的过程的观点。在这里，他开始改变了前期那种把"相"和具体事物、静止和运动、理性（思想）和感觉完全割裂开来，甚至绝对对立起来的看法。这时他认为，这些相互分离的范畴，也是可以相互结合的。他在论证认识是过程的观点时，便将认识分为知识和意见两大范畴。知识实为思想、理性，即对"相"、对事物本质的认识；意见乃指感觉、知觉。"相"是真正的存在，是完全可知的；而那些既存在又不存在的东西，便是意见的对象。意见有时正确有时不正确，介于知识和无知之间，实际上即是对事物现象的认识。意见和知识的性质不同，所以分属于两个不同的世界。所谓"两个世界"本质上是指两个不同的认识世界，亦即两个不同的认识阶段。意见可以上升为"真意见"。"真意见"加逻各斯就是知识。这样，柏拉图便打破了巴门尼德的真理和意见的绝对对立，而将两者有机地联系在一起了。同时，他也揭示了认识从具体事物的现象开始逐步上升到最后认识"相"的过程。在这个过程中，他把那些相互对立的范畴又结合到一起了。当然，那个时候，柏拉图没有也不可能把这个过程说得很清楚。但在这里，他接受了赫拉克利特的观点，实际指出了认识真理是一个过程。这也是柏拉图对真理认识的可贵贡献。

为了解答真理的认识论起源，柏拉图先后提出了"回忆说"、"蜡板说"和"鸟笼说"。对于真理的认识论来源亦即认识的来源问题，以往好像是一个信以为常不成问题的问题。但柏拉图提出了这个问题。他提出的是："相"的知识是怎么来的？这一提问，对后来认识论和真理论的发展来说意义非凡。当然，提出了问题，不等于是一定能正确地解答问题。但他为问题的解决打开了思路。总的来说，柏拉图为解决这一问题先后提出了三"说"，他的态度是认真的。一开始，他提出了

"回忆说"。"回忆说"认为对"相"的知识是灵魂固有的。灵魂投身人体之前，已经拥有对"相"的知识，只不过在投身时把它遗忘了。后来的知识只是灵魂通过感觉知觉的启示对原有知识的回忆。同时，灵魂又只有摆脱肉体的干扰，亦即摆脱具体的、变化的、可感知事物的感觉知觉的干扰，才能得到对"相"的纯知识。但是假如一切知识都是灵魂对固有知识的回忆，那就不可能有什么假意见、错误的认识了；如此说来在现实里的假意见和错误认识又怎么解释呢？柏拉图借用苏格拉底的话说，"如果承认一个人不能够将一个他知道的东西想作是一个他不知道的东西，那是要上当的，在某种情况下假意见是会发生的。泰阿泰德立刻举出例子，我是认识苏格拉底的，现在远远看到一个陌生人，我以为他就是苏格拉底，这就是错误的意见。"①如何解释这种情况呢？柏拉图又提出了"蜡板说"。他说，让我们想象心里有一块蜡。这是记忆女神内莫绪涅赐给我们的礼物，任何时候只要我们希望将看到、听到或意识到的东西在心中保留下来，便将它们刻印在蜡上，正像刻印在指环上一样。这种刻在蜡上的印记，便是记忆。由于人可以将已经知道了的东西摆放在记忆里，然后将它应用到当时看到或听到的东西上，就可能产生假的意见。如上面说的把对苏格拉底的记忆应用到一个陌生人身上，这便成为错误。柏拉图对产生错误的各种情况和各种可能，进行了仔细的分析。他认为，对于既不知道又没有感知的对象是不可能产生错误判断的，只有在既知道又感知的对象间才可能产生假和真的问题。这样，柏拉图便将真理的源泉问题向前推进了一步，不再停留在简单的、先验的回忆说，而是将对真理的认识问题由抽象转到具体、由

---

① 参见汪子嵩等《希腊哲学史》第2卷，人民出版社1993年版，第941—942页。

纯粹的先验转到经验而后再对先验知识给以确认，于是提出了蜡板说。

蜡板说是建立在承认经验论的基础上的。只有感觉经验才能在蜡板上留下印记。这样一来，柏拉图不仅提出了记忆这一认识的要素，而且修正了以前把感觉和知识绝对割裂开来的做法，而把感觉知觉和知识思想联系到了一起；此外他把真理和错误也在认识论的范畴内联系起来了。

至此柏拉图的理论还不能解答不包括直接感知在内的那些知识，如数学知识。比如，5 与 7 之和应为 12，可有的人有时却得了 11，为何会发生这样的错误？为解答这一问题，他又提出了"鸟笼说"。他说知识就像鸟笼中的鸟。人在小的时候，鸟笼是空的，后来他得到知识，鸟笼里就有了鸟，而且数量和品种一天天多起来。你如果要应用这些知识，就好像把鸟笼里的鸟再取出来，拿到手里。如果这时你把不同品种的鸟拿错就可能做出错误判断：如要拿 12 只鸽子，你却拿了 11 只，另外却拿了 1 只喜鹊，并由此得出 5 加 7 的和是 11，那就错了。这个例子告诉我们，在获取真理的过程中，不管在认识的感性阶段还是理性阶段，不管在处理可直接感知的知识还是不可直接感知的知识时，随时都有可能发生错误。

总之，在柏拉图那里，真理是指人的思想对"相"的认识，而"相"乃是事物的最根本最本质的方面，它具有普遍的性质；所以，真理便是指反映事物本质的具有普遍性的认识（知识）。而事物的本质以及本质之间的联系，便是被后来的哲学家们称之为"规律"的东西。因而，柏拉图的普遍知识真理观的实质，也可以说是要表明真理是对客观事物规律的认识。当然，这种真理观还指出了要获得这种具有普遍性的知识，达到对事物的本质和规律性的认识，中间需要打破感性和理性、具体和抽象、个别和一般,一句话,"意见和思想"绝对对立的状况,使二者联系起来,经历一个由感觉知觉到理性思想的过程。在这一过程中,由于各种因素的干扰,随时都可能产生错误。所以,真理和错误不仅是相反的,而且两者经常"相伴而行"。这样,在认识论的历史上,柏拉图使真理问题成为一个具有非常丰富内容的学问。在这方面,他超越了以前所有的哲学家。他对有关真理问题的阐述,为后来进一步建立有体系的真理理论,提供了视角、材料甚至是雏形。

(三) 亚里士多德的科学知识真理观

亚里士多德(公元前384—前322年)是古希腊著名的哲学家、逻辑学和自然科学的创始者和奠基人。他的知识广博,被称为古代最博学的学者和百科全书式的思想家。他总结了泰勒斯以来古希腊哲学的发展成果,提出了他自己一系列的独到见解,形成了具有特殊风格的哲学体系,达到古代哲学的顶峰。这对哲学后来的研究和发展,有很大影响,特别是在中世纪以后对西方基督教哲学的影响尤其深远。他在真理观、真理理论方面也有杰出的贡献。在真理论历史上,他的贡献是一座极其伟大的丰碑。

亚里士多德特别推崇真理,看重真理。可以说,他是把真理看得高于一切的第一人。他认为哲学的目的就是求"真",就是探求真理。维护真理是一个哲学家的最高追求,而尊重真理也是我们每个人的责任。他还认为,只有进行哲学的思辨才是真正的快乐,才是人生最大的幸福,而追求真理则是实现人生最大价值的终极目标。所以,哲学家不应受任何功利的诱惑,而应以纯粹地追求知识为目的。只有这样,人类才能变知识为真理。历史上多少哲学家、科学家和仁人志士为了获得真理、维护真理这个崇高目标而奋斗不息，甚至为此献出了生命。亚里士多德不但这样认为，这样倡导，而且他自己也是这样做，这样实践的。他的一生，就是孜孜不倦的真理的探索者的一生。

亚里士多德认为，只有摆脱一切限制，以获取知识为目的，才能自由地思考。以这样的心态去探求真理，才能获取到真理。就是说，在亚里士多德看来，人只有做自己的主人，不为求知以外的任何其他目的所限制，才能得到真知识。也就是说，自由地思考，是获取真理的一个前提。为了获取真理，必须打破束缚思想自由的一切绳索，包括一切含功利性的物质的、精神的诱惑和不良的思维方式。所以，他特别赞扬德谟克利特的独立思考，自由思想和独立做研究的做法。他在《论生成和消灭》中，将德谟克利特和柏拉图做对比，他说："柏拉图只是考察了生成和消灭的条件，没有讨论所有的生成，只是谈到元素的生成……一般说除德谟克利特外，没有一个人不是以肤浅的方式讨论这个问题的。德谟克利特不仅探讨了所有的问题，而且从一开始就按自己的方式作出了区别。"[1] 这里，亚里士多德对德谟克利特从一开始就"按自己的方式"自由地研究问题的赞许，其态度是清楚明白的。

亚里士多德还有一句流传至今的鼓舞人为了真理而勇往前行的名言："吾爱吾师，吾尤爱真理。"这句话虽然没有直接的史料依据，但根据许多哲学史专家的分析研究，这句话是真实有过的，它的原型是："我爱柏拉图，我尤爱真理。"亚里士多德17岁到雅典，进入柏拉图学园，直到柏拉图去世才离开，在那里待了20年。在那20年中，柏拉图的人格和教诲，应该

---

[1]　转引自汪子嵩等《希腊哲学史》第3卷，人民出版社2003年版，第16页。

说对亚里士多德都有很深的影响。正像本文前面说到过的，柏拉图是一位以追求真理为目的、以研究理性主义哲学为使命的哲学家。亚里士多德对真理的重视和推崇，以及认为真理必须是经得起严格逻辑检验的科学知识，不能不说是和他的老师柏拉图的影响有着直接的一脉相承的关系。

柏拉图是一位很博学的人物。在他的对话中，除了谈到哲学、伦理学、政治学和美学的内容以外，还谈到许多有关自然哲学方面的问题。在柏拉图学园中，"既培养了一批熟悉政治、参加实际政治活动的人，又拥有当时杰出的数学家、天文学家以及研究其他自然科学如动植物学的学者。长期生活在这样的环境中的亚里士多德当然学习了广泛的知识，奠定了博学的基础"[①]。

再一点，柏拉图的学园是一个自由思想的园地，这对亚里士多德的影响也很深。柏拉图学园，对于大家做学问，对于学术问题，可以说是一个百花齐放、百家争鸣的好地方。这和老师的风度不能说没有关系。柏拉图不仅允许学生们对自己的观点有不同的意见，而且还能吸收他们的某些看法。一个例证就是，柏拉图的"相"论后期和早期的不同，正是因为他结合学生们的意见，而对于自己早期的某些观点进行了一些重大修改。而作为柏拉图的学生，亚里士多德在学风自由、开放的柏拉图学园养成了一种敢于独立思考、自由思想的习惯，并进而体悟到"只有自由地思想，才能达到真理"的真谛。

总之，亚里士多德在柏拉图学园的 20 年，柏拉图对真理的执着追求和他的广博知识以及学园的自由学术风气，都给了亚里士多德很大的影响。这几点，在亚里士多德的学术人生

---

① 汪子嵩等：《希腊哲学史》第 3 卷，人民出版社 2003 年版，第 18 页。

中，都非常鲜明地得到体现。因此亚里士多德对柏拉图产生尊敬崇拜之情是不难理解的。他对柏拉图的感情和崇敬之心是自然的、真挚的、深沉的。亚里士多德在《致欧德谟》中有一首怀念柏拉图的悼诗，这是他对自己的老师所怀的崇敬之心的明证。诗写道：

> 他来到凯克洛比亚神圣的土地，
> 怀着一颗虔敬的心筑起庄严的祭坛，
> 献给一个纯洁无瑕的人，
> 献给他那崇高的友谊。
> 在众人之中他是唯一的也是最初
> 在自己的生活中，
> 在自己的作品里，
> 清楚而又明显地指出，
> 唯有善良才是幸福，
> 这样的人呵，如今已无处寻觅。①

尽管亚里士多德对柏拉图怀有如此深沉的爱、对他们之间的友谊无比珍视，但当他把这种师生之情与对真理的热爱相比时，亚里士多德郑重宣称："我爱柏拉图，我尤爱真理。"这句话按照中国的习惯翻译为"吾爱吾师，吾尤爱真理。"这不仅未偏离原意，甚至这种意译更好地反映出亚里士多德这句名言的实质。正像亚里士多德在《尼各马可伦理学》中所讲的："相"虽然是我的朋友②发现的，尽管真理和友谊二者都是可贵

---

① 汪子嵩等：《希腊哲学史》第2卷，人民出版社1993年版，第618页。
② 指柏拉图。——转引者注

的，但是作为哲学家，我们应该崇敬真理超过崇敬朋友。[1] 可见，这句名言，正反映出了亚里士多德对真理的极其崇高的重视！也反映出一个学者应有的品格。亚里士多德正是基于这样一种品格和他对真理的至高无上的尊崇、热爱，他对柏拉图的一些观点特别是柏拉图的"相"论，才能做出全面系统的批判。其实这里的"爱真理"和"爱老师"，在本性上也并不矛盾。正是出于对老师的爱，并且有师生在追寻真理上的志同道合，亚里士多德才勇于真诚地批判老师在真理论中的错误观点。但如果从表面"维护老师'尊严'"的角度看，"爱老师"和"爱真理"似乎又可能有些不可兼得，这时亚里士多德毅然选择了后者。就是说，爱老师和爱真理，从根本上说并不矛盾；如果执意要问孰轻孰重，亚里士多德认为，真理重于老师，但他也挚爱老师。所以，绝不能简单地认为亚里士多德批判柏拉图的"相"论，就是忘恩负义。如果那样看问题，天下就不可能有真理，真理也就不可能有发展。

"吾爱吾师，吾尤爱真理。""这个短句确实能够表达亚里士多德自由思想的精神：尊重真理而不盲目崇拜权威。这应该是哲学家的座右铭。"[2] 当亚里士多德还在柏拉图学园的时候，他便参与了对柏拉图早期"相"论的学习、讨论和批判。他虽深受柏拉图思想的影响，却又不是墨守老师教条的人。他在学园受到自由思想环境的熏陶，很早便表现出了独立思考的精神。这是他后来能够走上独创自己的学说，超越前辈，为哲学和真理理论做出杰出贡献的思想基础和精神前提。

在真理论史上，亚里士多德是第一个给"真理"做了明确

---

[1] 汪子嵩等：《希腊哲学史》第 2 卷，人民出版社 1993 年版，第 617 页。
[2] 汪子嵩等：《希腊哲学史》第 3 卷，人民出版社 2003 年版，第 20 页。

界定的人。他很注意事物的定义和本质。那么，什么是定义呢？"他说定义就是要说明这个事物是什么，比如'塌鼻'和'扁平'，塌鼻是扁平的鼻子，这就是塌鼻的定义。"① 对于真理是什么即真理的定义问题，以前还没有人专门提到它。到柏拉图为止，才把真理和知识的普遍性联系到一起，即认为真理是一种反映事物本质的关于事物普遍性的知识。然而，他也只把真理和知识的普遍性联系到了一起。对于真理到底是什么样的普遍性知识，换言之什么样的认识（知识）才算是真理，柏拉图除了笼统综合的阐释并没有给予令人满意的明确回答。这是一个关于真理的定义问题，即真理到底是一个什么样的概念，它有什么样的内涵和外延？这是人们谈论真理时，一直在追问的一个问题。亚里士多德接受了前人包括柏拉图把真理作为认识论范畴的研究成果。但在他之前，对真理这个认识论范畴，并没有做进一步的分析。如果说柏拉图的逻辑思维偏重于综合的话，那么亚里士多德的逻辑思维则更重视分析。柏拉图只是综合地强调真理是对（反映事物普遍性的）"相"的知识（认识）。但他没有对这个问题做进一步的追问，所以他还没有真正地解决到底作为认识论范畴的"真理"是什么的问题。亚里士多德则从对问题的分析入手，回答了这个问题。

　　亚里士多德对知识的许多重要范畴都常常分析它们的各种歧义，正像黑格尔所说的"他常常是一个又一个地讨论每个规定"。亚里士多德的逻辑著作《工具篇》的第一部《范畴篇》，便是从分析语词得出范畴的。这种通过对语词的分析，得出对各种知识范畴的定义，是符合逻辑的。因为知识（认识）是对现实事物的反映。它总是要用一定的语词，诸如范畴、概念、

---

① 汪子嵩等：《希腊哲学史》第3卷，人民出版社2003年版，第714页。

判断、推理、句子等等来表达。他对"真理"的界定，开始也是通过这种对语词的分析得来的。在他看来，真与假、正确和错误，都是和具体的知识（认识）联系在一起的。他将语词分为简单的和复合的两种。他认为，所有单个的范畴，如人、石头、白、硬、胜利等等这些非组合的东西即单一的词，在逻辑上不能形成判断，所以不存在真假、对错问题。也就是说，由非组合词构成的知识，没有真与假、对与错的问题。不能单说一个"白"，就说这是对的还是错的。也不能单说一个"胜利"，就说它是真的还是假的。他认为，只有将这些非组合词和别的东西结合起来，形成命题、判断、句子等构成的组合知识，如说，"苏格拉底是人"，这时候才有真和假的问题。亚里士多德"将真和假与事物的结合与分离联系起来，认为凡是对实在是彼此结合的东西（如'某人坐着'是人和坐结合）加以肯定，对实在是分离的东西（如'某人在飞'，人和飞是不能结合只能分离的）加以否定，便是真的；反之，凡对实际结合的东西加以否定，对实际分离的东西加以肯定的，便是假的。（1027b17—28）这就是说：凡是主观认识中的判断和客观实际符合一致时便是真的，凡主观和客观不符合的就是假的。这是认识论中的朴素实在论"①。

亚里士多德在另一个地方又比较详细地论述了真和假的问题。"他说：真和假是根据事物是结合还是分离而定：凡是认为分离的东西分离，结合的东西结合的，便是真的；相反，认为结合的东西分离，分离的东西结合的，便是假的。所以要考虑说真和假是什么意思。他说，并不是因为我们说你是白的，这是真的，你就是白的了；而是因为你是白的，我们说你是白

---

① 汪子嵩等：《希腊哲学史》第 3 卷，人民出版社 2003 年版，第 823 页。

的，才是真的。（1051b2—9）不是主观认识决定客观实在，而是客观实在决定主观认识。"① 真假的论证并不在事物本身，而是针对思想（认识）的。认为离开了感觉便没有感觉的对象，这是不正确的。

这就是亚里士多德从分析知识（认识）的各种构成中，给"真理"所下的定义。即"凡以不是为是、是为不是者这就是假的，凡以是为是、不是为不是者，这就是真的；所以人们以任何事物为是或为不是者，就得说这是真的或假的"②。这也是真理理论史上最古老最著名的真理符合论给"真理"的定义。它的光辉和生命力，一直延伸到今天。它实际要表达的就是：人的知识（认识）只要也只有和它的客观对象相符合时，它就是真理；反之，则是谬误。在这里，客观对象是独立存在的，真理是人对客观对象的认识，但必须是和客观对象的本来面目相符合的一种认识。

由此可知，亚里士多德对"真理是什么"的回答，比柏拉图又前进了一大步。因为他的回答比柏拉图的理性、具体、严谨。他非常明确地把真理问题置于认识论的范围内，并且给真理做了一个唯物主义的界定。

亚里士多德给真理所下的定义，是和他的科学知识真理观直接相关的。他对真理理论更大的贡献，正在于他的科学知识真理观。亚里士多德是古希腊最博学的学者，他除了在哲学上的贡献之外，另一个重大贡献在于创立了逻辑学，制定和提出了逻辑思维和推理方法的原则和体系，为经验科学的确立和发展奠定了坚实的思想基础。有人称他为自然科学的鼻祖，这并不为过。实际上，他的哲学思想和真理理论也是和逻辑学以及

---

① 汪子嵩等：《希腊哲学史》第 3 卷，人民出版社 2003 年版，第 823 页。
② 亚里士多德：《形而上学》，吴寿彭译，商务印书馆 1959 年版，第 79 页。

经验的自然科学紧紧地联结在一起的。

亚里士多德把当时他所接触到所有领域的知识给以概括和系统化。他把一般性的知识分为三大类，即理论的、实践的、创作的。理论的知识，他又把它分为三类，即第一哲学、数学和第二哲学。第一哲学即形而上学；第二哲学即物理学或自然科学。实践的知识，主要指伦理学和政治学方面的知识。而创作的知识是指关于语言材料的塑造和制造方面的知识，主要指修辞学和诗学。同时，他把逻辑学看作是研究一切学问从而获得正确知识的方法和工具。

亚里士多德把知识区分为三大类是有划时代意义的。这是因为各类知识的具体目标实际上是不相同或至少说侧重点是不同的。他认为理论知识的目的是求真，而实践知识的目的是行动是求善。实际上他所讲的创作的知识，是讲究美与丑，以美为目标的知识。他说，实践活动的知识，如伦理学和政治学，虽然也考虑事物是什么的问题，但不是从永恒的方面去考虑，只考虑和当前的行动有关的问题。比如，总是选择和追求对自己好的、善的、有利的事情，而不追求永恒的真。所以实践知识是要判断善和恶，以善为目标。而理论知识则是要追求永恒的真，是要判断真和假，以真为目标。

上面说到，亚里士多德将他之前的理论知识分为三类：第一哲学（形而上学）、数学和第二哲学（物理学或自然科学）。亚里士多德所创立的逻辑学则与数学的地位和作用相似；同时逻辑学和经验科学的关系非常紧密，甚至就是最精密的自然科学。所以，数学、第二哲学和逻辑学同属科学知识的范围是不言而喻的。那么"第一哲学"即形而上学何以是科学知识呢？

亚里士多德认为第一哲学是一门研究最普遍的"是"① 的学问。这个"是"是关于事物的本体、本原、本质，是永恒的。与此同时他又指出，哲学的目的是求"真"，哲学是求真的学问。所以在亚里士多德的"第一哲学"里，"是"和"真"是直接相连的。"是"乃是"真"的最高形式。永远是的东西才是永远真的。追求事物的是，也就是追求事物的真；追求事物的真，也就是追求事物的是。这也就是亚里士多德所说的理论知识和实践知识不同的地方。理论知识要追求的是关于事物的永恒的方面，亦即事物的是和事物的真，是真和是的统一。"亚里士多德要求的这种既是永远是的又是永远真的东西，它只能是：（一）逻辑的命题和推理论证的形式；（二）自然科学发现的公式、公理和规律。"② 这就是说，"第一哲学"中的"真"，和它对应的或者说它的对立面则是假。他说，公理是万物的根本原理，是最普遍的，有关它们的真和假的思辨，如果不属于哲学又能属于什么别的学问呢？因而，亚里士多德认为关于本体的知识即哲学、和关于公理的知识都是最普遍的知识，在权威性上，它们是相同的。他认为只有在"是"自身以及人的认识和"是"是否一致的问题上，才有真和假的问题。所以，"第一哲学"里的真乃是关于"是"的真与假的"真"。它是受逻辑规则和自然科学规则规范的，自然应归属于科学知识的范围。

　　亚里士多德对知识进行分类，特别是把逻辑规则和自然科学的公理、规律作为判断理论知识真假的手段和工具，这是在对真理性知识的认识上的一个飞跃，同时也是使真理性知识走

① 一般译为"存在"，汪子嵩等主张改译为"是"，理由见汪子嵩等《希腊哲学史》第3卷，人民出版社 2003 年版，第 66—79 页。

② 同上书，第 75 页。

上科学知识的重要一环。

众多研究亚里士多德的专家学者，常常喜欢拿他的学说和柏拉图的学说做比较研究。这是由于在与柏拉图的真理观做比较研究时，可以鲜明地映衬出亚里士多德科学知识真理观的思想渊源、特点和意义。

在这些比较研究中，策勒尔的一段论述可以说是直接涉及对二人的真理观的比较。策勒尔说："亚里士多德一贯设定苏格拉底—柏拉图的'相的哲学'特征的总的观点，他的任务只是在这个总的路线上建立更完全的知识系统；他用更精确定义的指导原则，用更准确的方法，更广泛和日益增进的科学材料来建立这种系统。在他自己的著作中确实很少表现出同意他的老师，而是经常同柏拉图的观点进行争辩，可是实际上他对柏拉图是同意大于分歧。只有将他的整个体系看做是柏拉图体系的发展和进步，是由苏格拉底建立、由柏拉图推进的'相的哲学'的完成，我们才能理解亚里士多德。"策勒尔也特别强调亚里士多德哲学的经验基础，说他"不仅是一位最高思辨的哲学家，同时也是一位最精确和不知疲倦的观察者，是在这个世界上我们知道的一位最博学的人。在他的一般学说中他认为经验是思想的先行条件，思想材料都从知觉中产生，所以在实践上他为自己的体系提供了广阔的经验知识基础，将他的哲学建立在对事实材料的全面评估上。特别是关于自然学说，他认为我们应该首先知道现象，才能寻求它们的原因"。所以策勒尔认为亚里士多德和柏拉图的根本区别在于："柏拉图对于从'相'下降到现象世界中的个别事物很少兴趣，对他来说只有纯粹的'相'才是哲学知识的惟一本质对象。亚里士多德承认科学知识必然是有关事物的普遍本质的，但是他不停留在这一点上，他认为从普遍推演个别乃是哲学特有的任务；而科学却从一般不确定的东西开始，但又必须进入确定的东西。它必须解释材料，解释现象，所以它不能忽略任何东西，即使那是毫无意义的，因为那里可能有知识的无穷宝藏。"①

策勒尔的这一看法为多数亚里士多德学者所认同。就是说，在由苏格拉底开始的理性主义哲学以追求事物的"一般性"、"普遍性"这一路线上，亚里士多德和柏拉图是相同的；但他们又有区别。他们的区别是：对柏拉图来说只有纯粹的"相"才是哲学知识的唯一本质对象；真理就是反映事物本质的普遍性知识。所以他不重视现实世界中的个别事物。而亚里士多德则是在承认普遍性知识是事物本质反映的基础上，又进一步追问这个普遍性是从哪里来的，它是什么样的普遍性？他认为普遍性是从个性、特殊性中抽象出来的。普遍的知识不是直接从某一实际存在生成的，只是在思想中抽象生成的。普遍知识只能从对具体个别事物的认识中获得。不存在离开具体事物的普遍知识。他反对柏拉图"相"论的最重要的一点，就是他认为柏拉图把"相"说成是脱离现实具体事物的独立存在的东西。所以他和柏拉图不同，他重视个别事物和经验事实；认为具体事物比"相"更重要。他把经验当作认识过程的一个出发点，明确指出没有感觉便没有知识。但他并不停留在这里。他指出，如果把感觉到的现象看作是"真"，那么，追求真理就像追逐飞鸟一样。他认为只有把感觉经验提升为理性的科学知识，才是获得了真理。所以，他强调普遍知识是建立在经验事实基础上的。这是亚里士多德科学知识真理观不同于柏拉图的最重要之处。显然，在对真理本质的看法上，这比柏拉图的普遍知识真理观又向前推进了一大步。

———————

① 参见汪子嵩等《希腊哲学史》第3卷，人民出版社2003年版，第81—82页。

除了对经验知识的重视，亚里士多德的科学知识真理观更多地反映在他创立逻辑理论方面。

亚里士多德创立逻辑学有许多方面的原因和背景，这里只从它和科学知识的关系的角度做一简单说明。我们知道，在亚里士多德以前，希腊自然哲学家们已经积累了丰富的多种学科的科学知识，并逐步趋向系统化。而这种系统化迫切要求能有关于思维推理的逻辑理论作为形成精确知识体系的逻辑工具。同时，这些科学知识本身也蕴藏了丰富的逻辑思想，这些逻辑思想也需要将之升华为系统的逻辑理论。这就是亚里士多德创立逻辑学时科学知识和逻辑思想的发展背景：一方面，逻辑思想自身的发展呼唤系统化；另一方面，科学知识的发展也迫切要求有系统化的逻辑理论做指引。于是他的逻辑学便应运而生。他从以往逻辑思想中的范畴、命题、推理、证明等各个方面给以仔细认真的重新审视，使之成为完整、全面、准确、有条理的逻辑理论。

逻辑学的创立和知识的科学化、系统化进程是紧密地联系在一起的。因为"逻辑学是研究思维、思维的规定和规律的科学"。[1] 这和亚里士多德追求知识的科学性、系统性方向完全一致。他曾经表示要"根据最精确的知识"来达到"最高度的真理"。[2] 他认为，求真就是探讨原因，不能离开原因去考察"真"。要认识事物就是要认识事物的原因。所以，科学知识就是探究事实及其原因的真理。在他看来，"科学知识的系统化，不是观察事实的资料集合，至关重要的是分析具有普遍性和必然性的原因，原因就是逻辑推理的中词（中项），这样才能构

---

① 黑格尔：《小逻辑》，贺麟译，商务印书馆1980年版，第63页。
② 汪子嵩等：《希腊哲学史》第3卷，人民出版社2003年版，第119页。

成证明的知识体系".① 事实也证明，亚里士多德逻辑学的建立为当时科学知识系统化提供了必要的思维理论和思维工具，从而加速了这一进程，促进了希腊化时期科学的大发展。

总之，亚里士多德创立逻辑学是适应了当时科学知识系统化和逻辑思想自身体系化的需要。但在这背后，反映出了亚里士多德的一个极其重要的观念，即我们所追求的真理乃是科学化、系统化的知识，这种知识是通过缜密的逻辑推理、逻辑思维得来的。逻辑学是"真理的绝对形式".② 所以，凡真理定会经得起逻辑的检验。真理就是合乎逻辑的科学知识。比如，公理是所有论证（推论和证明）都适用的共同原理。符合这个公理的推论必然为真，违背它的必然为假。因而，不讲逻辑的知识，便不是科学知识；不是科学知识，也就无所谓真理。

所以，在亚里士多德那里，真理、科学知识、严密的逻辑思维，三者是紧密地相连在一起的。要了解亚里士多德的真理观，就必须懂得这三者在他那里的相互关系。

总之，在希腊哲学史上，"真理"这个词的含义、用法、归属、界定、内涵等，从荷马时代开始到亚里士多德时期，经过了一个逐渐的演变过程。"真理"，在荷马时代只是表示"真事"、"真话"的普通的一般的名词；到塞诺芬尼，它成为哲学的范畴；到赫拉克利特，它又和思想、认识、智慧紧紧地联系到一起，并且是变化发展的；到巴门尼德，它则规范到认识领域；到柏拉图，它是反映事物本质的普遍性知识，并且是一个有着丰富内容的知识系统；到亚里士多德，它则成为反映事物

① 汪子嵩等：《希腊哲学史》第3卷，人民出版社2003年版，第123页。
② 黑格尔：《小逻辑》，贺麟译，商务印书馆1980年版，第64页。

本质的普遍性的科学知识，它有明确的定义，以严谨的逻辑理论和科学原理为支撑。

我们可以说，亚里士多德的科学知识真理观是古希腊真理理论的集大成。它的许多观点和原理直到今天仍然有效有价值，因而我们还在运用着。今天反映在我们对真理认识中的许多元素和基因，差不多都能够在亚里士多德的理论中找到。

（四）亚里士多德以后的真理理论沿着两条路径发展

亚里士多德的科学知识真理观既是延续了前人特别是柏拉图的认识论路径，同时又自觉地将逻辑学引入真理论，开辟了一条研究真理的新路。与此同时，在他的理论里也的确为以后的不断追问留下了巨大空间。比如，对他的真理符合论定义，人们可以追问：到底什么样的叫符合？符合的标准是什么？怎样来检验符合不符合？等等。这些追问，可以是认识论的，也可以是逻辑学的。从逻辑学的视角，正如有的学者所指出的："在真理符合论中，有三个关键性要素，这就是：真值负荷者、被表达对象和它们之间的'符合'关系。由于对这三者，尤其是对最后者的不同理解，就形成不同的符合论。"[1] 所以，在亚里士多德之后，研究真理问题，一直沿着认识论的研究路径展开。但到了"当代逻辑学家们以现代逻辑为工具，对真理进行逻辑分析，并试图建立逻辑上精确的真理论。特别是逻辑学家塔尔斯基构建的真理语义论是当代最有影响的真理理论，开创了真理研究的新途径"[2]。这也就是真理研究的逻辑学路径。从此，真理研究便有了认识论路径和逻辑学路径这样两条路径。

这两条路径并不是截然分开，井水不犯河水似的，而是中

---

① 弓肇祥：《真理理论》，社会科学文献出版社 1999 年版，第 32 页。
② 同上书，第 2 页。

间有交叉、有契合的地方，但它们的侧重点却又是不同的，甚至它们的本质含义也不尽相同。正像北京大学宋文坚教授指出的："现代形式逻辑在下述意义谈到真：

"（1）前提或命题真。这种真也就是指命题或思想的内容是真的。逻辑对这种意义上的真是超越的。对这种真可以持各种说法，如符合说、一致说、效用说等等，逻辑不理论哪种说法正确。

"（2）推理真。这指推理中前提真和结论真之间的关系。演绎推理前提真结论必真，归纳推理前提真结论或然真。因之推理真就是推理中结论相对于前提是必然的真或者是或然的真。

"（3）指派真和赋值真。现代逻辑把命题形式只当作真值形式，只从真假角度考察它们。真和假看作命题的唯一属性。逻辑中要讨论这些真值形式和其中变项和公式的真假，这时的真假和具体命题的真假无关，而是一种假定的真假和根据这种假定而推论出的真假，这称作指派真和赋值真。

"（4）形式真。这指永真公式。逻辑中有一类公式，对其中变项替以任何命题、谓词、个体间，总能得到真命题。这类公式的真是一种逻辑关系真。

"（5）系统真。现代形式逻辑建立的形式系统，如果它的定理都是形式真的，即都是永真公式或普遍有效式，那么整个系统便是可靠的和一致的，这种可靠性和一致性就是一种系统真。

"逻辑不考察第一种意义的真，但它关注后四种真。后四种真的讨论是逻辑科学的中心内容。

"后四种意义上的真在逻辑中有各种表现，同时在其他科学中也都有这些意义上的真的具体表现，它们被称作逻辑真理，或简称逻辑真。逻辑真理或逻辑真，从上面可以看出，不是指在逻辑科学研究中得到的科学结果，即逻辑科学真理。逻辑真理这是一种特殊的真理，是一种因逻辑关系或逻辑原因而成为真的一种真理。"① 逻辑真、逻辑真理，"它们似乎与经验无关，似乎是一种绝对的真、必然的真"②。

但是逻辑所使用的概念、规则等，归根到底还是从实践中来的。弓肇祥教授指出："一个公式的真理（指逻辑真理——引者注）性越强，它与事实真的距离越远，有时甚至使人忘掉了它们与事实的联系，似乎成为头脑的专利产品。但是，不管它们是多么抽象，多么概括，归根结底总是与事实有着这样或那样的联系。逻辑真理相对性表明，逻辑知识和其他知识一样与经验事实相联系。蒯因说得好，'显而易见，真理一般地依赖于语言和语言之外的事实两者'。在与经验事实相联系方面，逻辑真理不同的地方就在于它们与人类语言交际实践与思维经验相联系。逻辑学发展与人类在这方面的经验积累有关。"③ 就是说，逻辑也随着人类实践的发展而发展。从这个意义上说，逻辑真理和认识论真理，是相互交错、相互包容的。

所以，研究真理的认识论路径和研究真的逻辑学路径虽是不同的，但又是相互交叉的。这两条路径的始祖，应该说都是亚里士多德。因为，是他真正从认识论的角度，第一个给真理下了定义；也是他第一个把逻辑作为工具运用到真理的研究上。我相信，这两条路径，经过相当长延伸之后，还会合并到一起的。因为，两方中的任何一方，都需要另一方的补充、协调、配合，方能真正地推动真理论研究的深入发展。至于到底

---

① 《现代科学的哲学探索》，北京大学出版社 1993 年版，第 602—603 页。
② 同上。
③ 弓肇祥：《真理理论》，社会科学文献出版社 1999 年版，第 285 页。

会如何演变，有很大的探讨空间。

六

　　总而言之，从对真理概念历史渊源的追溯中，我们可以清楚地看到，真理作为一个认识论范畴，经历了一个漫长的认识过程。不仅如此，它还使我们知道了真理为什么是一个认识论范畴，而且必定是一个认识论范畴。因为，认识对象即客观事物自身并没有真假对错的问题。真假对错是就人的认识来说的，它只发生在人对客观事物的认识中。客观事物独立于人的认识而存在。人的认识和它的对象相符合，即对客观事物的正确反映，便就是真理。这就是真理这一概念的最基本的含义。

　　但客观事物有现象和本质之分。虽然现象是客观事物不可或缺的组成部分，但本质才是事物更根本的方面。人的认识总是从现象层面入手，而后深入到本质层面。所以，真理概念的本质含义是对客观事物的本质即对事物普遍性、规律性的正确反映。对"真理"的这一看法，在古希腊哲学中，也已显现。这也就是说，今天我们所说的，"真理是指人的认识对客观事物及其规律的正确反映"这一论断的理论源头，是来自古希腊哲学，特别是柏拉图的普遍知识真理观和亚里士多德的科学知识真理观。

　　至于"过程性"作为真理本质的另一层含义，即人对客观事物及其规律的正确反映不是一次完成的，而是必须经过不断的反复的认识过程，方能逐步地实现。这是有关真理本质的更深层次的含义。对真理是过程这一层含义的认识，在古希腊哲学特别是在赫拉克利特的变化发展真理观中，也已见端倪。诚然，对这个问题的展开，和对它的深入系统的分析研究，乃是赫拉克利特之后的事；是哲学认识论对"真理"的认识达到一定的深度以后，方可做得到的事。对这个问题进行梳理并加以论述，正是本书后面所要做的。

以上的历史事实告诉我们，今天我们所说的"真理"，它的理论渊源可以追溯到古希腊哲学。但它绝不是亚里士多德、柏拉图、赫拉克利特的真理观的简单相加。只是说，在他们那里，看到了今天我们所说"真理"的理论源头。但他们的看法远没有今天的深刻，他们的表述也没有如此清晰准确。实际上，今天马克思主义哲学认识论所讲的真理，是在吸取了哲学史上各种真理理论（包括中国哲学史上的真、真知、智、理等）的合理成分和因素，又吸取了自然科学对客观物质世界认识的伟大成就，还反映了对人类社会历史发展的正确认识的基础上提出的。它是以往真理理论经过马克思主义哲学的革命改造的结果，是人类认识的结晶。它的理论渊源虽然可以追溯到古希腊哲学，但它绝不是一个带有地域性或民族性的概念，而是具有普世的意义。它揭示了人类思维、人类认识的崇高意境；指出了人类认识的最高目标和尺度。一言以蔽之，今天的真理概念有着非常丰富的内涵，同时，蕴含着无限的能量，鼓舞着人们自觉地明确地或者自发地隐含地为探寻它、追求它、实现它而不懈奋斗。

前　言

　　人类自从进入文明社会以来，一直在谈论着真理，并把追求真理，实现真理，当作崇高的事业。哲学也历来把探索真理作为自己的主要任务。但是，到底什么是真理？真理的本质属性是什么？怎样才能达到真理？对这些问题，各派哲学家的回答是很不相同的。归结起来，主要在两个问题上表现出观点的根本对立。一是客观真理论与主观真理论的对立；二是真理过程论与终极真理论、真理一次完成论的对立。前一个问题，是真理论上的唯物主义与唯心主义的分歧；后一个问题，是真理论上的辩证法与形而上学的分歧。这两个问题又是互相联系的。它们是从不同的方面、不同的角度回答了有关真理的本质问题。当然，在这两个问题上的不同观点，在各个具体的哲学家那里，又是相互交错的。这就使真理论史上的各家观点，呈现出错综复杂的情况。

　　马克思主义哲学在真理问题上是坚持辩证唯物主义的真理观。它既肯定客观真理论，又强调真理过程论。认为作为人的认识对客观世界正确反映的客观真理，乃是一个动态的过程。就是说，马克思主义哲学的真理论是真理论的唯物主义和辩证法的高度统一。不懂得真理是一个动态过程，就不可能真正懂得客观真理的本质含义。所以，不承认真理过程论，也就不能真正坚持客观真理论。

由于以往我们对客观真理的问题一般还比较注意，而对真理是过程的问题则研究得不够，特别是把这两个方面紧密地结合起来进行考察则更少。也就是说，以往谈真理，常常是从静态方面进行考察的多。那时虽然也谈到相对真理和绝对真理、真理和谬误等问题，但往往偏重于静态的分析。而离开了真理是一个动态的过程，就很难把这些问题谈清楚，也就很难把客观真理谈清楚。所以，这里想把客观真理和真理过程结合起来加以考察，并着重论述真理是过程的问题，即着重从动态方面考察真理的本质。因而，本书取名为"真理过程论"。

全书除再版序外，共分十章。第一章探讨真理过程论的历史，着重阐明马克思主义哲学的真理过程论和黑格尔真理过程论的异同点。第二、三、四、五章，着重论述真理为什么是一个过程。第七、八、九章，着重探讨和论述真理是一个怎样的过程。第六章是前后两部分的过渡。即既论说了真理为什么是过程，又论说了真理是一个怎样的过程。第十章，是全书的总结，着重阐述了真理过程和人类命运的关系。

第一章 真理过程论的历史发展

主张真理过程论，并非从马克思主义哲学开始。哲学史上，大凡主张辩证法观点的哲学家，也都或多或少有着真理是过程的思想。只不过有的明确地提出了真理是过程的论断；有的仅仅有这方面的思想，而没能提出明确的论断。同时，由于在真理是客观的还是主观的这个问题上的观点的对立，所以，同是主张真理过程论的，还有唯物主义真理过程论和唯心主义真理过程论的区别。

在哲学史上，概括地说，真理过程论主要有三种形态即经历了三个主要发展阶段。这就是：（1）以古希腊赫拉克利特为代表的朴素唯物主义的真理过程论；（2）以 18 世纪末 19 世纪初黑格尔为代表的客观唯心主义的真理过程论；（3）马克思主义哲学的辩证唯物主义的真理过程论。

一 赫拉克利特朴素唯物主义的真理过程论

赫拉克利特（约公元前 540—前 480 年），是古希腊卓越的唯物主义哲学家。由于他的唯物主义哲学是建立在很幼稚的科学基础上的，还是以物质的某种具体形态（火）作为世界的本原，所以，我们称它为朴素的唯物主义。他还是欧洲哲学史上第一个阐述了辩证法思想的人。他认为，世界万物都在运动着、变化着。事物运动、变化的原因，在于事物内部存在着矛盾，存在着对立面的统一和斗争。这样，他就以其朴素的形式阐明了辩证法的一条根本规律。所以，列宁称他为"辩证法的奠基人之一"。①

赫拉克利特的这种自发的朴素的辩证唯物主义思想，也反映到他的真理观上。他说，智慧就在于一件事，即认识那善于驾驭一切的逻各斯。在他看来，"智慧就在于说出真理，并且按照自然行事，听自然的话"。② 就是说，赫拉克利特认为，人的智慧的职能，就在于认识真理，并且依照真理说话、办事。真理是什么？真理就是"逻各斯"。"逻各斯"就是"驾驭一切的"、"统治一切的"、"指导一切的"、"顷刻不能离的"、"永恒地存在着"③ 的、贯穿于整个物质世界的客观规律。所以，在赫拉克利特看来，自然界，即物质世界，是人的认识对象。真理应在物质世界中探求；真理的内容是客观的，是对"逻各斯"即客观事物的本质、规律的把握。这就是唯物主义的真理观。

"逻各斯"是自然的本质和规律。在赫拉克利特那里，"逻各斯"又表现为永远在燃烧着又熄灭着的"永恒的活火"。世界万物，"一切皆流，无物常住"。所以，万物都处于变化的过程之中。而万物的变化，都是由于"火"的变化。因而，火，在他那里，是作为过程的实在的形态出现的。黑格尔在《哲学史讲演录》中，谈到这个问题时曾说："了解自然，就是说把

---

① 《哲学笔记》，《列宁全集》第 38 卷，人民出版社 1959 年版，第 390 页。
② 《古希腊罗马哲学》，生活·读书·新知三联书店 1957 年版，第 29 页。
③ 同上书，第 21、26、18 页。

自然当作过程来阐明。这就是赫拉克利特的真理，这就是真正
的概念。因而对于我们是很明显的，赫拉克利特不能说本质是
空气或水之类的东西，因为它们自身（这是首要的）不是过
程。而火则是过程；因此他把火认作最初的本质，——这就是
赫拉克利特的原理的实在形式，自然过程的灵魂和本质。"① 当
然，这里所谓"真正的概念"、"自然过程的灵魂"等等，是
黑格尔的语言，是黑格尔企图把赫拉克利特解释成一个唯心主
义的辩证法家。但是，黑格尔敏锐地看到了赫拉克利特把自然
的本质理解为过程这一点，则是符合赫拉克利特的原意的。所
以，他把赫拉克利特称为"第一次说出了无限的性质的人，亦
即第一次把自然了解为自身无限的，即把自然的本质了解为过
程的人"。② 黑格尔对赫拉克利特的这一评价是公正的、正确
的。恩格斯在说明赫拉克利特的辩证法时，也说过"这个原始
的、素朴的、但实质上是正确的世界观，是古希腊哲学所固有
的，它第一次由赫拉克利特明白地表述出来：万物存在着，同
时又不存在，因为万物都在流动，万物都在经常变化，万物都
处在不断产生和不断消灭的过程中"。③

　　赫拉克利特是第一个把自然的本质了解为过程的人；因
之，他也是第一个把真理理解为过程的人。虽然他还没有能明
确地提出这个论断，但他的言论已表现了他的这一思想。因
为，真理就是"逻各斯"，"逻各斯"就是自然的本质，自然的
本质乃为过程。所以，真理是过程；过程乃是真理的本质或本
质属性。就是说，赫拉克利特理解的真理——"逻各斯"，并
不是僵死的、呆滞的，而是一个运动、变化的过程。

---

① 黑格尔：《哲学史讲演录》第 1 卷，贺麟译，商务印书馆 1959 年版，第 305 页。
② 同上书，第 311 页。
③ 《反杜林论》，《马克思恩格斯全集》第 20 卷，人民出版社 1971 年版，第 23 页。

赫拉克利特认为，人的感觉是可以认识客观世界的；但他又指出，思维对认识客观世界具有更重要的意义。感觉有时会给我们带来错误的认识；"思维是最大的优点"。所以，他又认为，感觉的确信是没有真理的。只有靠理性认识（智慧），才能认识真理。因为，真理是"逻各斯"，是客观事物的普遍规律，是自然的过程。而感觉只能把握相对静止的东西，无法把握事物的本质、过程。感觉确信的存在当其存在时是不存在的，因为"无物常住"。只有理性，才能把握事物的过程、事物的本质和规律，因而才能达到真理。赫拉克利特的这些思想，尽管是原始的、朴素的，但这些思想又都是很重要的，有其合理性，因而是不可忽视的。

赫拉克利特的真理过程论是朴素唯物主义的真理过程论。尽管它还处于自发的、朴素的状态，但它"实质上是正确的"。黑格尔称它"是一种美丽的、天真的、纯朴的真实地谈论真理的方式"。① 它不仅揭示了客观性是真理的本质属性，而且还揭示了真理客观性的本质就是过程性。

但是，赫拉克利特的真理过程论，终究还是处于一种原始的、自发的状态。它还缺少科学的论据和论证；所以，还有很大的局限性和缺点。首先，他并没有能明确地做出真理是过程的判断。他对真理到底是"逻各斯"（客观规律）本身，还是人的智慧（理性认识）对"逻各斯"的正确认识的说明，也是含糊不清的。或者说，在赫拉克利特那里，"逻各斯"这个概念本身就是含混的。有时逻各斯是指事物的客观规律本身，有时又是指人对事物客观规律的正确认识。正因为如此，所以，在什么是真理的问题上，他的回答就不如后来亚里士多德

---

① 黑格尔：《哲学史讲演录》第 1 卷，贺麟译，商务印书馆 1959 年版，第 312 页。

的回答明确。亚里士多德说："每一事物之真理与各事物之实是必相符合。""真假的问题依事物对象的是否联合或分离而定，若对象相合者认为相合，相离者认为相离就得其真实；反之，以相离者为合，以相合者为离，那就弄错了。"还说："并不因为我们说你脸是白，所以你脸才白；只因为你脸是白，所以我们这样说才算说得对。"① 这就是哲学史上有名的关于真理的古典定义。这个定义至今仍在放射着光辉。其次，赫拉克利特的真理过程论，它只从客观方面谈到真理是过程的原因。即客观事物的本质是一个运动、变化的过程，所以，正确反映客观事物的真理也是一个过程。这无疑是正确的，但它却过于简单，而且还有很大的片面性。因为，真理是正确的认识。正确的认识不仅有其客观（内容）方面，而且有其主观（形式）方面。真理是主观与客观的符合、一致。所以，真理是过程，也不仅有其客观的原因，而且有其主体方面的原因。就是说，即使客观事物是处于静止状态（实际不可能），人对它的正确认识也有一个过程。赫拉克利特却没有看到这一方面。这表明他的真理过程论还没有完全建立在科学的基础上。赫拉克利特的这种片面性，实际上是旧唯物主义真理观的一个共同缺陷。即只知道真理的内容是客观的，人的认识能够正确反映客观事物；而不知道人的认识对客观事物的反映还有其主观的、能动的方面；要达到一个正确的反映需要经历一个复杂的、曲折的过程。由于这个缺陷的存在，就给唯心主义和不可知论留下了空隙。他们专门从人的认识的主观方面做文章，并且尽量夸大主观方面的作用，以致认为客观真理是没有的，真理纯粹是主观的；或者干脆否认客观事物及其本质的可知性。

① 亚里士多德：《形而上学》，吴寿彭译，商务印书馆 1959 年版，第 186 页。

所以，朴素的真理过程论尽管在基本方面是正确的，但是，它在论据和论证方面，还存在着很大的局限性和弱点。因而，在真理论史上，它又沉默了很长一段时间，不被人们谈论。

二　黑格尔客观唯心主义的真理过程论

随着实践，特别是近代自然科学的兴起和发展，真理论上的辩证法观点又重新被重视起来。因而，真理过程论也就随之发展到一个新的阶段，这就是真理过程论的第二个形态——黑格尔的客观唯心主义的真理过程论。

黑格尔（1770—1831）是德国古典唯心主义哲学的最大代表。他完成了欧洲哲学史上最庞大的客观唯心主义体系；同时，他也是第一个全面、系统、精密地阐发了唯心主义辩证法的哲学家。他认为，"绝对理念"是世界的本原和基础，是构成世界上万事万物的最深邃的内在本质或灵魂。"绝对理念"不是静止不变的，而是自我运动、自我发展的。在他看来，自然界、人类社会以及人的精神现象，都是"绝对理念"自我展开的形式，是"绝对理念"在一定发展阶段上的表现形态。显然，这里的"绝对理念"只不过是"上帝"的别名，"是唯心主义者黑格尔的神学的虚构"。①

黑格尔的客观唯心主义辩证法，同样贯彻到他的真理论中，并且明确地提出了真理（"理念"）是过程的著名论断。

黑格尔认为，人们探究哲学的兴趣所唯一要把握和要求的东西，就是真理。哲学的目的就在于寻求关于真理的科学知识。对

① 《唯物主义和经验批判主义》，《列宁全集》第14卷，人民出版社1957年版，第237页。

"什么是真理"的问题，黑格尔指出了康德的自相矛盾，批判了他的不可知论。康德在《纯粹理性批判》中，谈到"什么是真理"时，也一般地承认真理是认识与其对象的一致。但康德却认为，真理是不可知的。因为，在康德那里，思维和存在、精神和物质之间，或者用康德自己的话说，"自在之物"的"本质"和"现象"之间，有着不可逾越的鸿沟。康德说，我们所认识的一切内容只是现象；事物的本质是不可知的，认识不能达到自在之物。也就是说，人的认识是达不到真理的。所以，黑格尔指出，康德所承认的关于真理的普遍定义，和他先验唯心主义关于"自在之物"不可知的根本主张，是自相矛盾的。黑格尔认为，本质和现象是辩证地统一在一起的。本质并不在现象之外或之后，而就在现象之中，现象是本质的表现。也就是说，"现象不单纯是某种没有本质的东西，而是本质的显现"。① 因此，认识了现象，就可以从中认识到现象的本质。正是根据现象与本质的这种辩证关系，"黑格尔主张自在之物的可知性"，② 断定认识是能够达到真理的。当然，黑格尔所讲的真理的内容，与唯物主义者是不同的。他说，"理念是自在自为的真理"，"理念就是真理；因为真理即是客观性与概念相符合"。③ 显然，这和唯物主义所讲的客观真理是根本对立的。它不是讲与客观事物的本来面目相符合的认识是真理，而是说，真理是在于客观性和概念的符合、同一。

黑格尔把辩证法运用于认识论，不但从本质和现象的辩证统一上解决了真理的可知性问题；而且，还明确地把真理看作一个辩证的发展过程。他说，理念即真理，"理念本质上是一

---

① 转引自《列宁全集》第 38 卷，人民出版社 1959 年版，第 184 页。
② 《哲学笔记》，《列宁全集》第 38 卷，人民出版社 1959 年版，第 183 页。
③ 黑格尔：《小逻辑》，贺麟译，商务印书馆 1980 年版，第 397 页。

也有真理'的时候，它是公正的"。① 因而，在黑格尔看来，正是真理自身的矛盾的又对立又统一，推动着真理的发展。

以上是从真理（理念）的本质上说，它是一个过程。因为，真理自身是含有矛盾的，由于它自身矛盾的发展，便形成一个辩证过程。如果再从真理的发生上说，它也是一个过程。这就是黑格尔说的真理（理念）作为过程，它的发展经历了三个阶段：生命、认识和绝对理念。列宁认为，黑格尔关于理念发展的三个阶段的论述，是以歪曲的形式反映着人认识客观真理的过程。黑格尔的理念发展的三个阶段，也就是理念自身的三种形式。理念的第一个形式为生命，这是理念的直接性的形式。生命既然是直接性的理念，在生命里自然就有着概念；因为这时概念是以灵魂的形态存在于人的肉体里的；所以，生命是可以认识的。列宁对黑格尔的这一思想做了唯物主义的改造，指出："生命产生脑。自然界反映在人脑中。"② 就是说，真理作为认识，是自然界在人脑中的反映。而人脑则是由物质发展到生命而产生的。所以，有了生命，才有了认识的主体。不过，黑格尔认为，生命是有缺陷的。生命的缺陷在于概念（灵魂）和实在（肉体）还没有达到真正的彼此符合。理念只有克服了这种直接性，才能由生命进展到认识。

认识是理念的第二个形式，即间接性的形式。黑格尔认为，理念自身的辩证发展，就是认识。在认识过程中，客观性与主观性的差别、矛盾仍然存在，但两者的对立不断被扬弃着，即两者不断扬弃着各自的片面性。只有这样，才能使主、客观的不完全的、潜在的统一进到完全的、现实的统一。因

---

① 转引自《列宁全集》第 38 卷，人民出版社 1959 年版，第 280 页。
② 《哲学笔记》，《列宁全集》第 38 卷，人民出版社 1959 年版，第 215 页。

为，一方面只有扬弃了认识的主观性，以真实有效的客观性当作自己的内容，才能使认识具有确定内容；另一方面又只有扬弃了客观世界的片面性（偶然性），不为客观世界的假象、虚幻的形态所迷惑，才能真正达到认识的目的。这两种扬弃，是通过理论活动和实践活动两方面来实现的。经过理论和实践两个方面的活动，各自扬弃主观性和客观性的片面性，这就达到了主、客观的完全统一，达到了绝对理念，即绝对真理。在这里，黑格尔不但看到了实践在认识真理中的作用，把实践作为认识真理过程的一个环节；而且强调了认识过程是通过理论和实践两个方面的活动，逐步实现主、客观的统一的；亦即真理的获得是由认识和行动两方面来决定的。这个思想是非常重要、非常深刻的。

黑格尔认为，认识的过程以恢复那经过区别而丰富了的统一为其结果。由此就得出理念的第三个形式，亦即最高形式：绝对理念。绝对理念是以理念本身为对象的，它使客观性完全回复到主观性，使主观性成为完全的客观性，它把一切都统一起来了；因此它也就是绝对真理。这里就认识经过自身发展的辩证过程可以达到绝对真理，这对于真理是过程来说，有它的必然性；对于真理的可知性来说，也是必要的、有意义的。但是，就黑格尔所讲的绝对理念是概念的纯形式，达到了最高的自由境界，到这里一切矛盾都和解了，就这一点来说，这是走向了辩证法的反面。而且，认识经过三个阶段，最后就达到了绝对真理，这也有真理一次完成论的倾向。这是和真理过程论的思想相违背的。不过，黑格尔在绝对理念这个形式中，强调了思辨方法对于获得真理的重要意义，这是很有价值的。他认为，真理的认识方法不同于一般经验科学的认识方法。在真理的认识中，认识的过程、认识的对象和认识的方法，实际上是同一个东西，都是概念、范畴的客观运动。所以，思辨方法是理念的普遍形式。哲学的思辨方法既是分析的又是综合的，是分析与综合的辩证统一。单纯的分析方法，或单纯的综合方法，都是片面的，只有两者结合起来，才能认识事物的内在联系。在黑格尔看来，思辨方法本身也是一个过程，它包含开始、进展和目的三个环节。

黑格尔还认为，真理的过程性还呈现在哲学发展的历史中。在他看来，哲学史就是认识真理的历史过程。历史上每一个重要的哲学体系都是认识真理的一个阶段。真理的发展过程是通过历史上不同的哲学体系的更替而实现的。黑格尔说，"历史上的那些哲学系统的次序，与理念里的那些概念规定的逻辑推演的次序是相同的"。[①] 他认为，这个过程最后由"绝对唯心主义"的体系来达到完成；而他自己的哲学体系就是这样一个最后的"绝对真理"。

总之，黑格尔的真理过程论的内容是非常丰富的。他站在客观唯心主义的立场，对真理自身的辩证法做了深刻的阐述。他的巨大功绩在于，"把整个自然的、历史的和精神的世界描写为一个过程"。[②] 他指出了真理是过程的原因在于真理自身的矛盾性，在于主观和客观、概念和实在之间的对立和统一。真理自身的矛盾的展开，是真理过程的真实内容。所以，真理自身辩证发展的过程是真理的本质。从真理的发生上说，真理作为过程，经历了三个阶段。真理作为主观和客观的符合、一致来说，它是通过理论与实践两个方面的活动来实现的。在这里既肯定了实践在认识真理过程中的作用，也强调了辩证思维的作用。同时，他还指出了，在真理的发展过程中，历史的和逻辑的一致性，等等。这

① 黑格尔：《哲学史讲演录》第1卷，贺麟译，商务印书馆1959年版，第34页。
② 《反杜林论》，《马克思恩格斯全集》第20卷，人民出版社1971年版，第26页。

些都是黑格尔真理过程论中的合理内核。

　　拿黑格尔的真理过程论和赫拉克利特的真理过程论相比，黑格尔真理过程论的内容要丰富得多，思想要深刻得多，理论也要完善得多；它使真理是过程的理论大大地向前发展了一步。

　　但是，黑格尔的真理过程论是建立在客观唯心主义基础上的，这就使它有严重缺陷和许多局限性。首先，他所讲的真理过程完全是指"绝对理念"自身的变化、发展的过程，是理念自我发展的过程。这不仅是唯心主义的，而且是神秘主义的。其次，按照真理过程论，真理是不断发展永不停止的，它否定现实中的终极真理；但是，黑格尔却把自己的哲学说成是绝对真理的体系，从而也就宣布了人类认识有了止境。这样就把他的真理过程论自身变成一个完成了的封闭的体系。这是完全错误的。同时，按照真理过程论，本来应该提出相对真理和绝对真理的辩证关系。但是，黑格尔只提出了绝对真理的概念，而没能提出相对真理。有人认为，黑格尔解决了相对真理和绝对真理的辩证关系；那是一种误解，是缺乏根据的。最后，黑格尔的真理过程论，思辨色彩很浓，在许多地方还缺乏相应的科学材料作为依据，这就使它还不能完全成为科学的理论。

三　马克思主义辩证唯物主义的真理过程论

　　马克思主义哲学的产生，是哲学史上的伟大的革命变革，这一变革也反映在真理论的变革上。

　　马克思主义的创始人，在总结人类理论史的经验和概括现实经验的基础上，创立了辩证唯物主义的真理论。

　　马克思主义哲学的真理过程论和黑格尔的真理过程论，有思想上的继承关系，但又不是简单的承袭，而是批判的继承。如前所述，黑格尔的真理过程论是头脚倒立的，是唯心主义的和神秘的；而且，为了完成他的形而上学体系，其真理过程论中的辩证法也是不彻底的。马克思主义哲学则对黑格尔的真理过程论做了彻底的唯物主义的改造，抛弃了它的神秘外壳，吸取了它的合理内核，从而创立了辩证唯物主义的真理过程论。

辩证唯物主义的真理过程论，对于赫拉克利特的朴素唯物主义真理过程论也不是简单的回复，而是在更高阶段上的回复。这是因为，辩证唯物主义的真理过程论，一方面吸取了以往真理论的全部优秀成果，另一方面又不断地吸取着现代科学的成果。所以，它比朴素唯物主义的真理过程论要深刻得多、丰富得多，是真理过程论的科学形态。

第一，辩证唯物主义的真理过程论是建立在客观真理论的基础上的。它承认真理的客观性，即真理的内容反映着不依任何人的主观意志为转移的客观世界的规律性。就是说，客观世界及其规律是第一性的，是先于人的认识的；人的认识，即人的头脑对于客观世界及其规律的反映则是第二性的。没有事物及其规律的客观存在，反映就没有了真实内容。

那么，作为认识对象和真理内容所反映的客观世界是静止的、僵死不动的，还是有生有灭、运动变化的呢？在古代人那里，已经有了万物皆动、皆变、皆生、皆灭，一切都处于一个川流不息的永恒过程中的观念。这是一种朴素辩证法的思想。它虽然是正确的，然而，在那时，这只是一种靠直观得来的和天才的猜测。而且，"这种观点虽然正确地把握了现象的总画面的一般性质，却不足以说明构成这幅总画面的各个细节；而我们要是不知道这些细节，就看不清总画面"。[①] 但对今天的人们来说，这幅总画面的若干细节已初步地被弄清楚，大体上知道了它的内在原因和外部条件（应该说，不知道的还是远多于知道的）。也就是说，这个一切都处于永恒发展中的古老的哲学观念，对于今天的人们来说，已经是为无数的科学事实所证明了的东西。而唯物辩证法是建立在现代科学成就的基础上的，它肯定万物皆变的观念。世界上的一切，从最基本的粒子到巨大的天体，从无生命的岩石到生命现象，从自然界到人类社会，无不处在运动、变化和发展的过程中。并指出，事物变化的原因，在于事物内部的矛盾性。由于事物内部矛盾的展开是无限的，多样的；所以，客观世界中运动的形式也是多样的、无限的。就是说，世界上没有永恒的重复不止、一成不变的事物。客观世界的变化是有规律的；规律本身既决定事物的发展过程，又通过事物的发展过程来显现自己。作为具体事物的规律，总是一个为另一个所代替。总之，客观世界不是现成事物的集合体，而是一切事物相互联系的、永恒的发展过程。既然客观世界本身是一个无止境的发展过程，那么，人们对它的正确认识，自然也就是一个无限的深化过程。就是说，作为认识的对象和内容的客观事物及其规律，就它的本质说，是一个无限的过程，这就决定了正确地反映它的客观真理在本质上也是一个无限的过程。

我们不能设想，对一个运动中的物体，能用一张死的、静止的画面来完全正确地反映它。这也如同在有限的时间里，不能创造出数完无限数的奇迹一样。正因为如此，所以，要求通过一两次的实践和认识就能完成对客观事物的真理性认识，那

① 《反杜林论》，《马克思恩格斯全集》第20卷，人民出版社1971年版，第23页。

是办不到的。即使经过了实践和认识的多次反复，达到了真理性的认识，那也不是终极的。特别是对于那些复杂多变的事物，比如对于人类社会的发展变化来说，更不可能有什么一次完成的真理和永恒不变的真理。人们永远也创造不出一个一成不变的改造社会的模式，原因就在这里。真理观上的一次完成论和终极真理论，之所以和辩证唯物主义的真理过程论相抵触，首先就在于它违背了物质决定认识，认识落后于物质的最基本的唯物主义观点。所以，如果我们要想坚持真理的客观性，那首先就得承认真理的过程性。那么，这是不是就否定了科学预见，否定了事物发展规律的可知性呢？当然不是。因为这里所说的是认识对客观事物规律性的把握不可能是一次完成的，而科学预见并不是完成了的真理；真理是一个过程。

所以，辩证唯物主义所说的真理过程论首先是由作为真理内容所反映的客观世界是一个辩证发展的过程所决定的。这一点是和赫拉克利特的真理过程论直接相通的，而同黑格尔的真理过程论则是完全对立的。就是说，马克思主义哲学认为，"事物的辩证法创造观念的辩证法，而不是相反"。① 而在黑格尔那里是本末倒置的。他只是在概念的辩证法中猜测到了事物的辩证法。

第二，辩证唯物主义的真理过程论，还以科学地解决了世界可知性问题为前提。我们知道，真理的客观性问题不仅以承认事物及其规律的客观实在性为前提，而且还以承认客观事物及其规律可能正确地反映于人的认识为前提。这第二个前提，就是关于世界的可知性问题。所有的唯物主义者和彻底的唯心主义者（例如黑格尔），都对这个问题做了肯定的回答。对于

① 《哲学笔记》，《列宁全集》第 38 卷，人民出版社 1959 年版，第 210 页。

黑格尔对康德不可知论的批判，恩格斯曾给予很高评价。但是，在马克思主义哲学以前，不管是唯物主义，还是唯心主义，都没能科学地解决好这个问题。旧唯物主义虽然承认感觉是外部世界的映象，是联系人与物质世界的途径；但是，它不懂得实践在认识过程中的作用，不懂得认识对实践的依赖性和认识本身的能动作用，不重视对思维规律的研究，只夸大消极直观的作用。所以，它不能提出一个真正驳倒不可知论的具有客观价值的标准、准则、途径，也不能解释认识的发展过程。黑格尔只是从唯心主义的角度论证了思维与存在的同一性。在他那里，所谓世界是可知的，只不过是"绝对理念"自己认识自己罢了。所以，他既没有能够给人们指出一条通向客观真理的道路，也没有能够给自己的答案提出一个客观的、有效的论证。辩证唯物主义认识论摒弃了以往哲学解决这个问题的方法。它研究认识的发生、发展和我们变革周围世界活动的关系；认为实践是认识的基础，实践是达到真理的途径和检验认识真理性的手段和标准。这样，才真正驳倒了不可知论。正如恩格斯所指出，对不可知论的"一切哲学上的怪论的最令人信服的驳斥是实践，即实验和工业。既然我们自己能够制造出某一自然过程，使它按照它的条件产生出来，并使它为我们的目的服务，从而证明我们对这一过程的理解是正确的，那么康德的不可捉摸的'自在之物'就完结了"。①

　　世界是否可知？到底有没有真理？这个问题，今天仍然具有重要意义。现在就有人想把科学理论和真理问题完全分开。认为科学中没有真理问题，科学的目的不是为了发现真理，科学理论也不包含真理，也不能以真理性来评判科学理论。有的

---

①　《路德维希·费尔巴哈和德国古典哲学的终结》，《马克思恩格斯选集》第4卷，人民出版社1972年版，第221页。

主张把"真的"观念，换为"好的"、"有价值的"。有的鼓吹用信仰主义代替科学真理。等等。这些都是否定世界可知，否定人的认识能够达到真理，甚至妄图从人的认识中取消真理问题的倾向。但是，实践和科学自身的发展，又不断地驳斥着这些论调。特别在今天，人们通过对信息的研究，也许能进一步揭开认识与客观事物之间的机制、契机。认识论应该研究包括人脑从提取外界信息到进行加工整理的整个过程。物质世界的发展，是连续性和间断性的统一。任何两个截然不同的事物之间，都会有许多中间状态。在认识和客观事物之间，存在某种中间状态的东西，是完全可以理解的。犹如遗传密码的发现，对于遗传学和遗传工程学具有重要的意义一样，揭开认识与客观事物之间的机制、契机，对于真理可知，对于认识论的意义是同样不可轻估的。它将进一步弄清楚世界之所以可知的原因，从而使形形色色的现代不可知论就再无藏身之处了。

承认世界可知，就是承认人的认识有能力达到客观真理。所以，承认和唯物地解决世界可知的问题，是承认客观真理的必要前提之一。前面讲，由于客观事物是个过程，所以真理也是个过程；那是从认识的客观性环节方面来说的。那么，从认识的主体性环节即从认识的能力方面来说，认识能否一下子完满地达到客观真理呢？辩证唯物主义的真理过程论认为，也不能。因为，人的认识能力既是至上的、无限的，又是非至上的、有限的。认识能力的这种至上性与非至上性、无限与有限的矛盾，也决定了真理是个过程。

杜林为了吹嘘自己在道德和法方面的理论是所谓"终极真理"，曾说"真正的真理是根本不变的"。并说，如果认为真理是变化的，即通常就是愚蠢。恩格斯为了驳斥杜林的这种形而上学观点，从人的认识能力方面，辩证地提出了思维的至上性与非至上性的问题，并深刻地论述了两者的辩证关系。恩格斯说，"人的思维是至上的，同样又是不至上的，它的认识能力是无限的，同样又是有限的。按它的本性、使命、可能和历史的终极目的来说，是至上的和无限的；按它的个别实现和每次的现实来说，又是不至上的和有限的"。[①]

关于认识能力的这种有限和无限问题，哲学史上的一些哲学家曾经接触过。康德就明确提出过人的认识能力问题，但是，康德并没有能正确解决这个问题。他从唯心主义，形而上学的立场出发，结果得出了人的认识能力只是有限的错误结论，从而陷入了不可知论。旧唯物主义虽然承认认识能力是无限的，世界是可知的；但他们也不懂得认识能力本身有限与无限的辩证法；所以，也没有能够真正解决这个问题。只有恩格斯在考察人类认识经验的基础上，科学地论证了这个问题，指出人的认识能力既是至上的、无限的，又是非至上的、有限的，是至上性与非至上性、无限性与有限性的矛盾统一，这才真正科学地解决了这个问题。

人类认识史和科学发展史都证明了恩格斯上述论断的正确性。我们知道，从人类的世代延续来说，人的认识能力是无限的、至上的；至今还没有发现人的认识因为能力的有限而停止了发展。但是，就每一代人、每一个人来说，认识的能力又总是非常有限的、非至上的；至今世界上尚未被人们认识的事物远远地多于已经认识了的事物。就人的感官的生理构造来说，并不是尽善尽美的，有许多事物并不能直接为人的感官所感知；就是说，它是有限的、非至上的。但是，感官生理构造的局限性，又不是人的认识的界限；人总是可以借助仪器不断延

---

① 《反杜林论》，《马克思恩格斯全集》第 20 卷，人民出版社 1971 年版，第 95 页。

长自己的认识器官；从这方面，"我们没有任何理由设想，如果人有了更多的感觉或器官，他就能够认识自然界更多的属性或事物"。① 就是说，人具有认识世界的足够的感官，人的感官的能力又是无限的。按认识的本性、使命、可能和终极目的来说，世界上没有什么不可认识的事物；但就每一个具体的认识成果来说，都有自己的局限性。由于认识能力的这种至上性与非至上性的矛盾，便决定了客观真理是能够达到的，但又不能一下子达到，不是一次完成的，而是实现于有限与无限的矛盾发展过程中。具有至上性的思维实现于非常不至上地思维着的人们的系列之中。

第三，辩证唯物主义真理过程论的主体和核心是：主观和客观的符合是一个过程。按照辩证唯物主义的观点，真理之所以是过程，最基本的是在于真理是主观和客观的符合，是思想和客体的一致；而主观和客观的符合、思想和客体的一致，乃是一个过程。真理既不是客观事物和客观规律本身，也不是思维和思维规律本身；而是思维和客体的统一，是主观符合于客观，亦即认识正确地反映了客观事物及其规律。客观事物的过程性和主观认识能力的至上性与非至上性，只是造成真理过程性的主、客观两方面的不可避免的条件，而不是说的真理是过程本身。真理是过程的实质，在于主、客观的统一本身是一个过程。正如列宁所说，"思想和客体的一致是一个过程。思想（＝人）不应当认为真理是僵死的静止，是象精灵、数目或抽象的思想那样没有趋向的、没有运动的、惨淡的（灰暗的）简单的图画（形象）"。② 换句话说，真理之所以不是僵死的、静止的，而是运动的、发展的过程，就是由于思想和客体的一

---

① 《哲学笔记》，《列宁全集》第 38 卷，人民出版社 1959 年版，第 64 页。
② 同上书，第 208 页。

致是一个过程。因为，真理是主体和客体、主观和客观的一个
关系范畴。它从精神方面体现着主、客观的统一、一致、符
合。所以，思想和客体的一致过程，乃是真理是过程的真实内
容。也就是说，真理就是主观和客观、思想和客体的永远的、
没有止境的统一过程。

为什么主观和客观、思想和客体的统一是一个过程，而且
是一个无止境的过程呢？关于这一点，前面已经说过，黑格尔
已经从唯心主义的立场给予了充分的论证。黑格尔的论证虽然
是唯心的，他论证的只是"绝对理念"自身发展的原因；然
而，这些论证归根到底还是从实际中来的，只不过他把它抽象
化、观念化，以证明上帝（绝对理念）的万能。抛弃了它的唯
心的、神秘的外壳，我们可以看到，黑格尔对主观和客观、思
想和客体是一个永恒的矛盾统一过程的思想，是深刻的。马克
思主义哲学吸取了这个合理内核，并把它加以唯物主义的改
造，使它成为自己的真理过程论的有机组成部分。列宁说，
"认识是思维对客体的永远的、没有止境的接近。自然界在人
的思想中的反映，应当了解为不是'僵死的'，不是'抽象
的'，不是没有运动的，不是没有矛盾的，而是处在运动的永
恒过程中，处在矛盾的产生和解决的永恒过程中的"。① 就是
说，主观和客观的统一，是矛盾的统一。这种统一永远处在一
个矛盾的不断解决又不断产生的辩证过程中。矛盾的产生和解
决，是普遍的、永恒的；所以，认识和客体的一致，便是一个
永恒的过程。

恩格斯 1895 年 3 月 12 日在致康·施米特的信中指出，
"思维和存在的同一……即一个事物的概念和它的现实，就象

① 《哲学笔记》，《列宁全集》第 38 卷，人民出版社 1959 年版，第 208 页。

两条渐近线一样，一齐向前延伸，彼此不断接近，但是永远不会相交。两者的这种差别正好是这样一种差别，这种差别使得概念并不无条件地直接就是现实，而现实也不直接就是自己的概念"。① 恩格斯这里所说的概念和现实之间，既不断接近，又永远不会相交的思想，对于我们所考察的问题，是十分重要的。它揭示了真理之所以是过程的实质，指明了概念和现实运动的辩证法。在恩格斯看来，思维和存在的同一永远是个过程。这种过程性不仅就人类认识的世代发展来说是如此，就人们在一定条件下对某一具体事物的认识来说也是如此。譬如，就每一个具体的认识来说，主观和客观的符合，也必须经历一个在实践的基础上由感性认识上升到理性认识的过程。感性认识只反映事物的现象，理性认识才从全体上反映事物的本质。不反映事物的本质，就谈不上主、客观的真正符合。

由于真理是主观和客观、认识和客体的矛盾统一的辩证过程，是思维对客体的没有止境的接近过程；所以，在这个过程中，始终存在着主观和客观的不符合及其克服、认识和客体的不一致及其克服。也就是说，在真理的发展过程中，包含着错误的产生和克服。实际上，真理的发生和发展过程，是和真理与错误的矛盾过程始终交织在一起的。正如恩格斯所说，"思维的至上性是在一系列非常不至上地思维着的人们中实现的；拥有无条件的真理权的那种认识是在一系列相对的谬误中实现的；二者都只有通过人类生活的无限延续才能完全实现"。②

在主观和客观、认识和客体一致的过程中，辩证唯物主义的真理过程论创造性地提出了相对真理和绝对真理及其相互关系的学说，从而第一次科学地解决了真理过程的运动形式和规律

① 《马克思恩格斯选集》第4卷，人民出版社1972年版，第515页。
② 《反杜林论》，《马克思恩格斯全集》第20卷，人民出版社1971年版，第94—95页。

问题。前面说到，在真理的发展过程中，黑格尔认为，理念经过生命、认识过程等阶段后，最后就到达了绝对真理（绝对理念）。这反映了黑格尔的真理过程论的不彻底性。对这一点，马克思主义哲学是持否定态度的。马克思主义哲学在批判地接受了"绝对真理"这个概念的同时，又创造性地提出了与此相对应的"相对真理"的概念。指出，相对真理和绝对真理的关系，是辩证的关系；真理的过程，就是由相对真理不断地走向绝对真理的过程。列宁说，"如果有客观真理，那么表现客观真理的人的表象能否立即地、完全地、无条件地、绝对地表现它，或者只能近似地、相对地表现它？这……就是关于绝对真理和相对真理的相互关系问题"。① 很清楚，所谓绝对真理，就是完全地、无条件地、绝对地正确反映客观事物及其规律的认识，所谓相对真理，就是不完全地、有条件地、近似地、相对地正确反映客观事物及其规律的认识。绝对真理和相对真理是紧密联系、不可分割的。没有脱离绝对真理的相对真理，也没有不通过相对真理来表现的绝对真理。每一个相对真理中都含有绝对真理的成分；绝对真理是由发展中的相对真理的总和构成的。所谓"总和"，不应理解为机械的相加。由相对真理走向绝对真理的过程，绝不是单纯量的积累，而是有量变和质变、有否定之否定的辩证过程。这样，就完全克服了黑格尔的"绝对真理"的形而上学性质；同时，科学地解决了真理发展的形式和规律问题。所以，马克思主义哲学关于绝对真理和相对真理的学说，大大地丰富了辩证唯物主义真理过程论的内容。

辩证唯物主义的真理过程论还认为，主观和客观、认识和客体的一致，是通过实践和理论两方面的活动来实现的。辩证

---

① 《唯物主义和经验批判主义》，《列宁全集》第14卷，人民出版社1957年版，第120页。

唯物主义的真理过程论特别推崇实践的作用，认为实践的观点，"是认识论的首要的基本的观点"；① 真理的获得和发展，一点也离不开实践。列宁说，"真理是过程。人从主观的观念，经过'实践'（和技术），走向客观真理"。又说，"人在自己的实践中、在技术中检验这些反映的正确性并运用它们，从而也就接近客观真理"。② 所以，没有实践，就没有主观和客观的符合、认识和客体的一致，也就没有了真理。同时，由于实践本身也是一个由简单到复杂，由低级到高级的不断发展的过程，这也决定了真理是个过程。

在这里，我们强调实践在真理过程中的作用，但是，并不能由此而否定理论、否定抽象思维在这个过程中的作用。前面我们说到，黑格尔曾说，为了达到主、客观的完全统一，即达到绝对理念（绝对真理），必须通过真和善（实际理论和实践）两个方面的活动来实现。列宁对黑格尔的这个思想非常重视。列宁用唯物主义观点改造了黑格尔的表述，说"认识和行动的过程把抽象的概念变成完备的客观性"。③ 就是说，主观和客观的统一，是通过理论和实践两方面的活动来达到的。

真理，从更深的意义上或者从本来的意义上说，是指人的认识对客观事物的内在本质、对它的发展过程的规律性的正确反映。事物的内在本质和规律是通过大量的外部现象来显现的。所以，为了达到对事物本质的正确认识，首先必须在实践中获得对事物大量现象的正确认识。对事物现象的正确认识中包含着真理，但它并不就是真理。真理不是最初的印象。真理不是在开端，而是在终点。就是说，真理并不就是感性认识，

---

① 《唯物主义和经验批判主义》，《列宁全集》第14卷，人民出版社1957年版，第142页。
② 《哲学笔记》，《列宁全集》第38卷，人民出版社1959年版，第215页。
③ 同上书，第209页。

而是在一个具体认识过程的终点，即理性认识。更确切些说，真理"是在继续中"。① 因为，理性认识就是感性认识的继续；理性认识正确与否，还要通过实践来检验。而且，真理性认识作为长河来说，是没有最后终点的。所以，掌握了大量感性材料，并不等于就掌握了真理。对感性材料不会进行理性加工，不能进行科学的抽象，看不到隐藏在现象后面的本质；那么，真理即使碰到鼻子尖上，也可能溜掉。这类事件，古今中外，甚至在一些大科学家、大学问家那里，都发生过。从这里我们可以知道，认识在达到真理的过程中，抽象思维的作用是不可轻估的。列宁说，"当思维从具体的东西上升到抽象的东西时，它不是离开——如果它是正确的（注意）（而康德和所有的哲学家都在谈论正确的思维）——真理，而是接近真理。物质的抽象，自然规律的抽象，价值的抽象及其他等等，一句话，那一切科学的（正确的、郑重的、不是荒唐的）抽象，都更深刻、更正确、更完全地反映着自然"。又说，"从生动的直观到抽象的思维，并从抽象的思维到实践，这就是认识真理……的辩证的途径"。② 这里，一方面说明，任何一个具体真理从它的发生上说，都要经过一个过程，都是包含在认识的过程中；另一方面说明，除了实践的重要性之外，抽象思维在达到主、客观统一的过程中，亦即在真理的过程中，也是必不可少的手段和途径。

第四，辩证唯物主义的真理过程论断然否定终极真理论和真理一次完成论。它认为，任何科学和任何哲学都不可能穷尽真理，结束真理。有人认为，马列主义作为完整的科学的体系，便拥有无条件的真理权。这是一种误解。马列主义的哲学是辩证唯

① 《哲学笔记》，《列宁全集》第 38 卷，人民出版社 1959 年版，第 182 页。
② 同上书，第 181 页。

物主义；它不承认有什么最终的、无条件的真理；因为承认这种真理是完全违背真理是过程的原理的。正如恩格斯所指出，"如果在人类发展的某一时期，这种包括世界所有联系——无论是物质的或者是精神的和历史的——最终完成的体系建立起来了，那么，人的认识的领域就从此完结，而且从社会按照这一体系来安排的时候起，未来的历史进展就中断了——这是荒唐的想法，是纯粹的胡说"。① 它和客观世界的本性以及人类认识的本性是不相符合的。所以，辩证唯物主义的真理过程论认为，所有的科学和哲学，包括马克思主义哲学自身在内，如果它们是正确的，最多也只能起一个开辟认识真理道路的作用。正像毛泽东所说，"客观现实世界的变化运动没有完结，人们在实践中对于真理的认识也就永远没有完结。马克思列宁主义并没有结束真理，而是在实践中不断地开辟认识真理的道路"。② 这一点和黑格尔的真理过程论，也是迥然不同的。

总之，马克思主义哲学的真理过程论，是辩证唯物主义的真理过程论。它既承认真理的客观性，又承认真理的过程性。它的出发点是：客观世界是一个无限的发展过程；人的认识能够正确反映这个客观世界。但是，人的认识能力既是无限的、至上的，又是有限的、非至上的；所以，作为真理的主观和客观的符合，也就是一个无限的过程。真理的本质不表现为某种静态的知识，而是表现在动态的认识过程中。过程性是客观真理的本质所在。在主、客观矛盾的无限过程中，实践和理论从两个方面，不断地推动着矛盾的永恒发展。正因为真理是个过程，所以，辩证唯物主义的真理过程论，断然否定终极真理论和真理一次完成论；完全反对建立任何封闭的科学体系和哲学体系。

---

① 《反杜林论》，《马克思恩格斯全集》第 20 卷，人民出版社 1971 年版，第 40 页。
② 《实践论》，《毛泽东选集》第 1 卷，人民出版社 1955 年版，第 284 页。

第二章　真理过程的客观基础

在前一章里，我们已经谈到辩证唯物主义的真理过程论是建立在客观真理论基础上的。这里，我们再稍为详细地谈一谈这个问题。

一　唯物主义和唯心主义各派在真理基础问题上的分歧

首先，我们要指出，真理有没有客观基础？如果有，这个客观基础是什么？在这个问题上，唯物主义和唯心主义的回答是根本对立的。唯心主义者从意识第一性、物质第二性的基本立场出发，对这个问题的回答是否定的。不过，在回答的方式上，客观唯心主义者和主观唯心主义者又稍有不同。主观唯心主义者是直截了当地否定真理有客观基础。他们认为，真理都是主观的，是头脑里自生的。譬如，俄国的马赫主义者波格丹诺夫说，"真理是思想形式，是人类经验的组织形式"。① 显然，这是关于真理的主观唯心主义的定义。既然真理只是一种思想形式，只是人类经验的组织形式，那它当然不需要什么客

① 转引自《列宁全集》第14卷，人民出版社1957年版，第121页。

观的基础。就是说，这种"真理"是纯粹主观的东西。因为，不管是"思想形式"，还是"人类经验的组织形式"，都没有超出主观意识的范围。这种真理定义，完全否定了真理的客观源泉和客观内容。按照这种定义，一切思想，包括非常怪诞的思想，都可以称为真理。因为怪诞的思想，也是一种思想形式。波格丹诺夫也感觉到了他的理论的这种惊人的谬误。于是，他说，"客观性的基础应该是在集体经验的范围内"。就是说，真理是具有"普遍意义"的"社会地组织起来的经验"。①虽然波格丹诺夫在这里加上了"普遍意义"、"社会地组织起来的"等字样，但是，并没有改变问题的实质。按照这种解释，宗教迷信等等仍然有权被称为真理。因为，宗教迷信对于物质文明和精神文明还没有高度建立起来的时候，还是具有相当的"普遍意义"；宗教对于虔诚的宗教徒、迷信对于愚昧的迷信者来说，乃是一种"社会地组织起来的经验"。

实用主义的真理观，也是一种主观唯心主义的真理理论。实用主义者认为，有用的就是真理。实用主义在中国的代表胡适说，"真理原来是人造的，是为了人造的，是人造出来供人用的，是因为他们大有用处所以才给他们'真理'的美名的。我们所谓真理，原不过是人的一种工具"。② 就是说，真理根本没有什么客观基础，不受任何客观东西的制约。真理以能否满足个人的需要为标准。对我有用的就是真理，对我没用的就不是真理。今天对我有用，今天是真理；明天没用，明天它就不再是真理。所以，对他们来说，真理只是思维方面的权宜之计。按照这种观点，一切谎言、谬论和诡辩，都可以叫作"真理"。因为谎言、谬论和诡辩也能满足某些人的主观需要，而

---

① 转引自《列宁全集》第 14 卷，人民出版社 1957 年版，第 122 页。
② 《胡适文存》卷二，亚东图书馆 1921 年版，第 101 页。

且有时也能给他们带来"效果"和"利益"。

现在西方又有人提出一种价值真理观。他们认为，所谓真理就是有价值。一种观点、一个假说、一个判断，等等，它是不是真理，就看它对科学的发展、对实践是不是有价值；有价值的就是真理。但是，他们所讲的实践和我们所讲的社会实践是有不同含义的。他们所说的实践是指个人的行动。所谓对实践有价值，说到底就是对个人有没有用，有没有效应。所以，这种观点实际上还是实用主义真理观的一种变种。我们认为，真理是有用的，但有用的并不都是真理；区别在于它是否有客观依据，是否是客观事物及其规律的正确反映。

主观唯心主义真理观的再一种表现是，认为真理是一种信念的形式。比如，英国的罗素就认为，真理或谬误，这指的首先是信念。他说，一个判断的正确或错误，只在于它是否反映了信念。毫无疑问，信念是一种主观的东西，是意识的一种形态。因而，在这种真理观里，作为真理基础和内容的客观性的东西是完全没有的。

所以，对于主观唯心主义者来说，他们对真理具有客观基础的问题，是直接持否定态度的。他们根本否认有客观真理，认为真理纯粹是主观的。

客观唯心主义在这个问题上的表现形式，和主观唯心主义稍有不同。客观唯心主义者承认真理有客观基础。但是，他们所说的客观基础，指的仍然是一种精神性的东西。比如，这种所谓客观基础，在柏拉图那里叫作"理念"，在黑格尔那里叫作"绝对理念"，在宗教那里则叫作"神"或"上帝"。在他们看来，真理就是对这类"客观"东西的反映。柏拉图把真理叫作对"理念"的回忆。黑格尔认为，真理是"绝对理念"的自我认识。宗教则把真理归结为神或上帝的"启示"。因而，真理在客观唯心主义者那里带有神秘主义的色彩。客观唯心主义者虽然认为真理有客观基础，但由于他们所说的客观基础仍然是一种精神性的东西，所以，他们所讲的真理也仍然是一种纯精神性的东西，是精神对精神的反映。这样，在实质上也还是取消了真理的客观内容和客观基础。

唯物主义和唯心主义相反。唯物主义者认为，物质是第一性的，意识是第二性的，意识是由物质决定的。从这个基本立场出发，唯物主义者也承认，真理是人的认识；并且就这一点而言，没有人就没有真理，因为脱离了人的认识的客观独立存在的自然界本身是无所谓真理的。但是，唯物主义者强调指出，作为真理的人的认识是有客观基础的，是对客观事物的正确反映。所谓真理的客观基础，一是指真理是由高度完善的物质——人脑所产生的，二是指真理的内容、真理的源泉来自客观物质世界。正像列宁所说，"生命产生脑。自然界反映在人脑中。人在自己的实践中、在技术中检验这些反映的正确性并运用它们，从而也就接近客观真理"。① 也就是说，承认物质世界是真理的客观基础，也就是承认真理是客观的，真理是客观事物在人脑中的正确反映。不言而喻，没有客观事物的存在，就不会有对客观事物的认识，当然也就谈不上客观真理。所以，对唯物主义者来说，承认客观真理是最要紧的。因为，正是在这一点上，划清了同唯心主义的界限。

承认真理是人的认识对客观事物的正确反映，也即承认真理有客观基础，并且明确指出这个客观基础是指整个的客观的物质世界，这是唯物主义者的共同特点，也是唯物主义和唯心主义的分界线。但是，当我们进一步探究作为真理基础的客观

---

① 《哲学笔记》，《列宁全集》第38卷，人民出版社1959年版，第215页。

物质世界到底是怎样的状况，以及人的认识又到底是怎样正确地反映它这样的问题时，我们发现辩证唯物主义和形而上学唯物主义之间又存在着原则界限。

形而上学唯物主义者用孤立的、静止的和片面的观点看问题。他们认为作为真理源泉的客观世界以及客观世界里的一切事物的形态和种类，都是既成的、不变的、彼此互不联系的。即使有变化，那也只是量的增加或减少，而不懂得质变和飞跃，因此就不能解释事物在质上的多样性。他们也否认事物的内在矛盾是事物变化、发展的根源，因而也不懂得事物的变化是有规律的。同样，他们对真理的看法也是形而上学的。他们认为，人对客观事物的正确认识好像照镜子一样，而且是一次完成的；对整个世界的正确认识是对其中每个事物正确认识的机械相加。所以，他们根本不承认也不懂得真理是一个过程。

和形而上学唯物主义不同，辩证唯物主义认为，辩证法是客观世界从而也是人的思维所固有的。只有用唯物辩证法的观点来观察世界，才能正确反映客观世界的本来面目。在辩证唯物主义看来，客观事物不是静止不动的，而是运动、变化的；事物之间不是彼此孤立的，而是相互联系的；整个世界是一个统一的整体；作为整体在时间和空间上，都是无限的，它的运动、变化是有规律的。辩证唯物主义对客观世界的这一看法，已经为人类社会实践所反复证实。

正因为客观世界的运动变化是有规律的，这才为人们能够正确地认识它提供了客观可能性。就是说，从客观对象方面说，人的认识达到客观真理是可能的。但是，又由于客观世界是运动变化的，各个事物又是相互联系的，以及这种联系的全部复杂性和发展的无限性，这又决定了人对它的正确认识是不可能一下子完成的，而是必须经历一个过程。正因为如此，如果我们不懂得或者不坚持真理是一个过程的观点，那么，我们就不可能真正坚持真理客观性的观点。所以，为了划清和唯心主义的界限，必须坚持辩证唯物主义的真理观，首先就要弄清楚：客观物质世界的状况是真理过程的客观基础。

二　客观世界的运动变化决定人对它的正确认识是个过程

关于客观世界是运动变化的，这一点我们在前一章已经讲过了。这个观点是从古代哲学中便已有了的。但是辩证唯物主义关于物质运动的观点，则是建立在现代自然科学的基础上的。现代自然科学告诉我们，大至茫茫宇宙，小至微观粒子，无一不处于运动变化之中。世界上唯一不变的就是物质的运动。拿人类社会历史来说，它的运动变化更是一目了然的。根据考古学的发现，人类历史大约有 300 万年。可是根据地球中放射性元素的蜕变速度，我们知道，地球从产生到现在应该有45 亿到 60 亿年。300 万和 60 亿相比，才是二千分之一。可在这 300 万年中，人类的变化又有多大啊！不仅在体型上，现代人和原始人有了很大变化；而且，特别是在社会生活方面，现代人和原始人的状况更有天壤之别。原始人过着茹毛饮血的生活，现代人则过着文明的生活。自从进入文明社会以来，社会生活各方面的变化更是日新月异。总之，不论自然和社会，都是处在一个不断运动变化的过程中。事物之所以有运动变化，其根本原因在于事物内部的矛盾性。

既然客观世界是处在变化发展的过程中，从来没有表现出一成不变的最终的形式，那么，作为真理的认识也就不可能一次达到，而必然是一个过程。这，一方面，从人脑作为认识的物质基础来看，有一个变化发展的过程；另一方面，从真理内容所反映的客观世界来看，也是一个变化发展的过程。

前面说到，人类诞生以来的变化，包括人的体型上的变化，实际上也就包括了人脑的进化。这个进化，当然也是一个过程。今天的人脑是从原始人的人脑进化来的。今天的人脑比起原始人的头脑对外界事物的反映，无论在速度上或准确率上，都不知要提高了多少倍。这当然与许多因素有关，但也不能不说和人脑本身生理构造的进化有关。这种进化至今仍未停止。这是决定真理成为过程的直接的物质基础。另一方面，再从客观世界作为真理的源泉和内容来看，既然客观世界本身是一个永恒发展的过程，那么作为正确反映它的真理也就不能不是一个不断发展的过程。道理很简单。这里且不说认识要常常落后于客观现实，就算客观事物表现到什么程度我们就正确地认识到什么程度，即使是这样，那在客观事物还没有发展到那个阶段以前，人们也就不可能完全认识它。比如，马克思是1883 年逝世的，到 1886 年才有汽车；马克思没有坐过汽车，所以，马克思自然不可能知道关于汽车的知识，更不会懂得什么叫高速公路。恩格斯在世时还没有飞机，他也就没有对于飞机的认识。就是说，即使是伟大人物，他们的认识也不可能超越于他们的时代。这也告诉我们，真理之所以是个过程，首先是由作为真理内容所反映的客观世界本身是个过程所决定的。真理的过程不是主观随意的运动，而是在头脑中具体反映了客观事物的真正的运动。也就是说，客观世界和对客观世界的正确认识，都是个过程，后者是由前者所决定的。总之，正如恩格斯指出的，"一个伟大的基本思想，即认为世界不是一成不变的事物的集合体，而是过程的集合体，其中各个似乎稳定的事物以及它们在我们头脑中的思想映象即概念，都处在生成和灭亡的不断变化中，在这种变化中，前进的发展，不管一切表面的偶然性，也不管一切暂时的倒退，终究会给自己开辟出道路"。①

三　事物的相互联系制约着对它全面把握的过程性

客观世界是不断运动变化的，而其中每一个运动着的事物之间又都是相互联系的。事物自身的这种相互联系，也是使真理成为过程的客观原因。

辩证唯物主义认为，事物的相互联系是事物自身的辩证法。所谓"联系"，就是指宇宙万事万物之间的相互依赖、相互制约、相互作用和相互转化。客观世界是一个统一的体系，其中的一切事物、现象、过程都相互作用着，表现为一个有机联系的整体。这已为科学实践所一再证实。例如，相对论物理学证明，不但物质和运动，物质的运动和时间、空间是相互联系的；而且，空间和时间也是相互制约的，物体的质量和物体运动的速度也是相互联系的。门捷列夫的化学元素周期律证明，各种化学元素之间存在着内在的相互联系的关系。现代化学又进一步证明，化学元素的性质直接地同原子核的电荷数有着密切的依赖关系，各种化学元素之间在一定条件下可以相互转化。达尔文的进化论证明，生物从最原始的单细胞到最复杂、最高等的人类，是经过了一个漫长的发展过程的，相互之

---

① 《路德维希·费尔巴哈和德国古典哲学的终结》，《马克思恩格斯选集》第4卷，人民出版社1972年版，第239—240页。

间存在着历史的联系。今天地球上的 200 多万种动植物①和微生物之间也有着错综复杂的、远近不一的相互关系。生物化学又证明，有机生命和无机物质之间也是相互联系、相互转化的。胰岛素的人工合成有力地证实了这一点。马克思主义的社会科学证明，不但人类社会本身的各种事物、现象之间是相互依赖，相互联系的；而且，人类社会和自然界之间也是相互制约、相互作用的。至于人类的思维这种精神现象，乃是物质世界发展到一定阶段的产物，是大脑这种高度组织起来的特殊物质的机能。意识的产生不仅同高级神经系统的发展密切相关，而且同社会劳动也是紧密相连的。意识的内容也是来自客观物质世界。概念间的联系，正是客观事物相互联系的反映。

以上事实告诉我们，现代科学不仅能够给我们指出自然界、人类社会和思维各个领域内的事物、过程之间的联系，而且，也能指出各个领域之间的相互联系。这就是说，在整个宇宙，千差万别的事物、现象和过程，无不处在世界性的、全面的、错综复杂的、活生生的相互联系和交互作用之中。

事物之间相互联系的形式是多种多样的，有本质联系和非本质联系、必然联系和偶然联系、一次性联系和无限反复的联系、直接联系和间接联系，等等。总之，事物间的相互联系是客观的和普遍的。

恩格斯曾经指出，"**相互作用**是我们从现代自然科学的观点考察整个运动着的物质时首先遇到的东西"。②"正是这种相互作用构成了运动"。③ "相互作用是事物的真正的终极原因。

---

①　对地球上到底有多少生物物种，迄今人们还不能准确地知道。20 世纪 60 年代中期，科学家们认为地球物种大约为 300 万种，到 21 世纪初，则认为为 500 万种。通常认为，动物有 150 多万种，植物为 40 多万种，其余的为微生物。

②　《自然辩证法》，《马克思恩格斯全集》第 20 卷，人民出版社 1971 年版，第 574 页。

③　同上书，第 409 页。

我们不能追溯到比这个相互作用的认识更远的地方，因为正是在它背后没有什么要认识的了"。① 正是由于各种事物间的相互联系和相互作用，才使整个世界成为一个运动的有机整体。所以，联系是辩证法的一个最基本的概念。恩格斯曾经把辩证法称为是关于普遍联系的科学，是有深刻的意义的。因为，辩证法的各个规律和范畴，都是在事物联系的基础上发挥作用的，都是事物普遍联系的展开和表现。

客观世界是万事万物相互联系的统一整体。真理则是对这个统一整体的正确把握。列宁曾说："真理就是由现象、现实的一切方面的总和以及它们的（相互）关系构成的。"又说，"真理只是在它们的总和中以及在它们的关系中才会实现"。② 这里，列宁特别强调了"总和"和"关系"。实际就是指的世界万事万物相互联系的总和，也就是客观世界这个统一整体。但是，我们现实的认识却绝对不可能一下子穷尽这个统一整体。人类认识的历史告诉我们，人的认识总是从个别的具体的事物入手，而后一个一个地扩大，从而认识到比较多的和更多的事物和方面；总是先认识自己身边的东西，而后再去认识那些比较远的以至更远的东西；总是先去认识那些在现实中最切身的、和人的利害有着最直接关系的事物，而后再去认识那些从现实看来和人的关系不太密切或似乎不太密切的事物。或者说，总是先认识事物之间的一些关系，而后才能认识更多的联系、更多的关系。譬如，人们为了多生产粮食，常常采取砍伐森林、开垦荒地的方法。这是因为人们认识到了增加粮食和扩大耕地面积之间的关系以及扩大耕地面积和垦荒之间的关系。这种做法，在短时间内确实能给人们带来利益。但是，从长远

---

① 《自然辩证法》，《马克思恩格斯全集》第20卷，人民出版社1971年版，第574页。
② 《哲学笔记》，《列宁全集》第38卷，人民出版社1959年版，第210、209页。

看，由于森林的过度砍伐，造成水土流失，破坏生态平衡，往往又把肥沃的土壤变为不毛之地。问题的这一方面，是人们在垦荒时所没有认识到的。事物之间的这种关系，往往是经过自然界对人的惩罚以后才认识到的。有时甚至光有别人的经验还不行，还要通过自己的实践才能接受教训。可见，要认识事物之间多种多样的联系，是并不那么容易的。同时，这也告诉我们，人对客观事物的认识，由个别到少量再到多数、由近及远、由认识事物间的个别联系到更多联系，这是认识发展的客观的程序。

也许有人会说，认识发展的程序并非如此。在古代哲学家那里不是早已有了对整个客观世界的总体描述吗?! 而且那些描述实质上是正确的。我们说，这是对人类认识史的一种误解。这种误解就像有人根据古代哲学家早已提出了原子论，因而认为人类对原子的发现和认识比对分子的发现和认识还要早一样。其实，古代哲学家对世界总体的描述，只是他们原始的、素朴的唯物主义世界观的表现。这种描述是缺乏具体的科学依据的。有的还只是天才的猜测。天才的猜测，也还是猜测，和科学认识还是有区别的。所以，恩格斯在评价古代哲学家对世界总体的看法时指出，"这种观点虽然正确地把握了现象的总画面的一般性质，却不足以说明构成这幅总画面的各个细节；而我们要是不知道这些细节，就看不清总画面。为了认识这些细节，我们不得不把它们从自然的或历史的联系中抽出来，从它们的特性、它们的特殊的原因和结果等等方面来逐个地加以研究"。① 就是说，为了看清总画面，总是先从它的某一点、某一个方面开始，逐步加以认识的。

---

① 《反杜林论》，《马克思恩格斯全集》第20卷，人民出版社1971年版，第23页。

认识只能从个别的、具体的事物及其相互联系入手，而我们面对的却是万事万物错综复杂地相互联系的客观世界，这就决定了对这个客观世界的认识只能是一个漫长的过程。也就是说，人要达到对整个客观世界的真理性认识，必定是个过程。

事物的相互联系之所以成为真理过程的客观性原因，不仅在于普遍联系使万事万物的关系错综复杂、头绪纷繁，而我们的认识只能一点一滴、一个部分一个方面地进行；更重要的还在于事物的普遍联系使整个世界成了一个有机的整体，而作为真理性的认识，不但要把握有机整体中的各个部分，还要把握有机整体自身。有机整体，并不等于它的各个部分的机械相加；同样，对有机整体的正确认识，也并不是对它的各个部分的正确认识的机械相加。在有机整体和它的各个部分之间存在着复杂的辩证的关系，这就决定了对有机整体和它的部分及其相互关系的正确认识必定有一个复杂的辩证的过程。我们知道，事物的相互联系是事物存在的基础。事物只有在相互联系中才有意义，才是可以理解的。"身体的各个部分只有在其联系中才是它们本来应当的那样。脱离了身体的手，只是名义上的手（亚里士多德）。"① 这种名义上的"手"，脱离了和身体其他部分相联系的"手"，实际上也就不成其为手。作为手，它就必须处在和身体的其他各个部分的相互联系之中。可是，人要认识身体这个有机整体，又必须把它的各个部分分解开来，一个部分一个部分去认识。当把它的一个部分，比方说手，拿出来认识时，实际已把手和身体其他部分割裂开来了。从事物相互联系的观点看，这时的"手"已经不完全是身体有机部分的那只手了。所以，我们对这只"手"的认识，也不等

---

① 《哲学笔记》，《列宁全集》第38卷，人民出版社1959年版，第217页。

于对身体有机部分的那只手的认识。因此，从对一只手的认识开始，最后要达到对整个身体的正确认识，中间不知要经过多少复杂的过程。而且，我们可以说，对整个身体和它的一只手的正确认识，是同时在过程的终了达到的。因为，手和身体是相互联系的不可分割的有机的统一体。同样，要达到对整个客观世界和对它的各个部分的正确认识，也必须经历一个错综复杂的过程。因为，在这个客观世界中的各个部分、各个方面之间普遍地存在着错综复杂的相互联系；不把这种普遍联系的具体关系认识清楚，就不可能达到对整个世界的正确认识。

四　客观世界的无限性和有限性、统一性和多样性的矛盾对真理过程的制约作用

客观世界之所以使真理成为过程，还在于它是无限性和有限性、统一性和多样性的统一。

辩证唯物主义认为，客观物质世界既是无限的，又是有限的；既是统一的，又是多样的。它是无限性和有限性、统一性和多样性的矛盾统一体。所谓物质世界的无限性，指的是它在时间上的无始无终和空间上的无边无际；所谓有限性，则是指每一个具体的物质形态的存在在时间上总是有始有终、在空间上也是有边有际的。物质的运动和空间、时间是紧密地联系在一起的。没有哪个物体的运动不是处在一定的空间和时间之中的，也没有哪个空间和时间不是运动着的物质的存在形式。列宁指出，"世界上除了运动着的物质，什么也没有，而运动着的物质只有在空间和时间之内才能运动"。[①] 空间表示物体相互

———————————

① 《唯物主义和经验批判主义》，《列宁全集》第14卷，人民出版社1957年版，第179页。

之间的并存关系和分离状态，表示它们的广延性和彼此间的排列次序。空间是无限的，就是说物质客体相互连接的广延性所具有的连贯性是无穷无尽的。任何一个物质客体都具有长度和体积的广延性。广延性之间是相互连贯的。这种连贯性是没有边际的。目前最大的射电望远镜已经可以观察到距离地球近200亿光年以外的天体；然而，并没有发现物质客体广延性的连贯性的绝对中断，也就是说，并没有发现天体空间的边际。但是，空间又是有限的。因为任何一个具体的物质客体都有自己的特殊的质的规定性，就是说，在物质客体之间存在着质的差别。这种质的差别，又使物体的广延性具有不连贯的、间断的性质。当然，这种间断性是相对的。然而，它却使每一个具体的物质客体成为有边有际的。所以，物质客体在空间上是无限性和有限性的统一。

同样，物质客体在时间上，也是无限性和有限性的统一。时间表示物质运动的顺序性、运动过程中不同阶段的间隔性和它发展的持续性。时间是无限的，就是说，物质运动、发展的持续性是绝对的、永恒的。任何一个物体都处在运动和发展之中。运动和发展是持续的。这个阶段的运动是建筑在前一阶段基础上的，是前一阶段运动的持续；同时，运动到这一阶段也并不停止，它还要持续发展到下一个更新的阶段去。所以，物质运动的持续性是没有开始，也没有终结的，因而是绝对的、无限的。但是，时间又是有限的。因为就现实中每一个具体的事物来说，它都有自己的发生、发展和消亡的历史。也就是说，就物质运动过程的不同阶段来说，有着间隔性。因而对每一个具体事物的具体阶段来说，它是有始有终的，在时间上是有限的。

总之，就整个客观物质世界来说，在空间和时间上是无限的；而就每一具体的个别事物来说，在空间和时间上则又是有限的。无限的宇宙空间和时间正是由无数有限的空间和时间构成的。所以，对整个物质世界来说，在空间和时间上乃是无限性和有限性的矛盾统一。

客观世界不仅是无限性和有限性的统一，而且还是物质统一性和物质形态多样性的统一。世界是物质的，就这一点而言，它是统一的。然而，物质的具体形态却又是千差万别、各有其特殊性的。就是说，客观世界既是统一的，又是多样的，是统一性和多样性的矛盾统一。

客观世界的这种无限性和有限性、统一性和多样性的矛盾关系，对人的认识正确把握这个客观世界有着直接的重要的影响。客观世界是如此的矛盾、复杂和多样，但人的认识却只能一点一滴地、一部分、一方面地去认识。客观世界在时间上和空间上是无限的，但我们只能从有限的阶段、有限的部分和有限的形态着手去认识它。我们只能通过有限去认识无限，在有限中把握无限。但是，有限毕竟不是无限，无限也绝不是有限的机械总和。同样，我们只能从多样性中去认识统一性，把握统一性；但统一性并不是多样性的相加。所以，认识在这里又遇到了矛盾，那就是无限与有限、一与多的矛盾。这两对矛盾，一方面，使认识、真理不可能一次完成，而必须经历一个辩证的过程；另一方面，它又是认识的动力，它对真理过程的向前发展起着推动作用。由于这两对矛盾的解决实际是一个永恒的过程，因而它也决定着真理成为一个永恒的过程。

五　事物运动的客观规律性决定真理是个过程

真理不是对事物现象的简单描述，而是对事物内在本质即规律性的正确反映。因而，事物发展的客观规律对真理成为过程也起着制约作用。

客观世界并不是杂乱无章的，客观世界的运动变化是有其内在规律的。任何一个客观事物都有两个方面，现象方面和本质方面。现象和本质是相互联系的。没有离开本质的现象，也没有不表现为现象的本质。本质是通过大量现象表现出来的。现象是本质的外部表现。现象比本质丰富、生动，易于变化。现象可以通过我们的感觉器官被感知。现象是很复杂的。有些现象从正面表现事物的本质，有些现象以否定的形式即假象表现事物的本质。本质隐藏在现象的背后，是事物的内部联系。本质比现象平静、稳固、深刻。本质是看不见，摸不着的，要靠思维才能把握住的东西。但是，本质却是根本的东西。本质就是事物的内在规律。规律决定事物的发展方向、发展过程的总趋势。就是说，规律本身是一个过程，即本质的展开过程。事物的本质是通过现象的逐步展开来表现的。因此，我们认识事物，必须把现象当作入门的向导，通过现象去把握本质。

作为对客观事物正确认识的真理，自然不仅是要正确地反映事物的现象方面，而且，必须是要能正确地反映事物的本质，反映事物本质之间的关系，也就是正确反映事物发展的客观规律。黑格尔曾经说，"人们最初把真理了解为：我知道某物是如何存在的。不过这只是与意识相联系的真理，或者只是形式的真理，只是'不错'罢了。按照较深的意义来说，真理就在于客观性和概念的同一"。① 黑格尔这里所说的某物如何存在，实际指的是事物的现象方面；他所说的概念，乃是指对事物的本质方面的反映。因为他明确地讲过，"概念就是存在与本质的真理"。② 当然，黑格尔是个唯心主义者，所以在他那里概念和客观存在的关系是被颠倒了的。但是，如果我们把被他颠倒了的关系再重新颠倒过来，那么，就不难理解，对事物现象的如实反映，只是"形式的真理"，只是"不错"而已；从较深的意义上说，真理应该是对事物本质的正确反映。关于这个问题，列宁在他的《哲学笔记》中，做了很多的阐述。列宁说，事物是多方面的，真理是全面的。认识对某个事物的单个的对象、现象的正确反映，至多只构成真理的一个部分、一个方面。他认为，真理是在对这些单个的对象、现象的正确反映的总和中，以及对它们的相互关系的正确反映中，才会实现。这里所谓单个对象、现象的相互关系，其实就是指客观事物的本质或规律。因为，"规律就是关系"，就是"本质的关系或本质之间的关系"。③ 所以，真理是对事物发展的客观规律的把握。

既然真理是对事物发展的客观规律的正确反映，那么，真理必定是一个过程。我们知道，任何规律都表现为一个过程；离开了过程，规律就无从显现。可以说，不表现为过程的规律是没有的。规律是事物的本质方面，所以，它和客观事物是无法分开的。客观事物是一个过程，规律乃为事物的本质联系在过程中的表现，因而，规律自身自然也是一个过程。规律本身是一个历史的过程，它贯穿于事物发展的现实过程之中，那么，作为对它正确反映的真理也就应该是一个历史的过程。如

①　黑格尔：《小逻辑》，贺麟译，商务印书馆 1980 年版，第 399 页。
②　同上书，第 324 页。
③　《哲学笔记》，《列宁全集》第 38 卷，人民出版社 1959 年版，第 161 页。

果有什么对客观规律的反映不是过程，那它就没有能够正确反映显现为过程的规律，因而也就可以断定它不是真理。另一方面，规律是通过现象来表现的，我们由现象入手来掌握规律，这本身就是一个过程。规律表现为现象是一个逐步展开的过程，因而，人们对于事物客观规律的认识，也是随着现象的不断展开而逐步深化的过程。由现象到本质，是一个认识由表及里、由浅入深、由不完善到完善的辩证发展过程。事物的本质、规律的层次是无穷的，有一级本质、二级本质……所以，作为对它的正确认识的真理，也就是一个无限的过程。

总之，客观世界是真理的对象和内容的真实源泉。由于客观世界是运动变化的，客观世界里的万事万物是普遍联系的，客观世界在时间和空间上是无限性和有限性的矛盾统一，客观世界的运动变化是有规律的，这些都决定着作为对客观世界正确反映的真理是一个永恒的、历史的、发展的过程。一句话，客观世界的辩证状态是真理过程的客观基础；真理则是无限发展的物质世界及其发展规律的无穷层次在人的意识中的反映过程。不承认或不懂得真理是一个过程，就丢掉了真理的最本质的方面，就不能真正坚持真理是客观的这个基本观点。所以，客观真理论是真理过程论的基础，同时，反过来，真理过程论又是坚持客观真理论的保证。

第三章 真理过程的主体性环节（一）
——认识能力与真理过程

人的认识能否达到客观真理，这不仅取决于认识的对象不依赖于认识主体而客观独立地存在着；而且还取决于认识的主体有没有能够正确地反映客观事物及其内在规律的能力。所谓认识主体，唯物主义和唯心主义有不同的理解。唯心主义认为认识主体是纯粹的精神，唯物主义则认为是具有精神的人。辩证唯物主义进一步指出，认识主体是具体的社会历史的人。所以，认识主体的能力问题，也就是关于人的认识能力的问题。人的认识能力到底有多大，它表现在哪些方面，它到底能不能正确地反映客观世界，等等，这些问题都是真理论的研究必须回答的。因为，它是人的认识达到真理的一个主体性的环节。

在人的认识能力的问题上，哲学史上的各家各派提出过多种多样的看法，但是都没有能够很圆满地解决问题。只有马克思主义哲学运用辩证唯物主义的观点来分析、研究这个问题，提出了认识能力的至上性与非至上性的矛盾统一的著名论断，才科学地解决了这个问题。

一　欧洲哲学史上对认识能力问题的几种看法

人的认识能力问题，在哲学史上很早就涉及了。这是任何人在谈论认识的真理性时，不能不谈及的问题。只不过有的谈得详细些，有的谈得简单些；有的正面地回答了这个问题，有的则没有正面阐述。从欧洲哲学史上看，对这个问题大概有这样几种不同的看法：首先，按照是否承认人的认识有能力达到真理，而分为真理可知论和不可知论两大类。而后在真理可知论内，由于对认识过程中各个具体要素和形式的能力估计不同，又分为若干派别；同样，在真理不可知论内，由于对认识能力的程度看法不同，也有几种不同的情况。为了说明问题，下面我们对此做些概括的考察：

（一）　认为我们的认识有能力达到客观真理

这是大多数哲学家的一致看法。因为，承认客观真理，无形中就是以承认人的认识有能力达到它为其前提的。如果认为人的认识没有能够正确地反映客观世界的能力，那就根本谈不上什么承认客观真理。

那么，人的认识是怎样把握客观真理的呢？或者说，人的认识能力在使认识达到客观真理的过程中是怎样表现出来的？我们知道，人类的认识过程是由两个基本要素或环节构成的，那就是感性认识的要素（环节）和理性认识的要素（环节）。这一点在古希腊的哲学家那里虽不十分明确，但已开始被一些人意识到。例如，在赫拉克利特那里，感性认识便是各种具体的感觉器官，如耳朵、眼睛等，提供的"见证"；理性认识，在他那里就是"智慧"、"思想"。到德谟克利特时，这个问题又较为明确了一点。他说，"有两种形式的认识：真理性的认识和暗昧的认识。属于后者的是视觉、听觉、嗅觉、味觉和触觉。但真理性的认识和这根本不同。当暗昧的认识在最微小的领域内不能再看，不能再听，不能再嗅，不能再尝，不能再触摸，而知识的探求又要求精确时，于是真理性的认识就参加进来了，它具有一种更精致的工具"。① 可见德谟克利特已经看到了认识有两种形式，而且也初步地看到了它们之间的联系和区别。

人的认识能力正是通过感性认识和理性认识这两个阶段表现出来的。但由于感性认识和理性认识有区别，所以，哲学家们对它们在整个认识过程中的能力，以及在使认识达到客观真理中所起的作用，又有各种不同的看法。

有一些哲学家认为，感性经验是最可靠的，感觉是绝不会有错误的，人在感性认识中就可以得到普遍性的知识，可以达到对事物的本质、规律的正确反映。显然，这是对感性认识的能力和作用做了过高的估计。它完全忽略了感性认识的局限性，也忽略了理论思维在认识中的积极作用和相对独立性。这种主张在哲学史上被称为经验（感觉）论。伊壁鸠鲁、卢克莱茨、弗·培根、霍布斯、洛克以及18世纪法国唯物主义者都属于唯物主义的经验论。

譬如，伊壁鸠鲁认为，"一切感官都是真理的报导者"。他说，"永远要以感觉以及感触作根据，因为这样你将会获得最可靠的确信的根据"。②"如果你排斥一切感觉，你就连你所能指称的标准也不会剩下，这样，你就会没有可以用来判定你所

① 《古希腊罗马哲学》，生活·读书·新知三联书店1957年版，第106页。
② 同上书，第358页。

责斥的错误判断的东西了"。① 他认为，没有什么东西能够驳倒感性知觉；感觉本身无所谓错误的问题，错误只存在于我们对感觉所做的解释和判断之中。"错误永远在于把意见加到待证明的或不矛盾的事情上面，而结果竟没有得到证明，或者竟发生矛盾了"。②

又譬如卢克莱茨，他虽然承认理性在认识中的巨大作用，认为理性可以扩大我们的知识；但是，整个地说，他却是片面夸大了感性认识的能力和作用。他认为感觉本身具有绝对的可靠性，感性认识是无论什么也不能驳倒的。感觉使我们有真理的概念，感觉不会产生错误。错误是由于理性对感觉材料做了不正确的说明而产生的。显然，这又是对感性认识的能力和感觉的可靠性做了过分的夸大。不过，他对感觉的产生，做了一个非常有趣而有意义的解释。他认为，客观世界的万物都在不断地流射出一些细小的形象（小体），这些小体刺激了我们的感官，因而引起感觉。他说："我再重复一遍：必须承认小体的飞出，小体刺激眼睛，引起视觉，……"

还有一些哲学家，他们已经看到感性与理性之间的关系，感性认识与理性认识的区分在于一个是认识的低级阶段，另一个是认识的高级阶段；但他们又只强调感性经验的可靠性。譬如，被马克思和恩格斯称为英国唯物主义和整个现代实验科学真正始祖的弗·培根，他认为，经验是认识的第一阶段，而对经验材料进行合理加工的理性，是认识的第二阶段。他提出了感觉和理性在认识中的关系问题，但他却没有能够科学地解决这个问题，没有看到两者之间是一种辩证关系。他仍然过高估

---

① 《古希腊罗马哲学》，生活·读书·新知三联书店 1957 年版，第 345 页。
② 同上书，第 353 页。

计了感性认识的能力和可靠性。"按照他的学说，感觉是完全可靠的，是一切知识的泉源。"① 他系统地制定了经验归纳法，对科学的发展起了巨大作用；但他对演绎法的作用却估计不足。为了反对神学和经院哲学的羁绊，培根提出有四种"偶像"（种族的偶像、洞穴的偶像、市场的偶像和剧场的偶像）束缚着人类认识能力的发挥，"蒙蔽人的智慧"。他认为必须从这四种"偶像"中把人的认识能力解放出来，科学才能得到光明，人类认识才能不断发展。培根的这一看法，直到今天仍然是有价值的。18 世纪法国唯物主义者和弗·培根有点相似，他们也认为，感觉是理论思维的泉源。认识是从对客观事物的感性知觉开始的，然后提高到理论的概括。但他们也是过于强调感性认识的可靠性和作用。比如，拉·美特利认为，"没有比感觉更可靠的指导者了"。他说，"如果不是因为我的感官高举着火炬，照亮了理性的路，并指示我跟着它前进的话，对于理性这样一个我认为不是很可靠的向导，我也许会瞧不起的"。② 他还说，"只有感觉才能启发理性去寻求真理。如果我们真想要认识真理的话，我们只有经常回复到感觉"。③ 这样，一方面，忽视了理性在使认识达到真理中的重要作用；另一方面，也忽略了感性认识本身的局限性。

和经验论相反，另有一些哲学家又片面强调理性认识的能力和作用。这种主张被称为唯理论。唯理论和经验论的对立，并不在于知识的起源和源泉问题，因为有些唯理论者也承认感觉经验是认识的来源。唯理论和经验论的分歧在于，唯理论过高地估计了理性在整个认识过程中的地位和作用，认为感觉会

① 《神圣家族》，《马克思恩格斯全集》第 2 卷，人民出版社 1957 年版，第 163 页。
② 《人是机器》，生活·读书·新知三联书店 1956 年版，第 73 页。
③ 转引自汪子嵩等编《欧洲哲学史简编》，人民出版社 1972 年版，第 102 页。

欺骗我们，只有理性才是绝对可靠的；真理只在理性认识中，否认感性认识中已经包含着真理。也有些唯理论者否认普遍性的知识起源于感性经验；认为赋予知识普遍性的是先于经验的理性的能力。这是一种唯心主义的唯理论。唯物主义唯理论的代表有：赫拉克利特、德谟克利特、亚里士多德以及近代的斯宾诺莎等。巴门尼德、柏拉图、笛卡尔、莱布尼茨、黑格尔等，则是唯心主义唯理论的代表。

唯理论者对感性和理性能力的具体看法，各家也有差别。有些哲学家认为，感觉是不可靠的，只有理性才可靠；对感性认识的能力和作用持完全否定的态度。大部分唯心主义的唯理论者，就是这种看法。他们完全否定认识是对客观世界的反映，有的也否认感性经验是认识的泉源和基础。比如，埃利亚学派的代表人之一巴门尼德，他就完全否认感觉的真实性。认为人感觉到的运动变化的世界，是虚幻的假象，是不真实的。因而，他提出"不必让日积月累的习惯经验迫使你去烦劳自己的眼睛、舌头和不灵敏的耳朵"。否认感觉经验可以给人带来认识，认为只有从感觉中脱离出来，借助于理性才能得到真正的知识，得到真理。柏拉图认为，"理念"是我们的认识对象；客观事物只是"理念"的影子。感觉只能认识"理念"的影子，甚或提供错误的意见。要想得到真理，认识"理念"，就得抛弃感性的东西，就得闭目塞听，进行自我"回忆"。笛卡尔更是哲学史上有名的唯心主义唯理论的代表。他认为，由感觉经验获得的知识是不可靠的，因为感觉会欺骗我们。他断言，有些观念并不是从感觉得来的，而是生来就有的；并认为只有理性的"清楚明白"，才是真理的标准。他还把理性的演绎法作为获得真理的唯一正确方法。唯物主义者斯宾诺莎虽然承认感觉来源于客观事物，但他也认为通过感官得来的感性观

念是不真实的、模糊的观念，是不符合可靠性的标准的。只有
作为理性能力最高表现的"直觉"，可以不依赖于感性认识而
直接去把握真理，抓住事物的本质。同时，他认为真理的标准
也在理性自身。他说，正如同光明既暴露了自身，又暴露了周
围的黑暗一样，真理既是自身的标准，又是错误的标准。显
然，这是把理性的能力和作用错误地夸大到了唯心主义的
地步。

　　另有一些唯理论者，他们承认感性认识的作用，但认为感
性认识有时并不可靠，似乎理性认识有时可以不以感性认识为
基础，就能反映事物的本质。譬如，赫拉克利特承认感官可以
提供认识的"见证"；但他认为，感觉有时是"坏的见证"；
要认识真理，认识"逻各斯"，只有靠理性认识，靠思想和智
慧。德谟克利特认为，感觉是知识的最初阶段，但它是"暧昧
的"认识。要认识原子，要认识真理，只有借助理性；理性认
识才是真理性的认识。亚里士多德的哲学是动摇于唯物主义与
唯心主义之间的，但他的真理观是唯物主义的。列宁指出，亚
里士多德"对于认识的客观性没有怀疑。对于理性的力量，对
于认识的力量、能力和客观真理性抱着天真的信仰"。[①] 他承认
感觉是认识的基础。但他又认为，感觉只能反映客观对象的形
式，而不能反映对象本身。只有理性的心灵"奴斯"，才有主
动的能力，才能认识客观对象本身，认识单一事物中的一般。

　　至于黑格尔，在对待人的认识能力的问题上，他比前人都
前进了一步。他明确地认为，不能把对认识能力的考察和认识
活动的过程分割开来。在他看来，考察认识能力本身便是一种
认识活动。他认为人的认识能力是无限的，是可以达到绝对真

----

① 《哲学笔记》，《列宁全集》第38卷，人民出版社1959年版，第416页。

理的。他深刻地批判了在真理问题上的怀疑论、不可知论。他亦看到了感性和理性的区别。认为只有把低级形式的感性认识提高到高级形式的理性认识，才能认识对象的本质，达到真理。这些看法都是正确的，有价值的。他的错误在于把神秘的理念作为认识对象；同时，他对理性和感性的联系看得不够，过多地推崇了理性的能力和作用，轻视认识的感性方面。而且，在黑格尔看来，感性主要是一个促使认识过程展开的动因，而不是知识的真正的和唯一的源泉。这样，他就仍然没有能够真正解决感性和理性的辩证关系。

总之，无论经验论和唯理论，都各有片面性。经验论者只看到感性认识的至上性，而不知感性认识还有非至上性，也不懂得理性认识的重要作用。唯理论者则相反，他们只看到理性认识的至上性，而不知理性认识也有非至上性的一面，也不懂得感性认识是理性认识的基础。所以，他们当中虽然有些人提出了一些有价值的看法，但从总体上都没有能够正确解决感性认识和理性认识的辩证关系；都不懂得人的认识能力既是无限的、至上的，又是有限的、非至上的，是无限与有限、至上与非至上的辩证统一。

（二）认为我们的认识没有能力达到客观真理

古希腊罗马时期的智者学派的代表普罗泰哥拉就是一个例子。他虽然承认物质世界是不依赖于人而存在的，感觉是一切认识的本原；但他又提出"人是万物的尺度，是存在的事物存在的尺度，也是不存在的事物不存在的尺度"。他还说，"至于神，我既不知道他们是否存在，也不知道他们象什么东西。有许多东西是我们认识不了的；问题是晦涩的，人生是短促的"。① 就是说，认识的真假、是非是相对于人讲的。这种看法中有某些合理因素，就是认识主体在认识中不是完全被动的；认识主体也给认识以影响。但普罗泰哥拉却夸大了这一点，以致在实际上完全否定了客观真理，否定了人有认识事物本来面目的能力。智者学派的另一个代表高尔吉亚说得更明确。他在《论非存在或论自然》一书中提出了三个原则："第一个是：无物存在；第二个是：如果有某物存在，这个东西也是人无法认识的，第三个是：即令这个东西可以被认识，也无法把它说出来告诉别人。"② 这是对人的认识能力的一种原始的相对主义的看法，它怀疑人有能力认识世界。这种看法，后来被怀疑论的奠基人皮浪进一步发展了。他认为，事物是否存在是无法做出判断的。因为，"我既不能从我们的感觉也不能从我们的意见来说事物是真的或者是假的"。③所以，我们应当放弃认识，不做任何判断。"对任何一件事物都说，它既不不存在，也不存在，或者说，它既不存在而也存在，或者说，它既不存在，也不不存在"。④这样就完全否定了人的认识有判断是非、真假的能力；认为事物是完全不可认识的。这是古代的不可知论。后来古罗马的新皮浪派，便断言真理是不能认识的。这派的代表埃奈西德穆认为，感性知觉依赖于各种不同的条件，因此应该承认感官材料的绝对的相对性。这里看到感性知觉的条件性、相对性，这本来是对的；但他把这种相对性绝对化了，那就错了。所以，在他们看来，无论是感性知觉，还是理性思维，都

---

① 《古希腊罗马哲学》，生活·读书·新知三联书店 1957 年版，第 138 页。
② 同上。
③ 同上书，第 341 页。
④ 同上书，第 342 页。

不能提供可靠的知识，因而也就不可能有自明的真理。

否认人的认识能力能够达到客观真理，对认识抱绝对怀疑的态度，认为真理不可知，这种主张到了近代更为唯心主义所发展，并且把它变得更理论化、精致化。譬如，欧洲近代哲学史上不可知论的鼻祖休谟，他继承了贝克莱的唯心主义经验论，认为一切知识都来源于感觉经验。但是，感觉经验是如何产生的呢？休谟说，感觉"最初是由于一种未知的原因产生在心中的"。① 这种原因是物质的实体，还是精神的实体，这个问题在原则上是不可能解决的。因为，"显现在心中的，除了知觉绝没有任何其他的东西"。② 人们所能知道的只是呈现在自己心中的感觉，所谓"存在物不是别的，只是心中的一些知觉"。③ 所以，他断言，世界上存在的只有心理的知觉、感觉；人只能知道自己的心理上的感受，在"心理上的感受之外"是否有真实的事物存在？如果有，那又是怎样的？这是人不可能知道的。这是典型的主观唯心主义和不可知论。由此，他也完全否认物质世界的客观规律性。他认为，所谓因果律，不是客观事物所固有的，而只是知觉或观念间的关系，是在我们思想中或想象中的"一种习惯性的联系"。总之，休谟把人的认识能力完全禁锢在自身的感觉之中。

近代不可知论的另一位著名代表康德，他是第一个系统谈论人的认识能力的人。他提出了许多有价值的东西，但他的方法和结论却是错误的。康德承认"自在之物"不依赖于人的意识而独立存在着，但他又认为自在之物是不可认识的，是人的认识能力所不可能达到的"彼岸世界"。这是康德的认识论的

---

① 转引自安徽劳动大学编《西欧近代哲学史》，商务印书馆1974年版，第131页。
② 《唯物主义和经验批判主义》，《列宁全集》第14卷，人民出版社1957年版，第22页。
③ 转引自安徽劳动大学编《西欧近代哲学史》，商务印书馆1974年版，第131页。

基本观点。他认为，唯理论和怀疑论都不对。唯理论把感性看作只是模糊的观念，真理只在于理性，并以理性的"清楚明白"作为真理标准，这是一种"独断论"，它超越了经验范围，在实际上是行不通的。怀疑论对什么都不确证，从根本上否定了科学知识，这也是不行的。所以，康德提出，为了适应自然科学的前进，哲学应该对人的认识能力进行分析、考察，看看认识到底有没有能力正确地反映客观对象，确定认识能力的范围和限度。也就是说，康德认为在进行实际认识活动之前，哲学必须对人的认识能力进行一番"批判的"考察；这也是他把他的哲学称为"批判哲学"的原因。

康德提出研究人的认识能力，研究由于认识机能的影响认识对客体会不会做什么"增加和改变"，研究认识过程的阶段以及思维对感性的关系，等等；把这些作为哲学研究的任务，这本来是正确的，是康德的功绩。因为，哲学不应该只停留在本体论的研究上，更重要的应该研究认识论。作为认识论，研究人的认识能力当然是必需的。认识能力是可以分析，可以探究的。只有科学地解决了人的认识能力问题，才能不仅从实践上，而且从理论上彻底驳倒不可知论。现代科学也证明，感官对客观事物的反映，不是一面呆板的镜子，而是个"信息过滤器"；就是说，客观事物经过感官这个"信息过滤器"被反映出来，原面貌有可能被"改变"。这些都说明，康德提出的问题，是有意义、有价值的。

但是康德解决问题的途径是错误的，以致得出了错误的结论。

首先，康德要求在实际的认识活动之前，即脱离实践、脱离现实的认识过程来考察认识能力，这本身就是烦琐的、错误的。黑格尔在批判康德的批判哲学时指出，"要想执行考察认识的工作，却只有在认识的活动过程中才可进行。……想要认识于人们进行认识之前，其可笑实无异于某学究的聪明办法，在没有学会游泳以前，切勿冒险下水"。① 黑格尔的这一批评是正确的。列宁也指出，"不能离开理解（认识、具体研究等等）的过程去理解"。②

其次，康德把时间和空间、质、量、"关系"、"样式"、矛盾等等客观事物所固有的形式，属性、关系都当作是人的认识能力所具有的先验形式，把主观正确反映客观的概念、范畴当作纯主观的东西，把认识能力和认识的形式混为一谈；同时又把认识和客体割裂开来，把"自在之物"和它的"现象"割裂开来，这些也都是错误的。

康德把人的认识能力区分为三个环节，即感性、知性和理性。关于感性，康德虽然正确地认为感觉是由于"自在之物"作用于我们的感官而发生的，但他却又认为感觉不能正确反映"自在之物"的本来面貌。因为，在他看来，时间和空间不是物质存在的基本形式，而是人们先天具有的"感性直观的纯形式"。人只有并且一定要通过时间和空间这两种主观的形式，才能够感知到对象；这样，就给被感知的对象打上了时间和空间的主观烙印。康德称这种打上了主观烙印的对象为"现象"。所以，我们所感知的只是"自在之物"的"现象"，而不是"自在之物"自身。就是说，"自在之物"自身是不可知的。

康德认为，感性知识是零碎的、杂乱而无联系的；要使它成为有条理的、有内在联系的科学知识，必须通过知性对它进行整理加工。知性之所以有能力对感性知识进行加工，是由于它能够运用概念和范畴。概念和范畴，在康德看来，不是认识对客观事物固有的属性、关系的正确反映，而是知性先天具有

---

① 黑格尔：《小逻辑》，贺麟译，商务印书馆 1980 年版，第 50 页。
② 《哲学笔记》，《列宁全集》第 38 卷，人民出版社 1959 年版，第 220 页。

的能力。康德称它为"知性的纯粹概念或纯粹范畴"。康德认为这种范畴共有十二个："总体性"、"实在性"、"否定性"、"原因性与依存性"、"必然性与偶然性"……人借助范畴这种先于经验的认识能力来整理感性知识，一方面使感性知识成为具有严格意义的知识，另一方面又进一步"增加和改变"了客观事物，使认识更远离于客观事物的本来面貌，使客观事物（"自在之物"）更成为不可知。

康德把人类认识的第三种能力叫作理性。康德认为，我们由感性和知性所得到的认识只涉及"现象"，这种认识总是相对的、有条件的、不完整的；而理性却要求超出"现象"，达到对"自在之物"本质的认识，要求把相对的经验知识统一起来，以达到绝对的、无条件的、最完整的统一体。这样的统一体有三个："灵魂"、"世界"、"上帝"。康德称它们为"理性的理念"。它们都在"现象"之外，都是"自在之物"，都不是认识的对象。因此，感性的时间和空间、知性的十二个范畴，都不能用来规定它们。然而当理性去追求它们时，却又不可避免地要用这些认识形式和范畴去认识它们。而当理性这样做的时候，就必然陷入自相矛盾。比如，当理性用知性范畴去规定和认识"世界"时，说"世界在时间和空间上是有限的"和"世界在时间和空间上是无限的"，这样两个正相反对的规定都可以成立。这是自相矛盾。康德叫它为"二律背反"。于是，康德得出结论说，既然认识的最高能力——理性，在超越"现象"范围去认识"自在之物"时，会出现上述自相矛盾，这就表明"自在之物"是人的认识所根本达不到的，人的认识能力是有限的。因为，在康德看来，"自在之物"是不能有矛盾的，矛盾只属于人的主观的认识能力——理性。

以上就是康德在考察人的认识能力时，所走过的一段脱离社会实践、脱离实际认识过程，人为的、先验的道路，最后得出了一个极其荒谬的结论。

否认人的认识能力能够达到客观真理，认为人的认识只能局限在经验的范围内，不能认识事物的本质，这种观点，今天在西方的哲学家和自然科学家中，仍然有一定市场。他们中间有的人认为，人类理智对"亚原子粒子方面"的认识是无能为力的；有的认为，科学理论只是人"为了应付环境"而做出的"试探性"的"假设"，这里没有什么真理不真理的问题，只有哪种"假设"更有"价值"些；有的说，科学和哲学的研究"必须固守在"经验已"给予的范围内"，超出它则是"不可能的，或者无意义的"；有的认为，我们"有必要承认知识有其限度"，并且应该说，"让我们止步吧"！等等。一句话，他们只承认人类认识能力的有限性，完全否认认识能力还有无限性的一面，从而得出真理不可知的结论。

总之，离开了辩证唯物主义，就不可能科学解决人的认识能力问题。

二　认识能力的至上性和非至上性

（一）考察认识能力的辩证唯物主义前提

马克思主义哲学认为，从实际出发，是研究任何问题的基本出发点。同样，考察、分析、研究人的认识能力，也必须从实际出发，用辩证唯物主义的观点做指导。只有这样，才能使问题得到科学的解决。所谓从实际出发来审察、研究人的认识能力，首先，就是不能脱离认识的实际过程来抽象地谈论认识能力。认识是人脑对客观事物的反映，认识能力就是人脑对客观事物的反映能力。所以，人的认识能力问题，也就是人的认识有没有达到客观真理的能力问题。认识是通过认识的活动过程产生出来的。人的认识能力只有在实际的认识活动中才能发挥出来；它是渗透在具体的认识过程中的，而且，只有通过具体的认识过程才能体现出来。认识能力和认识过程是非常紧密地联系在一起的。离开了实际的认识活动过程，就没有认识本身，也就谈不上认识能力，当然也就谈不上对认识能力的考察。这也就是说，如果把认识能力和认识过程割裂开来，离开了认识活动的实际过程去考察和研究认识能力，那它就没有着落，就会成为空中楼阁，因而只能陷入抽象的空谈。这样来考察认识能力，必然是主观臆断。

认识的实际过程，应该包括两个方面：整个人类的认识过程和每一个具体的认识过程。从人类来说，认识过程应该包括整个人类认识的历史。因为整个人类认识史本身就是一个认识过程。关于整个认识的历史，列宁简要地指出了几个方面：各门科学的历史（这是人类认识史的直接记载）；儿童智力发展的历史（这是人类认识史的缩影。因为在个体的智力发展史中，简要地再现了人类系统的智力发展过程）；动物智力发展的历史（这是人类智力的史前史，它告诉我们，人类智力最初是从动物智力演化而来的）；语言的历史（语言是智力的载体和表达工具。所以语言的历史也反映了人类智力史）。[①] 同时，认识的实际过程，除了指整个人类认识的历史过程以外，还包括每一个具体的认识过程。这就是在实践的基础上，由感性认识上升到理性认识，再对理性认识进行检验的整个过程。只有在认识的实际过程中，认识能力才能显示出来。

① 参见《列宁全集》第38卷，人民出版社1959年版，第399页。

其次，考察、研究人的认识能力也不能脱离社会实践来进行。认识能力是由许多因素和条件决定的。就先天的条件来说，主要是认识器官（包括感觉器官和中枢神经系统）的生理结构和功能方式。这方面不排除极少数人的极优和极劣的条件，但就绝大多数人来说，却是处在一个大体相等的水平上。拿脑量来说，根据德国生物学家瓦格纳对 900 多个人脑进行仔细称量的结果：半数的脑，重 1200—1400 克；约九分之二（大部分是男人的脑）超过 1400 克。他记载的一个智力健全的成年男人的最轻的脑，重 1020 克。仅有一个小至 970 克的成年男人的脑，是一个白痴的；但一个智力健全的成年女人的脑也小到 907 克。然而，最重的脑（1872 克）还是一个女人的，次重的是居维叶的（1861 克），再次的是拜伦的（1807 克），更次的是一个疯人的（1783 克）。记载过的最轻的成人脑（720 克）是一个白痴女人的。[①] 在这里，我们可以得出两个结论，第一，人们的脑量大体上在一个水平上；第二，脑量的轻重对一个人的智力并不具有绝对的决定作用。当然，我们并不否认认识器官的生理结构对认识能力的影响。现在看来，人脑的体积和重量并没有增大的趋势，但脑子的形状还在改变，脑子内部的结构日趋完善，脑细胞的数目增多，密度增大，新的联络在发展。所以，这方面对人的认识能力的作用是不可忽视的。

但是，认识能力除了受先天条件的影响之外，更重要的还受后天条件的制约，如社会的实践水平，个人的立场、观点、地位、利害以及心理条件，等等；其中则以社会实践的影响为最大。因为，认识的发生、发展，是和社会实践紧紧地结合在一起的。尽管客观物质世界是认识的源泉和真实内容；但是，

①　转引自赫胥黎《人类在自然界的位置》，科学出版社 1971 年版，第 70—71 页。

客观物质世界不会自动进入人的认识领域，成为人的认识对象。人类永远不会去认识与人们改造周围环境完全无关的对象。所以，物质世界在成为人的认识对象之前，总是先成为实践对象。只有通过变革现实的实践，才能认识客观事物。尤其是对客观事物的内在本质、规律的认识，绝不可能由消极的直观得到，而是必须经过变革它的实践才能得到。恩格斯曾说，"人的思维的最本质和最切近的基础，正是**人所引起的自然界的变化，而不单独是自然界本身**"。① 因而，从认识的发生上说，是绝不能离开社会实践的。不但如此，而且从认识的不断向前推移来说，也是不能离开社会实践的。认识的正确与否，也必须用实践来检验。所以，毛泽东说，"离开实践的认识是不可能的"。② 既然认识离不开实践，那么，认识能力自然也不可能离开社会实践。实际上，认识、认识能力和社会实践是紧密联系、相辅相成、相互促进的。社会实践的发展状况，从根本上决定着人们的认识和认识能力的状况；反过来，认识和认识能力的发展，同样也对社会实践发生重要作用。正因为如此，我们就不能把认识能力和社会实践割裂开来，不能像康德那样撇开社会实践去考察人的认识能力。

最后，考察、研究人的认识能力，还必须把认识能力本身看作一个过程。今天人的认识能力就比古代人的认识能力大大地提高了。据国外有的心理学家进行智力测验的结果表明，现在七岁儿童的智力发展水平已较祖父一代平均提高了两年。今天，无论在深度方面或广度方面，人们的认识水平比之古代人，都有了一个巨大的进展。这个进展还在继续着，它的速度也是前所未有的。有人把今天自然科学的发展，称作加速度的

① 《自然辩证法》，《马克思恩格斯全集》第20卷，人民出版社1971年版，第573—574页。
② 《实践论》，《毛泽东选集》第1卷，人民出版社1955年版，第277页。

发展，不是没有道理的。自然科学加速度发展的原因是多方面的，其中与人的认识能力的不断提高也有着密切的关系。另外，从每一个人的认识来说，认识能力也有一个变化、发展的过程。儿童的认识能力总是不如成年人。

人的认识能力之所以呈现为一个发展过程，一方面取决于认识器官的进化，取决于认识器官素质的提高和功能的发挥，另一方面又取决于社会实践水平的不断提高。前面已经说过，认识能力的增长和社会实践水平的提高是相互促进的。这也是一个不以任何人的意志为转移的客观规律。人类自从进入文明社会以来，引起认识能力增长的这两方面的原因相比，应该说后者是更根本的。我们知道，几千年来，人类认识能力的提高是非常显著的；但是认识器官的进化，几千年来却是不那么显著的，进化的速度是很缓慢的。还拿脑量来说，根据我国古人类学家吴汝康的研究，大约在距今 300 万年前，"前人"发展成真人。在真人出现后的 100 多万年内，脑量平均是 600—700 毫升。在距今大约 100 万年前后，人类的平均脑量达到 800—1000 毫升（"北京猿人"平均脑量为 1059 毫升）。在二三十万年前，脑量的平均值与现代人相近；现代人平均为 1400 毫升。可想而知，在几千年内人类脑量的变化更是微乎其微的。可是，在这几千年中，社会实践水平的提高却是速度非常之快、非常显著的。认识器官素质的提高和功能的发挥，虽然比器官本身生理结构的进化要快得多，但也比不上实践水平提高的速度。所以，人类进入文明社会以后，认识能力增长的主要原因是在于社会实践水平的提高；其次是认识器官素质的增强和功能发挥率的提高；再次才是认识器官生理结构的进化。正如恩格斯所指出的，"人的智力是按照人如何学会改变自然界而发展的"。① 人们通过改造世界的实践活动，一方面认识了自然界的规律，另一方面这种实践活动又反过来促进了人脑和人的智力的发展，促进了认识能力的增长。

总之，人的认识能力也是变化、发展的，是一个不断增长的过程。所以，我们在考察人的认识能力时，必须把它当作一个过程来进行。绝不能像康德那样，把认识能力看作是静止的、某种一成不变的东西。

综上所述，辩证唯物主义的认识论认为，考察人的认识能力必须从实际出发，也就是必须通过对整个人类认识史的考察、对认识实际过程的考察、对认识与实践相互关系的考察，以及对认识能力本身作为一个过程的考察，来研究认识能力。这是考察人的认识能力必须遵循的基本前提。离开了这个前提，就会走到唯心主义和形而上学的邪路上去。

（二）认识能力的至上性和无限性

辩证唯物主义从考察人的认识能力必须遵循的基本前提出发，认为人的认识能力既是有限的，又是无限的，既是至上的，又是非至上的；是有限性和无限性、非至上性与至上性的矛盾统一。恩格斯明确指出，"人的思维是至上的，同样又是不至上的，它的认识能力是无限的，同样又是有限的"。②

人的认识能力的至上性和无限性主要表现在：

第一，感觉是外部世界的映象，各种感觉可以相互补充，感觉器官的延长是无限的。

感觉是认识的唯一泉源，这一点除了极个别的带有神秘色彩的唯心主义唯理论者以及现代资产阶级哲学的某些派别（如

① 《自然辩证法》，《马克思恩格斯全集》第 20 卷，人民出版社 1971 年版，第 574 页。
② 《反杜林论》，《马克思恩格斯全集》第 20 卷，人民出版社 1971 年版，第 95 页。

直观主义和直觉主义）否定之外，迄今为止，是绝大多数的科学家和哲学家都赞成的。我们的认识，我们的一切知识，最初都是从感觉来的。对于唯物主义者来说，"不通过感觉，我们就不能知道实物的任何形式，也不能知道运动的任何形式"。①感觉是意识和外部世界的直接联系。运动着的外界客观事物作用于我们的感官，刺激我们的感官，引起我们的感觉。由于客观事物有多种多样的属性，这些属性作用于我们不同的感觉器官，因而引起各种不同的感觉。比如，一定波长的电磁波刺激我们的视觉器官，引起神经兴奋，由中枢神经传递给大脑皮层枕叶视觉区，便产生视觉；物体振动产生的声波刺激我们的听觉器官，造成神经兴奋，传递到大脑皮层颞叶听觉区，引起听觉；物体的挥发性的分子作用于我们的嗅觉器官，传递到大脑皮层的相应部位，引起嗅觉；等等。各种不同的感觉器官，分别接受客观事物送来的各种不同的信息。感觉是客观事物通向人的认识的桥梁，是外部刺激力向意识事实的转化。但是，感觉器官在这里也是十分重要的。感觉器官是外界事物借以深入我们意识的唯一途径。如果我们先天便失去某种感官，那我们就不能直接了解由那种感官接受的外界刺激而引起某种感觉的东西。一生下来就是双目失明的人，对颜色是不能理解的；同样，一生下来就是聋子的人，对声音也是不能理解的。所以，一个人若是没有任何感官，那么，他不管用什么方法也是不能得到对客观世界的认识的。没有感官，人就不能认识外部世界。因之，客观事物作用于我们的感官而引起的感觉，是我们一切知识的源泉。

感官所给予我们的报告是我们全部知识的基础，关于这一

---

① 《唯物主义和经验批判主义》，《列宁全集》第 14 卷，人民出版社 1957 年版，第 319 页。

点，不可知论者和唯心主义者也都承认。但是，唯心主义者否认外界客观事物是感觉的源泉；而不可知论者则说，在我们感觉的后面是什么东西，我不知道，而且要弄清楚是不可能的。因为，我们不能确实知道感觉以外的东西；我们所讲的事物或事物的特性，实际上只是这些事物和特性在我们感官上产生的印象，而并不是事物和特性自身。就是说，不可知论者只承认感觉能力的非至上性、有限性的一面，而完全否认它的至上性、无限性的一面，即否认感觉是外部世界的映象。

辩证唯物主义的认识论承认感觉能力有非至上性、有限性的一面（旧唯物主义没有能看到这一点），感觉对客观事物的映象也是近似的、粗糙的，但是不能把这种近似和粗糙化叫作"随意的"，看成是纯主观的；而且，更重要的，感觉能力还有至上性、无限性的一面。辩证唯物主义从意识是物质的反映这个基本观点出发，认为人的认识能力能够正确反映外部世界，感觉就是外部世界的映象。列宁说，"物、世界、环境是不依赖于我们而存在的。我们的感觉、我们的意识只是外部世界的映象；不言而喻，没有被反映者，就不能有反映，被反映者是不依赖于反映者而存在的"。① 没有外界的光线作用于我们的视网膜，就不可能引起颜色的感觉。现代科学已经证明，世界上的一切物体，都可以发出各种不同波长的电磁波。电磁波的波长在 7.7×10^{-5} 厘米到 3.97×10^{-5} 厘米之间的，是人的肉眼能够直接看见的，叫"可见光"。波长在 7700 埃（一埃等于一亿分之一厘米）至 6220 埃范围内的光线，作用于人的眼睛上，呈红色；波长在 6220 埃至 5970 埃的光线，呈橙色；波长在 5970 埃至 5770 埃的光线，呈黄色；波长在 5770 埃至 4920 埃的光线，呈绿色；

① 《唯物主义和经验批判主义》，《列宁全集》第 14 卷，人民出版社 1957 年版，第 61 页。

波长在 4920 埃至 4550 埃的光线，呈蓝靛色；波长在 4550 埃至 3970 埃的光线，呈紫色。可见，人眼产生的不同颜色的感觉，是由光线的不同波长引起的。颜色是电磁波作用于视网膜上的结果，亦即感觉是物质作用于感觉器官上的结果。

某种感觉器官所提供的感觉是否正确地反映了客观实在，这还可以由另一种感官去检验。例如，在黑夜里，当我们看不见的时候，我们用手摸着某种水果是梨，另一种是苹果，为了验证这种触觉的正确性，我们可以用嘴咬一口，通过味觉来对触觉进行检验。又如，眼睛看到了火，为了检验这种视觉的正确性，我们可以用手指头去接触一下，如感到热，那就证明火的存在是实在的。感觉之间相互检验，这在日常生活中是经常发生的。

更重要的，辩证唯物主义认为，实践是驳倒不可知论的最好工具。恩格斯在谈到不可知论时说，"看起来，这种论点确实是很难只凭论证去驳倒的。但是在有论证之前，已经先有了行动。'起初是行动'。在人类的才智发明这个困难以前很久，人类的行动已经解决了这个困难"。[①] 当我们按照我们所感知的事物特性来对这些事物进行利用的时候，我们就让我们的感性知觉的正确性受到确实可靠的检验。如果这些感性知觉是错误的，那么我们关于这种事物有什么用途的判断，也必然是错误的，那我们的实践就必然要失败。如果达到了预期目的，那就表明我们的感觉是正确地反映了客观外界事物。如果感官不能正确地反映客观现实，那么，人类甚至不可能生物学地适应环境。"到目前为止，没有一个例子迫使我们得出这样的结论：我们的经过科学检验的感性知觉，会在我们的头脑中造成一种

---

① 《社会主义从空想到科学的发展》，《马克思恩格斯选集》第 3 卷，人民出版社 1972 年版，第 386 页。

在本性上同现实不符合的关于外部世界的观念；或者在外部世界和我们关于外部世界的感性知觉之间，存在着天生的不一致。"①

19世纪后半期，德国杰出的物理学家和生物学家海尔曼·赫尔姆霍茨，写了许多有关感觉器官生理学的著作，对视觉器官及其机能的研究做出了贡献。他确定了人的眼睛在许多方面是不完善的，有局限性的，这是由眼睛的生理构造所造成的。这些本来是正确的。但是，他却由此得出结论说，眼睛提供给我们的视觉并不是我们看到的物体特性的正确反映。因为，不同感觉器官的感觉之间的差别，仅依存于相应神经纤维的本性，而不是由外部刺激物的本性引起的。这样，赫尔姆霍茨就从感觉的主观局限性出发，并且片面夸大了这一方面，从而得出了感觉不能正确反映物体特性的错误结论。关于这一点，恩格斯曾经指出，"人的眼睛的特殊构造并不是人的认识的绝对界限"。② 我们有办法证明蚂蚁看得见我们所看不见的东西，而且这种证明是以我们的眼睛所造成的知觉为基础的。"鹰比人看得远得多，但是人的眼睛识别东西却远胜于鹰。狗比人具有更锐敏得多的嗅觉，但是它不能辨别在人看来是各种东西的特定标志的气味的百分之一。"③ 蝙蝠、枭、某些鼠类在黑暗中都比人看得清楚，因为它们能看见人所看不见的红外线；蜜蜂的眼睛能看到人所看不到的偏振光；蝙蝠的耳朵能听见人所听不到的超声波。但是，人在对红外线、偏振光和超声波的认识上，要比动物高明千百倍。

---

① 《社会主义从空想到科学的发展》，《马克思恩格斯选集》第3卷，人民出版社1972年版，第387页。

② 《自然辩证法》，《马克思恩格斯全集》第20卷，人民出版社1971年版，第583页。

③ 同上书，第513页。

　　为什么我们能够认识眼睛看不见、耳朵听不到的事物和特性呢？这首先是由于人的各种感觉是相互联系、相互补充的。一般说，人有眼、耳、鼻、舌、身五个感官及其功能。现在又发现有第六感官功能（平衡感、失重感、加速度感、倾斜感，等等）。这些感官功能之间并不是各自孤立、互不沟通的，而是相互联系、彼此补充的。比如，物体的空间关系、形状等，我们既可以用视觉去反映它，也可以用触觉去反映它。事实上，盲人就是用触觉来代替某些视觉的。聋子常常用视觉来代替听觉。许多盲人和聋子非常敏感。他们对一些事物的认识，能够达到和有正常视力和听力人的认识一样的水平。这表明感官功能在一定范围内是能互相替代、互相补充的。并且，人体感官功能的这种互相替代、互相补充的能力，还可以通过有意识的锻炼而发达起来。法国哲学家蒙台涅曾经说，假如他必须在视觉和听觉之间任择其一，那么，他宁愿失去视觉。因为，他认为听觉在人的智力发展中所起的作用，比起视觉来更重要。其实，蒙台涅的看法未必是正确的。一方面，对一个成年人来说，实际上视觉比听觉更重要；在一个五官俱全的人的认识活动中，视觉提供的信息约占他收到全部信息的90%；而且现代科学技术也更多地需要视觉。另一方面，他不懂得感官功能是可以相互代替、相互补充的。由于感官功能的相互补充作用，也促使人的感性认识能力成为至上的，无限的。其次，我们之所以能够认识眼睛看不见、耳朵听不到的东西和特性，还在于我们有思维活动。一个人除了乳儿时期的前期外，他的感性活动都是在思维活动的指导下进行的。就是说，从幼儿时期起，一个人就不可能有纯粹单一的感性认识的活动。恩格斯说，"除了眼睛，我们不仅还有其他的感官，而且有我们的思维活动"。① 再次，人的感觉器官的延长是无限的。我们可以制造各种仪器来延长原有的感觉器官，从而扩大感觉范围。比如，我们可以借助射电望远镜来观测肉眼看不到的太空。最近澳大利亚和英国的天文学家用 64 米直径的射电望远镜和透镜直径为 3.9 米的光学望远镜，发现了离地球两百亿光年远的一颗类星体。② 对小的方面来说，我们又采用高倍电子显微镜，以延长眼睛的功能。近年来，由于仿生学的发展和运用，人们制造出了更多更灵敏的仪器，如：模仿蜜蜂眼睛的特点，制成了偏振光天文罗盘，并已用于航海和航空；模仿狗的鼻子，制成了比狗鼻子灵敏一千倍的"电子警犬"；等等。随着实践和科学的发展，人们延长自己感觉器官的活动永远不会完结，感觉器官的延长也就永无止境。

总之，人的感觉器官的功能是至上的、无限的。感觉器官的生理构造并不是人的认识的绝对界限。

第二，人的认识能力的至上性、无限性，还表现在人能够进行思维活动，通过思维活动来达到对事物内部联系、本质、规律的认识。

"从身体条件来看，作为有机体，人类可说是很平淡的物种。在力气上，人比不上和他同样大小的大多数动物。比起猫来，人的走路是很笨拙的；人也跑不过狗，跑不过鹿；在看、听、嗅这些感觉能力方面，人比好些动物都更低劣。人的骨骼不很适合于他的直立姿势：人可能是处在正常姿势和正常活动的情况下却可能出现'腰酸背痛'的唯一动物。当我们想及其他有机体在进化方面的完美情况——例如，鱼儿能游得那么美，鸟儿能飞得那么棒，昆虫的繁殖力那么旺盛、适应力那么

① 《自然辩证法》，《马克思恩格斯全集》第 20 卷，人民出版社 1971 年版，第 583 页。
② 参见《光明日报》1982 年 4 月 2 日。

强大，病毒结构如此简单却有完善的效能——看来人类真可说是一种粗笨的生物。单纯作为有机体来看，人类比不上在地球的任何特定小生境中生存的生物。人类之所以成为地球上的统治者，仅仅因为受惠于一种更重要的特化器官——人的头脑。"① 这当然仅仅是从生物学的角度说的。事实上，人不仅是生物学的，更重要的还在于是社会的人。但从生物学的角度说，人脑这个特化器官，确实是人优于其他一切动物的。人脑智力的高超，并不单纯取决于脑的绝对重量大，也不单纯取决于脑对身体大小的相对重量大，而是取决于两者都大。如果就脑的绝对重量来说，象脑和鲸脑都比人脑重得多；如果就脑的相对重量来说，猴脑（为它体重的十八分之一）比人脑（为其体重的五十分之一）又重得多。人脑之所以高超，更重要的还在于他的内部结构和功能方式。这是其他动物都不可比拟的。

人脑不仅和人体的各个感觉器官保持着最直接、最密切、最迅速的联系；而且，它是思维的器官，它能够通过对感官提供的材料进行一系列的抽象过程，达到对事物本质的认识。

所谓人的认识能力，实际包括感觉能力和思维能力两部分。思维能力表现为人能进行理性认识，它是人所特有的一大优点。"思维应当把握住运动着的全部'表象'……表象比思维更接近于实在吗？又是又不是。表象不能把握整个运动，例如它不能把握秒速为 30 万公里的运动，而思维则能够把握而且应当把握。从表象中取得的思维，也反映实在。"② 思维即理性认识，它不能代替感性认识，而是在感性认识的基础上进行的，是感性认识的继续。但是，从感性认识到理性认识，又不是单纯的量的进化，而是表现着飞跃、革命、质变。正如列宁

① I. 阿西摩夫：《人体和思维》，科学出版社 1978 年版，第 136 页。
② 《哲学笔记》，《列宁全集》第 38 卷，人民出版社 1959 年版，第 245—246 页。

指出，"不仅从物质到意识的转化是辩证的，而且从感觉到思想的转化等等也是辩证的"。① 辩证的转化和非辩证转化的区别，在于飞跃，在于矛盾性，在于渐进过程的中断。所以，思维和感觉是有本质区别的。思维不是感觉的机械总和，也不像狄德罗所说的"是万能的感觉"。

　　思维活动并不是主观的、随意的，它是在感性材料的基础上进行的。感性认识所反映的是事物的个别的、直接的、外部的现象；而实际上，客观事物是统一的、普遍的，它除了为人的感官所揭示出来的个别特性外，还有着一般性的基础。这个一般性的基础，就是事物的本质、内部联系和发展规律。思维活动正是以事物的一般性基础作为自己的反映对象。正如黑格尔所讲，我们思考对象时，就把对象变为一种普遍的东西；事物实际上是统一的。就是说，我们要真正认识客观事物，必须把事物当作普遍的东西加以理解。思维便是通过抽象、概括、分析、综合、归纳、演绎等等，把感觉分离地提供的东西结合起来，从而揭示出事物的一般基础，即事物的内在本质和规律性。所以，思维一方面以感官揭示的感性材料作为自己的前提、基础、源泉；另一方面又不受感性材料的约束，而使感性材料产生一个飞跃，成为理性认识。理性认识具有普遍的性质。它是对事物的间接反映；但是，这种间接反映，却更好地反映了事物的普遍性和一般性。列宁说，"当思维从具体的东西上升到抽象的东西时，它不是离开——如果它是正确的……——真理，而是接近真理。物质的抽象，自然规律的抽象，价值的抽象及其他等等，一句话，那一切科学的（正确的、郑重的、不是荒唐的）抽象，都更深刻、更正确、更完全

---

① 《哲学笔记》，《列宁全集》第38卷，人民出版社1959年版，第314页。

地反映着自然"。① 可见，思维对客观事物的反映比感觉对客观
事物的反映，是大大地前进了一步、深入了一步。这本身就表
现出人的认识能力的至上性、无限性。

客观事物的层次是无穷的，人对它的认识的深化也是无穷
的。人对事物、现象、过程等等的认识从现象到本质、从不甚
深刻的本质到更深刻的本质的深化，是一个无限的过程。"认
识是思维对客体的永远的、没有止境的接近。"② "人的思维由
现象到本质，由所谓初级的本质到二级的本质，这样不断地加
深下去，以至于无穷。"③ 所以，思维对事物本质的深化是无
限的。

那么，人的思维是否具有客观真理性呢？最强有力的检验
办法，就是实践。"人应该在实践中证明自己思维的真理性，
即自己思维的现实性和力量，亦即自己思维的此岸性。"④ 实际
上，实践活动并不是只在感性知觉的基础上开展的，而是在理
性思维的指导下进行的。所以，实践的成败，便是对理性思维
的直接检验。既然实践是在对事物规律性认识的理性思维的指
导下进行的，那么如果它取得成功，达到了目的，那就证明这
个认识是正确的。人类从古到今，改造自然、改造社会所取得
的所有成果，都充分地证明"自己思维的现实性和力量"，证
明了思维能力的至上性和无限性。

人们延长自己感觉器官的那些仪器，工具，都是在思维活
动的基础上制造出来的。没有思维，也就不可能有感觉器官的
延长。人虽然就目的来说，是服从自然界的，然而，人却因为

---

① 《哲学笔记》，《列宁全集》第 38 卷，人民出版社 1959 年版，第 181 页。
② 同上书，第 208 页。
③ 同上书，第 278 页。
④ 《关于费尔巴哈的提纲》，《马克思恩格斯选集》第 1 卷，人民出版社 1972 年版，第
16 页。

有了自己的工具而具有了支配外部自然界的力量。如今人们不仅能够制造各种仪器、工具来延长自己的感觉器官，而且还制造出了具有"智能"的电脑。这实际上是人脑的扩大和延伸。这种扩大和延伸，随着实践的发展也将是没有限度的。

至于作为思维器官的人脑本身，一方面它的智力潜力还非常大。根据对现代科学资料的分析估计，如果是一般寿命（70岁左右）的人，一生中所用的智力只占其智力贮备的四分之一，另外四分之三的智力并没有发掘、利用。所以，每个人的智力还大有潜力可挖，都可以变得更聪明些。而且，智力的发展和经常多方面地用脑是成正比的。另一方面，就二三十万年以来的人来说，脑量虽然没有继续增大的趋势，但脑子的形状还在改变，由基部较大的圆馒头形变成了现代人的近似的球形。脑子内部的生理结构也在越来越完善，脑细胞的数目增多，密度增大，新的联络不断形成，等等。这些都为人的思维能力的无限性提供了生理基础。

第三，认识能力的至上性、无限性还表现在人的认识可以一代一代地延续下去。人的认识器官，包括感觉器官和思维器官，它们的生理结构及其功能方式的变异、进化，可以遗传给下一代，当然在遗传中还有新的变异。而人的认识是不能遗传的，亲代的认识不可能先验地、自然而然地反映到子代的头脑中。就是说，认识能力的生理基础可以遗传，而认识和认识能力本身是不能遗传的。但是，人们的认识并没有停留在原始状态；并没有总要经过"茹毛饮血"的阶段，而后才学会用火；也没有总要通过丈量土地，才摸索出几何学。如果那样，社会就不能前进。然而，实际上人类社会是在不断进步，特别是进入文明社会以来，更是突飞猛进，科学获得了加速度的发展。这里的原因很多，其中一个主要的原因，就是人们的认识通过一代一代的积累，得到了巨大的进展。恩格斯在《反杜林论》中说，"包罗万象的、最终完成的关于自然和历史的认识的体系，是和辩证思维的基本规律相矛盾的；但是这决不排斥，反而肯定对整个外部世界的有系统的认识是可以一代一代地得到巨大进展的"。[①] 由于人的认识可以一代一代地延续，所以，作为整个人类的认识来说，它就可以不断地向深度和广度发展。只要人类足够长久地存在下去，认识的这种发展就是无限的。

人类认识的延续，是以物化的形式来实现的。所谓物化的认识，包括人类社会实践的所有物质成果以及文化、文明、语言、科学等等的物质形式。这种物化认识可以遗留给后代，成为后代人认识继续深化的基础。所以，我们今天并不要样样从头做起，而是站在前人的肩膀上前进；后代人将又站在我们的肩膀上前进。这种前进是没有止境的。

第四，人的认识能力和社会实践的相互促进是无限的。人类认识的目的，归根到底是为了指导改造自然、改造社会的实践，以使外部世界适应人自身的需要。但是，反转过来，社会实践的前进又能促进认识能力的发展。所以，人的认识能力的发展和社会实践的发展，是相互关联、相互促进的。这种相互促进的作用，将随着人类的存在而不断地进行下去。只要实践的发展没有顶点，人的认识能力的发展也就没有顶点。

总之，无论从感觉能力、思维能力、认识的世代延续方面，还是从实践对认识能力的促进方面看，人的认识能力都具有至上性、无限性的一面。它可以使我们的认识达到客观真理。今天没有认识或没有完全认识的事物，明天总可以认识和认识清楚的。

[①] 《马克思恩格斯全集》第20卷，人民出版社1971年版，第27—28页。

（三）认识能力的非至上性和有限性

人的认识能力除了具有至上性、无限性的一面，还有其局限性的一面。它总是不能立即地、完全地、绝对地正确反映客观事物及其规律；这表明人的认识能力又不是绝对至上的。就是说，它还具有非至上性、有限性的一面。这主要表现在：

第一，感觉还有主观性的方面；感觉并不是外部世界的绝对客观的映象，而只是近似的、相对的客观映象；感觉器官的生理结构有很大的局限性。

这里的所谓感觉，一是指人的感觉器官反映外界客观事物的过程；二是指上述过程的结果，即外界事物刺激感官，通过神经传递，在人脑中造成的映象。这两种意义上的感觉，都与认识的感觉能力有着密切的关系，都是感觉能力的表现。

前面说到，感觉是由外部世界的刺激引起的，同时，它也是引起这种感觉的外界客体的映象。这是说的感觉的客观性的一面。关于这一点，辩证唯物主义和旧唯物主义的看法是相同的，而与唯心主义、不可知论的看法是不同的。但是，辩证唯物主义与旧唯物主义也有不同的地方，就是辩证唯物主义认为感觉除了有客观性的一面以外，还有主观性的一面、非至上性的一方面；而旧唯物主义特别是唯物主义的感觉（经验）论则不承认后一方面。他们认为，感官从不欺骗我们，感觉对外界事物的反映是绝对可靠的；根本否认感觉还有受主体自身影响的方面，否认感觉只是主观对客观的近似的映象。爱尔维修甚至把人眼的错觉也当作客观事物正确无误的反映。他举例说，一个人从远处看一座方形的塔是圆形的；这种圆形的视觉，他认为也是合乎实际的。因为，"对象永远在我们身上造成它们应当造成的印象"。① 显然，这是错误的，这是走上了一个极端，把感觉的可靠性绝对化了。这种看问题的方法是形而上学的。和这种形而上学的看法相反，辩证唯物主义批判地吸收了唯心主义者和不可知论者关于感觉主观性看法中的合理因素，而摒弃了它们由此导出的唯心主义和不可知论的结论。

辩证唯物主义认为，感觉一方面取决于客体的特性以及客体作用于主体的条件。"物质作用于我们的感觉器官而引起感觉。"② 但是，作为物质客体的特性和特点是多方面的，而且在不同的条件下，这些特性、特点的显现方式也是很不相同的。因而，随着客体作用于主体的条件不同，对同一个客体也可以引起不同的感觉。比如，在某种条件下，客体的某一方面刺激主体的某一感官更强烈，因而引起某种很深的感觉；然而，客体的这一方面对于它的整体来说，却不一定是主要的，甚至是很次要的。另一方面，感觉还取决于感知器官的生理结构、感知条件以及感知主体的状况。

列宁说，"感觉依赖于大脑、神经、眼网膜等等，即依赖于按一定方式组成的物质"。③ 现在我们知道，人的感官并不是十全十美的。尽管现在我们还没有发现有任何一种客观事物的现象或迟或早、或直接或间接地通过现有的感官及感官的延长根本无法被感知的情况，正像费尔巴哈所说，"我们没有任何理由设想，如果人有了更多的感觉或器官，他就能够认识自然界更多的属性或事物"。④ 但是，这只是就认识的最终意义上说，才有完全的真理性；它并不足以说明我们的感官对于认识

---

① 《十八世纪法国哲学》，商务印书馆 1963 年版，第 482 页。

② 《唯物主义和经验批判主义》，《列宁全集》第 14 卷，人民出版社 1957 年版，第 44 页。

③ 同上书，第 45 页。

④ 转引自《列宁全集》第 38 卷，人民出版社 1959 年版，第 64 页。

客观事物的需要来说，已是足够完善的了。事实上，世界上有许多事物我们认识得之所以如此迟缓，就是与我们的感觉和认识器官不够完善有直接关系。随着科学的发展，我们将会进一步发现，如果我们有更完善的感觉器官，也许我们能够更快、更准确地感知客观事物的多种多样的属性。其次，拿已有的感官来说，每一种感官的感知范围也是有限的。如视觉器官，只能看到一定波长的电磁波；听觉器官，也只能听到一定波长的声波。如果超出了这个范围，硬要用我们的眼睛去看那些看不见的光，用耳朵去听那些听不到的声，那非但不能感知到，而且在一定条件下对相应的感官还有破坏作用。可见，"什么是光，什么是非光，这取决于眼睛的构造"。① 再次，即使在我们的感官能够感知的范围内，外物在我们感官上引起的映象与原样也是有区别的。还拿视觉来说，19 世纪末，人们学会了用某种特殊的化学剂给视网膜上的视觉映象定影。结果发现，这个映象和原物在很多方面都不同：映象是平面的，原物是立体的；映象是上下颠倒的，而且比原物小；映象只是粗线条的，只是一些相当大的部分的定影，而远不是原物的所有部分和成分的定影，等等。这些都是由眼睛的特殊构造所决定的。

感官是个信息过滤器。感官对从外界到头脑里来的信息起传递和加工的作用。但是，并不是所有的信息都传递，而是有选择的传递，仅让小部分环境事件刺激神经系统，传递到大脑皮层。感官也不是信息的被动接受者，而是主动的探索者。显然，这些都对感觉有着直接影响。

感觉还取决于感知条件，比如，前人所积累的经验和知识，社会的科学文化水平，社会实践水平，社会的物质文明和

---

① 《自然辩证法》，《马克思恩格斯全集》第 20 卷，人民出版社 1971 年版，第 631 页。

精神文明的状况，用以直接延长感官的仪器状况，以及感知者与被感知物之间的距离、角度，等等。由于这些条件不同，所以，对同一个客体，可以引起不同的感觉。对同一个月亮，从前人们只能感知它对着地球的一面，如今有了人造飞船，便能直接用仪器感知它背着地球的一面了。

此外，感觉还取决于感知主体的状况，如感知者的立场、观点、思想方法、年龄、健康状况、情绪、意志、个人经验、知识水平，以及个人道德修养，等等。这些都影响着感觉的映象。所以，很难把感觉映象和感觉主体的状况完全分离开来。因为，同一个感知者在不同的状况下，对同一个客体可以产生不同的感觉。例如，一个人在健康的时候对糖的感觉是甜的，而在发高烧时则感觉糖是苦的。

以上诸方面都决定了感觉的主观性。所以，感觉并不是外界事物的绝对客观而正确的映象，而只是相对正确、近似正确的映象。"模写决不会和原型完全相同。"[1] 观念的东西不过是被移入人的头脑中的物质的东西，但却又是"在人的头脑中改造过的物质的东西"。[2] 由于感觉有主观性，所以，它并不是在任何时候都绝对可靠，而是有时候也会欺骗我们。有人曾经做了这样一个实验：有 40 个富于观察力的心理学家在联邦德国的哥廷根开会，突然一个村夫冲进会场，一个黑人手持短枪紧追而入，两人当众搏斗，忽然枪声一响，两人便一道跑了出去。这一事件前后共 20 秒钟，当场拍摄了资料。会议主持人提议每个人立即写下目击记。因为，这是每个人都亲眼看见的事。目击记可说是对每个人视觉的一次测验。结果呢？错误率

---

① 《唯物主义和经验批判主义》，《列宁全集》第 14 卷，人民出版社 1957 年版，第 247 页。

② 《〈资本论〉第 1 卷第二版跋》，《马克思恩格斯选集》第 2 卷，人民出版社 1972 年版，第 217 页。

之高，非常惊人。交上的四十篇报告中，只有一人的报告，错误少于十分之二，有十四篇错误率达十分之二到十分之四，有十二篇错误率达十分之四以上，有十三篇错误率达十分之五以上。有一半以上的报告掺有臆造的虚假情节。只有十分之一的人看准黑人是光头，其余的都说是戴帽子。黑人穿的是一件短衫，所有人都说对了。但短衫的颜色，有的说是全红的，有的说是咖啡色的，还有说是条纹的，实际上是黑色。① 可见，感觉的差错也是惊人的。这是由决定感觉主观性的许多因素造成的。同时，这些惊人的差异，充分说明感觉并非是绝对可靠的，感觉能力也不是绝对至上的，而是还有非至上性的一面。

第二，认识能力的非至上性、有限性还表现在：每一个人或者每一代人的抽象思维，只能反映客观事物一定层次的本质。同时，抽象思维自身并不能保证都是科学的、正确的。

所谓抽象思维，一是指大脑从客观事物的无数属性中抽出本质属性的过程，二是指上述过程的结果。抽象思维是和认识的思维能力密切相关的，是思维能力的具体体现。科学只有借助于抽象思维，才能认识生动的直观所不能达到的东西——自然界和社会生活的最深刻的过程，亦即事物的内部联系、本质和规律。但是，正如列宁曾经指出的，这种抽象必须是"科学的"抽象。相反，如果不是科学的抽象，那就得不到对事物本质、规律的正确认识。那样，抽象思维就由认识客观事物的手段，变为脱离客观现实的工具。因为，抽象本来就有薄弱的方面，在抽象中现实界总是被简单化、粗糙化和图式化。所以，和生动的感性认识相比，抽象思维使我们远离了对象。如果它的方向是正确的，方法是科学的，那它就揭示出事物的本质，

---

① 《一次心理学测验》，《自然辩证法通讯》1980 年第 1 期，第 32 页。

更接近真理；相反，如果它方向不正确，不是科学的抽象，那它就更远离真理。

唯心主义者把抽象远离对象的这一特点绝对化，利用它来为割裂思维和客观现实的联系做论证，或利用它来贬低思维的作用。唯理论（包括唯物主义的和唯心主义的）者则完全否认抽象思维的弱点，认为只有理性认识才是最可靠的。辩证唯物主义在肯定抽象思维有能力达到客观真理的同时，也承认抽象思维有薄弱的方面，抽象思维不能保证自身都是科学的。也就是说，人的思维能力除了有至上性的一面以外，还有非至上性的一面。思维可以使人的认识达到事物的本质，也可以使认识更远离本质。

为什么抽象思维不能保证自身都是正确的？因为，抽象思维是在感觉材料的基础上进行的；而感觉，前面说到有其主观性，它只是现象的近似正确的反映，而且有可能出错，这就直接动摇了思维进行抽象的基础。感觉材料中的差错，单凭思维是难以发现，也难以证实、难以纠正的。由于从感觉到思维是一次飞跃，所以，在感觉材料中差之毫厘，到抽象思维中可能就谬以千里。同时，在抽象思维的过程中交织着一系列逻辑推理。逻辑推理，可以用来对真理性的认识进行逻辑检验，亦可用来认识真理。关于客观事物的许多认识，是可以通过逻辑推理得来的。"如果我们有正确的前提，并且把思维规律正确地运用于这些前提，那么结果必定与现实相符。"[①] 从关于事物的个别性的认识进到普遍性、规律性的认识，首先要运用归纳法。可是，"以最简单的归纳方法所得到的最简单的真理，总

---

① 《〈反杜林论〉材料》，《马克思恩格斯全集》第 20 卷，人民出版社 1971 年版，第 661 页。

是不完全的，因为经验总是未完成的"。① 所以，人们通过进一步的实践，只要发现一件相反的事实，就可推翻原有的结论。一个新知识，也能够根据已确定为正确的认识演绎地推导出来。但是，演绎推理的大前提都是通过归纳法得来的；这就仍然可能隐藏着错误。这些都是抽象思维本身所无法解决的。还有，思维方法的正确与否，也直接影响着抽象思维的质量。而思维方法本身则有一个从不完善到完善的无限过程。由于这种种原因，抽象思维就不能保证自身都是科学的、正确的。而且，即使是科学的抽象，也不可能一下子就穷尽客观事物的本质。客观事物的本质是多层次的和无限的，对于每一个人或每一代人来说，凭着抽象思维只能认识到有限层次的有限本质。

以上都表明人的思维能力的有限性和非至上性。

第三，人类认识就世代积累来说是至上的、无限的，但就每一代人来说，又是非至上的、有限的。因为，就每一个具体的人或者每一个具体时代的人来说，总是处在一定的历史条件下，总要受到主、客观各种条件的限制；因而他的认识能力总是有一定的限度，认识也总是带有一定的历史局限性。恩格斯曾说，"从历史的观点来看，……我们只能在我们时代的条件下进行认识，而且**这些条件达到什么程度，我们便认识到什么程度**"。② 事实上，任何一个思想映象，"总是在客观上被历史状况所限制，在主观上被得出该思想映象的人的肉体状况和精神状况所限制"。③ 这种限制，是任何认识、任何知识体系也逃脱不了的。不承认这一点，就不是一种实事求是的态度。

历史上，各行各业的一些伟大的人物，由于他们参加的实

---

① 《哲学笔记》，《列宁全集》第38卷，人民出版社1959年版，第191页。
② 《自然辩证法》，《马克思恩格斯全集》第20卷，人民出版社1971年版，第585页。
③ 《反杜林论》，《马克思恩格斯全集》第20卷，人民出版社1971年版，第40页。

践多，又善于把群众的智慧集中起来，所以，他们比一般人站得高些，看得远些，对问题认识得深刻一些。但是，他们也不能不受到从客观和主观两个方面来的限制。德国历史上有个杜林，他则否认人的认识有这种限制。恩格斯在《反杜林论》中，尖锐地批判了他。恩格斯说，"杜林先生一开始就宣布他的思维方式是排除主观上受限制的世界观的任何倾向的。……现在我们又看到，他是无所不知的。他解决了科学的最终的任务，从而封闭了一切科学走向来来的道路"。[①] 斯大林在《论我们党内的社会民主主义倾向》中指出，"不论马克思和恩格斯是多么有天才的思想家，如果要求他们在发达的垄断资本主义出现以前五六十年就准确地预见到在垄断的、帝国主义的资本主义时期出现的无产阶级的阶级斗争的一切可能性，那就太荒唐了"。[②] 就是说，即使是天才思想家，他的认识也要受历史条件的局限；而且在主观上也要受许多限制。

所以，就每一个具体时代的人来说，或者就每一个具体的人来说，他的认识能力总是有限的、非至上的；他的认识，不能不带有很大的局限性。

第四，实践的相对性、历史局限性，也对人的认识能力起制约作用。实践的发展是无止境的；但是，每一个具体的实践，又都是历史的、有条件的。前面说到，实践和人的认识能力是相互制约的。那么，实践的这种相对性和历史局限性，自然制约着人的认识能力，限制着人们的眼界。由于实践水平的限制，当我们无法变革某一客观对象，无法促使客观事物的本质充分暴露出来的时候，那当然也就谈不上认识这一事物；因而也就限制着认识能力的发挥。

---

① 《反杜林论》，《马克思恩格斯全集》第20卷，人民出版社1971年版，第40页。
② 《斯大林全集》第8卷，人民出版社1954年版，第221页。

毛泽东说，"马克思主义者认为人类社会的生产活动，是一步又一步地由低级向高级发展，因此，人们的认识，不论对于自然界方面，对于社会方面，也都是一步又一步地由低级向高级发展，即由浅入深，由片面到更多方面。在很长的历史时期内，大家对于社会的历史只能限于片面的了解，这一方面是由于剥削阶级的偏见经常歪曲社会的历史，另一方面，则由于生产规模的狭小，限制了人们的眼界"。①

可见，实践规模的狭小和实践深度的不够，这些都直接限制着人们的眼界，限制着人的认识能力的发挥。同时，反过来，实践规模之所以狭小，又是和人的认识能力的有限性分不开的，是认识能力的有限性、非至上性的表现。

总之，不管从认识的感觉能力、思维能力来说，还是从人类认识的每一代人、每一个人的现实来说，以及从实践对认识能力的制约关系来说，人的认识能力都有着有限性、非至上性的一面。

三　认识能力的至上性和非至上性的矛盾是真理过程的主体性环节

上面我们讲了人的认识能力既是无限的、至上的，又是有限的、非至上的。就是说，认识能力实际上是无限性和有限性、至上性和非至上性的矛盾统一。也就是说，认识能力的至上性和非至上性既是对立的，又是统一的。它们的对立，表现在认识能力的至上性表明人的认识能够正确地反映客观事物的本来面貌；不仅能正确反映事物的外部现象，而且能正确反映

_____

① 《实践论》，《毛泽东选集》第1卷，人民出版社1955年版，第272页。

事物的内部本质；不仅能反映事物的一级本质，而且能反映二级本质、三级本质……以至无限地深入下去。一句话，认识从主体方面说，有能力达到客观真理。而认识能力的非至上性，则又证明人的认识能力是有限度的，人的认识并不能绝对正确地反映客观事物的本来面目；不仅不能一下子就正确地反映事物内部的无穷级的本质，而且即使对事物的一级本质、二级本质，也只是近似正确的反映，就是说，这种反映并不是绝对客观的；不仅对事物本质的反映只是近似的，并要有一个过程，而且对事物外部现象的反映也不可能是绝对准确、绝对客观的。也是一句话，认识从每一个现实的主体方面说，达到客观真理的能力是有限的。显然，从这方面看，认识能力的至上性和非至上性是相互矛盾、相互对立的。

但是，认识能力的至上性和非至上性又是统一的，是紧密联系而不可割裂的。无限性和有限性、至上性和非至上性，都统一于人的认识过程中。任何一个具体的认识，都有至上性的一面，又有非至上性的一面。也就是说，没有哪一个认识只具有至上性，而没有非至上性；或者只有非至上性，而不具有至上性的。即使是很荒谬的认识，它亦有着客观的内容，亦是客观事物在人脑中的反映，只不过是歪曲的反映。歪曲的反映，并不完全是绝对非至上的；它有着客观内容，就表明它还有至上性的一面。正像黑格尔所说的，"完全没有概念和实在性的同一的东西，就不可能有任何存在。甚至坏的和不真的东西之所以存在也还是因为它们的某些方面多少符合于它们的概念"。[1] 在这里，概念和实在性（应为客观事物）的地位，黑格尔当然是做了唯心主义的颠倒。但是，他正确地指出了，任

---

[1] 黑格尔：《小逻辑》，贺麟译，商务印书馆1980年版，第399页。

何概念和客观实在之间总有一定的同一性。所以，任何认识都是这样，又至上又不至上。它是客观事物的正确反映，但又不是绝对正确的反映；它的内容是客观的，但又不是绝对客观的。当然，就各个具体的认识来说，它们的正确程度是各不相同的。但是，我们现实所能达到的不管哪一种认识，不管是我们称之为的真理，还是谬误，它们都不是绝对的。同时，就人的认识对象来说，它既是有限的，又是无限的。每一个具体认识的对象，当然是有限的；我们实际感知的事物的数目，也是有限的。所以，"我们只能认识有限的东西"。著名的德国植物学家、不可知论者耐格里就是这样说的。这是正确的，因为只要进入我们认识领域的仅仅是有限的对象。但这只是问题的一个方面，问题还有另一个方面，那就是我们在根本上认识的都是无限的东西。因为，客观世界本身是无限的。我们所认识的每一个事物，都是这个无限世界里的一个部分、一个方面。这个部分、方面既和整个世界有区别，但又是它的有机组成部分，同样受整个世界普遍规律的支配。所以，我们认识这个有限的部分和方面，也就是这样和那样地在认识着无限的世界。而且，客观世界作为认识对象的有限方面和无限方面的界限本身是相对的。今天没有进入认识领域的事物，明天将可能被认识。认识对象的有限方面是在不断扩大，不断向无限方面发展的。耐格里只承认前一个方面，并且夸大了它，而根本不承认后一个方面，因而犯了形而上学的错误，得出了不可知论的结论。恩格斯在批判耐格里时指出，"……这个命题还须有如下的补充：'我们在根本上只能认识无限的东西。'事实上，一切真实的、详尽无遗的认识都只在于：我们在思想中把个别的东西从个别性提高到特殊性，然后再从特殊性提高到普遍性；我们从有限中找到无限，从暂时中找到永久，并且使之确定起来。然而普遍性的形式是自我完成的形式，因而是无限性的形式；它是把许多有限的东西综合为无限的东西"。① 自然界中普遍性的形式就是规律。如果我们把有限从无限中割裂开来，使它脱离开普遍性的联系，脱离开自然规律，那它就是不可理解的。如果我们从现象中找到本质，从个别中找到一般，也就是认识了事物的规律，那就是从有限中认识到无限。所以，我们对客观世界有限部分和方面的一切真实的认识，同时都是对永恒的东西、对无限的东西的认识。因而，从本质上说，人的认识对象也是有限性和无限性的统一。

认识的这种至上性和非至上性的统一，正是认识能力的至上性和非至上性统一的具体表现。并且从认识的主体方面说，认识是由认识能力所决定的。

认识能力的至上性、无限性是由非至上性、有限性组成的。"正如可认识的物质的无限性，是由纯粹有限的东西所组成一样，绝对地进行认识的思维的无限性，是由无限多的有限的人脑所组成的，而人脑是一个挨一个地和一个跟一个地从事这种无限的认识，常做实践上的和理论上的蠢事，从歪曲的、片面的、错误的前提出发，循着错误的、弯曲的、不可靠的途径行进，往往当真理碰到鼻尖上的时候还是没有得到真理……因此，对无限的东西的认识是被双重的困难围困着，就其本性来说，它只能在一个无限的渐近的进步过程中实现。这已经使我们有足够的理由说：无限的东西既可以认识，又不可以认识，而这就是我们所需要的一切。"②

总之，人的认识的至上性和非至上性、无限性和有限性，是认识的不可分割的两个方面。至上性、无限性总是通过非至

---

① 《自然辩证法》，《马克思恩格斯全集》第20卷，人民出版社1971年版，第577页。
② 同上书，第577—578页。

上性、有限性来表现；非至上性、有限性中总是包含着至上性、无限性。

但是，不可知论和形而上学的唯物主义却把认识能力的至上性和非至上性、无限性和有限性绝对地割裂开来，只承认它们的对立，不承认它们的统一。不可知论只承认认识能力的非至上性，认为人的认识能力是有限的，不懂得非至上性中包含着至上性，无数的有限便是无限。它把认识能力的有限性、非至上性绝对化，以至得出客观世界是不可知的，人的认识不可能达到客观真理的结论。这个结论，已被实践证明是错误的。形而上学的唯物主义虽然承认客观世界是可知的，承认人的认识能力是至上的，但它却完全否认认识能力的非至上性、有限性；不懂得至上性是通过非至上性来表现的，无限性是由有限性组成的。这就把认识能力的至上性、无限性绝对化了。好像客观世界一下子就可以被认识，真理一下子就可以达到似的。这当然也是错误的。它既不符合客观实际情况，也不能令人信服地回答不可知论者提出的问题。

还有一种观点，虽然承认认识能力的至上性和非至上性是统一的，但他们认为，至上性主要表现在思维能力上，非至上性主要表现在感觉能力上。这也是不对的。这实际上还是把至上性和非至上性割裂开来了。前面已经说到，不管是感觉能力，还是思维能力，它们都有着至上性和非至上性，都是非至上性和至上性的统一。如果把非至上性和至上性分别安在感觉能力和思维能力的头上，那么，不是得出感觉能力至上，就是得出思维能力至上的结论。这就重犯了哲学史上感觉论和唯理论的错误。

只有辩证唯物主义的认识论既承认认识能力的至上性和非至上性是对立的，又承认它们是统一的；即人的认识能力是至上性和非至上性、无限性和有限性的矛盾统一。这样才科学地解决了认识能力的辩证性质。

认识的内在矛盾存在于认识客体和主体的本性中。认识客体是包含着内在矛盾的。认识客体之所以运动、变化、发展，正在于内部矛盾的不断展开。所以客体的内在矛盾是客体的本性。同样，认识主体内部也存在着矛盾；正是这种矛盾的存在和展开，才推动着认识和认识能力的发展。就是说，认识主体（人）的本性也在于他的内部矛盾。恩格斯在谈到认识处于矛盾之中时指出，"一方面，要毫无遗漏地从所有的联系中去认识世界体系；另一方面，无论是从人们的本性或世界体系的本性来说，这个任务都是永远不能完全解决的。但是，这种矛盾不仅存在于世界和人这两个因素的本性中，而且还是所有智力进步的主要杠杆，它在人类的无限的前进发展中每天地、不断地得到解决，这正象某些数学课题在无穷级数或连分数中得到解答一样"。① 也就是说，人的认识能力，"按它的本性、使命、可能和历史的终极目的来说，是至上的和无限的；按它的个别实现和每次的现实来说，又是不至上的和有限的"。② 人的认识器官及其功能，是同人类认识世界和改造世界的任务相适应的。因而，就人的认识的本性、使命来说，他能认识世界，能和改造世界的需要相适应；所以，它是至上的、无限的。然而，就每一个人、每一代人的具体认识来说，即就认识的个别实现和每次的现实来说，又总是受着各种限制，带有各种局限性，因而又是不至上的和有限的。并且，正是这样一个矛盾，才保持了认识能力的生命力，推动着认识和认识能力的不断发展。这个矛盾只有在无限的前进过程中，在无止境的人类世代

---

① 《反杜林论》，《马克思恩格斯全集》第 20 卷，人民出版社 1971 年版，第 40 页。
② 同上书，第 95 页。

更迭中才能得到解决。因而，人类的认识和认识能力的发展，也就永无止境。

真理是主体对客体的正确反映，也就是人对客观世界的正确认识。所以，真理的状态也取决于主体和客体两个方面。从主体方面讲，人的认识能力乃是一个重要的环节。由于我们的认识能力包含着内在的矛盾，这就势必使我们的认识，使主观和客观的符合，也就是使真理成为一个动态的过程。一方面，我们的认识有能力正确地反映客观事物的本来面目；另一方面，又没有能力立即地、完全地正确反映客观事物的本来面目。就可能和历史的终极目的来说，人的认识是有能力正确反映客观事物的面目的。人们的认识绝不能停留在已达到的成果上，绝不能安于现状；这也有如逆水行舟，不进则退；不继续前进，不但有关的认识器官会退化，而且连人类自身都无法生存下去。所以，人们总要为自己的历史终极目的奋斗，要把完全地绝对地正确认识客观世界的可能变为现实。这样就使我们的认识永远处于一个动态的运动发展的过程中。这个过程就是：人们对客观事物又认识，又不完全认识；正因为不完全地认识，所以，又要求去认识；因为，按认识的使命、目的来说，它有能力达到对客观事物完全的认识。在不完全的认识中就有着完全认识的成分；完全的认识正通过不完全的认识来实现。或者说，主观和客观的符合是一个过程。在这个过程中，认识有它历史的终极目的；这个目的，从总体上说可以达到，但在现实中又永远有差距，永远没有尽头。这本身的确是一个矛盾；但正是这个矛盾，使认识、使真理成为一个永恒的过程。所以，真理之所以成为一个过程，不仅取决于客体方面，有它的客观基础；而且还取决于作为认识主体的人自身，其中特别是人的认识能力的内在矛盾。认识能力的内在矛盾，即认识能力的至上性与非至上性的矛盾，也是人的智力进步的杠杆，是真理之所以成为过程的主体方面的环节。

第四章 真理过程的主体性环节（二）
——思维方式与真理过程

上一章我们论述了认识能力的至上性与非至上性的矛盾关系构成了真理过程的主体性环节。这一章，我们将探讨作为主体进行认识活动不可或缺的思维方式，对真理过程的影响和制约。

一 思维方式问题的由来

思维方式问题是认识论中的一个重要问题。但对它进行自觉的系统的探讨，乃是从近代哲学对认识论研究进行热烈讨论的时候方才开始的。当然，这个问题也并不是毫无前因地突然从天上蹦出来的，而是经过了一个相当长的酝酿过程。可以说，很早以前，当人们讨论到认识的来源时，这个问题就已经萌生了。

（一）柏拉图的自相矛盾

人的认识是人的头脑对头脑之外的客观对象的反映，人的认识是人脑的机能。对于这一点，绝大多数哲学家的看法是一致的或相近的。但对于人脑在展开认识活动之前是一个什么样的状态，比如说是一张白纸，上面什么都没有，还是有点什么？如果有点什么，那又是什么？对这个问题的看法，从古以来大家的分歧就很大，而且也很复杂。甚至同一个哲学家自己还有不同的看法。比如，古希腊的柏拉图自己就有两种不同的说法。开始他认为，人的认识是人的头脑里先天就有的，是隐藏在和刻画在人脑的纹路里的。后天的认识，便是通过后天的活动对原有认识的回忆。这就是他著名的"回忆说"。可是后来，随着对"相"论的修改，为了表明人的感觉经验在通向对"相"的认识中的作用，他又提出了最早的比较原始的"蜡板说"。此说后来为亚里士多德接受。亚里士多德从他的科学主义出发，也赞成"蜡板说"。认为人在没有接受外界事物影响之前的心灵状态就好比一块蜡板，人的认识好像就是外界事物刻写在蜡板上的记号。到了近代，这种"蜡板说"的思想，又被洛克发展为更为精致有条理的"白板说"。认为人在没有认识外界事物（没有感觉、经验）之前，心灵像白板或白纸一样，上面没有任何标记，没有字迹。当外界事物作用于人的感官而产生观念或思想之后，在这块"白板"上留下痕迹，然后才有知识。虽然"白板说"比"蜡板说"论说得更细腻些，但它们的意思是一样的。都认为在展开认识活动之前，人的心灵（人脑）状态是一片空白。我们可以把这种看法，统称为"心灵状态空白说"。

可是，另一种意见，却不同意或不完全同意这种心灵状态空白说。柏拉图的"回忆说"便是对他"蜡板说"的否定；而且这种否定在先。这种意见认为，人的认识活动展开以前，人的"心灵"（人脑）状态，并不是一片空白，而是有某种东西。至于这种东西是什么，叫什么，各人给的名称又不一样，而且具体所指也确有不同。比如，在柏拉图那里是指抽象理念；而到亚里士多德那里，则认为逻辑公理是先天俱来的；再后来，又有人提出什么先验原则、天赋观念；等等。名称虽然不同，但都认为人脑在展开认识活动之前，并不是一片空白，什么都没有，而是有某种先在的东西。

就是说，在关于知识（认识）的来源问题上，从柏拉图的"回忆说"和"蜡板说"的自相矛盾开始，便隐藏着一个实质性的问题，那就是关于人的认识活动展开前的心灵状态到底是空白的？还是有某种先在东西已在的？这两种不同看法，实际上，便是关于"思维方式"的有无问题。当然，这里还只是思维方式问题的萌芽，远不是自觉的清晰的。甚至可以说，那时这个问题只是隐蔽在繁茂森林脚下的一棵不起眼的小嫩芽。

（二）重新审视"天赋观念论"

在过去相当长的时间里，人们在对待有没有"思维方式"问题的看法和态度上，实际上是简单化了的。对"天赋观念论"的简单化批判，便是典型的表现，那时往往只从"唯心与唯物"和"实践与认识"的框框看问题。认为凡主张在认识活动之前人脑中已有某种东西的，就是先验论，就是背离了先实践后认识的原则，因而是错误的，是唯心论。对唯心主义的东西，就要批判。认为只有主张"蜡板说"、"白板说"、"白纸说"的，才是唯物主义，才值得肯定。

的确，"蜡板说"和"白板说"，在反对人的认识不可能反映客观对象的不可知论上，以及在反对笼统地认为人的认识是天赋的"天赋观念论"上，是正确的。人类赖以生存和发展的实践活动，已经千百万次地告诉我们，人能够正确认识客观对象，包括人自己给自己制造的许多麻烦事，总能够通过后来的正确认识，把它纠正过来；同时，人的认识也不是与生俱来的，不是先天的、天赋的，而是后天形成的。所以，马克思曾经指出，培根提出了人的认识起源于经验的原则，"霍布斯把培根的学说系统化了，但他没有更详尽地论证培根关于知识和观念起源于感性世界的基本原则。洛克在他论人类理性的起源的著作中，论证了培根和霍布斯的原则。"① 洛克为了论证知识、观念来源于经验，首先便用了他的白板说对天赋观念论进行了批判。这样，才为构建经验论的认识论，扫清了道路。

　　笼统地说人的认识起源于先天，说观念、知识是天赋的，是头脑里固有的，当然是不对的。但是，现实的人，面对着一个完全陌生的对象，在展开认识活动之前，他的头脑里果真完全是一片空白吗？这个问题，一直困扰着哲学家们。不然，为什么千百年来总有哲学家提出与此有关的问题，总有哲学家一再地提出那所谓的"天赋观念"论，甚而有些人前面刚批判过天赋观念论，后面又把天赋观念论的观点请进来。

　　德国当代著名哲学家、认识论专家格哈特·福尔迈在他的《进化认识论》一书中说："人的心灵，最初真的是严格经验主义者所说的白板吗？或者，它在诞生之际就已经显示了某些结构？在围绕这种对立而发生的争论中，从德谟克利特和柏拉图开始，一直到休谟和康德，'天赋观念'都起着某种关键作用。……各种回答，首先取决于天赋观念分别被理解成了什么。它可能指表象，或者概念、范畴、判断与成见，真理、推理习惯，逻辑、道德或自然的法则，本能，直观形式，体验模式（原型）或者认识结构。"这样，在不同的哲学家那里，天赋观念的内涵（所指）就有较大的差异。对此，福尔迈列了如下一张表：

---

① 《马克思恩格斯全集》第 2 卷，人民出版社 1957 年版，第 164 页。

柏拉图	全部抽象理念	善；相等
亚里士多德	逻辑公理	矛盾律
F. 培根	种族假象	"形状知觉"
休谟	本能；推理规则	经验推理
笛卡尔	第一原理	自我的存在；上帝
莱布尼茨	全部必然真理	数学和逻辑学
	许多理智观念	统一性；实体
	若干实践原理	趋乐避苦
康德	直观形式和范畴的"根据"	空间直观的可能性
赫尔姆霍茨	空间直观	三维性
洛伦茨	行为模式	交配行为
	直观形式	空间直观
	范畴	因果性
皮亚杰	反应格局	
	认知结构	平面知觉
荣格	原型	真我；二重性
列维—斯特劳斯	结构	烹饪三角
乔姆斯基	普遍语法	A–über–A 原理①

在哲学史上我们一般都把柏拉图看成是"天赋观念论"的老祖宗。根据他的"相论"（理念论），在人的知识中的观念和原则具有天赋性。人的观念、思想受之于天，是人生来就有的。就是说人的观念是先天存在于人的心灵中的，或者说在人诞生时即潜在于人的心灵中，而在以后的生活中，这种知识在外界的影响下被激发出来。这种说法影响很大。后来，亚里士

---

① G. 福尔迈：《进化认识论》，舒远招译，武汉大学出版社 1994 年版，第 129—130 页。

多德虽认为人类的知识起源于感性经验，但他又认为它有不依赖于经验的基本原理，如思维规律、逻辑学和几何学的公理，等等。后来的经院哲学，则从上帝是万能的这个命题出发，极力认为人的观念是先天的，是上帝赐予的。那便是不足为奇的了。但是，就是在对经院哲学开展过批判的笛卡尔那里，在对知识来源的看法上，却也持"天赋观念论"的某些观点。而且，正是他明确提出了"天赋观念论"的概念，并进行了较系统的阐述。洛克激烈批判了"天赋观念论"，提出了著名的"白板说"。但当他谈到数学等科学概念的知识时，他却又认为它们是不依靠感觉经验，是心灵单独构成的。他还把"反省"，即心理活动，看作是和感觉并列的、独立的认识来源。这些便又否定了原先的心灵是一块白板的说法。而和他同时代的莱布尼茨则明确地认为，心灵不是白板而是有纹路的大理石，这纹路就是天赋的内在原则，只不过它是不明显的、模糊的、未被意识到的观念，是潜在的知觉。他还认为，这种与生俱来的天赋观念，就像人有倾向、禀赋以及自然能力一样。再后来，到18世纪末19世纪初德国古典哲学的开创者康德那里，则提出了先验论的认识论，明确指出人的认识的知性范畴是独立于感性的，是人先于经验而固有的认识能力，是先天赋有的，等等，不一而足。

可见，从柏拉图以来，"天赋观念论"尽管遭到一次又一次的批判，但它仍然很顽强，仍然一次又一次地被提出来。因为这种观点中的核心就是它坚持认为，人的头脑（心灵）在展开认识活动之前，并不是一片空白。对这种观点进行简单的否定，是解决不了问题的。

（三）三个不同层次的问题不可混淆

在过去对这个问题的论争中，实际上是把几个不同层次的问题混淆在一起了。这里至少有三个不同层次的问题：

1. 人作为类，它的思想、观念是怎么来的？

这是关于人的原始思维和原始观念的发生发展的问题。我们不承认思想、观念是与生俱来的。但是，没有思想，没有认识，能成为人吗？这里，会陷入"是先有鸡，还是先有蛋"的悖论境地。

2. 人作为个体，他的思想、观念是怎么来的？

这是关于儿童智能的发生和发展、儿童思想和观念的形成问题。儿童智力心理学的实验和许多社会事实（如"狼孩"、"猪孩"等）告诉我们，人的思想、观念、认识不是与生俱来的，而是后天获得的。思想、观念、认识是不可能通过生理遗传的。至今还没有人发现思想、观念的遗传基因。人的思想、观念的不断进步，是通过"社会的遗传"实现的。每个人生下来的时候，他的头脑里可以说是像一张"白纸"，上面什么也没有。后来通过父母及所有周围人的影响、教育（最初是行动语言和有声语言，而后是颜色语言、文字语言，等等），才在这张白纸上画出了各种图纹，产生了各种观念、思想。如果说婴儿最初对外界的感知是比较被动的话，那么他很快便由被动变为主动，特别是后来他自己参与的活动、实践，则使他的思想、认识较快地得到发展。以后，差不多又以同样的方式来影响、教育他的下一代。代与代之间传播的方式虽有类似，但传播手段和传播的具体内容，则会有很大的不同。这样，才能使人的思想、认识，不但能代代相传，而且能一代比一代更进步更先进。不论是"狼孩"还是"猪孩"，当他刚从娘胎里出生时，与其他孩子相比，肯定不会有多大差别。但后来缺少了其他孩子那样的社会环境，因而，便不能形成其他孩子那样的思想、观念。他们在形体上是人，而其生活习性则和他从小相处的狼、猪相似。这正好说明人是不能离开社会的。人的思想观念并不是从娘肚子里一生下来就有的，而是后天的，是社会地形成的。这是人作为个体，他的思想和观念发生、发展的大致情形。

3. 人作为一个现实的认识主体，他的思想、观念又是怎么来的？

主体和客体是互为前提、同时建构的。当某事物已经进入人的实践—认识领域，成为认识主体的认识对象（客体）时，便意味着主体对该客体有所知（如果"识"比"知"更深刻的话，这时虽然谈不上主体对客体有所"识"，但总是有所感知）；之后则是通过社会实践（广义的，泛指人的活动），由感知再上升到对该客体有所识，并一步步达到对该事物更全面、更深刻的认识。在这个由感知到更深刻认识的过程中，主体并不是被动的，并不是像一张白纸那样任由客体画图画、按烙印。主体在这个过程中，则真正具有主动性、积极能动性，同时还表现出强烈的倾向性。主体总是主动地捕捉客体的信息，并对这些信息进行积极的分析、规范和整合。而在捕捉和处理客体信息的过程中，主体又总是带有某种倾向性，即总是从以他既有的认识为背景而形成的某种框架出发来对待客体，不知不觉地总是期望着把客体纳入他的认识框架中。也就是说，人作为现实的认识主体，在展开对客体的认识活动之前，绝不能说他的头脑是一张白纸，里面什么也没有。

总之，从人和客观事物之间的认识与被认识的关系来说，至少存在着以上三种不同的情况。对第一种情况来说，要想证明人的头脑在展开认识活动之前是一块"白板"，其中绝没有任何先验的东西，这和要证明它不是一块"白板"，而是"有纹路的大理石"，其中有某些先验性的东西一样，都是困难的，都是难以论证清楚的。对第二种情况，我们则可以有力地否定"天赋观念论"的说法，能够有力地论证人的思想观念是来源于后天，来源于经验，来源于社会实践。但对第三种情况，我们则又必须承认，在认识活动展开之前，人的"头脑"并非白板一块，而是存在着某种认识的框框。主体的这种认识框框，对一定的认识客体来说，的确是先于经验的。

过去，在对人的认识的来源和源泉的问题上，无论是主张先验论和天赋观念论的人，还是反对先验论和天赋观念论的人，往往都把这三种不同的情况，混淆到一起。所以，问题一直纠缠不清，难以解决。其实，对第三种情况来说，承认它，非但不是什么应该否定的"先验论"，而且恰恰相反，正是它才坚持了唯物主义的路线。因为它敢于承认一个客观事实的存在。承认认识主体在认识活动展开之前，已有一个"认识框框"存在，并不意味着"认识框框"对人来说是与生俱来的。"人"和人作为"认识主体"是两个不同的概念；"认识框框"和"认识框框的形成"也是两个不同的问题，不能把它们混为一谈。

今天我们在这里所说的思维方式的问题，正是建立在承认以上所说的第三种情况的基础之上的，这也就是我们首先要交代的关于思维方式问题的由来。

二　思维方式研究的三个案例

在认为认识活动展开前，认识主体的头脑里并非一片空白的哲学家们，对于先存的那个"认识框框"到底叫什么名称、它的内涵是什么、它在认识活动中的功能作用又是什么等问题的看法，虽然远没有一致，但实际上他们从不同的视角都在探讨这些问题。下面仅举几个对"认识框框"有较为系统论述的例子。

（一）培根的四假象说

F. 培根（1561—1626），英国哲学家。马克思称他为"英国唯物主义和整个现代实验科学的真正始祖"。他对不可知论和经院哲学的唯心主义先验论，给予了有力的批驳和抨击。他说，有些人主张确实性是绝对不能获致的，进而从根本上破除感官和理解力的权威。而他则认为，如果用现时通用的方法，对自然中的事物确实不能了解多少。但是，要是筹划新方法，使自己和事实熟悉起来，事物的确实性是可以获致的。所以他非常重视哲学的方法论功能，同时也十分重视对它进行创新。培根尖锐地指出："人们之所以在科学上不能进步，乃是像着了魔一样崇拜古代，崇拜哲学中所谓伟大人物的权威。"[①] 他认为，经院哲学就是这样一种只从臆想的观念出发，倡导拜倒在古人面前的哲学，它窒息着科学的发展，堵死了获取知识的道路。

培根虽然反对不可知论，反对经院哲学，也反对"天赋观念论"，主张思想、观念是从经验中来的，是从科学实验中来的，但他在认识论上并没有取"白板说"的简单思路。相反，在他看来，在认识活动展开之前，人的心灵充满了有害的成见。他把这些有害的成见称为"假象"；并对这些成见给以梳

---

① 北京大学哲学系外国哲学史教研室编：《十六—十八世纪西欧各国哲学》，商务印书馆1961年版，第32页。

理，做了系统的论述。这就是哲学史上著名的"四假象说"。培根认为，有四类"假象"或"偶像"，围困人们心灵，妨碍人对自然的认识，妨碍科学知识的发展。它们分别是："种族假象"、"洞穴假象"、"市场假象"和"剧场假象"。

"种族（人的族类）假象"根植于人这一族或这一类中，是人类的天性，是天生的、人类共有的。它表现在人类认识事物时，总是以自己感官和心灵的觉知为尺度；或者说，人的认识，"不论感官或者心灵的一切觉知是参照着人而不是参照着宇宙"。这样，"在反映事物时掺入了它自己的性质而使得事物的性质变形和褪色"。

"洞穴（个人的角度、立场）假象"是各个个人的假象，是各个个人特有的偏见。由于各个个人自己固有的本性、性格、所受教育、所处环境、感知的灵敏度等的差异和不同，在认识外界事物时，总是从自己的眼光所及的狭窄天地出发，因而这种认识就不能不带有片面性。或者说，因为每一个人都各有自己的洞穴，所以，在他们那里便会"使自然之光曲折和变色"。

"市场（社会、语言）假象"是人们在社会、在市场的交往中，由于语词上的混乱而产生的。这种假象，有些是实际上并不存在的事物的名称；有些虽是存在着的事物的名称，但却含义混乱，定义不当，是急率地从实在方面抽得的。培根认为，经院哲学凭空捏造的各种术语、概念，常常"把人们岔引到无数空洞的争论和无谓的幻想上去"。

"剧场假象（哲学学说）"，"是从哲学各种各样的教条以及一些错误的论证法则移植到人们心中的"。培根认为，"一切公认的学说体系只不过是舞台戏剧，表现着人们自己依照虚构的布景的式样而创造出来的一些世界"。同样，"科学当中许多由于传统、轻信和疏忽而被公认的原则和原理也是一样的"①。如果盲目地相信这一切，那样，便把戏剧当成了事实；便会阻碍人类的理解力向真理接近，困缚人们的判断力。所以，他非常反对盲目地崇拜哲学教条和权威。

总之，在培根看来，对每一个具体的人来说，在展开他的认识活动之前，他的头脑绝不是什么都没有的一片空白，而是存在着有结构的认识框框。这个认识框框是由各种因素构成的。有的是先天性的，有的则是后天生成的；有的起于各个人的"心的或身的独特组织"，有的则起于教育、习惯和偶然的事情；有的是人人都有的、带有人类普遍性的，有的则是各个人特有的、带有强烈个性的因素。不过，在培根眼里，这种认识框框的作用是更多地助长谬误，而不是有益于认识。所以，他把它们称为"假象"。他认为只有扫除这些假象，破除一切迷信，扫除一切盲从，真正解放思想，才可能建立起新的方法，探寻出新的工具；而只有有了新方法、新工具，科学才能得到光明，认识才能前进，人们才能获得更多的知识，也才能有更强大的力量。

培根承认人的认识框框的存在，尽管他是从负面来看待的，但这一点仍是值得肯定的。特别是他对阻碍人的认识进步发展的认识框框——"假象"，划分为四类，并对每一类产生的根源，以及它们阻碍认识客观真实地反映自然、不断地接近真理的具体表现，做了比较全面系统的论述。这在认识论史上是一个巨大的贡献，对我们今天的认识论研究仍有启迪意义。当然，从四假象说论述人的认识框框，它的局限性和缺陷，也是一目了然的。

---

① 以上均引自弗·培根《新工具》第 1 卷，许宝骙译，商务印书馆 1984 年版，1986 年第 2 次印刷，第 19—21 页。

（二）康德的认识结构说

I. 康德（1724—1804），德国古典哲学的创始人，也是著名的"批判哲学"的创始人。正是他，在近代哲学史上"第一次提出和论证了人的认识结构在建构科学知识及其对象中的主导的决定的作用"①。

如果说培根只是从负面影响方面不自觉地论述了人的认识框框的话，那么，康德则是第一个明确地从正面提出和论述了人的认识框框的哲学家。我们知道，无论是培根的"假象"，还是康德的"认识结构"，以及下面我们将要论及的皮亚杰的"认识格局"，谈论的都是关于认识主体在认识活动展开时的心灵状态、思维状态方面的问题（当然，如前所说，他们自己有的也许把几个不同层面的问题混淆在一起了）。因此，康德的"认识结构"说，实际上就是对"认识框框"、"思维方式"的一种见解。

康德认为，哲学特别是认识论的真正任务，就是要回答"先天综合判断"究竟是如何可能的。根据传统逻辑所讲的判断中主词和谓词的关系，康德把判断分为"分析的"和"综合的"两类。所谓分析判断，是指判断的谓词包含在主词之中。它的特点在于，它揭示出了主词和谓词之间的联系所具有的必然性和普遍性，但它却没有给认识增加新的内容。所谓综合判断，是指判断的谓词不包含在主词之中。它的特点是扩大了主词的概念，给认识增加了新的内容；但它所阐述的主、谓词的联系，却不具有必然性和普遍性。而人的认识所追求的，则是既有必然性和普遍性，而又是能扩大主词概念、增加认识新内

---

① G. 福尔迈：《〈进化认识论〉译序》，载《进化认识论》，舒远招译，武汉大学出版社1994年版，第Ⅲ页。

容的判断。这就是康德所称的"先天综合判断"。康德认为，只有这种判断才是真正的知识，才是严格意义上的知识。为了回答"先天综合判断如何可能"的问题，康德提出了他的"认识结构"理论。

严格地说，康德的认识结构理论，应分为广义的和狭义的两类。广义的，应该包括他的全部认识论观点和学说。因为，他的整个认识论理论，就是要通过建构"认识结构"，来最后解决"先天综合判断如何可能"的问题。狭义的，则是指关于认识能力的三个阶段（或三个环节）及其相互关系的理论。当然，狭义的认识结构理论，乃是以广义论中的许多原理为其基础和前提的。譬如，康德主张在开始认识之前，先要批判地考察认识的能力，这样才能确定认识的方式和限度。又如，康德把认识对象区分为"现象"和"自在之物"两部分，并认为人的认识能力只能达到事物的"现象"方面。显然，这些都是康德狭义"认识结构"理论的前提。

康德认为，人的认识能力有三个环节：（1）感性，（2）知性，（3）理性。这里的"理性"是指狭义的。因为他说的认识能力，便是从广义上说的理性的能力。这三个环节是不依靠任何经验，先于经验的认识形式，是与认识的内容或材料区别开的。所以，他在《纯粹理性批判》中，在分述这三个环节时，又分别称为："先验的感性论"，就是关于感性的先天的认识形式的理论；"先验分析论"，是关于知性中的先天的认识形式的理论；"先验辩证论"，则是关于理性的先天的认识形式的理论。

康德认为，感性的先天形式是空间和时间。空间和时间是两种纯粹的感性直观形式。"自在之物"刺激了我们的感官，产生了感觉和印象。但这种感觉和印象是杂乱无章、漆黑一团的东西，只是思想的原料、知性的素材，只有通过感性直观的先天形式即空间和时间，对它加工整理，才能得到有条有理的关于事物的空间位置和时间顺序的知识。当然，这种知识，这种感性认识，只是对事物"现象"的反映，而不是客观事物自身的规定。所以，空间和时间只能用于"现象"，不能用于"自在之物"。

康德的"知性"理论，是先验论的范畴论。他认为，人的感官在接受了"自在之物"的刺激后，一方面产生了表象，另一方面则促使我们的知性活动起来，对这些表象进行比较、联系或分离，才使感性印象的材料变为关于对象的知识。这种能用以加工整理杂多感觉表象的工具，便是范畴。他又将其称之为知性的"纯概念"。他列举出的范畴有十二个，分为四类：（1）量的范畴——单一性、多数性、总体性；（2）质的范畴——实在性、否定性、限制性；（3）关系的范畴——偶有性及实体性（实体及属性）、原因性和依存性（原因及结果）、相互性（能动者及受动者之间的相互作用）；（4）样式的范畴——可能性与不可能性、存在性与非存在性、必然性与偶然性。

康德认为，范畴是知性本身先天固有的。范畴的作用就是把联系、秩序、规律、统一性与多样性、必然性与偶然性等，加在具有时间空间性的感觉上面，从而使感觉变得更有条理，使思维成为可能，这样才产生出严格意义的知识。就是说，人的认识仅仅停留在对客观对象的感性直观上，仅仅认识到事物的空间位置和时间顺序，那是非常不够、非常表面的。它总是不断地寻求对事物的更深入的认识，探寻事物的联系、秩序、规律，等等。这样，认识就会自然地上升到一个新的台阶——知性阶段。利用知性范畴对杂乱的感觉材料进行加工整理，从而使感觉表象带上条理性和规律性，形成逻辑判断。这才是知识。所以，知性范畴是一切关于对象的知识成为可能的必要条件。没有范畴，就没有关于事物的知识。

康德在探讨由感性向知性过渡的问题时，提出了他的"图形"理论。我们知道，感性直观的对象和先天知性范畴是不同质的。感性直观没有联系作用，在时间空间中不可能看出事物的内在联系；而知性范畴则又不能直观。为了解决感性向知性的过渡，康德提出了一个"图形"理论。他说，图形是感性和知性联系的桥梁。图形就是给感性的表象提供一个想象的统一性。譬如，感性上的十个点是一种表象，如果提供一个"十"这样的想象的统一性，它便是图形。所以，它既是和范畴同质的，又是和对象同质的，因而可把两者结合起来。① 显然，"图形"说是康德认识结构理论的重要组成部分。因为，知性范畴就是通过图形而使它和经验对象结合起来的。只有这种结合，才使认识结构成为可能。

康德认为，知性的认识能力虽然比感性高出一等，但它的作用仍然是有条件的、相对的，仍然局限在对象的现象方面。而人的认识总不能满足于这种有局限性的相对的认识，总是要求达到对对象的无条件的绝对完整的认识。这样，就要超出现象的范围，而去认识自在之物。这是人的最高的认识能力——理性的企求和责任。

理性是用"理念"来整理和统一知性的知识的。理性所企图达到的"理念"，或者说，它所追求的统一性有三个，那就是：（1）"灵魂"，它是一切精神现象的最高的最完整的统一体；（2）"世界"，它是一切物理现象的最高的最完整的统一体；（3）"上帝"，它是以上两者的统一，是一切可能存在的最高的最完整的统一体。这三个"理念"都是在"现象界"

---

① 参见全增嘏主编《西方哲学史》下册，上海人民出版社 1985 年版，第 72—73 页。

之外的，感性直观和知性范畴都不能用来规范它们。然而，当理性去追求它们，证明这些"理念"确实存在，并说明它的本质时，却还得用这些认识形式和范畴。譬如，说他们是存在的或不存在的，说它们存在空间是有限的或无限的，等等，还是要借助那些先天的认识形式和范畴。但是，当理性这样做的时候，却不可避免地要陷入自相矛盾，即两种相互矛盾的论断——正命题和反命题，都可以被证明，都可以成立。康德把这种矛盾叫作"二律背反"。这是理性永远无法克服的矛盾。所以，理性思维方法是矛盾的、辩证的。由是，康德认为，理性的思维方法或先验辩证论，永远无法解决关于灵魂、世界、上帝等问题，"自在之物"是不可认识的，哲学或形而上学的知识是不可能的。

康德虽然在"自在之物"的问题上陷入了不可知论，但他提出的理性的"二律背反"，却揭示出了人的认识在一定范围内发生矛盾的必然性，这对推动认识论的发展起了积极的作用。

总之，康德充分地肯定并论证了人在展开认识活动之前，在他的头脑中已有一个认识框架或认识结构存在。他对这个"认识结构"的方方面面、各个环节以及环节相互之间的关系，甚至它们每一个环节的来源，都做了全面而系统的分析和论述。而后正面地肯定了"认识结构"在认识活动的感性、知性、理性的每一阶段、每一个环节上，都发挥着积极作用。认为正是由于有了它的存在，人的认识才成为可能。这就比培根对"认识框框"（他的四假象说）的看法，前进了一大步。

但是，由于康德脱离社会实践来考察认识问题，不懂得社会实践在人的认识活动中的基础性作用，所以，他不可能正确地解决这些"认识框框"、"认识结构"的来源问题。他把它们都说成是先验的，显然是一种简单化了的并且带有神秘主义色彩的做法。人们的"认识结构"，不论它看起来是多么超感觉的，是先于具体认识活动的，但它归根到底是基于实践活动的人的大脑的产物。所以，不能简单地把它说成是先验的。

（三） 皮亚杰的认识格局说

J. 皮亚杰（1896—1980），瑞士心理学家和哲学家。他对生物学、心理学、哲学都有相当深入的研究，并取得了可喜的成果。他从生物学、儿童心理学方面，专门研究了认识的发生问题，著有《发生认识论原理》、《儿童的心理发展》、《生物学与知识》、《结构主义》等书。

在认识是如何形成的问题上，皮亚杰不同意对这个问题的古典论述。他说，如果局限于对这个问题的古典论述，人们就只能问：是否所有的认识信息都来源于客体，以致如传统经验主义所假定的那样，主体是受教于在他以外之物的；或者相反，是否如各式各样的先验主义或天赋论所坚持的那样，主体一开始就具有一些内部生成的结构，并把这些结构强加于客体。他认为并强调，认识的建构是通过主客体相互作用达到的。他根据心理发生学的分析，认为："认识既不是起因于一个有自我意识的主体，也不是起因于业已形成的（从主体的角度来看）、会把自己烙印在主体之上的客体；认识起因于主客体之间的相互作用，这种作用发生在主体和客体之间的中途，因而同时既包含着主体又包含着客体……"① 就是说，认识起因于主体和客体的相互作用，而实现于主客体之间的中途，即它是通过中介在中间的作用而实现的。所以，在皮亚杰看来，

---

① J. 皮亚杰：《发生认识论原理》，王宪钿等译，商务印书馆1981年版，第21页。

认识过程绝不是单纯的刺激—反应，而是通过中介对客体刺激进行整合的过程。"认识既不能看作是在主体内部结构中预先决定了的——它们起因于有效的和不断的建构；也不能看作是在客体的预先存在着的特性中预先决定了的，因为客体只是通过这些内部结构的中介作用才被认识的。"①

这里的"内部结构"，就是主体的"认识结构"。它的核心，就是皮亚杰所说的"格局"（也有翻译为"图式"的，但根据《发生认识论原理》中文译者的看法，皮亚杰这里借用来指动态的可变结构，所以译为"格局"）。这个格局，是在具体的认识活动展开之前，认识主体原来便具有的。正是由于有了它，主体才能对客体的刺激做出反应。主体接受客体的刺激，并不是消极的、完全被动的，而是积极的、主动的。主体是利用自己现有的认识格局对客体的刺激进行过滤、选择和加工整合，使它变为所能吸收的形式。这就是所谓同化。同化有不同的水平，在理性水平上，便是认识同化，即把外部信息变为概念推理的思想形式。

如果客体作用于主体，主体的格局不能适应客体时，便会调整和改变主体的认识格局，引起和促进原有格局的变化和创新，以使它适应客体。这个过程便是顺应。同化是主体改造客体的过程，而顺应则是在客体的作用下主体得到改造的过程。所以，同化和顺应，正表现了在主体和客体的相互作用下，所产生的两种作用和机能。以格局、同化、顺应（还有平衡）等因素构成的认识结构，在主客体的这种相互作用中起到中介的作用。客体的刺激只有经过认识结构的加工整合，才能形成主体认识。

---

① J. 皮亚杰：《发生认识论原理》，王宪钿等译，商务印书馆 1981 年版，第 16 页。

总之，在皮亚杰那里，人作为认识主体，在具体的认识活动展开前，他的心灵状态绝不是白纸一张，而是存在着一个以格局（图式）为起点和核心的认识结构。不过，这个认识结构并不是先天的，先于经验的，而是后天的，是以活动为基础建构起来的。当然，皮亚杰也指出："没有一个图式具有明显的开端，它总是通过连续的分化，从一系列先行图式中产生的，而那些图式的起源可以追溯于反射或自发的本能活动。"① 拿儿童的反射活动来说，他所具有的第一个图式是遗传获得的图式，也就是本能动作（含有生物学意义）的图式。这个图式是长期进化的产物。以此为依据，儿童不断和外界客观事物发生相互作用，在这种相互作用中，非遗传的后天的图式得以建立起来，并逐渐从低级阶段向高级阶段发展。

也就是说，在皮亚杰那里，认识格局（图式）并不是一经建立便一成不变的，而是在活动中不断发展着的。皮亚杰以运演（一种认识活动）作为儿童思维发展的标志，认为大致有这样四个年龄阶段：（1）感知运动阶段（从出生到两岁左右）；（2）前运演阶段（两岁左右到六七岁）；（3）具体运演阶段（从六七岁到十一二岁）；（4）形式运演阶段（十一二岁到十四五岁）。② 这四个阶段，标志着儿童的认识结构经过了四次建构。"因此，认识的获得必须用一个将结构主义和建构主义紧密地联结起来的理论来说明。"③ 而主体对客体的认识程度，完全取决于主体有什么样的认识格局、认识结构。

显然，皮亚杰对认识主体头脑中存在认识结构的论证，以

---

① J. 皮亚杰：《生物学与认识》，尚新建等译，生活·读书·新知三联书店 1989 年版，第 9 页。

② 参见 J. 皮亚杰《〈发生认识论原理〉译序》，载 J. 皮亚杰《发生认识论原理》，王宪钿等译，商务印书馆 1981 年版，第 5 页。

③ 同上书，第 15 页。

及对认识结构的构成、发生、发展和在认识过程中作用的论述，又比前人向前迈了一大步。特别是他运用儿童认知的心理实验资料，对儿童思维发展四个年龄段的分析，可以说是把对主体认识格局（图式）的研究开始推上了科学实验阶段。

皮亚杰研究的缺陷也是显而易见的。他只是较抽象地谈到"活动"是建构认识格局的基础，而不懂得社会实践才是形成认识结构的真正基础。这样便不能很好地解释认识结构的社会性和历史性，也不能说明人在获得"形式运演"以后认识格局还会变化的原因。

以上所说的，即从培根的"假象"到康德的"认识结构"，再到皮亚杰的"认识格局"（图式），表明哲学史上古往今来对人作为认识主体在认识活动展开前的"心灵"状态的关注和研究，一直是绵延不断的。他们从不同的视角和方面，说明和论证了"认识框框"的存在和它在认识活动中的重要作用，以及对认识结果的深刻影响。他们的研究成果和研究中提出的各种问题，乃至他们研究的局限性，对我们今天研究思维方式问题，都有重要的启迪意义和借鉴作用。

三　"思维方式"的特点和核心内容

（一）恩格斯论说"思维方式"

"思维方式"这个概念，在马克思主义哲学之前，已有哲学家使用过了，但大多没有给予明确的界定。它的含义是模糊的、多重的。马克思主义哲学也使用这一概念，同时给出了比较清晰的含义。

恩格斯在《反杜林论》中，在谈到真正的自然科学从 15

世纪下半叶开始，便获得了日益迅速的进展时，说了这样一段话："把自然界分解为各个部分，把各种自然过程和自然对象分成一定的门类，对有机体的内部按其多种多样的解剖形态进行研究，这是最近四百年来在认识自然界方面获得巨大进展的基本条件。但是，这种做法也给我们留下了一种习惯：把自然界中的各种事物和各种过程孤立起来，撇开宏大的总的联系去进行考察，因此，就不是从运动的状态，而是从静止的状态去考察；不是把它们看作本质上变化的东西，而是看作永恒不变的东西；不是从活的状态，而是从死的状态去考察。这种考察方法被培根和洛克从自然科学中移植到哲学中以后，就造成了最近几个世纪所特有的局限性，即形而上学的思维方式。"①

这里，恩格斯用了"思维方式"的概念，并接着在下文里多次使用了这一概念。这表明恩格斯这里使用"思维方式"概念，并非是偶然的、随意的，而是通过对自然科学史和哲学史的研究、对比、思考后，才选择和使用了"思维方式"这一概念。恩格斯虽然也没有给"思维方式"下定义，但我们却可以从他的言辞和文字里，领会他赋予这一概念的含义。

第一，思维方式是有结构分层次的。思维方式分为不同的层次，同时，每一种思维方式都有自己的结构。恩格斯在这里所说的"形而上学的思维方式"，是从形而上学的层面即哲学的层次上说的一种特有的思维方式。这种思维方式的特点，就是用孤立的、静止的、不变的观点，从死的状态，去观察事物和思考问题。这些特点，正好表明"形而上学的思维方式"，有其特有的认识结构。所以，用这种思维方式去看问题，任何事物及其在头脑中的反映即概念，都被看成是孤立的、固定

---

① 《马克思恩格斯选集》第3卷，人民出版社1995年版，第359—360页。

的、僵硬的、一成不变的东西；因而应当逐个地和分别地加以考察和剖析。与这种思维方式相对立的，乃是辩证地思维。恩格斯根据当时科学的许多新发现，指出："这些过程和思维方法都是形而上学思维的框子所容纳不了的。相反，对辩证法来说，上述过程正好证明它的方法是正确的。"[①] 所以，恩格斯指出，要学会辩证地思维。

哲学思维方式是思维方式的最高层次。除了它，还有科学的、艺术的、宗教的等各门类的思维方式；还有各门具体科学的思维方式。总之，思维方式可以有多个层次。而每一种具体的思维方式，都有它自己的特殊背景而形成的特殊结构。

第二，社会实践是哲学思维方式形成的基础。没有哪一种哲学思维方式是凭空而来。恩格斯说的那种形而上学的思维方式，便是从自然科学的实践中来的。而且，在那个时期，它是一种成功的实践。从15世纪下半叶开始，自然科学对自然界的研究，便是分门别类地进行的。这种研究方式，使近四百年来的自然科学得到突飞猛进的发展，取得了巨大的成就。这种研究问题考察问题的方法，被哲学家从自然科学移植到哲学中以后，便形成了那种被称之为"形而上学的思维方式"。这种思维方式，在依对象的性质不同而展开的对各个领域分门别类的研究，是合理的，而且是完全必要的。所以它取得了巨大成就。但是，如果把它固定化、普遍化，超出了它适用的范围，便暴露出了它的局限性、片面性、狭隘性。就是说，这种思维方式并不是凭空而来的；它的形成，有其社会历史原因，有其社会实践基础。这种实践在一定范围内，必定是一种成功的实践。也就是说，实践是思维方式的基础，而且实践的成功是形

---

① 《马克思恩格斯选集》第3卷，人民出版社1995年版，第361页。

成相应思维方式的必要条件。换句话说，失败的实践，或者已经暴露出了很大负效应的实践，便不大可能成为某种思维方式的基础；也就不大可能形成那种思维方式。

第三，思维方式表现为思维活动的某种惯性、倾向、态势。那种孤立地、静止地、分门别类地研究自然界的方式，在不断地取得一个接一个的成就之后，便自然而然地给人们"养成了一种习惯"，即不管研究什么对象，不知不觉地、自然而然地都按照这样的模式去进行。这种研究问题认识问题的习惯，内化到并且积淀到思维中，便形成思维活动的一种惯性，一种倾向，一种态势或架势；亦即成为进行认识活动的一种思维方式。不带任何惯性、倾向和态势的思维方式是不存在的。有些思维活动"一反常态"，正好表明它是另一种倾向和态势。总之，惯性、倾向、态势，乃是思维方式的本质表征。这也是通常所说的"认识框框"的主要部件。这种惯性、倾向和态势，在认识活动展开之前，在作为认识主体的人的头脑中便已存在着；通过认识活动的展开，它便表现了出来。

第四，思维方式具有社会历史性和时代性。这是由作为形成思维方式基础的社会实践所决定的。社会实践是人类所特有的、有精神参与其中的物质性的活动。社会实践总是在一定的社会历史条件下，利用了该社会历史时期所能提供的条件，同时又受该条件制约的一种具体活动。所以，社会实践总是带有历史性和时代性的色彩。恩格斯所说的"形而上学的思维方式"，便明显地带有15世纪下半叶至19世纪自然科学发展"所特有的局限性"。所以，社会实践的历史性和时代性，积淀到以它为基础而形成的思维方式中，便构成了思维方式的社会历史性和时代性。

第五，思维方式还具有人群性、民族性和地域性。这也是由社会实践的空间性、地域性所决定的。社会实践不仅是在一定的时代，一定的历史时期，即一定的时间条件下进行的；而且，还是在一定的地域、一定的人群中，即在一定的空间条件下进行的。依实践的时间性和空间性的特点而形成的思维方式，也就不仅具有时代性、历史性，而且还具有反映其空间性的地域性、人群性、民族性。就是说，一个时代和另一个时代的人们的思维方式会有很大的差异，但同一个时代人们的思维方式却又是大体相同的。而在同一个时代的人们大体相同的思维方式中，各个地域、国家、民族、人群的思维方式，又会表现出各自的特异性。譬如，上面恩格斯所讲的"形而上学的思维方式"，尽管对那时的人们都有一定的影响，但是，在自然科学和哲学的研究领域，其表现可能更为突出。而且，即使在这些领域，不少人还是在辩证地思维。至于那时的其他领域，比如，艺术领域、宗教领域等，可能也会受到它的影响，但恐怕就不能笼统地说他们都在按"形而上学的思维方式"思维。

以上五点，是我们可以从恩格斯的那段话中直接看到或可引申出的他所说的"思维方式"的含义、特点、形成的社会基础以及在认识活动中的作用，等等。这些，对我们今天来研究认识论，来研究人的认识活动是怎样展开的，甚至为什么对同一个认识对象人们的认识结果会有那么大的差异等问题，是有很大的启发意义和指导意义的。所以，用"思维方式"这个概念，来说明作为认识主体的人，在认识活动展开前的心灵状态、思维状况以及这种状态在认识活动中的作用，是比较合适比较科学的。它可以把前面说的"假象"、"思维结构"、"思维格局"、"图式"等等的合理方面，都涵盖进去。它不仅能比较好地描绘这些状态，而且还能比较科学地解释这种状态产生和变化的原因。

诚然，恩格斯在这里毕竟不是专门论述什么是思维方式，而只是提出和运用了这个概念，所以他也就不可能对这个概念论述得很周全透彻。

（二）杜威论说"思维方式"

"许多人认为，杜威是美国所产生的第一流的哲学家。""他的哲学通常被称作工具主义，与威廉·詹姆斯的实用主义有密切的关系。恐怕最好还是把他的哲学说成是将科学方法应用于人文研究的所有领域。"①

杜威因对教育理论的贡献而享有盛誉。他先后发表了《学校与社会》、《孩子与课程》、《我们如何思维》、《民主与教育》等著作。贯穿于这些著作的一个重要思想，就是他坚持认为，教育的主要目的是通过疑难情形来训练学生的思维，而不是要学生死记硬背孤立的事实或抽象的公式。而在我们能够介绍应该怎样施教于人的有效的方法之前，我们首先就得知道人是怎样学习的。实际上，人的学习过程也就是人的思维过程。《我们如何思维》就是试图描写学习的过程亦即人的思维过程，从而提出促进和指导它的一些方法。

《我们如何思维》，最后落脚到"方法"上，这是杜威工具主义哲学的必然。但在这本书里，他对人的思维特别是对儿童思维过程的考察，提出了许多有意义的问题和见解。这"是20世纪最伟大的心理学家之一对思维所进行的非常有启发性、而且非常有益的分析"②。在分析思维的过程中，杜威解释了什么是观念，做出判断意味着什么，什么是概念以及它们是如何产生的，事物如何获得意义，以及为什么在思维中方法很重要。

① 《西方名著入门》9《哲学》，美国不列颠百科全书公司、中国商务印书馆1995年版，第105、106页。

② 同上书，第108页。

在这里，杜威还明确地使用了"思维方式"的概念，提出了"思维方式"问题。这正是本章之所以要对该著特别关注的原因和关注的地方。

杜威在《我们如何思维》一书中，多次使用了"思维方式"的概念，虽然他并没有给"思维方式"下定义；但是，他对人的思维的许多看法和观点，却已涉及如何看待和界定思维方式的问题。以下试举几例说明之。

第一，思维和思维方式具有复杂性与可知性。杜威在谈到最佳思维活动的方式时说："谁也不能以任何确切的方式告诉另一个人，他应该如何呼吸，或如何进行血液循环，同样，谁也不能以任何确切的方式告诉另一个人，他应该如何进行思维。"这是由于我们对"思维"本身的认识还很不够。思维问题仍然是当今世界科学研究领域中最为复杂的问题之一。今天通过科学研究和技术的发展，人已能够登上月球，已在太空建立了空间站，太空观察仪正在飞往火星，人已能钻入海底7000多米的深度，在那里建立深海探测站，对海底进行探测研究，但是对人自身，特别是对人脑和人的思维的研究，相比较而言，似乎还没有取得令人震惊的成就。其重要原因，就是我们要认识的这个对象——人脑和人的思维自身太复杂。它不仅涉及当今科学研究的多个学科，而且可能还涉及当今科学研究方式以及研究者思维方式的不足。在我们清醒地知道思维和思维方式自身具有的复杂性，这不但对构建思维方式的定式而且对如何界定思维方式，都是很有意义的。

思维和思维方式既然如此复杂，那么，我们能否认识它呢？杜威的回答是肯定的。他在肯定思维是一个很复杂的过程时说，"但是，人们能够说出并且描述人确实进行思维的各种不同方式的一般特征。一些思维方式比另一些思维方式更好；

好的原因也能够得到陈述"①。就是说，人能够通过对各种不同思维方式的比较研究，使它们的一般特征，得到描述和描写；也能够通过分析研究使不同思维方式之间的差异、优劣及其原因，得到陈述和说明。

第二，思维方式具有活动性和过程性。杜威不但认为思维和思维方式是很复杂的，而且还认为思维是一个很复杂的活动过程。思维方式正是通过思维的活动过程体现出来的。比如，他在谈到被称为"意识流"一类的思维方式时说，每当我们醒着的时候，有时当我们睡着的时候，正像我们所说的，有些东西通过我们的头脑。当我们睡着的时候，我们称那种序列为"做梦"。我们也有幻想、冥想、海市蜃楼，还有甚至更虚无缥缈和混乱无序的心灵潮流。在我们头脑中有些观念的流动是无法控制的，这种流动有时被命名为"思维活动"；它是自动的，不受控制的。许多小孩想自己能否"停止思维活动"，即停止他心中这一系列心灵状态的活动，却没有成功。"我们大多数人不会愿意完全承认，我们醒着的生命就是在这种玩弄心灵图像、杂乱的回忆、愉快而虚幻的希望、浮光掠影和似隐似现的印象的毫无意义的过程中消耗掉的。"所以，意识流这种思维方式，也是一种思维的活动，是一系列心灵状态活动的过程。

反思的思维方式也是一种思维活动，是一种思维活动的过程。杜威说，"反思的思维是一个链条"。他认为，反思不仅包括一系列观念，而且包括一系列有必然联系的观念，即某种连贯的次序，每个观念确定下一个观念作为自己的特有结果，而每个结果又依赖或参照自己前面的观念。就是说，反思思维的连续部分是相互产生并且相互支持的。每个阶段都是从某种东

① 《西方名著入门》9《哲学》，美国不列颠百科全书公司、中国商务印书馆1995年版，第109页。

西向某种东西迈进一步。这样形成的思维潮流或流动便变成了一个系列或一个链条，成为一个过程。

总之，当杜威在讲到思维时，总是指思维活动；在讲到思维活动时，总是指思维活动是一个过程；在讲到思维方式时，总是指思维活动方式。所以，在杜威那里，思维、思维活动、思维过程、思维方式和思维活动方式，经常是紧密地联结在一起的。思维方式的活动性和过程性是自然而然、不言自明的。至于思维方式过程性的具体内涵，乃是随着具体思维方式的不同而不同的。

第三，思维方式有好与差之分；"更好的思维活动方式叫作反思的思维活动"。任何一个人的任何一种思维，都要借助一定的思维方式来进行。所以，思维方式没有对与错之分。但是，思维方式的确有优与劣之别。这就是杜威所说的"一些思维方式比另一些思维方式更好"。

杜威列举了一些不好的思维方式的例子，比如"意识流"一类思维方式，无论是黄粱一梦，还是大白天"愉快而虚幻的希望"，明知是不现实的，但总想发现什么东西恰巧"在心中经过"。杜威说，"而以这种方式'经过'的东西很少留下许多值得留下的东西"[①]。所以它不值得留恋。

另一种思维方式，即把思维"限于不被直接感知的思维活动"。这也是不可取的。因为这种把思维限制在不被感觉或直接感知的东西，即不被看见、听到、触摸、闻到或品尝的东西。他举例说，我们问一个讲故事的人他是不是看见了某事的发生。讲故事的人回答"没有，我只是想到它"。"这里就有一种捏造的口气。"这一类思维活动中最重要的是一些连续的富

---

① 《西方名著入门》9《哲学》，美国不列颠百科全书公司、中国商务印书馆1995年版，第110页。

有想象力的事情和情节。这些想象活动常常在严密的思维活动之前发生并且是为它做准备。在这种意义上，一个思想或观念是实际中不出现的某种东西的心灵图像，而思维活动是一系列这样的图像。但这一系列的图像，却不能够在表象过程之外被证实。

还有一种思维方式，即"实际上与信念活动同义的思维活动"。举例说，"我认为明天要冷一些"或"我认为匈牙利比南斯拉夫大"等同于"我相信这样"。当我们说"人们过去通常认为世界是扁平的"时，我们显然是指我们的前人持有的一种信念。杜威说，信念指它自身之外的又要检验它自身价值的某种东西；信念是对某种事实、某种原则或规律的断定（被接受或被拒绝）。它包括所有我们没有确切知识然而又充分相信要依循的东西，还包括我们现在作为确实真的、作为知识而接受的、而未来却可能会产生疑问的东西，就像有些东西过去作为知识而得到传播，现在却仅仅作为一种看法或错误而被冷落一样。他认为，在仅仅作为与信念同一的思想中，实际上没有任何东西反映出信念是不是有可靠的基础。这样的"思想"是无意识形成的。它们是道听途说得来的，是人云亦云的产物。它是基于懒散、惰性、习惯、缺乏调查研究的精神和能力的表现。杜威说，"这样的思想是偏见，就是说，是预先判断，而不是作为个人心灵活动譬如观察、收集和检验证据的结果而达到的结论。即使它们碰巧是正确的，对于考虑它们的人来说，它们的正确性依然是偶然的问题"①。所以，这种类型的思维，仍然不可能让人得到真实可靠的知识。

杜威认为，只有一种类型的思维（反思的思维）才能导致

———————

① 《西方名著入门》9《哲学》，美国不列颠百科全书公司、中国商务印书馆1995年版，第112页。

真正的知识。他说，"更好的思维活动方式叫作反思的思维活动，即这样一种思维活动：在心中颠来倒去地思索一个问题，对它进行严肃认真和连贯的考虑"①。在另一个地方，他对何谓反思思维，又做了更为完满并带有定义式的表述。他说，"对任何信念或假定的知识形式，根据支持它的基础和它趋于达到的进一步结论而进行的积极的、坚持不懈的和仔细的考虑，构成了反思的思维"②。

杜威指出，反思的思维能够推动探究。和前面提到的几种思维活动方式相比较，头两种意义上的思维（即"意识流"思维和"限于不被直接感知的东西的思维"）对心灵可能是有害的。因为它分散对现实世界的注意力，可能是浪费时间。即使沉浸在这种思维中可能给人以真正的享受和消遣，但都不能说思想是真的，是可以照着去做的。作为和信念活动同义的思维活动，它包含理性和实践的承诺，因为它们或迟或早要求我们调查研究，以便发现它们依据的基础。比如，相信地球是扁平的这种早期思想，以某种证据为基础；它基于人在其视野内容易看到的东西。但这种证据并没有得到深入的调查研究，没有考察其他证据来检验它；没有寻找新的证据。而反思的思维活动与上述三种情况则不同。"与第一种思维活动不同，这里有一系列有次序的想法；与第二种思维活动不同，这里有一种起支配作用的目的和结果；与第三种思维活动不同，这里有人的检验，调查，探究。"③

反思的思维对任何事都不盲从，对任何问题都要追根究

① 《西方名著入门》9《哲学》，美国不列颠百科全书公司、中国商务印书馆 1995 年版，第 109 页。
② 同上书，第 114 页。
③ 同上书，第 113 页。

底。对一个事情的认识，为达到某目的或目标，从怀疑或相信开始，对它进行严肃认真和翻来覆去的思考，通过调查研究和实验取得证据，然后再做是与非、真与假的判断。比如，当哥伦布"认为"世界是圆的时，是在"相信它是这样的"意义上说的，同时也表明他对长时期大家习惯地认为"世界是扁平的"看法的怀疑。"圆的"和"扁平的"两种信念，孰是孰非？哥伦布继续思考。如果世界是扁平的，那么，环绕地球航行就是不可能的；如果世界是圆的，那就等于承认了去印度航线的信念。如果获得了去印度航线的成功，或其他支撑环绕地球航行成功的证据，就等于宣布了"世界是圆的"信念是正确的。就是说，反思的思维是将信念建立在有意识和自愿努力，在证据和理性的坚实基础上的。所以，和前面说的几种思维活动相比，反思的思维是一种"更好的思维方式"。它不仅使人的认识能建立在有证据和理性的坚实基础上，获得"真正的知识"；而且能提供"推动探究"的动力，使认识不断地向前发展。

杜威说，"思维活动起源于某种困惑、迷惑或疑虑"。有了困难，就要想出解决的办法；便会联想起以往的经验和已有的相关知识。这时，他可能有两种态度，一种是过于武断，按照某种教条做出判断；另一种是冷静思考，做调查研究，深入探究。"正是在对调查研究进行检查和检验这一点上，才出现了反思的思维和拙劣的思维的区别。为了真正认真思考，我们必须愿意保持和延长激励我们进行彻底探究的怀疑状态，以便在发现令人信服的原因之后，再接受一个观念或确切地检查一个信念。"①

---

① 《西方名著入门》9《哲学》，美国不列颠百科全书公司、中国商务印书馆 1995 年版，第 120 页。

第四，思维方式是可以训练的。杜威说，在我们"懂得什么思维活动方式更好和它们为什么更好的人，如果愿意，就能够改变自己个人的思维方式，直到它们变得更为有效；就是说，直到以他的思维方式能够把工作做得更好，这是他的思维活动能够做到的"①。

思维对于人的存在和生存十分重要。杜威指出：洛克曾说，"人们心中的观念和表象实际上是一直支配他们的而且他们普遍都顺从的、看不见的力量"。思维能力使人们从对本能、欲望和常规奴隶般的依从中解放出来，但同时也造成了过错和错误的机遇和可能性。它使我们高居于野兽之上，同时也开拓了失败的可能性，而陷于本能的动物是不会遭到这些失败的。所以，必须对思维加以训练，而且是加以系统的训练；从而实现最佳的思维而不是最差的思维。最佳的思维即反思的思维，并不是自然而然地自发地形成的，而是通过家庭、学校、社会的教育和训练实现的。这也就是杜威坚持教育的主要目的是通过疑难情形来训练学生思维的根本原因。也是对他提出的"反思的思维活动为什么必须是一种教育目的"的自我回答。

如何训练思维？杜威从要端正对正确思维和错误思维的认识、态度到正确思维（反思思维）的训练方法，以及对反思思维的分析等方面，进行了可以说是全面系统的阐述。比如，他认为对一些思维倾向，需要不断调整。被烧伤的小孩害怕火；一种痛苦的结果对于需要正确推理的强调，远远超过关于热的性质博学的说教。同样，每当以有效思维为依据的行为具有社会重要性时，社会环境也鼓励正确推理。但是，"在一个方向上得到符合逻辑的结果，并不妨碍在另一个方向上得出超越常

①　《西方名著入门》9《哲学》，美国不列颠百科全书公司、中国商务印书馆1995年版，第109页。

规的结论"。小孩被烧伤一次就永远怕火，这便是一种超越常规的倾向。人还有一种相信任何联想到的东西的自然倾向。人云亦云的倾向更是普遍。科学信念的历史表明，一个错误理论一旦获得普遍接受，人们就要动用聪明才智用另外一些错误来支持它，而不是抛弃它；例如为维护托勒密的太阳系理论煞费苦心所做的论证。再有，迷信、相信各种各样的预兆，也常常成为一种倾向。在那里，"纯粹的联想功能、水银柱预测下雨的能力和动物内脏或鸟儿飞行预报战争命运的能力是没有区别的"。"迷信像科学一样自然。"所以，必须不断地调整人的思维倾向，必须对人的思维活动给以严格、科学的训练，从而养成一种好的思维活动方式。这正是学校教育的目标和目的。

杜威在分析错误思维的一般原因时，介绍了培根的"四假象说"；同时还介绍了洛克论典型的错误信念形式。洛克在一处列举了三类，在另一处列举了四类，思想内容相同。

杜威认为，只有认清了错误思维的危害、它在现实生活中的表现形式和它产生的原因，才能克服它。这是训练思维的重要一环。

杜威在介绍培根和洛克的有关论述后告诉我们，人们在接受家庭教育和社会影响时，必须培育和养成一种善于分析、独立思考的思维能力和思维习惯。

杜威认为，认识思维形式的佳与不佳是重要的，然而，训练思维的能力不是仅仅通过认识最佳思维形式就能得到的；还必须把认识、态度和方法结合起来。为保证采纳和使用最佳的方法和技术，必须培养两种态度：（1）开启心扉。可以把这种态度定义为摆脱偏见、宗派和其他一些（惰性思维）习惯，愿意考虑新问题和接受新思想。（2）全心全意。当任何人非常关心某个对象或事业时，他就投身于其中；在理性发展中同样需要这样。有效思维的最大敌人莫过于分散注意力。

在训练思维的方法方面，除了前面说的要不断调整一些思维倾向以外，杜威还提出了系统的方法、从具体到抽象的方法以及活动、观察、语言训练、信息交流等等方法。

总之，杜威认为，人的思维活动方式是可以改变的。一个好的最佳的思维方式，是可以通过训练培育起来的。

以上便是杜威对人的思维活动、思维方式的大致看法。他虽然没有明确地概括为一、二、三；但从他的言论里得出以上看法，是很自然的。这里应该指出的是，杜威所说的"思维方式"与前面康德的"认识结构"、皮亚杰的"认识格局"以及恩格斯所说的"形而上学的思维方式"，似乎不是在同一个层面上说的。杜威更多的是从思维的类型、形式的层面来说的；而其他几位则更多的是从认识（思维）本身的结构和运行的角度来说的。但不管他们之间的同与异，杜威的论说对我们理解"思维方式"以及如何界定思维方式，是有许多启发的。

（三）今天该如何界定"思维方式"？

"思维方式"在今天我们现实的社会生活中，是一个使用广泛和使用频率较高的词汇之一。不但学术文章中常常见到思维方式的概念，而且日常生活中，也经常听到这个词。比如，常听到这样的谈论和议论，"他看问题的方法不对，他的思维方式有问题"，"他的思维方式僵化"，"你能不能换个思维方式来考虑这个问题"，等等。在学术界，使用"思维方式"概念的情况和场合更多。但是，到底什么是"思维方式"？它的本质含义是什么？至今并没有一个得到大家公认的确切定义。所以，虽然大家都在使用这个概念，然而赋予的内涵，并非完全相同，具体称谓千差万别。譬如经常见到的有：认识（思维）方法、样式、模式、范式、结构、模型、图式、框架、架构以及意见等等。诚然，这些概念或词语，有些有相近的意义，但是视角和侧重点则很不相同。有的理解显然太表面，有的又过于专门，有的类似同语反复，有的又顾此失彼，等等。

出现上述情况，也很自然。一是由于从专业基础上对它的专门研究还不够。如前所说，人们对"思维方式"的认识，有一个从自发到自觉的过程。虽然在古希腊的争鸣中已涉及这个问题，但那是不自觉的。真正把它作为一个专门问题来研究的，乃是发生在哲学研究的重点从本体论转移到认识论之后。就像人对自身的认识那样，古希腊时便提出了"认识你自己"的问题，但对这个问题的真正专门研究，乃是在文艺复兴以后，一直延伸到现当代的人学研究。同样，思维方式问题提出的时间虽早，但那时只是自发的。直到人的问题成为社会关注的焦点，特别是认识论成为哲学研究的重点以后，将人的认识（思维）本身作为研究和认识的对象，才成为必要和可能。也就是说，到了这个时候，对作为人的认识的思维方式问题的探究，才提升到了一个自觉的阶段。进入这个阶段的标志，应该说是笛卡尔和康德哲学，尤其是康德的"先天综合判断何以可能"的提问。从那以后，认识论对思维方式问题的研究，才逐步地走向深入，并取得了可喜的成果；但也很难说完全令人满意。其中原因之一，就是思维方式问题的复杂性和难度。思维认识思维的困难，犹如苏东坡说的"不识庐山真面目，只缘身在此山中"。因而，对思维方式还没有一个公认的界定，也就是很自然的事了。这是一。其次，把思维方式简单地等同于思维方法、认识图式、思维架构……也很自然。因为这些名称，如前面介绍的，在对这一问题的研究过程中，都曾出现过。它们从不同的视角，在一定的深度上反映出了这一问题的情况和

性质。所以，它们都有各自的合理性。但从总体上看，把它们
之间的关系画等号，是不妥的。因为对思维方式的整体来说，
这些表述有的欠全面，有的欠深入，有的欠准确。因而，我们
仍然应该对这个问题做进一步的研究，得出一个比较全面、客
观、准确的看法；给"思维方式"一个合理的科学的界定，以
能客观地反映它的本来面目。

我们知道，"思维方式"要表述的是：认识主体在展开认
识活动前的一种心灵状态、认识态势，也可以说是认识主体的
头脑在开展认识活动前的一种"备战"状态。这种状态、态
势、准备，并不是静止的呆板的凝滞的，然而却又是待而不发
的。一旦认识活动展开，它的主动性和能动性，便立马展现出
来，认识便按照一条"预设"的只不过原来没有显现的路径走
去。就是说，这条思维路径原来已隐藏在认识的态势里；认识
活动展开后，思维走上这条路，乃是一种必然。认识活动前的
认识态势和认识活动展开后的认识路径，是内在地紧密地联结
在一起的。有什么样的态势，便会有什么样的路径。态势和路
径结为一个不可分割的整体。就是说，思维方式一旦形成，它
在人们的心灵中，便成为认识活动的一种"普遍都顺从的、看
不见的力量"。这就是"思维方式"的核心内容。

所以，从认识论的角度，我们可以把思维方式界定为人的
认识定式和认识运行模式的总和。认识定式，是指认识活动开
始前的一种认识态势，即主体先有的意识状态，如思维的功能
结构、认识图式、认识的心灵状态，等等。认识运行模式，指
认识运行中的方式方法、逻辑、线路、公式，等等。认识定式
和认识运行模式紧密相连。可以说，认识定式中已包含着、隐
藏着并内在地决定着认识运行模式，认识运行模式是认识定式
的显现和展开。认识定式是有结构的。认识定式结构的主要成

分包括认识主体的认知经验、知识及其结构、思维的逻辑能力和思维的灵敏度。广义地说，它还应该包括主体头脑的生理结构、主体的情感意志等一切参与认识活动的因素。认识运行模式和认识定式的关系，就像功能和结构的关系那样，功能总是结构的显现。但它们又不完全相同。从一定意义上说，认识定式是思维方式的静态表现，只是一种态势；认识运行模式乃是思维方式的动态表现，在这里，态势转变为动势。静态方面和动态方面结合起来，才能完整地表现思维方式。

由此可见，思维方式是一个内容丰富、结构严谨的概念。用"思维方式"这个概念，来描述人作为认识主体在进行认识活动前后的心灵状态，比只用"方法"、"图式"等概念来表现它，要全面、准确、深刻。思维方式概念汲取并包含了"思维方法"、"认识图型"、"认识结构"等等思想（看法）的合理成分，同时，又超越它们，赋予它更为丰富全面深刻的意蕴。

四 思维方式的优劣变化对真理过程的影响和制约

（一）思维方式为真理过程开辟新起点

思维方式是以社会实践为基础的。这里有三层意思：一是指人类在原初时的思维、认识，是以人类原初的活动、实践为基础而发生、发展的。人类原始的思维方式便是人类原始实践方式的反映。二是指个体人的思维方式的发生，也是建立在社会实践基础上的。从一定的意义上说，儿童的认知、思维的发生、发展过程，是人类认知、思维发生、发展过程的重演。儿童的认知、思维是以他的活动为基础而建构起来的。皮亚杰在研究儿童心理学时，把作为认知结构的"图式"分为行为、动作层面的图式和认识、思维层面的图式。他认为，认知结构、思维结构（图式）是行为、动作图式演化及其内化的结果。儿童的知识来源于儿童的活动。从这一点上说，即从儿童认知的发生过程上说，它是人作为类的认识发生过程的缩影，但它们又有很大的不同。人类初始面对的是原始荒原，儿童面对的是人类社会。但他们的认知、思维及其方式的发生发展，都是建构在活动和实践基础上的。三是指现实认识主体的思维方式，不仅它是在社会实践的基础上构建起来的，而且它的变化发展一刻也离不开社会实践。所以说社会实践是思维方式的基础。

　　思维方式对主体的认识起导向和牵引作用。今天，我们现实的人的思维方式，是在前人实践和认识的基础上形成的，是先前认识过程及其成果在头脑中最概括、最抽象的积淀。它以先前的认识所达到的世界图景（对客体状况认识的最高成果）为依据和背景，即在当下认识活动展开前，便已预设了客体"应该是什么样子的"；以先前认识活动的过程，特别是已经取得成功的认识程式为途径，即认识活动的展开和运行，已形成了一种惯性的模式；以最理想或最急需实现的价值目标为评价标准，对客体信息进行选择、取舍、裁剪、整合、规范和重新建构。所以，它对人的认识起着导向和牵引的作用。它是一种看不见的普遍顺从的力量，起着无可替代的作用。如果没有了思维方式，人的认识便会成为一只没有头的苍蝇，没有目标、没有路径、没有规矩地到处乱飞。主体有了思维方式，便会按照一定的价值目标引导认识向哪个方向走，捕捉哪些信息，对这些信息如何加工、处理，得到的认识成果怎样做对比、比较，从而判定它的对错、优劣和取舍。所以，思维方式是人认识、分析和处理问题时，必不可少的思维框架和思维工具；亦是认识迈向真理不可或缺的思维工具。没有它，认识活动便无法展开，真理也就无从谈起。

思维方式还是人类认识不断前进的阶梯。人们如果没有现成的思维方式，那么他在认识任何一个客体时，就得重复他的祖先在认识客观世界时所经历的几百万年的演化过程，那是不可想象的。由于思维方式是前人认识成果的积淀，那么，今天的认识便是站在前人的肩膀上，即站在一个新的起点上。因而，思维方式不仅是使人们的现实认识成为可能的机制，而且是人类认识不断进化的阶梯和契机。实践的发展和认识的进步，一方面通过物质文明和精神文明来传承，另一方面则是通过人的认识来继承和发扬。而在人的认识的进步方面，既表现为知识的不断增加和积累，更表现为人的思维方式的变化和发展。这种变化最鲜明地表现在所谓"代沟"上。代与代的鸿沟其实质和其最主要的方面，便是思维方式的鸿沟。每同一代人的思维方式，尽管个体之间的差异很大，但就总体而言，总是在大体相同的水平上。而在代与代之间的差异，往往又大于同代个体之间的不同。这是由于每一代人的思维方式，既是这代人认识成果的结晶，同时又都由自己的局限性和保守性造成的。即使目前仍在起主导作用的最先进的思维方式，它的局限性和保守性，今后总有一天会暴露出来。正如恩格斯所指出的，辩证哲学也有它保守的方面。同代人的思维方式是建立在同代社会实践和认识水平的基础上，代与代之间的实践和认识水平却有很大不同。每一代人的思维方式中包含着自身的局限性，亦是思维方式之所以能够不断变化发展的内在动力。克服了这种局限性，它便不是原来的思维方式了，而是变成了另一种更好的思维方式。从而推动社会实践和人的认识，再上一个新台阶。因而，随着社会的发展和人们认识的提高，一种思维方式让位给另一种更好的思维方式，便是不可避免的，是天经地义的。从这个意义上说，"代沟"应该看作是件好事，是社会不断进步的表现。所以，从人类社会的不断发展和人类认识的不断进步这样的大视野看，随着历史上每一次思维方式的更迭，认识便总是向真理迈开一大步。因而，思维方式（尤其是它的变迁、优化）总是不断地为真理过程开辟出一个又一个新起点和新境界。比如，20 世纪 80 年代兴起的非线性科学，便为人们提供了一种崭新的观察问题、思考问题的方式。"它要求人们用非线性的观点去观察世界，处理问题。并且特别注重非逻辑的、直觉的、灵感的、发散的和创造性的思维方式，努力发展人们的想象力，把探索的矛头伸向那些以前被认为是奇异的、混乱的、突变的、数学性态'不好'的、'病态'的领域，去发现新现象，寻找新规律。"①

（二）　思维方式的优劣对真理过程的制约

前面说到，思维方式虽无对与错之分，却有优与劣之别。任何一种认识活动，都要依靠一定的思维方式才可以展开；而依靠任何一种思维方式进行的认识活动，都可以得到一定的认识成果。从这个意义上说，思维方式没有什么对与不对的问题。即并非按那种思维方式就可得到认识成果，按另一种思维方式就得不到认识成果。但是，此认识成果和彼认识成果，却有着差别甚至很大的差别。这里的差别，是指优劣的差别。优劣自然是相比较而言的，是说一些思维方式比另一些思维方式更好。笛卡尔在他的《方法谈》一书中说："我们有不同的意见，并非因为我们某些人比其他人有更多的理性，而是因为我们思考问题的方式不同以及我们对同一事物体的着眼点不

---

① 童天湘、林夏水主编：《新自然观》，中共中央党校出版社 1998 年版，第 6 页。

同。"① 就是说，人们观点、意见上的不同，常常是由于认识问题的思维方式的不同。他主张人们在进行思维活动时，首先必须怀疑一切，清除一切"成见"，思想才能得到一个纯洁的开端，才能得到确实可靠的知识。这是"因为我们生下来的时候是儿童，早在能够运用理性之前，已经对感性事物做了各色各样的判断，所以有许多成见在那里作梗，使我们不能认识真理"②。就是说，只有清除了一切成见的思维方式，才是好的优质的，才能使我们认识真理。

所以，思维方式优劣的标准，乃是指和真理的远近。杜威说，更好的思维方式可以"导致真正的知识"。笛卡尔说，不带成见的思维方式，可以使认识从思维出发，最后达到思维和存在的统一，使我们认识真理。黑格尔认为，哲学乃是一种特殊的思维方式；哲学是关于真理的客观科学，是对真理之必然性的科学。哲学的认识方式只是一种反思，即跟随在事物后面的反复思考。因而，只有思维才配称为哲学的仪器和工具。只有思维才能把握事物的本质、实质，达到客观真理。要思维，就必须借助相应的更好的思维方式。他说："当精神一走上思想的道路，不陷入虚浮，而能保持着追求真理的意志和勇气时，它可以立即发现，只有［正确的］方法才能够规范思想，指导思想去把握实质，并保持于实质中。"③ 他还指出，"对于思维方式的更进一步认识，乃是正确地把握哲学事实的第一条件"④。可见，黑格尔对于优质思维方式、正确的思想方法（他认为最优的思维方式，乃是辩证的思维方式）在使人的认识达

---

① 转引自 H. 里克曼《理性的探险》，姚休等译，商务印书馆 1996 年版，第 63 页。
② 转引自黑格尔《哲学史讲演录》第 4 卷，贺麟译，商务印书馆 1978 年版，第 67 页。
③ 黑格尔：《小逻辑》，贺麟译，商务印书馆 1980 年版，第 5 页。
④ 同上书，第 12 页

到真理中的作用，是非常看重的。劣质思维方式的作用则相反，它使认识远离真理，甚至导致谬误。检验优劣的手段，乃是社会实践。当然，一个认识（成果）和真理的远近以及实践对它的检验，这中间还有许多错综复杂的情况和问题，这将在本书以后的章节中再阐释。

优质思维方式推动真理的到来和发展；劣质思维方式则对真理的到来和发展起阻滞作用，甚至严重地阻滞真理过程的展开。

劣质思维方式即拙劣的思维方式，也就是杜威所说的"错误思维"。关于它产生的一般原因，培根的"四假象说"，在哲学史上第一次做了较为系统的剖析。"四假象说"，本章前面已有介绍，这里不再重复。但其中有一点，是很值得我们再次反复思考的，那就是关于人和自然的关系问题。这个问题，古希腊的赫拉克利特曾经说，"思想是最大的优点；智慧就在于说出真理，并且按照自然行事，听自然的话"①。这里实际上说的是人和自然应该如何相处的问题。他认为人的最大优点是有思想，思想能使我们认识真理，人应该尊重自然，听自然的话，一切按规律办事。弗·培根四假象说的第一个假象"种族（人的族类）假象"，指出人在认识客观事物、认识自然时，总是以自己所在的族类为参照为尺度，而不是以宇宙（自然）为参照为尺度；从而得到的认识成果和本来的面目相比，便"变形和褪色"。按照这种认识行事，势必破坏人和自然的正常关系。后来，恩格斯也告诫我们，人应该认识到"自身和自然界的一体性"；抛弃"那种关于精神和物质、人类和自然、灵魂和肉体之间的对立的荒谬的、反自然的观点"。我们比其他一切生

---

① 北京大学哲学系外国哲学史教研室编译：《古希腊罗马哲学》，生活·读书·新知三联书店 1957 年版，第 29 页。

物强，在于我们能够正确认识和正确运用自然规律。我们要使自然界为自己的目的服务，只有站在"自身和自然界的一体性"的立场，"通过改良"的温和的方法，绝不能"像征服者统治异族人那样"，"决不是像站在自然界之外的人似的"。那种置身于自然界之外，对自然界进行掠夺式的"征服"的做法，必定要遭到自然界的报复。① 恩格斯说的那种自然界对人类的报复，在人类历史上已经发生过多次，今天还在继续发生。其中一个重要原因，我以为就是培根所说的那个"种族（人的类族）假象"还在作怪。必须抛弃这种"假象"，真正用"自身和自然界的一体性"的思维方式来取代它。只有这样，才能使人和自然界的关系走上健康的道路。但这一问题至今并未真正解决好。

洛克对错误思维方式也做过分析研究。他在论典型的错误信念形式时，对人容易犯的错误信念形式进行了分类，指出了哪些人容易犯哪一类的错误以及这类错误产生的原因。他在《人类理解论》第 4 卷第 20 章中，把这些错误信念形式分为四类。他说：

"（1）与我们的原则不一致的东西，绝不被我们看作是或然的，因而并不被认为是可能的。而对这些原则天生就是无比尊崇，而且它们的权威至高无上，以致当它们表示出证明任何与这些既定的规则相反的东西时，不仅别人的证据常常被排斥，而且我们自己感觉的证据也常常被排斥。……再没有比在儿童的心中……从他们的父母、乳母或周围的人那里接受了一些命题更普通的事情了；这些命题潜入他们那既无偏见又漫不经心的理解之中，逐渐得到加强，最后（而且无论真或假）通

① 参见《马克思恩格斯选集》第 4 卷，人民出版社 1995 年版，第 383—384 页。

过长期的习惯和教育被固定在那里，绝不可能再被去掉。对人来说，当他们长大，思考他们的意见，发现这类意见在他们心中就像他们的那些记忆一样古老，观察不到它们的早期潜入，也看不到他们用什么方法获得它们时，他们很容易把它们当作神圣的东西加以崇拜，不允许它们受到亵渎、触动或质疑［他们把它们看作］伟大的没有错误的关于真假的裁判官和他们在各种各样争论中诉诸裁决的［标准］。

"（2）第二，下一类是这样的人，他们的理解被铸入一种模式，恰恰被塑造成接受的假说一般。［这样的人虽然不否认事实和证据的存在，但是如果他们的心灵不是由于坚持固定的信念而完全封闭，那么甚至会使他们下决定的证据也不能令他们信服。］

"（3）主导情感。第三，与人的欲望和主要情感相悖的或然性面临相同的命运。令一个贪婪的人进行推理，一边是很大的或然性，另一边是金钱，就很容易预见哪边占上风。凡心就像土墙一样，抵挡住最强的大炮。

"关于以情感代替理智的人，洛克在另一个地方说，'人的偏见和爱好常常欺骗他自己……爱好使人联想到并且不知不觉地谈论喜欢的词，而这些词又引进喜欢的观念；直到最后以这种方法，在这样的装扮下，得出清晰显然的结论，而如果接纳其原初的状态，利用恰恰严格的观念，是根本不会达到这种结论的。'

"（4）权威。我要提请人们注意的第四亦即最后一种使更多人陷于无知或错误之中的衡量或然性的错误尺度是，同意我们的朋友、党派、邻人或国家普遍接受的意见。"①

————————

① 转引自《西方名著入门》9《哲学》，美国不列颠百科全书公司、中国商务印书馆1995年版，第128—129页。

杜威曾在引述了洛克的这一段话以后指出，"抽象地说，尊敬父母和尊重权威肯定是可贵的品质。然而，正像洛克指出的那样，它们属于那些决定偏离甚至反对理性思维活动的信念的主要力量。与别人协调一致的欲望本身是一种好品质。但是它可能会使一个人太容易赞同别人的偏见，可能会削弱他判断的独立性。它甚至会导致极端的党派偏见，这种偏见把怀疑他所从属的那个团体的信仰看作不忠。"①

总之，一切"假象"和一切"错误的信念形式"，亦即"劣质"的或"错误"的思维方式，必定会把人的认识引导到远离真理的方向，从而延缓真理的到来或阻滞真理过程的展开。

（三）不断优化思维方式，促进真理过程的展开

思维方式是建立在社会实践的基础上的。一方面，社会实践有它自己的能动性，虽然在一定条件下，它的变化发展，会受制于人的认识（通过思维方式）水平高低波动的制约，但实践终归是优于认识的。在实践与认识之间，实践是第一位的。实践总是走着自己的路。它会冲破束缚它的思维方式，使思维方式改变自己的形式，以适应实践发展的需要。另一方面，认识（思维方式）也有自己的能动性。它一旦产生，便有自己相对的独立性，能够对实践起到促进推动的作用，抑或起到阻滞的作用。但它在实践发展面前，终归不会甘愿做阻滞发展的绊脚石。它也总是自己走着自己的路，部分地或完全地抛开旧有的形式，使认识大大地向前发展一步，最终构建起新的思维方式，主动地适应实践的发展。所以，实践和认识都有自己的能动性，都是能动地变化发展的。而且，这种能动性的发挥，终

---

① 转引自《西方名著入门》9《哲学》，美国不列颠百科全书公司、中国商务印书馆1995年版，第129页。

归是相向而行的，即它们是相互促进共同向前的。这就是人为什么能超越其他动物的秘密所在，是人能不断前行的内在机制。这种内在机制，正好为思维方式的变革、优化，打开了大门，提供了根据和条件。

优质思维方式的主要特点是：有一个广阔的、开放性的胸怀和敏锐的眼光；有一个能独立自由地进行思考的思维品质；善于接受新事物，善于捕捉和整合客观事物的新信息；能够根据客观事物的变化发展，不断地调整思维自身的内部结构，以致使原有的思维方式发生根本的质的变化，亦即使原有的思维方式让位给新的更好的思维方式。这也就是说，优质思维方式的最大特点，就是不僵化、不封闭、不保守，通过不断地改变自身，最后达到自我否定。不能自我否定的思维方式，绝不是优质的思维方式。思维方式只有通过不断的自我否定，才能变得更好，才能使主体认识和客体的本来面目更加符合，亦即使认识更加接近真理，从而也才能对实践的向前发展起到更好的引导作用。

怎样才能使思维方式不断地得到优化？思维方式的优化并不完全是自然而然的，而是要通过训练、通过主体的努力，才能实现的。对社会的大多数人来说，他们思维方式的变化常常是随大流而来的，是社会总思潮倾向的产物。而能够主动冲破旧思维方式束缚的，往往是社会的少数精英，是敢于冒天下之大不韪的先进人士。他们之所以能够这样做，第一，是由于他们积极地参与了社会实践活动（包括生产实践、科学实践、政治实践、文化实践以及其他一切人的活动）并且能勤于思考、善于思考。精英和先进之士都是站在社会实践最前沿的人。因为，只有通过实践才能暴露出原有指导思想（理论、观念）中的短处乃至谬误；只有勤于思考善于思考的人，才能捕捉到新的信息，找出新的问题，并且提出解决问题的办法，从而使认识得到发展。

第二，要不断扩大知识面，增加知识的积累。人的知识绝大部分来源于前人的和别人的，自己的直接的知识只占很小部分。即使那些有重大发现和发明的大科学家，在他们的学说和理论中，很大部分的资料乃至观点，也是从别人那里借鉴来的。马克思的巨著《资本论》，便是一个典型的案例。这里丝毫没有降低《资本论》的伟大意义，而只是说任何一个人都要学习和借鉴别人提供的间接的知识。即使是伟人也是如此。甚至可以说，伟人之所以伟大，就在于他们善于学习和借鉴别人的知识。所以列宁告诫人们说：要用人类创造的一切知识来武装自己的头脑。如前所说，知识是人们思维方式背景的重要组成部分。许多伟人、许多科学家，他们之所以有发现、有发明、有创造、有创新，能够站在历史的前沿，和他们掌握了前人创造的丰富的知识是分不开的。正如牛顿所说，"我之所以能比别人看得远些，是因为我站在巨人肩膀上的缘故"。只有掌握了大量知识，才能看破思维方式中隐含的弊端对自己的束缚，才能对它发起挑战，冲破它的藩篱，使原有的思维方式得到优化或更新。

第三，要有怀疑的精神和品质。所谓怀疑，就是对既有认识（包括观念、观点、思想、学说、理论体系等）的不断追问，要"打破砂锅问（纹）到底"地穷根究底，亦即通过反复琢磨、推敲，发现疑点和疑问，对其重新审视。笛卡尔提出"普遍怀疑"的原则，主张用"理性的尺度"审查以往的一切知识，怀疑一切信以为真的和一般被当作真理的东西。他把怀疑当作对虚假的想象和非存在的假定的推翻、拒绝和否定。就是说，在笛卡尔看来，只有通过怀疑才可得到事实的真相，才可得到真理。怀疑的精神，也是一种开拓精神。为了培育这种精神，当代巴拉圭著名作家胡安·曼努埃尔·马科斯说了句著名的给人以启迪的话，那就是："要用悖论来训练思维，而不是用定论。"①

对既有认识的怀疑、疑惑，是思维活动的新起点和动力。正像杜威所说的，思维活动"不是一种自燃的情况"；它不是仅仅根据"一般原则"而产生的。而是有某种东西诱发，才引起思维的活动。对既有认识的某种困惑、迷惑或疑惑，便是新的思维活动的重要诱因。怀疑不仅是新思维活动的动因和起点，而且是思维活动不断向前发展的动力。只有带着"问题"不断地追问，才能把人的注意力从一切固定化的、程式化了的、约定俗成的、信以为真的、习以为常的惯性中引出来，才能使认识向深向前发展，最后水落石出，得到一个崭新的认识。它或者是一个全新的东西，或者保留了旧认识中的某些合理成分，是对旧认识的扬弃。

怀疑并不是无缘无故毫无根据的异想天开，胡思乱想，而是建立在参与实践和知识积累的基础上的。怀疑是一种精神和品格。它尊重权威，崇拜权威，但决不迷信权威；它尊重前人创造的一切知识成果，但不把它僵化、绝对化、教条化，而是把它看成知识长河中的一个阶段的产物。知识长河是没有终点的，是辩证地永远向前流淌着的。怀疑的精神是一种辩证的精神，也是一种"敢闯"的精神，即敢于冲破旧思维方式对自己头脑的束缚。没有这种精神，便会因循守旧，墨守成规，永远跳不出旧思维方式的框框。哥白尼要是没有怀疑的品格和敢闯的精神，他就不可能创立出"日心说"；用"日心说"来取代

---

① 转引自《中国社会科学报》2015年10月29日。

统治天文学两千多年的最初由留基波提出，后经亚里士多德调整和论证，最后由托勒密完成的"地心说"。爱因斯坦要是没有对牛顿力学的怀疑精神，也绝对不可能提出具有划时代意义的相对论学说。所以，具有怀疑的精神和品格，乃是使知识不断增长和思维方式不断优化的必不可少的条件和动力。

第四，要训练思维的逻辑能力，培养灵活的心灵状态。前面我们说到逻辑思维能力和灵活的心灵状态，是构建思维方式的重要组成部分。因而，要不断地优化思维方式，也就要在这方面多下功夫。我们知道，现实人的思维方式，受许多因素的制约和影响。即它不仅受理性思维的影响，而且也受人的情感、意志等非理性因素乃至身体其他一切状况的影响。黑格尔曾经对思维、情感、意志和思维方式的关系做过阐释。他认为，思维、情感、意志和思维方式是不可分割地联系在一起的。他说："精神一般说来就是思维，人之异于动物就因为他有思维。但是，我们不能这样设想，人一方面是思维，另一方面是意志，他是一个口袋装着思维，另一个口袋装着意志，因为这是一种不实在的想法，思维和意志的区别无非就是理论态度与实践态度的区别。它们不是两种官能，意志不过是特殊的思维方式，即把自己转变成定在的那种思维，作为达到定在的冲动的那种思维。"[1] 对于情感和思维的关系，黑格尔认为，情感是思维活动能够不断向前推进的内在动力。他还认为真理的达到和实现需要激情。这就是说，在人的思维活动中，情感、意志、激情乃至灵感、顿悟等等非理性的因素都在起着作用。所以，我们要培养自己广阔的胸怀，有一颗平常的心、灵活的心，能够让思维自由地畅游。美国苹果公司前总裁、企业著名

① 黑格尔：《〈法哲学原理〉Ⅳ，补充》，载《法哲学原理》，范杨译，商务印书馆1996年版，第12页。

的成功者史蒂夫·乔布斯在斯坦福大学演讲，学生们问他："我怎么能像你一样？我怎么能成为你那样的人？"乔布斯做了个著名的回答："另类思维。"就是说，要想成为事业的成功者，就要有创新的思维，自由的思维。同样，要想让认识达成真理，也必须让思维自由地畅游；同时让情感自由奔放，让意志更加坚毅，让灵感、顿悟蓬勃地迸发。总之，就是要把参与思维活动的所有因素的积极性都调动起来，使它们成为推动思维方式优化的内在动力。

虽然非理性因素在思维活动中发挥着特殊的不可替代的积极作用，但是思维活动的主要方面，还是理性因素的活动和作用。在这里，逻辑思维的力量便发挥着主要的决定的作用。逻辑是理性思维活动的唯一工具。没有逻辑，理性思维活动就不可能展开。没有逻辑思维，对于我们的五官接触到的客观事物的信息，便会充耳不闻、视而不见，不会去捕捉它；而即使捕捉到的信息，也无法进行分析、综合、加工、整理；也就无法通过现象，看到事物背后的本质。两个侦探之间或两个对立的情报机构之间进行竞争，这种竞争的实质，实际上便是逻辑思维缜密度的竞争和逻辑推理速度之间的竞争。逻辑思维缜密度高的和逻辑推理速度快的，自然占上风。这是不言而喻的。所以，要想使思维方式不断地得到优化，使新的更好的思维方式能从原有的思维方式中产生出来，进而取代原有的思维方式，就要加强思维的逻辑训练，提高思维的逻辑修养和逻辑能力。

综上所述，思维方式是主体开展认识活动不可或缺的思维前提。思维方式的优、劣、变化，直接影响和制约着认识活动的展开，直接影响和制约着真理的到来，是使真理成为过程的又一个主体性环节。同时，它又不断地为真理过程开辟新起点，成为真理过程发展的内在动力。

第五章 真理过程的发生原因

真理是过程，这不仅是由作为真理内容所反映的客观世界是一个变化、发展的永恒过程决定的，也不仅是由作为认识主体的人的认识能力的内在矛盾和思维方式的优劣决定的，而且还是由实践的二重性决定的。因为，实践是真理的发生原因；实践的二重性决定了实践自身是一个不断发展的过程；实践的过程，从真理的发生上说，也就决定了真理是过程。

一 实践是真理的发生原因

真理是怎样发生的？这是真理论史上争论不休的问题之一。

（一）唯心主义在真理发生问题上的神秘主义观点

唯心主义者颠倒了物质与意识的关系；他们从意识第一性，物质第二性的前提出发，否认真理所反映的内容是不以人们的主观意志为转移的客观对象，也即否认真理的客观性。尽管唯心主义各派之间对真理的具体解释并不相同，但在本质上是一致的，即都认为真理是纯粹精神范围内的事，是纯粹精神性的东西；完全否认真理是主体和客体的关系范畴，否认真理的客观源泉。因而，在回答真理是如何发生的问题上，他们也是在纯粹精神的领域内打圈子，常常把问题搞得很神秘。

宗教是一种粗野的形式的唯心主义。① 在有些宗教里，也大谈特谈其真理。但是，真理在宗教那里，是紧紧和信仰联系在一起的。譬如，罗马加特力教会（Cathalic Church）的教理便明确宣称："信仰者以神（上帝）所启示的一切为真理之谓也。神所启示必无可疑，深信之而不疑即信仰之真谛矣。"② 就是说，真理就是神的启示。凭着神的权威所启示的，乃是不能有虚伪谬误的。教徒对神启示的这种真理必须深信不疑。信仰神所启示的真理，真理的威力便活灵活现；反之，如果没有信仰，那这种真理的威力便是潜隐的。那么，这种真理是如何发生的呢？教理说，这不是我们以自然理性的光辉直观所能得到的，而是通过上帝的启示得到的。教徒崇奉信仰上帝启示的真理，不是因为通过自己的研究而洞见其真实，也不是直觉到其内在的根据，而是因为这启示的内容是永久无误的。显然，这种说法是荒诞神秘的。首先，宗教便是人们对现实世界的幻想的、颠倒的反映；而上帝（神）本身则是人的一种精神的化身，是一种精神实体。因此，所谓上帝的启示，实质便是从精神到精神，由精神产生精神。其次，上帝（神）是怎样启示的，启示的含义是什么，什么属于神的启示，什么则不属神的启示，等等，这些问题本身便是含糊不清的，没有什么客观标准的，是可以给予各种解释的。因而，所谓上帝启示，其本身便是一件神秘莫测的事，它无法用任何客观事实来加以检验。

---

① 参见《德意志意识形态》，《马克思恩格斯全集》第3卷，人民出版社1960年版，第630页。

② 转引自罗鸿诏《认识论入门》，商务印书馆1934年版，第201页。

所以，作为唯心主义粗野形式的宗教，它对真理是如何发生问题的回答，也是唯心的、粗野的、神秘的。

哲学唯心主义却是隐蔽起来的、修饰过的鬼神之说，[①] 是一种文明形式的信仰主义。因而在真理是如何发生的问题上，它的回答和宗教是很相似的；只不过采用了哲学的形式，比较"文明"些罢了，其实质仍然是唯心主义的，有时甚至也是很神秘的。比如，集古希腊唯心主义之大成的柏拉图，他认为，真理就是人对于"理念"的认识。所谓"理念"[②]，实质上不过是把人类从具体事物抽象得到的一般概念加以绝对化的结果。但是，柏拉图却认为，它不是客观事物在人脑中的反映，而是早在事物出现以前就已经独立存在的第一性的东西。这就把一般和个别形而上学地割裂开来了，并且把一般（概念、观念）说成是单个的存在物。这当然是荒谬的。因为离开了具体的个别的东西，哪里还有什么独立存在的一般的东西呢？柏拉图的这个一般的"理念"，实际只是神的代名词。柏拉图认为，个别的、具体的感性实物总是变化的、不完善的、虚假的、相对的，只有"理念"才是不变的、完善的、真实的、绝对的。感性实物是由"理念"派生出来的，是"理念"的摹本和影子，因而是不可靠的。所以，感觉不能认识"理念"。他说，人们虽然极力想认识自然现象，但他们看到的只是影子，感觉不到真理。感觉只能提供人错误的意见。那么，人怎样才能认识"理念"呢？柏拉图断言，人要想认识"理念"，得到真理，就必须抛弃一切物质的、感性的东西，就得闭目塞听，沉醉于自我反省，努力进行"回忆"。柏拉图认为，人的灵魂是不死的，当它投身到人的肉体之前，原来是住在"理念世界"

---

① 参见《列宁全集》第 14 卷，人民出版社 1957 年版，第 186 页。
② 柏拉图的"理念"论即"相论"，前后期的观点有变化。详见本书再版序。

里面的；在那里，灵魂有了对"理念"的知识。而当灵魂进入肉体时，它对于"理念"的知识，暂时又给忘记了。但在以后，由于经验的不断刺激，它才又把这种知识逐渐回忆起来。就是说，获得真理的途径在于，克服肉体和感性认识对灵魂的困扰，让灵魂回忆起它原有的关于"理念"的知识。这就是真理发生的"灵魂回忆"说。按照这种理论，人们获得真理的过程，就是回忆的过程。人们要认识真理，就进行回忆。正如柏拉图自己所说，"一切研究，一切学习都只不过是回忆罢了"。

很明显，柏拉图关于真理发生的"灵魂回忆"说，是建立在承认灵魂不死、灵魂不依赖于肉体（物质）的基础上的。这就是露骨的信仰主义。所谓真理是灵魂对"理念"的"回忆"，就是把认识、思想、真理说成完全是来自精神世界。这也就把真理的发生说成是纯粹精神性的事；无形中便把真理性认识的客观内容问题完全避开了。这是唯心主义真理观在真理发生问题上所要的把戏。

唯心主义者黑格尔，对真理是如何发生的见解，比他的前辈们要高明得多。黑格尔认为，世界的本原是绝对精神（"绝对理念"），而真理就是客观事物和"绝对理念"的符合。"真理就在于客观性和概念的同一"。[①] 这当然是唯心主义的。但是真理是怎样实现的，是如何发生的呢？黑格尔提出了一些有意义的见解。他的一个最大特点就是把实践引入真理论。黑格尔把实践看作是真理的发生原因。他认为，认识过程一方面是"理念的理论活动"，另一方面是"理念的实践活动"；而真理就是在"理念的理论活动"和"理念的实践活动"的统一中达到的。

---

① 黑格尔：《小逻辑》，贺麟译，商务印书馆1980年版，第399页。

　　人们要得到真理，必须通过理论活动，即认识活动本身。黑格尔所讲的理念的理论活动，指的是理念力图把存在着的客观世界接受到自身内部来，以消除自身的片面的主观性。只有扬弃了理念的主观性，以真实有效的客观性来充实它的内容，这样才能使它有确定性。但是这样的确定性，还是抽象的确定性。因为，虽然它的内容是客观的，但还没有实现出来，还没有现实化。所以，通过理论活动得到的认识仍然只是主观的必然性和抽象的普遍性，还没有达到主客观的绝对的现实的统一。黑格尔并不满足于这种认识，认为这种认识还要转化为实践。在黑格尔看来，理念必然地不会停留在主观性里面，而是要扬弃它的主观性，从而表示自身为客观的东西。理念怎样才能使客观世界和自己相符合、相同一呢？黑格尔说，这就要通过理念的实践活动。所谓理念的实践活动，指的是人有目的地整理和改造客观世界的客观活动。实践活动以主观必然性来整理和改造世界的万事万物，使之与观念相符合，从而消除客观世界的片面性。也就是说，理论的理念是从客观世界中汲取一定的内容，借以充实自己；实践的理念则把主观的理想与目的实现于客观之中。虽然黑格尔把理念的理论活动和实践活动都看成是认识过程中的必然环节，但两者的地位并不是并列的。他认为，后者比前者是"更为高级"的。因为，只有通过实践，才能扬弃主观和客观的对立，才能克服认识的主观性，使之成为"完全的客观性"。只有通过实践，才能使思维转化为存在，使存在符合于思维，实现存在和思维同一，达到客观真理。"每一个行为都要扬弃一个观念（主观的东西）而把它转变成为客观的东西。"[①] 所以，在黑格尔看来，如果没有实践活

---

　　① 　黑格尔：《哲学史讲演录》第 4 卷，贺麟译，商务印书馆 1978 年版，第 284 页。

动，就不能实现存在与思维的同一，也就不能达到客观真理。从这个意义上说，黑格尔已经把实践看作是真理的发生原因。这一点也是黑格尔大大超过他前人的地方。列宁对黑格尔的这个思想中的合理成分，给予了很高评价。列宁说，"毫无疑问，在黑格尔那里，在分析认识过程中，实践是一个环节，并且也就是向客观的（在黑格尔看来是'绝对的'）真理的过渡。因此，当马克思把实践的标准列入认识论时，他的观点是直接和黑格尔接近的"。①

但是，黑格尔毕竟是个唯心主义者。他所讲的真理，只不过是对"绝对理念"的认识；他所谓的实践活动（实践理念），也不过是他那个"绝对理念"发展过程中的一个环节。所以，归根到底，他所谓的真理或真理的发生，仍还是没有超出精神的范围。真理是理念（精神）的自我认识；实践是一种"客观的"精神性的劳作，而不是感性的物质活动。

总之，唯心主义者总是把真理是如何发生的说得很神秘。他们把真理或者说成是天上掉下来的，是神的启示；或者说成是人的头脑里固有的，是先验的。即使是黑格尔，他也只是提出了一些有益的看法，在一定的意义上猜测到了实践是真理的发生原因，而他并没有明确提出这一点；而且，他还仍然脱不掉神秘的外衣；所以，他也没有能够真正解决这个问题。

（二）旧唯物主义在真理发生问题上的直观说

和唯心主义相反，唯物主义认为真理是客观的，即真理所反映的内容是不以反映者的主观意志为转移的。反映对象，如果是客观事物及其规律，它固然不依反映者的意志为转移；如

---

① 《哲学笔记》，《列宁全集》第 38 卷，人民出版社 1959 年版，第 228 页。

果是人的主观意识及其规律，当它作为反映对象时，它已经客体化，这时它也是不依反映者的意志为转移的。承认这一点很重要。承认了这一点，就能和唯心主义的真理发生说划清界限。因为，承认真理是客观的，就是坚持唯物主义反映论，也就否定了真理是头脑里固有的，或是天上掉下来的唯心主义谬说。那么，这样是不是就完全地解决了真理的发生问题呢？当然还不是。事实上，马克思主义以前的旧唯物主义，它虽然和唯心主义不同，认为真理是人的头脑对客观对象的反映，但是，这个反映是如何发生的，它并没有完全科学地解决。

在旧唯物主义者中间，有的只是停留在阐明真理是从感觉来的还是从理性中达到的，或者是从感觉和理性两方面得来的问题上，而没有能够深入一步研究作为真理的认识基础或认识源泉的感觉是怎么得到的。有的或者说大多数旧唯物主义者，则认为真理是靠直观得来的。他们承认外部世界是客观的。但是他们却把作为主体对立面的客体和纯粹的自然界完全等同，不懂得客体只是与人发生关系的那一部分自然界；那一部分自然界是已经人化了的，或者正在人化着的自然界。他们承认认识和真理是主体对客体的反映；但是他们却把这种反映说成是类似于照镜子那样的活动。于是，他们认为，外部世界刺激我们的感官，感官接受了刺激传输到大脑，造成外部世界的映象，就能获得对外部世界的真理性认识。就是说，真理是靠我们的认识器官对外部世界的直接观察、摄影、反映得到的。这样，就把人的认识，把真理的发生，说成是人的认识器官接受外界对象的一个消极的、被动的过程。这是不符合认识和真理发生的实际情况的，是把积极的、生动的、复杂的真理发生过程，给消极化、呆板化、简单化了。如果通过这种消极的直观就可以得到真理的话，那么，这种真理就不是对认识对象全面的、内在本质和规律的正确反映，而是对事物片面的、外部现象的反映。因为，消极直观只能反映事物某些外露的表面的现象，而不能揭开事物的丰富内容，得到大量本来潜在的、隐蔽的现象；因而也就无法揭示事物的内在本质。但从真理的本质含义、从更深的意义上说，真理则是对事物内在规律的正确反映。如果靠消极直观就可以得到对事物本质和规律的真理性认识；那么，在这个直观里，显然就包藏着神秘的途径。正像马克思和恩格斯在批判费尔巴哈时所指出的那种情况，这种直观不是"仅仅看到'眼前'的东西的普通直观"，而是能"看出事物的'真正本质'的高级的哲学直观"。① 这种"高级的哲学直观"和普通的感性直观不同，它本身就带有神秘的、难以捉摸的色彩。因而，这就很难和神秘主义划清界限。所以，旧唯物主义者把真理说成是靠直观得来的是不行的，这样并没有真正解决真理的发生问题。这种真理发生的直观说，实际是一种形而上学观点，它不可能彻底驳倒唯心主义的真理发生说。造成直观说的原因，在于旧唯物主义者没有能把实践和辩证法引进认识论。他们还不懂得实践是认识的基础，不懂得认识的过程是一个辩证的过程。

不过，在旧唯物主义者中间，也有一些人已经在不同程度上意识到实践在认识过程中的地位和作用，开始把实践看作真理的发生原因。譬如，意大利的科学家、唯物主义者伽利略认为，科学的基础就是实验。他非常藐视经院哲学家那种盲目崇拜权威而不愿根据观察和实验对自然现象进行独立研究的做法。他提出，要在世界上寻求真理必须通过实验，而不是校对古书。就是说，依他看来，实验才是真理的发生原因。被马克

---

① 《费尔巴哈》，《马克思恩格斯选集》第1卷，人民出版社1972年版，第48页。

思称为"英国唯物主义和整个现代实验科学的真正始祖"的培根，也认为实验是真理的发生原因。他说，科学的基础不应该是猜想，而应该是感性经验。他认为，新科学的主要工具是实验法。他坚持彻底运用实验法去认识自然界。因为，他认定只有通过精心设计和安排的实验，才能够揭开自然界的奥秘。他主张在实验的基础上，从对个别事实的知觉出发，然后一步步地逐渐上升，最后得出关于事物的普遍原理。所以他认为，真正地解释自然界，就是正确地进行实验。只有有计划地、正确地进行实验，才能达到对自然界的真理性认识。可见，在培根心目中，真理的发生原因，就在于正确地进行实验。伽利略和培根的一个共同点，就是他们都注意到作为人类社会实践的一个方面或一种形式的科学实验和真理发生之间的密切关系。这是由他们的个人经历与所处的时代决定的。伽利略本人就是一个科学家；而培根所处的时代，正是资产阶级为了发展生产而迫切需要科学的时代。但是，他们都没有能从哲学上全面地、科学地解决真理的发生问题。

费尔巴哈是德国古典哲学的杰出代表，是马克思主义以前时期的最伟大的唯物主义者之一。费尔巴哈虽然在批判黑格尔的唯心主义、批判康德的不可知论、坚持唯物主义的反映论方面，做出过许多贡献；但是，由于他不懂得实践这一概念的科学含义，不懂得社会实践对于人类认识的伟大意义，所以，在真理是如何发生的问题上，并没有能够真正解决，并没有能够超出他以前的唯物主义的水平。费尔巴哈也曾提出了实践在认识和真理发生中的作用问题。他谈论过生活、实践比引证更有效。他说，"比淹博的征引更加有用到无量数倍的，却是实践，却是生活。我们每走一步，每看一眼，实践和生活都能对我们证实这一句话的真理性，即对人说来，生命是一切宝物中最高的东西"。① 他指出，"唯心主义的根本错误就在于：它只是从理论的角度提出并解决客观性和主观性的问题、世界的现实性或非现实性的问题"。② 他认为仅从理论的角度是不能解决这个问题的；但是，"理论所不能解决的那些疑难，实践会给你解决"。③ 就是说，从这里应该得出这样一个结论，生活、实践乃是人类认识的基础，是认识和真理的发生原因，是认识的真理性标准。但是，费尔巴哈并没有得出这样明确的结论。他非但没有能把实践提到这样的高度，而且，他对实践的理解是错误的。他从他的人本主义原理出发，把实践理解为单个人的感性活动、生理活动；而不是理解为人类改造客观世界的活动，尤其不懂得社会生产是最基本的实践活动。他还把实践理解为一种利己主义的活动。甚至人与人之间的意见一致，也被他称为实践。他说，暂时只存在于个别人的头脑中的东西叫作理论，而在许多人的头脑中的东西叫作实践。所以，费尔巴哈的实践概念，是狭隘的、庸俗的，甚至带有唯心主义的性质。由于费尔巴哈不懂得实践，特别是社会生产实践对于在扩大感性知觉的范围和研究感官不能直接反映的现象中的作用；他把认识仅仅看作是直观，起初是感性直观，后来是理性直观，认为"意识是一面镜子"；④ 而没有把认识和社会实践、和对客观现实的革命改造联系起来；这样，他也就不能科学地解决认识和真理的发生问题。

总之，马克思主义以前的唯物主义，通常都具有直观的性质。他们在认识的主体（人）和客体（客观对象）的统一中，

---

① 《费尔巴哈哲学著作选》下卷，生活·读书·新知三联书店 1959 年版，第 554—555 页。
② 转引自《列宁全集》第 14 卷，人民出版社 1957 年版，第 142 页。
③ 《费尔巴哈哲学著作选》上卷，生活·读书·新知三联书店 1959 年版，第 248 页。
④ 同上书，第 264 页。

是把主体作为被动地屈从于客体的因素而看待的。认为人和外部世界的对立，人只是被动地反映外部世界对他的作用。就是说，意识仅仅是客体作用于人的被动过程，忽略了人对客体的作用在认识中的意义。有些旧唯物主义者虽然注意到实践在认识和真理发生中的作用，但他们对实践的理解往往是狭隘的。所以，马克思指出，"从前的一切唯物主义——包括费尔巴哈的唯物主义——的主要缺点是：对事物、现实、感性，只是从客体的或者直观的形式去理解，而不是把它当作人的感性活动，当作实践去理解，不是从主观方面去理解"。① 由于这个主要缺点，他们就不能把真理的发生问题，完全科学地解决好。

（三）辩证唯物主义认为实践是真理的发生原因

真正科学地解决了认识和真理发生问题的是马克思主义哲学。19 世纪三四十年代，在欧洲，随着资本主义的发展，工业无产阶级登上了政治舞台。当时在哲学领域，在黑格尔学派解体过程中，费尔巴哈恢复了唯物主义的权威，做出了重大贡献。但是，费尔巴哈的唯物主义，它的"立脚点是'市民'社会"；② 它也没有克服 18 世纪法国唯物主义的形而上学局限性。和费尔巴哈不同，马克思和恩格斯站在无产阶级的立场，从无产阶级革命斗争的需要出发，他们在批判黑格尔唯心主义的时候，不是简单地重复旧唯物主义的东西，而是概括以往理论成果和实践经验，进一步发展唯物主义，创立了辩证唯物主义和历史唯物主义。在此基础上，他们把人类社会实践引进了认识论，从而使认识论发生了一次大革命，成为唯物的、辩证的、

---

① 《关于费尔巴哈的提纲》，《马克思恩格斯选集》第 1 卷，人民出版社 1972 年版，第 16 页。

② 同上书，第 18 页。

历史的认识论。这就是我们平常所讲的辩证唯物主义的认识论。有了这样的认识论，才为正确解决真理的发生问题提供了理论武器。

为了正确解决认识和真理的发生问题，辩证唯物主义认识论首先把人和认识活动本身作为认识对象来考察、研究。因为认识是不能离开人的。在人出现之前，自然界早已存在；但是，在那时绝不可能有认识。客观事物本身无所谓认识和真理。只有在人出现之后，作为认识的主体才从纯粹的自然客体中分化出来，也才有了主体和客体的对立与统一，才有了认识由以发生的前提。所以，认识绝不能离开人；研究认识也不能忘记了人。如果有离开人的认识和真理，那就是唯心主义的抽象的精神客体（这里我们把真理规定为一种正确的认识，所以，暂不说有些唯物主义者把真理理解为客观事物本身）。那是纯粹的臆说。所以，费尔巴哈在批判黑格尔的唯心主义时，坚决反对把神秘的"绝对理念"这种"思想客体"作为研究对象，主张把自然界和人这种"感性客体"作为研究对象，这是正确的。对这一点，马克思也是肯定的。马克思说，"费尔巴哈想要研究跟思想客体确实不同的感性客体"。① 在《1844年经济学哲学手稿》中，马克思指出，"无论从理论方面还是从实践方面来说，人的本质的对象化都是必要的"。② 但是，作为"感性客体"的人的本质到底是什么呢？对于这个问题，费尔巴哈却做了错误的回答。"他把人只看做是'感性的对象'，而不是'感性的活动'，因为他在这里也仍然停留在理论的领域内，而没有从人们现有的社会联系，从那些使人们成为现在

---

① 《关于费尔巴哈的提纲》，《马克思恩格斯选集》第1卷，人民出版社1972年版，第16页。

② 《马克思恩格斯全集》第42卷，人民出版社1979年版，第126页。

这种样子的周围生活条件来观察人们。"① 就是说，费尔巴哈仅仅把理论的活动看作是真正人的活动，而不是把人的活动看作是改造世界的客观的感性的物质活动。这样，他就仅仅停留在抽象的"人"上，仅仅限于在感情范围内承认"现实的、单独的、肉体的人"；而没有看到生活于现实中的活动着的人。因而，费尔巴哈也就根本不懂得人的本质是社会关系的总和。

马克思主义则把人当作现实的、活生生的人去考察，也就是"把这些人当作在历史中行动的人去研究"。② 这样就揭示出人的社会本质。人总是在一定的社会关系中生活着，总是过着社会生活。而"社会生活在本质上是**实践的**"。③ 所以，社会的人的感觉不同于非社会的**人的**感觉。"一句话，人的感觉，感觉的人性，都只是由于**它的**对象的存在，由于**人化**的自然界，才产生出来的。五官感觉的**形成**是以往全部世界历史的产物"。④ 可见，作为人的认识，是不能离开社会，不能离开社会实践的。因此从根本上说，完全脱离社会，脱离社会实践的认识，是不存在的。

那么，马克思主义是怎样看待实践的呢？马克思主义和旧唯物主义不同，它不是把实践仅仅归结为某种具体的形式（如实验），更不是归结为单个人的理论活动；而是把这种活动本身理解为社会的、客观的、物质性的活动。在马克思主义看来，人们改造、改变周围环境（包括自然环境和社会环境）的

①《德意志意识形态》，《马克思恩格斯选集》第1卷，人民出版社1972年版，第50页。
②《路德维希·费尔巴哈和德国古典哲学的终结》，《马克思恩格斯选集》第4卷，人民出版社1972年版，第237页。
③《关于费尔巴哈的提纲》，《马克思恩格斯选集》第1卷，人民出版社1972年版，第18页。
④《1844年经济学哲学手稿》，《马克思恩格斯全集》第42卷，人民出版社1979年版，第126页。

一切活动，在本质上都是实践活动。正像马克思所说，"环境的改变和人的活动的一致，只能被看作是并合理地理解为**革命的实践**"。①

在人们改造周围环境的活动中，物质的生产劳动是最基本的实践活动。马克思和恩格斯在批判费尔巴哈时指出，"这种活动、这种连续不断的感性劳动和创造、这种生产，是整个现存感性世界的非常深刻的基础，只要它哪怕只停顿一年，费尔巴哈就会看到，不仅在自然界将发生巨大的变化，而且整个人类世界以及他（费尔巴哈）的直观能力，甚至他本身的存在也就没有了"。② 除了生产实践之外，直接改造社会的各种社会斗争，特别是阶级社会中的阶级斗争以及科学实验等等，都属于社会实践范畴。

由于人是活生生的进行着实践活动的人，人所进行的社会实践活动是现存感性世界的基础；所以，活生生的人所进行的现实的社会实践活动也就自然是人的认识的基础。就是说，仅仅有了主体和客体的分离和对立，那只是有了可能发生认识（真理）的前提，而并不能使认识的发生成为现实。使认识（真理）的发生成为现实的，乃是主体和客体的相互作用，首先是实践，是人有目的地对客观世界的改变。人是在改造客观世界的过程中认识客观世界的。因而，实践活动是认识发生的关键的决定性的一环。正因为社会实践活动既是现存感性世界的基础，又是人的认识的基础，这样才科学地规定并解决了作为认识基本矛盾的认识的主体和客体及其相互关系问题。

---

① 《关于费尔巴哈的提纲》，《马克思恩格斯选集》第1卷，人民出版社1972年版，第17页。

② 《德意志意识形态》，《马克思恩格斯选集》第1卷，人民出版社1972年版，第49—50页。

认识客体绝不是像旧唯物主义者所理解的单纯的、纯粹的自然客体，而是和人发生关系的，已经人化了的，或者正在人化着的自然客体（包括自然界和社会）。就是说，作为认识客体的我们周围的"感性世界决不是某种开天辟地以来就已存在的、始终如一的东西，而是工业和社会状况的产物，是历史的产物，是世世代代活动的结果，其中每一代都在前一代所达到的基础上继续发展前一代的工业和交往方式，并随着需要的改变而改变它的社会制度"。① 马克思举了樱桃树只是依靠商业的交往才移植的事例说，甚至连这种最简单的"可靠的感性"对象，也只是依靠一定的社会在一定时期的实践活动才为人们所感知。当然，在这种情况下，外部自然界的优先地位仍然会保存着。因为，这并没有改变物质第一性，意识第二性的基本原则；而只是说作为认识客体的自然界现实地直接地只是和人打交道的那一部分自然界。或者说，认识客体就是指在成为人的认识对象之前首先是实践对象的那一部分外部世界。当然，和人打交道的这一部分外部世界与纯粹自然状态的外部世界的界限，是相对的。这种界限将随着实践和认识的发展而不断改变。但是，对认识的发生来说，在认识和实践的关系中，实践在先，认识在后；实践是认识的基础。

认识主体也不是像旧唯物主义者所说的只是被动地接受外部世界的刺激，而后消极反映外部世界的人。作为认识主体的人，是有能动性的人。人在认识外部世界（客体）时，不是消极等待它的刺激，而首先是积极主动地触动外部世界，改造外部世界，改变外部事物的形态，从而寻找更多的刺激，而在获得对外部世界的认识以后，又以这种认识作为改造外部世界的指导，继

① 《德意志意识形态》，《马克思恩格斯选集》第1卷，人民出版社1972年版，第48页。

续进行改造活动。也就是说，作为认识主体的人，是不断进行着活生生的革命实践的人。在他作为认识主体、从事认识活动之前，首先是改造外界客体的主体，是实践的主体。这就是说，人不是消极地反映外界客体，而是积极能动地反映外界客体；人也不是只消极地接受外部世界的作用，而是还积极能动地反作用于外部世界。

由上可知，社会实践对于规定认识的主体和客体，起着主要的决定的作用。作为认识主体和客体的矛盾，是建立在人类社会实践的基础上的。如果没有人，没有人的社会实践，那也就无所谓认识的主体和客体，也就没有了产生认识的基本前提。同时，实践又使主、客体之间发生相互的作用，从而进一步使认识的产生得以实现。如果没有人的认识，自然也就谈不上真理问题。所以，认识和真理是在有了主、客体之后，并在主、客体的相互作用中发生的。主、客体的分化及其相互作用，都是建立在社会实践基础上的，是由社会实践决定的。因而，从认识和真理的发生上说，它是来源于社会实践。因为，客观事物虽然是第一性的，是先于认识的，但是它不会自动成为认识的对象，更不会自动进入认识内容；只有当实践需要，当它成为实践对象的时候，它才成为认识对象；只有通过实践，它才进入认识内容。总之，离开实践的认识和真理，是不可能有的。

认识活动如果只停留在静止观察，消极直观，那就只能反映到事物外部的表面现象，只凭这部分现象，还常常不足以认识事物的本质。要想达到对事物内部本质的认识，对事物内在规律的认识，那就必须通过变革现实、改变客观事物面貌和状态的社会实践来取得大量的、丰富的现象，得到事物尽量多的信息。列宁说，"现实的各个环节的全部总和的展开（注意）＝

辩证认识的本质"。① 现实各个环节全部总和的展开，必须通过实践。也就是说，只有实践，才能扩大我们的感知范围，使我们的感官感知到原先不能直接反映的、束缚隐藏在事物中的大量现象。而且，客观事物自然表露的许多现象，在人的认识还没有注意它的时候，它并不能给人带来或成为人的认识所需要的信息。所谓充耳不闻，视而不见，描写的就是这种状况。客观现象，只有当人的实践需要它的时候，人的认识才去注意它，这时它才成为一种信息。人们只有取得事物的大量现象，得到足够多的信息，再对这些现象加以比较、分析、研究，找出信息间的相互联系，才能产生一个飞跃，得到对事物内在规律的认识，也即得到真理。所以，只有社会实践，才是认识和真理的发生原因。正如毛泽东所指出，"人的正确思想是从哪里来的（亦即真理是怎样发生的——引者）？是从天上掉下来的吗？不是。是自己头脑里固有的吗？不是。人的正确思想，只能从社会实践中来，只能从社会的生产斗争、阶级斗争和科学实验这三项实践中来"。②

二　实践具有二重性

和世界上任何事物无不具有二重性一样，实践也具有二重性。实践是主观见之于客观的东西。它和认识不同，它是从感性方面、物质方面来表现主体与客体，主观与客观的矛盾统一的。实践是可以分析的；就是说，实践是有结构的，是由一定

---

① 《哲学笔记》，《列宁全集》第38卷，人民出版社1959年版，第166页。

② 《人的正确思想是从哪里来的？》，《毛泽东著作选读》甲种本下册，人民出版社1965年版，第1页。

的要素构成的。所以在分析实践的两重性以前，让我们先简单地确定一下构成实践的基本要素。就是说，作为人的实践活动，它是由哪些最基本的成分组成的；没有了这些要素或成分，它就不成其为实践。马克思主义哲学根据对各种具体形式的实践的概括，认为实践的基本要素包括：实践的目的、实践的对象、实践的手段和实践的结果。实践的目的是区别人类实践活动和动物本能活动的基本标志，也是人类实践活动优于动物本能活动的出发点。所以，目的是实践的前提和第一个要素。目的总是和具体的实践对象相联系的。没有具体的客观对象，目的的实现就没有着落，就不可能产生具体的物质结果。而且，作为实践基本要素的具体的客观对象总是反映着人类实践活动的广度和深度。实践的手段包括工具、掌握工具的人以及人运用工具作用于实践对象的活动方式。手段对于实现目的具有决定的意义。没有一定的物质手段，客观对象就不能得到改造，目的就不能变成现实。所以，手段是实践的重要因素。实践手段还是实践水平的主要标志。实践的结果是整个实践过程、实践活动的归宿，同时也是目的实现情况的物质体现者。没有结果的实践不是完整的实践。因而也不能把结果排除在实践的基本要素之外。

所谓实践的二重性，一个重要方面就是实践的绝对性和相对性。实践的绝对性，是指实践作为主体与客体、主观与客观矛盾统一的物质过程和物质体现者，这一点是无条件的、永恒的，因而是绝对的。也就是说，任何实践都从感性方面、物质方面表现出主体与客体、主观与客观的矛盾统一。但是，这种矛盾统一又都是历史的、具体的，因而是有条件的、暂时的。所以，任何实践又都具有相对性。实践的这种二重性，深深地渗透在构成实践的各个基本要素之中，并通过实践要素的两重性反映出来。这就是：

1. 实践目的的客观性和主观性

人们的实践是一种有目的的活动。没有目的，就不成其为人的实践。所谓目的，就是人们在自己的观念中对某一个行动取得某种结果的一种预计、要求、愿望。恩格斯说，"如果说动物不断地影响它周围的环境，那么，这是无意地发生的，而且对于动物本身来说是偶然的事情。但是人离开动物愈远，他们对自然界的作用就愈带有经过思考的、有计划的、向着一定的和事先知道的目标前进的特征"。[①]

那么，目的是不是纯主观的东西呢？是不是人们随着主观意志、主观愿望随心所欲地提出来的呢？当然不是。这里应该明确，马克思主义哲学所讲的目的和人们日常生活中所讲的目的是并不完全相同的。日常生活中所说的目的，常常只表示为一种主观的愿望。马克思主义哲学确认目的有它的客观性。首先，目的来源于客观物质世界。目的作为人们改造客观世界的预想结果，它并不是从天上掉下来的，也不是头脑里固有的；而是从客观实际中来的，是客观事物及其经过人的活动后发展的客观趋势在人脑中的反映。客观世界的存在以及客观事物变化、发展的客观实在性，是目的的前提和源泉。人们在衣不遮体、食不抵饥的情况下，绝不会提出制造电冰箱和洗衣机的要求。作为整个人类来讲，它始终只提出自己能够达到的目的。因为，只要仔细考察一下就可以发现，目的本身，只有在达到它的物质条件已经具备或者至少是在形成过程中的时候，才会被提出来。所以，如果没有客观事物及其发展可能性的存在，就不会有人的目的、愿望、要求。目的首先是由客观存在决定

---

① 《自然辩证法》，《马克思恩格斯全集》第20卷，人民出版社1971年版，第517页。

的。正如列宁所指出，"事实上，人的目的是客观世界所产生的，是以它为前提的，——认定它是现存的、实有的。但是人却以为他的目的是从世界以外拿来的，是不以世界为转移的（'自由'）"。[①] 这后一种情况，显然是人的一种错觉。这正像是一种人不能解释梦幻而把它归结为神一样的蒙昧主义。其次，目的受客观规律的制约。目的不是随心所欲的，不是主观意志的"自由"表现。目的是主观对客观精神作用结果的反映。目的之所以有力量，之所以能转化为现实，就在于它正确地反映了客观规律。客观规律对于目的起着决定的、制约的作用。列宁在谈到这个问题时说，"外部世界、自然界的规律，机械规律和化学规律的区分（这是非常重要的），乃是人的有目的的活动的基础。人在自己的实践活动中面向着客观世界，依赖于它，以它来规定自己的活动"。[②] 一切不承认不依人的主观意志为转移的客观规律对实践目的的制约作用，超越客观规律所许可的目的，不但不能在实践活动中得到实现，而且必然碰得头破血流。最后，由目的规定的实现自身的手段是客观的。目的规定着实现自身的手段。没有这种规定，不能成其为现实的目的。目的实现自身的手段，主要不是主观精神的东西，而是客观物质的东西。总之，目的的内容是客观的。脱离了客观性的目的，是什么也不能实现的。那种认为目的是纯主观的东西的看法，是不符合事实的，是有害的。它正是唯意志论的一个理论来源。

但是，目的确实又有主观性的一面。第一，目的是以主观的观念形式存在的。第二，目的虽然是客观事物及其规律的反映，但它又不是现存实在的直接反映；而是对客观事物发展的

---

① 《哲学笔记》，《列宁全集》第 38 卷，人民出版社 1959 年版，第 201 页。
② 同上书，第 200 页。

趋向、对客观规律作用的可能结果的反映，是对某种未来的实在的反映。这种反映，除了客观的依据以外，也就可能夹杂某些主观的推想。第三，目的的实现不是客观世界自然发展的结果，而是人们通过自己的活动来创造未来的现实。"世界不会满足人，人决心以自己的行动来改变世界。"① 人"想在客观世界中通过自己给自己提供客观性和实现（完成）自己的趋向"。② 这就是说，这里一方面有着人的主观愿望，另一方面又包含着人的主观能动性的发挥。

总之，实践的目的既有客观性的一面，又有主观性的一面，是客观性和主观性二重性的统一。

目的作为实践的首要要素，就是说，任何一个实践都是有目的的，这是无条件的、绝对的；可是就某一个具体的实践来说，到底有着什么具体的目的，这又是历史的、有条件的、相对的。任何实践的目的都有着客观性和主观性，并且是二者的矛盾统一，这是无条件的、绝对的；可是某一个具体的目的到底有哪些客观性和主观性，二者又是怎样统一的，统一到什么程度，这又是历史的、有条件的、相对的。

2. 实践对象的无限性和有限性

就全人类来说，实践对象乃是整个客观世界，大至茫茫宇宙，小至深入到原子内部的越来越小的微观世界。客观世界的存在是绝对的、无限的，人的实践对象就发展而言，也是绝对的、无限的。客观世界的事物是普遍地相互联系、相互制约、相互作用、相互转化的，人们的实践对象也就能够由此及彼，由表及里，以至无穷。昨天没有成为人类实践对象的客观事物及其方面，今天便进入了我们实践对象的范围；今天还没有成

---

① 《哲学笔记》，《列宁全集》第38卷，人民出版社1959年版，第229页。
② 同上书，第228页。

为我们实践对象、没有被我们认识，甚至还没有被我们注意的客观事物及其方面，明天也将会被我们重视，成为我们的实践对象。而且，由于实践的结果，目的被实现，被物化，又不断产生着许多新的从前不存在的"人工对象"。

可是，就某个人或者某一代人来说，实践对象又是有限的。任何一种实践都不可能把无限的物质世界作为自己的改造对象。一个具体的实践，只能同某种具体的客观事物或者事物的某个方面联系在一起。而一个具体的对象则处于一定的时间、地点和条件下，并以一定的形态存在着。人们的实践，就是要通过自己的行动改造这种具体对象，使它成为符合自己需要的状态。所以，每一个具体的实践对象都是有条件的，相对的、有限的。

当然，有限和无限的关系也是辩证的。无限是由有限构成的，有限之中有无限。植物学家耐格里不懂得这种有限和无限的辩证关系。他认为，"我们所能认识的只是有限的东西。"恩格斯说，在我们的认识范围内碰到的仅仅是有限的对象，这是完全正确的。"但是这个命题还须要如下补充：'我们根本上只能认识无限的东西'"。[①] 因为，事实上，一切真实的、详尽无遗的认识完全在于我们在思维中能把个别的东西从个别提高到特殊，再从特殊提高到一般；完全在于能从有限中找到无限。认识是这样，实践也是这样。任何一个具体的实践对象都是有限的，但它却和同类对象有着共同的规律。我们改造一个具体的客观对象，也就意味着这样那样地改造同一类的一般对象。所以，实践有着普遍性的品格。

但是，无限又不是有限的机械总和。一方面，有限除了服

---

① 《自然辩证法》，《马克思恩格斯全集》第 20 卷，人民出版社 1971 年版，第 577 页。

从同类的一般规律以外，都有着自己的许多特点；另一方面，有限本来是无限的有机部分，当它成为我们的实践对象时，无形中是把它从无限中人为地割裂开来了，这时的有限又不同于那个属于无限有机部分的有限，这一点已为系统论科学所确证。

所以，有限和无限是统一的，又是对立的。统一中有对立，对立中有统一。人的实践对象正是这种有限性和无限性的矛盾统一。不承认实践对象的无限性，就不能和不可知论划清界限，就会给唯心主义留下地盘。不注意实践对象的有限性，就不能有效地进行实践，就会蛮干；同时，也不能懂得实践的深度和广度以及它的历史局限性。

实践对象是实践的重要因素。任何实践都有自己的对象，任何实践对象都是无限性和有限性的矛盾统一，这是无条件的、绝对的；但就某些具体实践来说，以什么为对象，又如何体现着有限性和无限性的统一，这又是具体的、有条件的、相对的。

3. 实践手段的物质性和精神性

如前所述，实践的目的规定着实现自身的手段。实践的手段必须是物质性的。实践是要变革，改造客观对象的状态，使之适合人们的需要。物质性的对象不可能由精神性的力量来改变其状态。批判的武器，不能代替武器的批判。物质的对象必须借助物质的手段、用物质的力量来改造。

实践手段的物质性，首先表现在工具上。从原始的手工工具到现代化的高、精、尖设备，无不是物质性的东西。没有这些物质性的工具，就不能开展生产斗争、阶级斗争和科学实验活动。一句话，人因自己的工具而具有支配外部自然界的力量。实践手段的物质性，还表现在掌握工具的人身上。人运用工具不能光靠脑,脑不能直接使机器运转;而是要靠手,要消耗体力。体力是一种物质性的力量。人使用工具,还要靠实践技能。技能不表现为纸上谈兵,而是反映在物质性的实际操作上。有了工具,又有了使用工具的人,如果两者不联系起来,仍然不能成为现实的实践手段。要使它成为现实的、活生生的手段,人就必须运用工具采取一定的方式作用于客观对象;也就是说,按照一定的方式活动。这种实践活动的方式和过程,正是实践手段的物质性的反映,是一种物质力量的表现。

但是,实践手段又有精神性的一面。人的最基本的实践活动是生产劳动。生产劳动是从人制造工具开始的。制造工具不仅需要体力,而且更重要的,还需要智力。所以,作为实践手段的工具,从一开始就凝结了人的智慧。往后,工具的改进、革新乃至创造,都是在以往实践的基础上,人们的认识进一步提高的产物。工具是按照人的认识和需要而制造的。工具不仅反映着实践的水平,而且也反映着人的认识的水平。工具中融化着人的理性和智慧。它是物化了的精神,客观化了的主观。同时,从人掌握工具使用工具的方面看,不仅要消耗体力,也还要消耗智力。实践活动的过程,也是一个表现聪明才智和意志力的过程。所有这些都是实践手段的主观性精神性的表现。

实践手段的物质性和精神性是统一的,两方面缺一不可。如果忽略了手段的物质性,那就不可避免地要滑到精神万能论的泥坑。如果不懂得手段的精神性,那就不能把人的实践活动和动物的生命活动区别开来,也不能很好地发挥手段的能动作用。

实践手段是实践的决定性要素。任何实践都有着自己的手段,任何手段又都是物质性和精神性的统一,这是无条件的、绝对的;但就某项具体实践来说,它有着什么样的具体手段,它的物质性和精神性又是怎样具体统一的，物质性中融化了怎样的精神性，这又是具体的、有条件的、相对的。

4. 实践结果的必然性和偶然性

实践结果是整个实践活动的归宿。它以客观对象状况的变化表现出来。正像列宁所说，"人给自己构成世界的客观图画；他的活动**改变**外部现实，消灭它的规定性（＝变更它的这些或那些方面、质）"。① 由于实践活动是按照事先构成的客观图画进行的，所以，实践结果又是实践目的实现情况的物质形式。也正因为如此，实践结果又是对目的（观念形态）的检验。"行动的结果是对主观认识的检验和**真实存在着的客观性**的标准。"② 但在这里有一个问题，就是这种检验的作用是绝对的，还是相对的？这就涉及实践结果和实践目的之间的关系是必然的，还是偶然的。这也就是实践结果的必然性和偶然性问题。

实践结果的必然性是说在实践结果和实践目的之间，存在着一种内在的、必然的关系；实践结果是实践目的的必然产物。既然实践是有目的的，是在一定的理论指导下在行动之前就已经构成了一个"客观图画"，而后按照一定的方案有步骤地进行；那么，它所得到的结果，就是它的目的的逻辑的、必然的产物。这种结果，如果和预想的相符合，达到了预期的目的，那就证实了"真实存在着的客观性"，表明原来的目的和理论是正确的。如果获得的结果和预想的相反，那就表明预想的目的、理论和客观真实性之间不相符合。无论成功和失败，都反映了结果和目的之间的一种必然关系。正如恩格斯所说，"如果这些知觉是错误的，那么我们关于这种事物可能有什么用途的判断，必然也是错误的，而我们的尝试就必然要失败。

① 《哲学笔记》，《列宁全集》第 38 卷，人民出版社 1959 年版，第 235 页。
② 同上。

可是，如果我们达到了我们的目的，如果我们发现事物符合我们关于它的观念，并且产生我们所预期的目的，那么这就肯定地证明，在这一范围内我们关于事物及其特性的知觉是同存在于我们之外的现实相符合的。当我们发现自己遭到了失败的时候，我们一般地总是不要很久就能找出使我们失败的原因；我们总是发现，我们的行动所依据的知觉，不是不完全的和肤浅的，就是不正确地和其他知觉的结果结合在一起"。① 这就充分表明，实践结果的成败是实践目的的正确与否的必然归宿。

但是，实践结果又有它的偶然性。就是说，它不完全是，甚至主要不是实践目的的必然产物，而是掺杂了，甚至主要是某些偶然性因素、偶然机遇的产物。实践结果不仅是实践目的的归宿，而且是人们运用一定的手段作用于客观对象的整个活动过程的归宿。在这个过程中，有许许多多的因素在对结果发生作用。对于目的来说，有些因素是必然的，有些因素则是偶然的。对结果来说，必然因素未必起了主要作用，偶然因素未必起了次要作用。比如，某生产实践中，显著增产的结果，未必能证实某项经济政策的正确，因为它完全可能是由于采取了某些正确的技术措施所带来的。对于这项经济政策来说，显著增产的结果就是偶然的。

由于实践结果有偶然性，所以，一次实践的成功，并不能完全证明指导思想的正确；同样，一次实践的失败，也并不能证明指导思想的错误。这也是实践标准具有"不确定"性的原因之一。所以，要证明一个认识是真理，还是谬误，必须经过多次实践的反复检验。

当然，必然性和偶然性的关系也是辩证的。必然性总要通过偶然性来表现，偶然性中总有着必然性。实践结果总是必然

---

① 《社会主义从空想到科学的发展》，《马克思恩格斯选集》第3卷，人民出版社1972年版，第386—387页。

性和偶然性的统一。我们只有具体地把握实践结果的必然性和偶然性及其相互关系，才能正确地看待实践结果。

实践结果是实践的一个不可缺少的要素。任何实践都有一定的结果，任何结果的产生都是必然性和偶然性的矛盾统一，这也是无条件的、绝对的；但某个具体实践到底达到了什么结果，在某个具体的结果中，必然性和偶然性又是怎样统一的，它们各起了什么作用，这又是具体的、有条件的、相对的。

总之，实践的各个要素都有自己的两重性。实践要素的两重性是实践两重性的基础。因为，构成实践的各个基本要素，都直接或间接地体现了主观和客观、主体和客体的矛盾统一。这也说明实践既不是像唯心主义者所说的是一个纯粹精神的范畴，但也不是一个纯粹实体的范畴；而是主、客体之间相互作用的关系范畴。实践是由各个要素按照一定的结构方式组成的。它始终表现出是从感性方面、物质方面来反映主体和客体、主观和客观的矛盾统一。这些正是实践绝对性的表现。因为，如果只有主、客体的对立和主、客观的分离，那是不成其为实践的。那种没有统一的主客体的对立和主客观的分离，只能或者表现为纯精神性的纸上谈兵，或者表现为一般生物都具有的生命活动。作为人的实践活动，无论在实践的目的、对象、手段和结果的哪一个方面，它都体现着主、客体之间和主、客观之间的统一。至于统一到什么程度，那是另一个问题；但在对立中总是有着统一。自然也不存在主、客体之间只有统一，没有对立的状态。在主、客体之间只要发生关系，那就总是既有着对立，又有着统一。没有主、客体之间的既对立，又统一，就不可能产生改变客观物体状态的力量。这种力量，作为实践来说，乃是物质性的；作为认识来说，则是精神性的。因为认识也是主体与客体、主观与客观的矛盾统一的表现，但只是精神性的表现；这种矛盾统一的力量，也是精神性的力量。而实践则是从感性方面、物质方面来反映主体和客体、主观和客观的矛盾统一；这种矛盾统一的力量，自然也是物质性的力量。所以，实践可以直接改变客观物体的状态。这是普遍的、绝对的。但是，每一个具体的实践，又都是主体和客体、主观和客观矛盾的历史的、具体的统一在物质方面的表现。这又决定了实践自身的条件性、相对性。就是说，每一个具体的实践，它到底怎样体现着主、客体之间的矛盾统一，这种统一的状态是怎样的，达到什么程度，这些都是具体的、有条件的。每一个具体的实践，都是处在一定的历史条件下，反映出一定的历史水平，都有其自身的局限性。所以，就每一个具体实践而言，它们又都是各各特殊的，相对的。

三　实践的二重性决定真理是过程

实践具有绝对性和相对性的二重性。由于实践有二重性，所以不仅就每一个具体的实践来说，有一个自始到终的过程；而且就整个人类的实践来说，也是处于一个由浅入深、由简单到复杂、由低级到高级的不断发展的过程。所谓实践的过程，并不是指从目的的提出作为开始，到获得结果作为终了的过程。如果是这样，那就变成目的一经提出便是实践的开始了。这就难以和主观唯心主义者王阳明的"知行合一"说划清界限。王阳明认为，知和行都是主观的心的产物；知和行是"合一"的。他说，"一念发动处便即是行了"。① 就是说，知的时

---

① 王守仁（阳明）：《传习录》下，中州古籍出版社 2008 年版。

候就是行了。这样，实际上就把客观的行（实践）给取消了。辩证唯物主义的认识论认为，实践和认识（即行和知）尽管是紧密联系、交互作用的，但它们并不就是一个东西，并不是"合一"的；更不能把认识本身就当作实践。我们说，目的是实践的首要要素，但并不是说作为观念形态的目的本身就是实践，它的提出就是实践的开始。实践是其各个基本要素的总和。这些要素分割开来，都是无意义的；其中任何一个要素都不能单独称之为实践。实践是这些要素的集合，是各个基本要素相互之间不断协同的动态体系。实践过程，就是实践的基本要素相互协同的过程。这个过程，作为某些具体的实践（如某项具体的生产实践）来说，可能表现为相对的往复循环的过程；但作为整个人类的实践来说，它绝不会老在同一个水平上循环，而是表现为由低级向高级的上升过程。

前面说过，实践始终从感性方面、物质方面体现着主体和客体、主观和客观的矛盾统一；认识和真理则是从精神方面来反映主、客体之间和主、客观之间的矛盾统一。所以，一方面，实践和认识、真理是不同的，绝不能像王阳明那样把两者看成是"合一"的，以致把认识本身说成就是实践，实际是取消了实践；然而，另一方面，尽管实践和认识、真理不是"合一"的，但它们却是紧密地联系在一起的。它们有着共同的基础，那就是主体和客体、主观和客观的矛盾；它们的共同目标都是为着解决这个矛盾。只不过实践是从物质方面来解决这个矛盾，而认识、真理则是从精神方面来解决这个矛盾。但任何一个实践都有认识的参与，而任何一个认识又都通过实践反映出一定的物质内容。因而，实践和认识是交互作用着的。它们相互联系、相互制约、相互促进、相辅相成。从发生上说，认识、真理来源于实践；然而认识、真理一旦形成，它又有着相对的独立性，从而又和实践相互制约。所以，从发展上说，实践和认识是相互促进，相辅相成的。认识的发展，从根本上说离不开实践的发展，实践的推动；而实践的发展，则也离不开认识的发展，认识的指导。

事物的发展，总是表现为过程。同样，实践的发展也表现为一个过程。因为，实践和认识、真理是交互作用，交织在一起的；所以，实践过程也总是伴随着认识过程、真理过程。也就是说，真理过程和实践过程是交织在一起的。但从发生上说，是实践过程决定着真理过程。

那么，什么是使实践成为过程的原因呢？也就是说，实践发展的源泉和动力是什么？有一种意见认为，实践发展的源泉仅是人的认识，是实践的目的。有的甚至说，是人的欲望推动着实践的发展，进而也就推动着社会发展。这种意见是违背客观事实，违背唯物主义，因而也是不能同意的。我们知道，认识、目的、欲望都是精神性的东西，它们本身都根源于物质，产生于实践。它们对于实践的发展，毫无疑问有着重要的制约作用。但是，这种作用，是通过它们作为实践的内在要素而发挥出来的。它们自身并不能单独地成为实践发展的直接动力。精神性的东西不可能单独地、直接地推动感性的、物质性的活动的发展。如果承认认识、目的、欲望是实践的发展动力，即就等于承认精神可以直接推动物质活动的发展。这就可能导致唯心主义和唯意志论，即认为精神可以主宰物质。所以，这种意见是不正确的。

辩证唯物主义认为，物质性活动的动力必然是，同时也只能是物质性的力量，这种物质性力量来自物质性活动自身。也就是说，实践作为感性的、物质性的活动，它的发展动力，它的上升的源泉不在实践之外，而在实践自身，在实践内部的矛盾性。一方面，就实践作为从感性物质方面体现主体和客体的矛盾统一来说，实践发展的源泉和动力，是人（主体）和客观世界（客体）的矛盾。我们知道，实践是人们有目的地改造客观世界的感性活动。人们为了生存，为了发展，必须不断地改变周围的世界，以适应自己的需要。客观世界不会自然而然地满足人们的需要，人们只有用自己的行动来改造它。所以，人和周围世界的矛盾，是人决心以自己的行动来改变世界的原因和动力。人类的存在和发展与实践的存在和发展是共命运的。人之所以成为人，是由于人能进行改造世界的实践活动。人类的发展也依赖于社会实践的发展。因为人类的生存，一天也不能离开社会实践。正像马克思和恩格斯所指出的，"我们首先应当确定一切人类生存的第一个前提也就是一切历史的第一个前提，这个前提就是：人们为了能够'创造历史'，必须能够生活。但是为了生活，首先就需要衣、食、住以及其他东西。因此第一个历史活动就是生产满足这些需要的资料，即生产物质生活本身。同时这也是人们仅仅为了能够生活就必须每日每时都要进行的（现在也和几千年前一样）一种历史活动，即一切历史的基本条件"。① 这就是说，物质生活资料的生产实践，是人类生存的第一个前提。人类为了生存和发展，为了自由和幸福，不仅要进行改造自然的实践，而且还要进行改造社会的实践，改造人类自身的实践；不仅要重复已有的某些实践，而且要寻求实践的新方法、新领域、新途径，以不断提高整个社会实践的效能；这样也就使实践本身成为一个不断发展的过程。实践呈现的这个过程，自人类出现以来，特别是进入文明社会以来，是十分明显的。这个过程，将随着人类社会的发展

---

① 《德意志意识形态》，《马克思恩格斯选集》第 1 卷，人民出版社 1972 年版，第 31 页。

而发展下去。在这里，实践之所以呈现为一个过程，实践发展的源泉和动力，乃在于实践自身的矛盾——人和客观世界的矛盾。这是很清楚的。由于人和客观世界矛盾的展开，推动着实践的发展，使实践成为一个过程。另一方面，从实践的要素、结构方面看，实践发展的源泉和动力，则在于实践自身的二重性，即实践的绝对性和相对性。实践的绝对性和相对性循环往复的又矛盾又统一，而每一次的循环往复都有着新的内容，都进到高一级的程度，由是推动着实践自身的深化和发展。

由于实践是真理的发生原因，所以，使实践成为过程的原因，也必然构成真理过程的原因。拿人和客观世界的矛盾来说，随着这对矛盾的展开，一方面使实践成为一个过程。实践的领域不断扩大，由改造自然到改造社会，到改造人自己；每一个领域内，也由近及远、由有限的项目到更多的项目，不断发展。实践的深度和水平，也不断提高。从而使整个人类实践呈现为一个由简单到复杂、由低级到高级不断发展的过程。另一方面，正是随着实践的发展，使人们对自然、对社会、对人自己的认识，也有一个相应的由表及里、由浅入深、由有限方面到更多方面的发展过程。就是说，由于人改造客观世界的实践是一个过程，它决定了作为人对客观世界正确认识的真理也成为一个过程。譬如，人开始对社会的认识，晚于开始对自然的认识。因为，改造自然的实践先于改造社会的实践。人是在改造自然的过程中，不仅认识到人和自然的关系，而且逐渐认识到人和人的关系，认识到改造自然的同时必须改造社会。但是，对社会的真正认识，又是在改造社会实践的逐步展开中逐渐深入的。就是说，由于人和客观世界处于一个永恒的又矛盾又统一的过程中，这就决定了人对客观世界的改造也是一个逐步展开的永恒的过程。由于改造客观世界的实践是一个永恒的过程，因而对客观世界的真理性认识也是一个永恒的过程。这是就实践作为从感性物质方面体现人和客观世界的矛盾统一来说的。

从实践的内部结构说，实践的二重性是实践过程的源泉和动力。自然，实践的二重性也就决定着真理是过程，是使真理成为过程的关键性的原因。

下面我们就来具体地分析一下实践的二重性是怎样决定实践过程和真理过程的，实践过程和真理过程又是怎样相互制约、交互作用的。

首先，从总的方面看，实践作为主体与客体、主观与客观矛盾统一的物质过程和物质体现者，这一点是无条件的、绝对的。实践的相对性是指任何实践从感性物质方面体现着的主体与客体、主观与客观的矛盾统一，都是历史的、具体的、有条件的，因而是相对的。这种绝对性和相对性，是任何实践都具有的二重性。没有绝对性，就不成其为实践；没有相对性，就不成其为具体的实践。实践的绝对性和相对性是不能分离的，是统一的；但它们又是矛盾的。绝对性要求实践作为从感性方面、物质方面体现主、客体之间和主、客观之间的矛盾的统一是无条件的、绝对的；相对性则表明实践所体现的这种矛盾的统一，不可能是无条件的、绝对的，而只能是有条件的、相对的。但从发展的趋向上说，由相对不断地走向绝对，无限地向绝对接近，乃是一种必然，是规律，是必然性的要求和力量的表现。也就是说，由相对无限地向绝对接近，那是一种客观的趋向，是不可阻挡的。然而，这种趋向又是通过实践的绝对性和相对性的又矛盾又统一来实现的。就每一个具体的历史时代的实践来说，它总要受这个历史时代的具体条件的限制，带有这个历史时代的局限性，这也是这个历史时代的实践相对性的表现。但在这种相对性中，总是包含着实践的绝对性。绝对性总要通过相对性来表现。不过，绝对性总也不会满足某种表现它自己的具体的相对性，它总要和这种相对性发生矛盾，进行分离；从而寻找新的更能和它相适应、相统一的相对性。这样就使实践又进到高一级的程度。实践的绝对性和相对性的这种循环往复的又矛盾，又统一，也就使实践本身表现为一个不断发展的过程。

在实践发展的过程中，主体和客体、主观和客观的矛盾统一过程，不仅从感性方面、物质方面表现出来；而且，还从精神方面，即从认识和真理方面表现出来。因为不仅主体要改造客体，而且主观要反映客观。主、客体之间和主、客观之间的矛盾统一过程，从精神方面反映出来，就是主观不断地符合客观，主体不断地调整自己的行动以和客体相适应。这种符合和调整是互相交错地、循环往复地进行的。这就使认识和真理也呈现为一个过程。所以，由实践二重性决定的实践过程，一方面从真理的发生上说，它必定会带来一个相应的真理过程，另一方面，如果没有相应的认识和真理过程的发生，实践过程本身的发展也是难以想象的。因为主观如果不能不断地和客观符合，那么，主体也就无法不断地调整自己的行动以和客体相适应，从感性方面、物质方面进一步体现主、客体关系，并在新的基础上达到新的统一也就没有可能。所以，从这里可以清楚地看到，一方面是实践过程决定真理过程；另一方面，实践过程和真理过程又是交互作用，互相促进的。

其次，我们再从实践的各个基本要素方面来考察一下这个问题。前面我们曾经分析过实践的二重性深深地渗透在实践各个基本要素中的情况。这种情况在决定实践是过程，从而也决定真理是过程的方面，自然起着基本的重要的作用。当然，在这里实践过程和真理过程也是交织在一起，交互作用着的；但从发生上说，是实践过程决定着真理过程。下面就来进一步分析一下这种情况：

1. 目的的客观化过程

目的虽然以客观世界为前提，来自事物的客观规律、发展趋向；它并不是纯主观的产物，更不是随心所欲的主观意志的任意表现；但它毕竟又具有主观性。目的的主观性，不仅表现在它是观念形态的意义上，而且更重要的还表现在它究竟是反映了人们的一种要求，一种愿望，在这种要求和愿望里，常常掺杂一些不切合实际的东西。这种不切合实际的东西，从实践和认识的主体方面讲，一方面来自人们的主观奢望；另一方面来自认识生理机制的某些主观方面，比如，我们的感官对于客观事物发来的信息具有非常大的选择性。根据现代科学的测量和计算，人的视觉信息约占人从外界所获得的全部信息的90%左右。可是人的视觉感受器对外界的刺激则具有很大的选择性，估计它从外界事物特征的各种刺激中，只选择出一千万分之一的刺激作为视觉信息传递给大脑，然后在大脑皮层中分析综合为视觉映象。这种选择性中的一个原因，便是来自人的主观方面，如经验、情绪、爱好、注意力等等。由于感官对客观事物的信息具有选择性，一方面有助于大脑的分析综合，得到人们所需要的映象；另一方面，则也可能远离事物的本来面目，或至少是不能全面地客观地反映事物的本来面目，以致使实践目的不切合实际，或具有不切合实际的方面。

目的的主观性作为观念形式的方面，是永远也摆脱不了的，而且是必不可少的。因为，人们在对客观事物进行实际的感性物质的改造之前，总是先在自己的头脑中，以主观观念的形式对它加以改造，并取得预想性的结果；而后才付诸行动。

这正是人区别于动物的地方，是人的主观能动性的表现。但目的的主观性作为掺杂着某些不切合实际的主观方面，则是应该摆脱，必须摆脱的。目的的这种主观性和它的客观性形成尖锐的矛盾。客观性要求并保证扬弃作为目的观念形式的主观性，使其转化为客观现实；而作为不切合实际的目的的主观性则破坏这种转化，使其不能成为预想的客观现实。也就是说，符合事物发展的客观趋向、客观规律的目的的客观性，保证着整个实践活动的顺利进行和得到成功。而与客观规律相矛盾的目的的主观性，则阻碍着整个实践活动的展开，并使实践最终遭到失败。所以，目的的客观性代表着目的的内在本性，符合于实践的本质。实践的本质就是要在物质方面表现出主体和客体的统一，从而使主体改变客体状态的活动获得成功。而目的客观性的程度越高，实践成功的可能性就越大。可是，违反客观规律的那种目的的主观性，它则使主体和客体分离，使主体改变客体状态的活动不能成功。所以，它是目的内在本性的异化，是实践活动的异己力量。对于这种异己力量，作为目的内在本性的方面必然要排除它，而且作为整个实践的本质方面也必然要否定它。这种排除和否定不切合实际的目的主观性的过程，也就是目的客观化的过程。

目的客观化之所以呈现为过程，这是由目的的客观性和主观性不断地又统一、又矛盾的情况决定的。因为人的认识具有主观能动性，人可以建立起优于一切动物的第二信号系统。这在一方面，使人的认识比一切生物的本能反应优越得多，高超得多；但在另一方面，它也为不切合实际的主观性能够和客观性暂时统一起来，提供了可能和条件。这就为克服这种主观性增加了很大的困难，克服这种主观性并不是一件容易的事，而要经过客观性与之反复的斗争。目的的客观性和主观性是一对矛盾，它们既相互渗透、相互统一，又相互排斥、相互斗争。在观念形式的目的中，总包含着客观内容；而在内容的客观性中，却又总包含不切合实际的、不客观的成分。这样，目的就成为客观性和主观性的矛盾统一体。作为矛盾，它的展开总是经历着又统一、又斗争的过程。只有经过这个过程，作为实践目的内在本性的客观性，才能战胜违反客观规律的主观性；从而使目的不断地客观化，以和整个的实践本质相适应。所以，目的的客观化过程是由目的的二重性决定的。

在目的客观化的过程中，始终存在着客观性和主观性的矛盾。这个矛盾的解决，是通过实践活动和认识活动两个方面来逐渐达到的。因为，只有通过整个的实践活动，使观念形式的目的物化，感性化；这样才能把其中不切合实际的部分暴露出来。但是实践中暴露的东西，并不等于我们就认识它。所以，还必须通过认识活动，对物化、感性化了的目的加以分析研究，才能把隐藏在原目的中的违背客观规律的主观性部分揭示出来，鉴别出来，并把它排除掉。自然，由于实践和认识活动本身的条件性、相对性和历史局限性，所以，要实现目的的客观化，并不是进行一次实践活动和认识活动就能完成的，而是必须经过实践、认识、再实践、再认识，多次反复的过程，才能逐步地逼近这一目标。也就是说，目的的客观化过程是无尽头的。反过来，目的作为实践的首要要素和前提，所以，它的客观化过程又决定着并表现为整个人类实践是一个过程，是一个由不完善不精确到逐渐完善和逐渐精确、由低级到高级的不断发展的过程。因为目的客观化每前进一步，都意味着实践水平升到高一级的程度。同时，另一方面，作为观念形态的目的，或者说，作为一种认识，它的真理性，正是在实践的过程中受到反复的检验，使其中的错误成分得到纠正；并在实践的基础上，通过认识活动本身又使其得到补充、丰富和发展。这种情况，正表明人的认识和客观事物的符合，也是一个过程。也就是说，作为正确认识的真理不是一次达到的，而是一个过程。

总之，实践的本质要求实践目的不断地客观化。而实践目的的客观化则有一个过程，这个过程是由目的的二重性决定的。目的客观化的过程，既是由实践和认识来帮助解决的；同时，它本身又决定着和体现着实践和认识也是一个过程，因而真理也是一个过程。而且，在这里，实践过程和真理过程是相互交错、相互促进的。

2. 对象的广、深、准过程

每一个具体的实践，它的对象也总是具体的。具体的对象是有限的，它总是处在一定发展阶段上的整个物质世界的一个极其有限的部分、方面。但是，人们的实践绝不会满足于这些有限的对象，绝不会满足于仅仅认识和改变物质世界的这些极其有限的部分或方面。人们进行实践活动的根本目的无非是两个：一个是通过实践认识外部世界，掌握外部世界的各种规律，以增强人们行动的自觉性。另一个目的是，在认识了某些客观规律的基础上，进一步改造外部世界，改变它的某些状态，以使它更好地适应人们的需要。这两个目的是相互联系，相辅相成的。整个物质世界的有些部分、有些规律，或者更确切地说，整个物质世界的绝大部分、绝大多数规律，我们还只能运用各种方式探索它，认识它；认识它的目的并不是为了改变它的状态，也无法改变它的状态。比如，天文学、古生物学等学科，它们研究的许多任务就是如此。我们可以认识天体的运行规律，可以知道某些星球上的许多情况，但是我们还不能变革它，不能改变它的状态来适应人们的需要。我们今天运用各种科学实验的手段，来观察它，研究它，其目的也不是为了直接改造它，而只是为了认识它。这种认识，对于改造我们可以改造的对象，是具有重要意义的。当然，从另一方面说，我们的绝大多数实践则是为了直接改变客观事物的状态，使它为现今人们的需要服务。但是，随着人类需要的发展，特别是随着外部世界本身的变化发展，以及由于人们的实践活动所产生的种种后果，所以，人们的实践活动如果仅仅停留在某一些有限的对象上，那是远远不能满足人们需要的，甚至维持人类的生存也会遇到困难。因此，我们必须不断扩大实践范围，必须进一步深入到客观事物内部的更深层次，同时，为了人类的长远利益，还必须逐步抓准改造对象。这就是关于实践对象的广、深、准的问题。

对象的广、深、准是一个过程。这是由对象的有限性和无限性的矛盾决定的。每一个具体的实践对象都是有限的，但这个有限的对象并不是孤立的，它是无限世界的一部分、一方面，这个部分和方面总是千丝万缕地与其他的部分和方面发生着直接或间接的联系。就是说，实践对象的有限性，一方面它和无限性是相区别的。有限性并不等于无限性。有限性的特殊性和特殊本质和人类面向的整个物质世界的无限性的一般性和一般本质是矛盾的。但另一方面，有限性和无限性又是相互联系、相互沟通的，是统一的。无限性是由有限性构成的，有限性可以不断地向无限性逼近。所以，有限性和无限性既始终矛盾着，又始终统一着。这种又矛盾又统一的局面，一方面使有限性向无限性的转化、逼近成为可能；另一方面，又决定了这种转化和逼近不是一下子完成的，而是要有一个过程；而且，实际上这是一个无穷尽的过程。这个过程，也就是实践对象的广、深、准过程。

人类实践，在开始的时候，总是先集中在少数的对象上，对这些对象加以改造，以维持自己的生存。譬如，在远古的时候，人们以狩猎、捕鱼、采集野生植物为生。在这时候，只有某些野生动、植物，才是人们实践的主要对象。随着实践活动的展开和人们认识的提高，实践对象才逐渐扩大和深入，才发展到驯养动物和种植植物，才有了畜牧业、农业，进而也有了手工业。人们不仅吃动物的肉，而且利用某些动物的皮毛和骨头，等等。如今人们的实践对象已扩展到千千万万个。许许多多的自然物，远至200亿光年的天体，近至我们周围的空气，以及社会生活的各个方面，乃至人自身的各个部分，都成了人们观察（列宁说，天文观察也是一种实践）和改造的对象。

人类的实践对象，不仅广度在不断地扩大，数目在成倍增长，如今又出现许多人造对象；而且深度也在不断增加。过去只以某一个物体作为实践对象，以后以某物体的分子作为对象，继而又以原子作为实践对象，近几十年来，又深入到原子内部，以物质的更深层次作为科学实验的对象。

实践对象向广度和深度的推进，无疑标志着实践的进步。过去许多事物对人们来说好像是无关的、无用的，甚至是有害的，如今随着实践对象的扩展，则实现着变无用为有用的过程。

在实践对象的扩展中，还有一个重要的问题，就是对象选择的准确性。人们之所以要进行实践，前面已经说了，最根本的目的，就是要改造客观世界，使它更好地为人类服务。观察研究距离我们200亿光年的天体，虽然不是为了直接去改造它，但认识它的规律，仍然是为了更好地、更有成效地改造我们周围的世界。所以，对人类来说，就有一个到底以什么事物作为某项具体实践的对象更符合人类长远利益的问题。这就是关于选择实践对象的准确性问题。这个问题，长期以来是被忽略了的。因为，从总体上说，实践对象向深广度的扩展是盲目的；人们在当时往往不能预计到这种扩展给人类带来怎样的后果。在这方面有许多教训。历史上许多富饶的地区，当时为了进一步扩大耕地面积，或者由于其他原因而乱伐森林，今天竟成了不毛之地。为了杀死农作物的害虫，人们制造了不少化学农药，其中有些农药一方面杀死了害虫，另一方面却给人们的身体健康带来很大损害。诸如此类的事例很多。同样，今天我们为了某种特定目的，选择了一些实践对象，虽然暂时可以满足人们的需要；但从人类的长远利益看，也许犯着比历史上还要大的错误。这将由未来的历史来判断。不过，近些年来，人们已经比较自觉地注意了这个问题。系统学、环保学、生态学、未来学等学科，实际都从不同的角度和方面帮助解决实践对象的准确性问题。实践对象准确性的提高，既表明实践本身水平的提高，也表明人的认识更向客观真理前进了一步。

总之，实践对象的广、深、准是一个过程。这个过程充分表现了实践本身是不断深入、不断前进、不断发展的。同样，这个过程也反映出真理是个过程。真理是全面的。真理是在现实的一切方面的总和中实现的。可是，每一次的实践只能以现实的某一个阶段的某一个方面为对象，只能和事物的一部分、一方面打交道。要全面准确地认识事物，要认识事物的更深的本质，即要达到对事物的真理性认识，就只有随着实践对象的广、深、准过程前进。

3. 手段的发展、更新过程

实践手段，特别是其中的工具，是衡量实践水平的主要标志。手段的每一个发展，工具的每一次更新，都意味着实践水平的提高。但是，手段的发展更新并不是孤立地进行的。手段受目的的制约。实践目的规定着实现自己的手段。没有相应的手段，目的的实现就是一句空话。所以，作为实践主体的人，一方面提出目的，另一方面总要用自己的智慧和力量得到为达到这个目的所必不可少的手段。目的的客观化程度越高，即它越符合于事物发展的客观趋势，那么和它相应的手段的威力也就越大。手段随着目的客观化程度的提高，既改变自己的形式，也增加自己的威力。当然，有时目的正确，找不到相应的手段，而不能实现的事也是有的。这说明手段并不单单取决于目的。但是，只要目的正确，迟早总会找到相应的手段。

手段和实践对象的深度与广度的关系也很密切。手段常常随着实践对象深、广度的发展而更新、发展。没有巨大的反射望远镜和电子望远镜，就无法观察距离我们百亿光年的遥远星球。随着实践的对象深入到物质内部的更深层次，人们就创造出了高能加速器。

但是，手段的发展更新过程，主要是取决于手段自身的二重性，即一方面取决于它的物质性，另一方面取决于它的精神性。手段既不是纯粹的自然物，更不是纯粹的精神。拿工具来说，它是物质的，但其中又融化着精神。它是物质和精神相结合的产物。所以，手段的发展更新也取决于这两个方面及其相互结合。还拿工具来说，工具的更新发展，一方面靠制造工具的物质材料的更新和发展。一件工具由某种材料制成，这种材料如果为另一种更好的材料所代替，那么这种工具的某些性能就可以大大提高。这是常见的事。但是，另一方面，假定制造某工具的材料不变，如果我们对这种工具如何能够更好地发挥某种作用的认识有了提高，从而对它加以改进，比如改变某刀刃的方位、角度，这样使这种工具的效率大大提高，这样的事也是常有的。但无论是材料的更新，还是设计方案的改进、工艺技术水平的提高等，都是通过实践和认识两方面水平的提高来达到的。一种材料之所以能代替另一种材料，一方面取决于对这种材料的开采、提炼、合成、制造等实践过程；另一方面也取决于对这种材料性能的分析认识过程。同样，设计方案的改进，工艺技术水平的提高，也是由实践和认识两个过程来决定的。所以，手段的发展更新过程，实际是实践的物质性过程和认识的精神性过程相结合的产物，是实践和认识水平共同提高的表现。

实践手段的发展更新，主要表现为两种类型，一种是渐进式的，另一种是飞跃式的。前一种表现为逐渐的改进、更新、提高的过程；后一种则表现为一个大的突破，这种手段的出现将给整个实践带来一个新的局面。譬如，生产实践中，蒸汽机、电力和原子能的先后被采用，就在工业技术中引起了三次大革命。实践手段发展更新的类型，也曲折地反映了人类认识的渐进和飞跃的情况。

总之，实践手段是不断地发展更新的。这种发展更新的速度，随着科学技术水平的提高，或者更确切地说，随着实践和认识水平的提高，变得越来越快。但是，不管它的速度快慢，它的更新发展总是表现为一个过程，而且是一个永无止境的过程。这个过程和真理过程又相互制约。随着实践手段的更新发展，我们的观察范围不断扩大，从而取得客观事物的更多信息，使我们认识到事物的更多方面。同时，也只有随着实践手段的不断提高，才能提高主体对客体的控制和改造能力。这样，一方面，才能进一步深入到事物内部，认识它的更深层次，掌握它的更高一级的本质；另一方面，也才能更准确地对一些科学理论正确与否以及它的正确程度，进行检验，从而使认识向客观事物的本来面目更靠近一步。很明显，认识的真理性是随着实践手段的提高而提高，发展而发展的。当然，在这里，真理过程和实践过程也是交错在一起的，它们交互作用，相互促进。

4. 结果的排除干扰过程

实践结果对于实践目的来说，有它的必然性，又有它的偶然性。所以，我们既不能凭某一次实践就立即得到对该事物的真理性认识，也不能凭某一个实践结果就对某认识的正确与否马上做出判断。要从实践中得到真理性的认识，一方面，要靠认识对实践的结果进行分析研究，做出正确的判断；另一方面，更重要的是要排除实践过程中的各种干扰，提高实践的纯度和精确度，使实践目的与结果之间的必然性联系发挥更大作用，居于更高地位，从而也显现得更清楚。然而，实践结果对于目的来说的偶然性，它是来自实践过程中的各种因素的干扰；排除这些干扰是需要一个过程的。而且，由于必然性总是通过偶然性来表现的，所以，这种排除干扰的过程，实际也就成了一个无尽头的过程。

排除实践中各种偶然性因素的干扰，提高实践的精确性程度，实际也就是实践结果与目的之间的必然性联系与偶然性联系的矛盾及其不断解决的过程。由于提高实践的精确性程度是一个过程，就决定了人们的认识要达到真理，也必然要经历一个过程。就是说，实践结果的必然性和偶然性的矛盾，既决定了提高实践精确性程度是个过程，也决定了真理是个过程。

综观以上的分析，我们可以看到，无论从实践的总体上看，还是从实践的各个基本要素上看，实践的二重性是实践发展的内在原因，它决定着实践是一个不断地由低级向高级发展的过程。实践是真理的发生原因。实践的二重性决定着实践是个过程，从而从发生上说，它也就决定着真理是个过程。真理是在现实的各个环节、方面的全部总和中实现的。然而，现实的各个环节、方面的全部总和的展开却是一个过程。这个过程，是随着实践的发展而展开的。由于实践有绝对性，所以，人们通过实践可以得到对该事物的正确认识，即得到真理；但由于实践又有相对性，这又决定了通过一两次实践并不能得到对该事物绝对正确的认识。这种绝对和相对的矛盾，使真理不能不呈现为过程。当然，如果撇开真理的发生问题，那么我们应该承认，实践过程和真理过程是交错在一起的，是相互制约、相互作用和相辅相成的。

第六章　真理系统与构建过程

前面，我们从客观事物的变化发展以及人对它认识的主体性环节等方面，论述了真理何以是一个过程。这一章，我们将进一步从真理自身的结构与构建过程，来阐释真理是一个过程。

一　真理呈现于复合认识

人的认识是用概念、判断（或命题）、推理（或理论）等形式来表现的。严格地说，概念、判断、推理，是就认识的逻辑形式来说的。但是，逻辑形式又必须借助语言（包括符号）形式来表述。如用语言形式来表述，概念、判断、推理，就是语词、命题、理论。不用语言表述的赤裸裸的逻辑形式是没有的。就是说，逻辑形式和语言形式是密切相关而不可分割地关联着的。"我们始终必须把真理概念与特定的语言联系在一起。"（塔尔斯基）由于这一情况，我们在以下论说人的认识的形式时，也就不再在这两种形式之间做严格的区分。但每一种形式，都有它特定的内涵，以区别于其他的形式。概念是认识的最基本形式，也是认识的最基本单位。说它是最基本的形式，是说它和判断（或命题）、推理（或理论）相比，它最简单。判断、推理的形式，比它要复杂得多。说它是认识的最基本单位，是因为能表现人的认识的，再没有比概念还要简单、基本的词语了。判断、推理等复杂的认识形式，都是建立在概念的基础上的，都是由概念按照一定的方式构建而成的。比如，"北京是中华人民共和国的首都"。这是一个判断（或命题）。在这个判断里，包含着"北京"、"中华人民共和国"、"首都"三个基本概念。在这三个概念之间，用"是"和"的"把它们联结到一起。诚然，"中华人民共和国"是一个复合概念。因为它是由"中华"、"人民"、"共和"、"国"四个最简单的概念构成的。

相对于概念、判断的认识形式而言，"关于中华人民共和国国体和政体选择的经过"，显然是一个理论的形式。它不仅包含着许多个概念和判断，而且是通过对这些概念、判断进行联系、比较、推理而构成的。所以，它的形式结构比概念、判断要复杂许多，它的内容含义也比概念、判断要丰富许多。

概念作为认识形式，虽比判断、推理的形式要简单，但它也有自己的特有内容，因为，它是对事物特有属性的揭示。比如，日常生活中常见的"石"、"硬"、"白"，数学上的"圆周率"，物理学的常数，当代科学用语"系统"、"层次"、"混沌"、"熵"以及"环境污染"、"可持续发展"、"生态文明"，等等。这些概念，每一个都蕴含着自己特有的含义。所以，它给人以知识。对后人和他人即概念的非创造者来说，掌握和理解了相关的概念，也就意味着对与这些概念相关联的事物，有了初步的认识。

从认识的发展阶段来说，概念属于理性认识范畴。从概念的形成来说，它是人的认识经过实践、认识、再实践、再认识，多次往返的过程，同时又通过抽象、概括的认识手段而积淀下来的。从认识之网说，概念乃是认识之网的网上纽结。所以，概念虽是认识的初级形式，但它在人的认识过程中，意义非常重大。它是认识不可或缺的一环。其实，人对客观事物的真理性认识，便是在一系列概念的形成中，在概念的不断更替、变革和深化中，在一个概念向另一个概念的无数转化中实现的。

尽管概念有它丰富的内涵，在认识过程中，有它特定的地位和重要意义，但单个的概念不能构成真理。简单的概念，如"白"、"石"、"硬"，不成其为真理。因为，光是这几个概念，别人不知道你要表达什么。光是这几个概念，无所谓对与错、真与假的问题。不要说单个简单概念不能成为真理，即使是复合概念，如"环境污染"、"生态文明"等，如果单独存在，同样不能成其为真理。因为，它们虽是由两个或两个以上的词素（词的构成成分最小的音义结合体）构成的，但它们一旦成为一个新概念（复合概念），便具有了完整的新内涵。这些新概念（复合概念），如果单独存在，别人仍然不能知道你想要说明什么，传达什么信息。因为，这些概念自身，仍然没有真假、对错的问题。如，"环境污染"作为一个抽象概念，你是无法说明它的真、假、对、错的。

从认识论的视角看，真与假、对与错，是发生在认识和认识对象的关系上。表现在认识形式上，最简单的是判断（或命题）。因为，判断是对认识和认识对象关系语言陈述的一种肯定或否定。表现在语言形式上，最简单的是陈述句。"根据其功能，语句可分为陈述句、疑问句、祈使句、感叹句和称呼句。其中，疑问句的作用在于提问，它本身无所肯定，也无所否定，所以没有真假的问题。而祈使句的作用要求听话人做某事，称呼句的作用引起听话人注意，所以这两类语句都不对现实直接地进行肯定或否定，它们也不直接涉及真理问题。感叹句虽然也报道信息，但它主要功能是表达感情，因而一般不考虑它的真假问题。陈述句对现实有所述说，报道信息，因而就有真假问题。所以，真理理论主要涉及陈述句，只是在考察诸如问题、规范等问题时，才涉及其他种类的语句。"① 就是说，涉及真假问题，表达真理的最简单的认识形式，乃是判断、命题、陈述句。

判断、命题、陈述句，在这里，实际是一个东西。在它们陈述的内容里，都蕴含着真与假的问题。比如说，"丁某是四川人"，在这个判断（亦是命题，亦是个陈述句）中，便包含着丁某是不是四川人的问题，亦即这个判断的真与假的问题。这个判断，是由"丁某"和"四川人"两个基本概念构成的。如果把这两个概念分开单独地放在那里，那是无所谓真，也无所谓假的。

所以，作为真理最简单认识形式的判断，至少也是由两个基本概念构成的。而由两个和两个以上基本概念构成的认识形式，就是复合的认识。因此，我们说，真理呈现于复合的认识。当然，复合认识，由于其中包含概念的多寡和结构的繁简，又可区分为若干不同的层次，有简单的复合认识和复杂的复合认识。简单的复合认识，一般地反映出的是简单真理，甚至只是黑格尔所说的"形式真理"。复杂的真理，具有更丰富内涵的真理，则必须借助复杂的复合认识来表现，来反映。比如，对自然界的某个规律或社会变化的某个规律正确反映的真理，常常采用的认识形式，便是推理和理论一类复杂的复合认

---

① 弓肇祥：《真理理论》，社会科学文献出版社 1999 年版，第 16 页。

识。这一类的复合认识，它的复杂程度，有时需要用数千数万个基本概念来表述。有的自然规律，虽然可以浓缩为一个物理常数，但这个常数如果作为概念单独地存在，它是不能成其为真理的。因为，作为一个单独概念，它并不能告诉我们什么。只有通过对它进行阐释，揭示其内涵，才能显现出它的真理性。而阐释和揭示该内涵的过程，则又是一个复杂的复合认识过程。

概而言之，作为客观事物及其规律正确反映的真理，它无法也不可能只用简单的、单一的认识形式（如概念）来表达，而只能用复合认识（由两个或两个以上概念，按一定的结构组成）来承担这个任务，来反映它的内涵。所以，从真理的内涵来说，它是主体和客体关系的反映，是主体正确地反映了客体。从反映形式来说，真理是概念与概念之间的关系，真理呈现于复合的认识。

二　真理系统说的提出

（一）关于真理理论的几种学说

由于看问题的视角、观点和标准不同，在真理理论方面出现了若干种不同的学说，甚至形成若干学派。对于这些学说种类的划分，见仁见智。

我国著名哲学家和逻辑学家金岳霖（1895—1984）在他的《知识论》一书中也谈到这个问题。因为真假的真、真命题、真理，这几个概念在《知识论》中是相通的，或者说在多数场合是相通的。论知识就是论真。关于这一点，金先生和某些现代哲学家很不一样。某些现代哲学家完全否认知识和真理的关系，说什么知识只有有无价值和价值大小的问题，而没有真假的问题。金先生的知识论，非常重视真理问题。他说，"知识论总同时是一关于真假的学说"①。他把这个看法贯穿他的全书。他在该书"第十七章 真假"中指出，"真假的说法非常之多，有好些我们根本不提出，我们所要提出的只有以下四种：（一）融洽说，（二）有效说，（三）一致说，（四）符合说"②。为什么只提这四种说法？金先生说，因为"我们要容纳它们底一部分的意见"。或者换句话说，是金先生看中了这四种"说法"的意义和价值。

逻辑学家弓肇祥教授，在对现代哲学和逻辑文献中出现的对真理理论若干不同的分类，进行考察、梳理和概括以后，提出了他自己的看法。他把真理论分为哲学真理理论和逻辑真理理论两大类。

他说，"本书作者对真理论做如下分类：

"Ⅰ. 哲学真理理论：1. 真理符合论；2. 真理融贯论；3. 真理实效论；4. 真理收缩论；5. 真理施为论。

"Ⅱ. 逻辑真理理论：1. 塔尔斯基的语义真理论；2. 真理意义论；3. 似真论；4. 克里普克的固定点理论；5. 直觉主义真理论。"③

自从真理成为哲学范畴之后，有关真理的理论，的确林林总总，种类很多。正像金岳霖指出的，"真假的说法非常之多"。但和哲学认识论关系最密切的，或者用金岳霖的话说"我们要容纳它们底一部分的意见"的，也就是他指出的那几种。也即弓肇祥分类的"哲学真理理论"中的前三种。把他们

---

① 金岳霖：《知识论》，商务印书馆 1983 年版，第 950 页。
② 同上书，第 887 页。
③ 弓肇祥：《真理理论》，社会科学文献出版社 1999 年版，第 8—10 页。

的看法结合到一起就是：真理符合论（真假的符合说）、真理融贯论（真假融洽说）、真理实效论（真假有效说）。金先生说的"一致说"，它的内容可以涵括到其他三说中。

1. 真理符合说

这是关于真理学说的最古老的一种，也是人的常识最容易接受的一种。早在2000多年前，亚里士多德给真理下的定义，便是持这种看法。他说，"凡以不是为是、是为不是者这就是假的，凡以是为是、不是为不是者，这就是真的；所以人们以任何事物为是或为不是者，就得说这是真的或假的"①。就是说，真的（真理），就是你说的（认识）和那个事物（对象）相符合、相一致。如果认识和它的对象不符合、不一致，那就是假的，就不是真理。换句话说，真理符合说，就是关于真理是和它的认识对象相符合的学说。

显然，符合说有三个要素，即真理、真理对象、真理和真理对象的符合关系。或者从另一个角度说，真理就是它自身和其对象的符合关系。那么，这里便出现一个问题，即什么叫符合？符合的含义是什么？因为在实际生活中，有各种各样的"符合"。拿真理来说，它和它对象的符合，是照镜子式的、录像式的、地图描绘实际地理位置式的、图书馆的书目表示实际藏书式的？是内在本质间的符合，还是它们的要素一一对应式的符合？等等。这里确实有不易说清楚的地方。还有怎么说明真理和它的对象是符合的还是不相符的？以及"真理对象"是物质性的，还是精神性的，还是兼而有之的？如果是物质性的，那么精神性的真理怎么能和它符合、一致？这当然是休谟、康德提出的一个老问题。等等。但是，由于对这些问题的

---

① 亚里士多德：《形而上学》，吴寿彭译，商务印书馆1959年版，第79页。

不同理解和不同回答，便又引出了多种符合说。人们常常把这些符合说区分为机械唯物主义的、素朴唯物主义的、唯心主义的、怀疑主义等多种类型。

尽管符合说还有许多不完满的地方，但我们还必须坚持它。因为它是关于真理的最基本的学说。它提出的有关真理的三个要素以及它揭示的真理是其与对象的关系，这是真理理论的最基础方面。

马克思主义真理论也接受符合说。但它主张的是唯物主义的符合论，而且是能动的、辩证的唯物主义符合论。即认为真理是人的认识和它的对象的符合。这个对象是客观的，是独立于认识之外的；这个符合不是一次完成的，而是一个能动的、辩证的反映过程；它不仅能反映客观对象的现象方面，而且能反映对象的内在本质和规律。所以，真理是人的认识对客观事物及其规律的正确反映。

2. 真理融贯（融洽）说

它亦以真理呈现于复合的认识为前提。认为真理不是只有一个概念的简单认识，而是由多个概念的相互关系构成的复合认识。这样，便产生了一个构成真理的概念、判断、陈述、命题等的相互关系的问题。怎么来表示这种关系呢？融贯说认为，真理就是构成它的概念、判断、陈述、命题相互之间的连贯、融洽、一致的关系。至于到底什么叫或什么是"融贯"（或融洽），从没有一个清晰的定义。

逻辑实证主义学派的成员纽拉特和亨普尔等人，受纯数学和理论物理学的影响，也赞成真理融贯说。他们认为，真理是陈述或命题的逻辑体系。一个陈述（或命题）为真为假，就是要看它和系统中的其他陈述（或命题）是否一致。真理就在于系统内部陈述之间融会贯通，相互一致。系统的无矛盾性就是陈述的真理性标准。要检验一个陈述和其他陈述是否一致，就是要检验它是否可以逻辑地从它们中推演出来。

显然，把系统的无矛盾性看作是陈述的真理性标准，或者看一个认识系统是否是真理，只要看该系统内部的各要素之间是否一致，是否融会贯通，这是站不住脚的。因为，在一个全由假的概念、判断、陈述、命题构成的认识体系内，它们的相互关系，也可以是完全协调、和谐的。

不过，真理融贯说提出了一个很好的研究向度。就是我们在考察一个认识的真理性时，不仅要看它和它的对象之间是否符合，符合到什么程度，还要看它内部的各个组成部分之间是否协调一致，融会贯通。所以，马克思主义真理论也赞成融贯说的合理方面。

列宁明确地讲过，概念、规律等的无限总和才提供完全的具体事物。又说，真理只是在它们的总和中以及它们的关系中才会实现。既然如此，它之所以成为真理，必有一个内部标准，亦即内在尺度。按照融贯说，真理是由相互蕴含、相互融洽的命题组成的知识体系。所以，真理的内在尺度，就是体系的无矛盾性。虽然无矛盾性不能充分证明该体系一定为真，但如果一个知识体系内部有矛盾，那么其中必定有假。因而，无矛盾性虽不是证明一个知识体系为真的充分条件，但却是必要条件，是不可或缺的条件。

所以，对一个真理来说，既有符合说提出的外在尺度问题，又有融贯说论说的内在尺度问题。

3. 真理实效说（真假有效说）

它也认为真理是人的认识、观念、信念和事物、事实的符合，但所谓符合，是由这些认识、观念、信念在实际应用之后所产生的实际效果或实验结果，来给出、确认的。真的观念和信念，就是能带来实际效果的观念和信念。真理就是富有实效的信念、观念、认识。真理是有用的，有用的就是真理。

"实效"和"实用"两个概念，虽然不完全相同，前者比后者的外延要大些。但是，真理实效说和美国的实用主义哲学，确实关系密切。甚至可以说，真理实效说"最初的主要说法来源于以皮尔士、詹姆士和杜威为代表的实用主义哲学学派"[①]。在他们的实用主义哲学学说中，都贯穿着真理实效说的观点。他们强调真理的实用、实效、有用、有效、价值。在此观点的指引下，又把真理看成工具和方法，并进一步探讨了探索真理的方法和真理自身形成的过程。

应该看到和肯定持真理实效说观点的实用主义哲学，在美国 19 世纪末以来，特别是 20 世纪的开发建设过程中，起到了积极的正面作用。因为，"实验主义或类似的思想似乎特别地注重修改现实。大致说来，富于修改现实的思想的人也是不容易狃于现实底凝固性的人。……不但人是活的，世界也不是呆板的，所注重或所要求的真也不是呆板的无时间性的真，而是在时间上有效的真。""有效是行得通。"[②] 这就是说，实用主义持有真理实效说，突出行动、开发、实验、实践在改造自然中的地位和作用，强调信念、观念、方法、认识的实效、有用、价值，这正顺应了当时美国开发、发展、建设的需要，或者说，它们的方向完全一致。所以说，实用主义哲学强调真理的实效性、有用性，是有意义的。而且，实用主义哲学家们在阐述真理的实效理论时，还提出了一些其他很有启发意义的观点，比如，由詹姆士提出被杜威支持的关于真理过程的观点；杜威提出的影响获取真理的思维方式的问题；等等。

---

① 弓肇祥：《真理理论》，社会科学文献出版社 1999 年版，第 68 页。
② 金岳霖：《知识论》，商务印书馆 1983 年版，第 889 页。

真理实效说强调真理的实效性、有用性，这是有意义、有价值的。的确，一切真理都是有用的。如果一个真理没有任何价值，没有任何用途，它就不可能被提出来，它就不是真理。加强对真理价值的分析研究是必要的。这样，才能使真理掌握人。所以，实效说的问题不在于强调真理的实效性，而是在于它把实效、有用绝对化了，当作了真理的标准。而我们知道，在实际生活中，一些有用的"说"、"唱"、"认识"就不是真理，甚或是很荒唐的谬误。因而，真理是有用的，但有用的并不一定是真理。

同时，真理实效说把真理（真观念）说成是在行动（实践）之前的一种假设、观念、信念，而后通过行动来求证确认，这是本末倒置，是不正确的。

（二）真理系统说

1. 哲学史上关于真理是系统的观点

哲学史上，黑格尔是较明确地提出真理是系统的第一人。不过，在黑格尔之前，也有一些哲学家已表露出了他们对真理看法上的系统观点，或者说，在他们构建的真理学说中，反映出了系统的思维方式。比如，莱布尼茨。哥特弗利德·威廉·莱布尼茨（1646—1716），德国哲学家、数学家、自然科学家。他提出的著名的单子论，可以把它看成是他的真理学说。因为，根据他自己的说法，他在年轻时，对经院哲学的"实体的形式"（"隐蔽之质"）说为真理，是确定无疑的。但后来，通过学习自然科学和受到西欧各国进步思想家的影响，发现"实体的形式"说并不能帮助人类认识的发展。于是不再相信"实体的形式"说是真理。但对唯物主义的一般原则，他也不满意。他认为，唯物主义既然把物质本身看成是没有能动性的、僵死的存在物，那么，它就没有办法从物体自身说明宇宙中普遍存在的物体发生运动变化的根源。① 为了克服经院哲学和唯物主义的缺陷，他便提出了"单子论"，主张单子是构成世界万物的基础。他认为，只有单子论，才能有效地说明各种物体运动变化的发生及其根源。也就是说，在莱布尼茨那里，只有"单子论"才是关于世界万物基础和根源的真理。虽然在莱布尼茨的真理学说中，还提出过两种真理的学说，即具有普遍性和必然性的"推理的真理"和只具有偶然性和经验性的"事实的真理"。但它只是单子论的组成部分。所以，单子论才是莱布尼茨真正的真理理论。

那么，单子是什么呢？莱布尼茨说，单子是一种没有广延，没有部分，不可分，不占有空间的东西，但它具有"力"，具有能动性。莱布尼茨认为也可以把单子称为一种"灵魂"。他说，"一切单纯的实体和被创造出来的单子都可以称为灵魂"②。单子的特性，是能对其他单子和由单子构成的事物进行"知觉"或"表象"，而不同的单子具有不同的知觉或表象能力。由此而构成为世界万物呈现在我们面前的样子。这显然是一种客观唯心主义的哲学。我们暂时不去管它。

我们需要看到的东西，是对我们有启发的方面。那就是莱布尼茨单子论中的辩证法思想。比如，肯定事物具有质的特殊性和多样性、单子是一本身具有能动性的实体、物质与运动不可分、既承认必然性又承认偶然性、单子是一与多的统一体，等等。也许这也是马克思说的"我是钦佩莱布尼茨的"③ 原因。列宁对这些辩证法思想，也很注意和重视。

---

① 参见全增嘏主编《西方哲学史》上册，上海人民出版社1983年版，第584页。
② 同上书，第580页。
③ 《马克思恩格斯通信集》第4卷，生活·读书·新知三联书店1985年版，第372页。

今天，我们要说的是莱布尼茨单子论中的系统论思想。他虽然没有直接用系统或系统论这样的字眼，但在他的单子论里，却透视出他的系统观点和系统思维方式。

首先，他的单子论把整个世界描绘为由各种单子组成的统一的单子王国。他的单子论是针对笛卡尔和斯宾诺莎的"僵死的实体"而提出的。所以，他认为，单子自身具有活动力，是一种由内在力量的推动而运动着的能动实体。单子与单子之间，不仅有量的差别，而且有质的不同。所以构成千差万别的事物。每个单子都具有知觉，因而它能在自身中反映全宇宙。每个单子都是全宇宙的一面活的镜子。所以，单子能够自己认识自己。尽管宇宙中的单子千差万别，但由它们组成的整个世界却又是和谐的。就是说，每个单子的变化发展又和全部其他单子的变化发展协调一致。所以，作为整个世界的单子王国是一个总系统，各种单子是这个系统的各种要素；各要素在系统中相互协调，从而构成系统整体。这也正是系统整体观，在单子论中的表现。

其次，在莱布尼茨的单子论里，系统层次性，表现得更加清楚。按照莱布尼茨的说法，构成世界万物的单子，由于知觉能力的程度不同，而有明显的高低等级之分。最高等级的是构成上帝的单子。这种单子知觉能力最强，能够洞察一切。第二等级的是构成人的灵魂的单子。这种单子具有理性灵魂或精神。它不仅能知觉和认识被上帝创造的现实世界，而且能够认识自身，还能表象和认识上帝。第三等级的是构成人以外的其他动物灵魂的单子。这种单子具有较清晰的知觉和记忆力，但不具有意识，不能进行理性思维，是一种普通的单子。最低等级的单子是那些构成植物和无机物的单子。这种单子实际上没有什么认识能力，只具有"微知觉"，即对他物只具有模糊的知觉。

莱布尼茨认为，在单子王国的系统里，单子没有可供事物出入的窗子，因而，每一个单子都是一个封闭的系统，自成一个"小宇宙"。这样，单子王国是一个总系统，它的每一个要素也自成系统。不仅在总系统中单子之间有高低等级之分，而且在每一等级内部（除了组成上帝的单子以外），按知觉程度的不同，还可分为许多不同的等级。

总之，在莱布尼茨的单子系统里，单子的高低等级区分，层次是十分分明的。

最后，系统的自组织性，在莱布尼茨的单子论里也有表现。莱布尼茨说，单子因为没有部分，就不可能像普通的复合物那样通过组合而自然地产生，通过分解而自然地消灭。单子的产生和消灭，只能通过一种奇特的方式，由一种超自然的力量来实现。这种超自然的力量就是上帝。但是上帝并不在单子王国之外，而是在单子王国之中，是一种最高等级的单子。就是说，单子王国里的事物的兴衰成败，完全依靠单子王国系统的自组织能力来完成。同时，莱布尼茨还强调单子本身是一种具有能动性的实体。单子的运动变化，不是来自外力的推动，而是来自自身的"力"的作用。就是说，"力"和内在的能动性，是莱布尼茨单子系统具有自组织性的内在根源；莱布尼茨把它叫作"内在原则"。它具有系统的自组织能力和自组织功能。

总之，在莱布尼茨的单子论里，分明表现出了一些系统论的观点，反映出了、透视出了他的一些不系统的系统思维方式。诚然，他是用一些特殊的、神秘的方式来表现的；这有它的各种根源和原因；这里暂不去讨论。这里只是想说，在莱布尼茨的真理观中，已经有了不成熟的真理是系统的观念。

黑格尔明确地提出了真理是系统的观点。所谓"明确地"，有狭义和广义之分。狭义的，是指他已有真理是概念的系统（体系）的明确陈述和判断；广义的则是指，他对哲学、绝对理念是体系（系统）的论述和强调。因为，在黑格尔那里，哲学、真理、绝对理念，实质上是同一个东西的不同说法。哲学的任务就在于说出真理和上帝（绝对理念）；哲学的目的就在于掌握理念的普遍性和真形相。真理王国不仅是哲学所熟悉的领域，而且是由哲学所缔造的，并且它就是绝对理念的展开。绝对理念对黑格尔来说，是最基本也是最根本的一个概念，但它的展开、展现和完成，又必须借助哲学和真理来实现。只有通过对真理和正义的意识，通过对理念的掌握，才能取得实际存在。所以，在黑格尔那里，哲学、真理、绝对理念，三者是紧密地联系在一起的。对三者中任何一方性质的判断，对其他两方都是适用的。黑格尔对哲学是体系（系统），是说得最明确，也是说得最多的。因而，也就意味着他对真理是系统（体系）的明确和肯定。

黑格尔特别强调哲学是体系。他说："哲学若没有体系，就不能成为科学。没有体系的哲学理论，只能表示个人主观的特殊心情，它的内容必定是带偶然性的。哲学的内容，只有作为全体中的有机环节，才能得到正确的证明，否则便只能是无根据的假设或个人主观的确信而已。"①

黑格尔认为，哲学史上每一个重要的哲学体系，都是认识真理的一个历史阶段。真理的发展便是通过哲学体系的更替而实现的。最后则是由"绝对唯心论"的体系来完成的。他自己的哲学体系就是完成了的"绝对精神"的自我认识，是最后的

———————————

① 黑格尔：《小逻辑》，贺麟译，商务印书馆 1980 年版，第 56 页。

"绝对真理"。就是说，哲学史本身就是一个哲学体系，亦即一个真理总系统；其中每一个阶段，都是构成这个体系（系统）的要素，但这些要素又都自成体系；从而使整个体系呈现出过程性和层次性。

黑格尔说："哲学的每一部分都是一个哲学全体，一个自身完整的圆圈。但哲学的理念在每一部分里只表达出一个特殊的规定性或因素。每个单一的圆圈，因它自身也是整体，就要打破它的特殊因素所给它的限制，从而建立一个较大的圆圈。因此全体便有如许多圆圈所构成的大圆圈。这里面每一圆圈都是一个必然的环节，这些特殊因素的体系构成了整个理念，理念也同样表现在每一个别环节之中。"① 在这里，黑格尔用大圆圈和每个圆圈的关系，形象地表达了整个哲学体系（真理系统）和组成它的各个因素（要素）之间的辩证关系。

从黑格尔给自己构建的哲学体系里，更鲜明地表现出了他对真理是系统的看法。黑格尔从他的客观唯心主义出发，认为，"绝对精神"是现实世界的灵魂，世界上的一切事物都是"绝对精神"运动、变化和发展的产物。"绝对精神"的发展经历了三个阶段：（1）逻辑阶段。绝对观念（逻辑学），由存在论、本质论、概念论构成。（2）自然阶段。自然界（自然哲学），由机械性、物理性、有机性构成。（3）精神阶段。由主观精神、客观精神、绝对精神构成。就是说，黑格尔的哲学体系是从"绝对精神"出发，中间经过了环环相扣的过程，最后又回到了绝对精神，形成一个自我封闭的大圆圈。在这个圆圈里，各个阶段的各个部分又独自成为一个个小圆圈，小圆圈下面还有更小的圆圈。圆圈与圆圈之间，以他著名的辩证法相联

---

① 黑格尔：《小逻辑》，贺麟译，商务印书馆 1980 年版，第 56 页。

结相沟通，从而成为系统的内在动力和自组织能力。这样，整个体系（系统）的层次分明，结构严谨；有内因（内在动力），能不断引发自我运动、变化和发展。这就是黑格尔的哲学体系论，亦即他的真理系统说。

马克思主义哲学的创始人也推崇真理是系统的观点。马克思的《资本论》，对资本主义社会全面、完整、系统的分析，可以被称为是真理系统说的典范。在这里，他不仅应用了系统、有机体、调节器等系统论的术语，而且强调了系统的整体性和整体功能。所以，有的现代科学系统论的专家称："马克思是系统论的先驱。"这毫不为过。

2. 当代凸显真理是系统的意义

今天我们强调真理是系统，这有哪些意义？

第一，首先我们要说明，今天我们说的"真理是系统"，并不是从哲学的故纸堆里找出来，加以裱褙而来的。而是受作为现代科学门类的系统科学、系统理论、系统研究的启发而提出的。或者说，它是以现代系统科学为基础，以系统研究为方法，以系统理论为理论支撑的新的真理系统说。

此前，包括黑格尔，也说到真理是系统，哲学是体系。那里的"系统"、"体系"，只是比较抽象而笼统地强调它是由多个元素构成的统一整体、有机整体。注意到了"系统"是反映整体与部分、全局与局部的关系的。强调系统整体和局部、部分的不可分割性和条理性。这些思想对思维的承继和发展有启迪作用。但今天系统科学的"系统"概念，是以现代科学的理论和实践为支撑的。它的内涵和以前的（或称为古典的）也不完全一样。它不仅强调系统是由多元素构成的有机整体，而且更加注意到系统与元素、元素与元素相互组合之间的结构、层次和功能，以及系统与其环境、开放系统与自调节、自组织的关系，等等。而且，在现代系统论的应用中，除了对对象进行系统的分析与综合以外，还常常借用不同的数学方法、建立系统模型、进行系统的择优化等科学工具和方法。

总之，今天我们说的系统科学的系统概念，和古典的系统概念有联系，但又有质的区别。今天我们重新提起的"真理是系统"，和以往的相比，是建立在一个新的高度——科学高度的基础上的。

第二，真理是系统（真理系统说）的论断，既反映了真理的本性、本质，又反映了科学对客观事物本真面目的新认识。上面我们已经说了，今天的"真理是系统"的论断，是受系统科学影响的产物。"系统科学"一词出现于 20 世纪 60 年代，70 年代以后开始在国际上流行起来。按照系统科学，用系统的观点和方法来研究客观世界，我们发现系统无事不在，无处不在。一棵树是一个系统，一块地的庄稼也是一个系统；一只羊是一个系统，一群羊也是一个系统；一个人是一个系统，一个村庄或一个街道也是一个系统；一个党派是一个系统，一个国家也是一个系统；整个自然界是系统，整个人类社会也是系统。一句话，系统具有最广泛的普遍性。当然，每一个具体的系统，都有各自的特殊性。我们可以说，任何一个客观事物都是系统普遍性和特殊性的统一体。所以，我们要认识客观世界和客观事物，就要把着眼点放到它们作为各自系统的普遍性和特殊性上来。只有这样，才能真正把握客观事物的本来面目。

这里，有一点必须强调，就是系统科学和其他直接研究物质运动形态的自然科学的区别。"维纳把信息与物质、能量区分开来，强调控制问题的关键是环绕着消息概念而不是电工技术，从而揭示出控制论与自然科学性质上的区别。钱学森从另一方面发现了这种区别，指出：'这门新科学的一个非常突出的特点就是完全不考虑能量、热量和效率等因素，可是在其他各门自然科学中这些因素却是十分重要的。'1978 年作了进一步发挥，在说明相对论和量子力学是关于物质运动的基础理论之后，钱学森指出，'控制论则不然，它的研究对象似乎不是物质运动'，'而是代表物质运动的事物因素之间的关系'。这些言论表明，钱学森那时的思想已经超越了控制论，获得对一般系统思想和方法的深刻理解。"① 就是说，系统科学（包括控制论、信息论）和其他研究物质运动的自然科学是有区别的。系统科学研究的"系统"并不就是物质运动自身，而是代表物质运动的事物因素之间的关系。它着眼的是：系统的整体性、有序性、动态性。

人们对信息、对系统的发现和认识，毫无疑问地表明了人们对客观世界、客观事物认识的深化。而真理按其本质、本性说，则是对客观事物本来面目的正确反映。所以，主张真理系统说，肯定"真理是系统"的论断，这既承认了科学对客观世界认识的新成果，使人的认识和客观世界的本真面目更靠近；又坚持了真理的本性，并丰富了真理的科学内涵。

第三，真理系统说，对于引领人们改变世界的实践，具有更加直接的现实意义。系统科学、系统理论本身就是从实践中来的。在现当代，和它最切近的实践，就是人们对控制论的运用和研究。控制论所运用的实际便是系统的观点和方法。它把一个控制装置看作一个整体，这个整体是由各个部分、各种因素协调运动而形成，而变化发展的，在变化发展中，各因素相互配合，使整体保持动态平衡。这实际就是系统整体和系统要素之间以及系统要素相互之间的结构—功能关系。系统科学则

① 苗东升：《钱学森与系统科学》，载《钱学森与现代科学技术》，人民出版社 2001 年版，第 134 页。

把事物内部的这些结构功能关系，加以抽象、提升，加以条理化、系统化，使之成为专门阐释系统的系统理论。在系统理论的指引下，人们便能更自觉地运用系统观点、系统理论、系统思维和系统方法，来观察和处理客观世界中的一切事情。

由于系统的普遍性，系统覆盖于整个大千世界，所以，系统科学和人们的生活和社会实践，也就最贴近。如今各种各样的"系统工程"的出现，就是最好的明证。它说明系统观念已经得到广泛传播，系统理论得到普遍应用。当然，在系统理论的实践运用过程中，除了需要对系统普遍性的深化理解外，更应该在对系统特殊性的捕捉、分析、理解上，下更多的功夫。

总之，肯定真理系统说，坚持"真理是系统"，其实践意义很大。

第四，肯定真理系统说，可以提高人们的认识境界，增强思维功效。前面已经说过，这里说的"系统"，是作为现代科学门类的系统科学所认可、所确认、所概括的"系统"概念。就是说，系统首先是一个科学概念，而后经过升华，今天才成为哲学概念。它和一般的哲学概念不大相同的是，它除了具有抽象性、概括性以外，更具有直接现实的科学性。它是科学研究的新成果，是人对客观世界认识的深化和具体化。认识客观世界，就是认识客观世界这个巨大的、复杂的系统。认识客观事物，就是认识这个被局域化了的客观事物系统。所以，从系统的观点看世界，便能使我们的认识达到一个新境界。同时，由于系统的强烈的科学性和实用性，所以，运用系统思维，可以提高思维的功效性，也是完全可以理解的。

三 真理系统的要素和特点

(一) 真理系统的要素

真理系统有四大要素，即系统对象，系统反映，实践，语言、文字、符号。

1. 系统对象——真理系统的原型和基石

世界上万事万物，形形色色，纷繁复杂，且千变万化，令人眼花缭乱。但如果从系统的观点去看，这一切莫不是各种各样的系统。就是说，若用系统的观点看世界，世界处处是系统，时时都处在事物系统的演化过程中。那么，这些"系统"以及它的演化，是客观存在的，还是人的头脑加给的？这就是关于系统对象的问题。系统到底有没有对象？是一个什么样的对象？

对这个问题，大概有这样几种回答：首先一种是认为客观世界和客观事物自身无所谓系统，系统是人为了认清客观世界，从而对客观事物进行分门别类的系统化条理化的产物。也就是说，客观事物并不存在系统，系统是人的头脑加给它的。第二种观点认为，系统是绝对精神的映现。黑格尔明确地持这种看法。黑格尔讲真理是系统，那是指绝对理念的演化过程和结果。在黑格尔那里，整个世界都是绝对理念的产物。真理之所以为概念的系统，是因为理念本质上是自己决定自己、自己实现自己的自由的概念，这种概念是内蕴于事物本身之中的。所谓认识一个事物，实际上就是用思想去意识这个对象的概念。而概念乃是有待展开的全部规定（范畴），也就是概念系统。简单地说，绝对理念在自我演化的过程中，呈现出整体性、层次性、系统性。真理系统也就是绝对理念的这些表现。第三种观点认为，真理系统乃是客观事物系统的再现。这是马克思主义的观点。

马克思主义哲学之所以认为真理是系统，最根本的在于客观物质世界是系统。就是说，真理系统不是由绝对理念的系统决定的，也不是由主观思维的无逻辑矛盾决定的，当然也不是人为了认识的方便、效用而强加给客观事物的；而是来自客观世界、客观事物。马克思主义哲学十分明确地认为，系统有对象，存在系统对象；这个对象不是主观的，而是客观的，它就是客观世界和客观事物的系统。

世界上千万个事物，千万个系统，并不是因为人的头脑里有这些事物和系统，世界才有这些事物和系统。横看成岭侧成峰，远近高低都是系统。明显地是由于客观上存在着山与山之间的"岭"、"峰"的系统性关系，看上去才是那个样子。就是说，事物的系统性是客观地存在着的，系统和事物是一个统一体。没有哪个事物是不具有系统性的，也没有哪个具体系统是能脱离开具体事物而独立地存在着的。

对于客观世界是系统的看法，恩格斯早就指出过，世界表现为一个统一的体系，即一个有联系的整体。他还说过，关于自然界的所有过程都处于一种系统联系这一认识，推动科学从个别、部分和整体去证明这种系统联系。就是说，虽然系统的理念来自客观事物的系统性，但它一旦被人们正确把握后，又能更深刻地认识客观世界普遍存在的系统性；而且正是这种系统联系的观点推动着科学的发展。

从系统联系的观点出发，马克思主义把人类社会及其历史，一方面看成整个客观世界这个特大系统的一个个别部分，它的发展的一个阶段；另一方面又把人类社会历史自身看成一个有机系统，从而找出了和其他自然现象不同的人类社会历史特有的结构和性质，特有的发展规律。相对于人类社会这个系统，某个具体的社会经济形态，如资本主义经济形态，则又是它的一个因素；但资本主义社会经济形态本身仍然是一个系统。所以，资本主义又有不同于封建主义等经济形态而特有的结构、性质和发展规律，等等。这就是说，整个客观世界这个大系统的结构，是多层次、多因素、多侧面的，而且相互纵横交叉，错综复杂。每一个事物、每一个方面，作为一个系统都有自己特殊的结构、特殊的质、特殊的功能、特殊的规律。每一个事物的系统，总是和其他事物系统相联系着的。

总之，用系统的观点看世界，我们对世界的面目就能看得更清晰些，用它指导实践就能取得预期效果，就能推动科学发展。这说明：真理系统本身就是真理。它是由客观世界和客观事物的系统决定的；客观事物的系统是真理系统的基石、源泉；真理系统是人的认识对客观事物系统的再现。

2. 系统反映——真理系统的主体性环节

上面说了真理系统是人的认识对客观事物系统的再现。所谓"再现"，实际就是人的认识对客观事物系统的正确反映。一提反映，许多人马上便把它和照镜子式的直观反映联系起来，甚而把它和直观反映、机械反映等同起来。认为说"反映"就是机械唯物主义。因而，使一些人谈"反映"色变。同时认为系统是事物的整体与部分、部分与部分之间的关系，这"关系"又怎么反映？其实，这是对"反映"二字很大误解。认识论上的反映，是指人的头脑对客观事物认识的一种高级形式，借助它可以把客观事物的实质表现出来。至于如何反映，那是另一个实际操作的和反映形式的问题。可以是照镜子式的、拍纪录片式的、地图和实际地形的关系式的、图书馆的书目和实际藏书的关系式的，以及一个物理学的常数和它表示的客观实际，等等。反映的形式可以多种多样，但都是反映。或者说，只要是人对客观事物的认识，就都是人的头脑对客观事物的反映。

可以说，反映和实践共同构建了物质和精神、客体和主体之间的桥梁。只不过实践更偏重于物质、客体方面，而反映则更偏重于精神、主体方面。反映，除了有多种多样的形式不同以外，还有反映的深浅程度不同、全面程度不同等多种差异。真理系统其本身的正确性，自然是来自人的头脑对客观事物系统的正确反映。这种反映，当然是指实践的、辩证的、能动的反映。因为只有实践的、辩证的、能动的反映，才能把客观事物的内在本质真正地、全面地表现出来，因而才是正确的反映。由于反映是客观事物进入人的头脑必经的一个环节，而且反映的优劣、好坏，直接地影响着真理系统的品质。所以，它理所当然地是真理系统的要素，构成真理系统不可或缺的一环。

所谓系统反映，在这里有两层含义：一是指人的认识只有反映客观事物系统，即揭示客观事物的系统，才能使客观事物的本真面目和内在规律表露出来；二是指对客观事物系统的反映，必须是系统的，有条理的；即必须系统地反映客观事物的系统。因为，只有系统的反映，即只有系统的揭示事物的系统，才能对事物系统认识得更全面、更深刻、更具体，从而才能使其更具有直接的实践性。

3. 实践——真理系统的原动力

实践是真理系统的不可或缺的要素。首先，客观事物的系统是通过实践而被人认识的。比如，系统论的创始人之一 L·冯·贝塔朗菲（1901—1972）是一位理论生物学家。他便是在对理论生物学的研究中，发现有机体的整体功能不同于各个部分功能的总和，而是大于这个总和；在有机体内部，整体与部分、部分与部分之间层次分明，等级森严；同时，任何一部分又不能脱离开其他部分而单独存在；等等。之后，他又把发生在有机体的这些关系，和其他事物，如把人、各种社会系统、文化系统等联系起来加以考察，发现其中系统的整体、层次和系统的涨落、开放系统的自组织等现象，都具有普遍性和规律性。从而才提出了他的一般系统论的观点。这就是他发现客观事物系统的经过，也是他建立一般系统论的根据和经过。

钱学森则是在对运筹学、控制技术、控制论的运用和研究中，发现了客观事物的系统性。并在此基础上，通过进一步的科学实践和研究，概括出了事物系统的特点、系统的本质和规律，并指明了系统的认识论、方法论意义。

总之，人们是通过实践才发现客观世界、客观事物的系统性的；才有对系统的进一步认识。同时又通过实践，才又使这种认识上升为理论，创立了科学的系统论。这种理论，又随着实践的发展、认识的提高而发展。一句话，实践是真理系统的发生原因和动力。

4. 语言、文字、符号——真理系统的再现工具

真理系统是人的认识对客观事物系统的再现；既然是再现，除了有原型（对象），有发生的原动力（实践），有主体的依托和环节（反映），还必须有再现的工具。若无工具，这一再现就完成不了，就无法实现。诚然，从某种意义上说，实践和反映也是工具，因为它们是沟通主、客体的桥梁。但这里说的是头脑对系统"再现"的工具，亦即主体反映客体得以进行并给以标识的工具。这首先就是语言，而后是低级的（相对于以后高级的而言）符号，后来是文字，再后来是高级的符

号。语言是由猿脑向人脑过渡时期的产物。语言的产生，是人脱离开动物、超越动物的标志之一。有了语言，一方面可以进行人际间的交流，另一方面头脑可以以语言为工具来进行思考。这两点，在今天的现实生活中，仍显明可见。人际交流要用语言，自不必说。人的头脑要思考问题，也总是以某种语言为工具来进行的。常常听到人们聊天："某某是用法语思考问题的"，"某某是用英语思考问题的"，"某某是用四川话思考问题的"……这些说法，是对的。语言的确是人认识事物，思考事物的工具。在有了语言之后，人们在不直接接触的情况下，为了交流，便发明了简单的符号。开始是实物的，如三块石头、四捆稻草；尔后变为画图，如画一个圆、两个方框等。再后来，才进一步有了文字。再后来，才有了约定俗成的高级符号，即用以表示科学含义的符号。总之，语言、文字、符号，既是人们相互交往、交流的工具，又是人的头脑得以反映客观事物、思考客观事物、认识客观事物的工具。

同样，真理系统作为对客观事物系统的再现、反映、认识，自然也不能没有语言、文字、符号做工具。

系统科学为了更科学地、准确地表达客观事物系统的本来面目，如整体、层次、各种错综的联系以及结构与功能等等关系，还形成了一套自己特有的语言、文字与符号，比如，系统的整体性、层次性、过程性、有序性，系统涨落、系统功能、系统结构、系统自组织、系统涌现、系统演化，等等，此外还有开放系统、封闭系统、简单系统、复杂系统、超复杂系统等等，以及系统应用方面的各式各样的系统工程。这些语言文字，各有自己特殊的含义，但都与系统有关；可以把它们看作是由系统这个核心概念演化而来的。

总之，语言、文字、符号，作为人的认识对客观事物系统再现的工具，自然是真理系统必不可少的要素。

（二）真理系统的特点

原则地说，凡是客观事物系统所具有的特点，也应该是真理系统的特点。因为真理系统是客观事物系统的再现。但是，所谓客观事物系统，有多种情况、多种等级、多种层次。除了整个客观世界是一个特大的超级复杂总系统之外，其余所有事物只不过是这个总系统经过空间上的局域化、时间上凝滞化的结果。这种"局域化"、"凝滞化"，都是人为的，都只具有相对的意义。客观上的事物都是相互联系着的，又都是不断变化、流动着的。然而，相对意义上的各种客观事物，又确有其各自的特点。这样，就必须明确是在哪层意义上说的"真理系统的特点"。由于这点不明确，因而造成有说三个特点、四个特点的，也有说九个特点、十个特点的。

这里说的真理系统，自然是从哲学层次上说的，实际上也就是以前我们所说的真理。就是说，凡真理都是真理系统。因为，所有客观事物和整个客观世界，都是通过系统来呈现的；或者说，客观世界和客观事物都是作为系统而存在和变化的。所以，真理系统说，实是对真理范畴的深化和科学化。说真理系统的特点，也就是在最普遍最一般的意义上的。从这个意义上说，我以为真理系统的特点是整体性、层次性、过程性。不是说别的特点不重要，而是说有些我们所说的特点，已包含在这三大特点中。下面让我们简单地介绍一下这三个特点：

1. 整体性

整体性是真理系统最大的，也是最重要的特点。说它最大，是因为它的蕴涵特别丰富，平常我们说的不少特点，都已包藏在它这里。说它重要，是因为它和真理系统的关系最紧密。我们知道，系统性和整体性，常常被相提并论。因为，从哲学的观点看，系统就是一个标志事物整个的范畴。只要是系统，必定是指它的整体；同样，只要是整体，也必定是系统。

关于真理系统的整体性特征，哲学史上主张真理融贯说和真理是系统的哲学家们也多有论述。譬如，斯宾诺莎认为，真理在于整个的知识系统。他的主要著作《伦理学》，便是从定义、公理出发，提出命题，加以证明，再推导出新命题，最后得出必然的结论。他认为只有通过这种方法得到的知识，才是可靠的、完全的知识，才是真理。在斯宾诺莎看来，每一个知识（命题）的确实性和真理性，都依赖于它和所有其他知识（命题）的相互联系；只有整个的知识系统，才能显现出自身的真理性；而每一个具体知识（命题）的真理性，只有在整个知识的系统中，并且通过系统和所有其他命题融洽贯通时，才能够被表现出来。

黑格尔对真理系统的整体性特点讲得更透彻。他认为，任何单一的概念，即使是最高级的概念，都不能代表全部真理。真理实现于概念的体系，是概念的有机的整体。真理就是全体。他还说，真理之所以是具体的，就在于它是多种规定的统一。只有这种统一，才代表事物真正的本质，决定自己特殊的质。所以真理就在于这种统一。拿事物的对立面来说，既然两个对立面每一方都在自身那里包含着另一方，没有这一方也就不可能设想另一方，其结果就是：这些规定，单独看来都没有真理，唯有它们的统一才有真理。可见，在黑格尔看来，真理系统的真正意义在于它的整体性。这是客观唯心主义者黑格尔对真理系统整体性的天才看法。

马克思主义哲学在这里，同样是吸取了黑格尔的合理内核，并加以唯物主义的改造。马克思主义哲学认为，之所以要强调整体性是真理系统的重要特征，是由于客观事物即真理对象的一个重要特征就在于它的系统整体性。世界上一切现实的、客观的事物，都有许多的规定性，每一种规定性只是事物的一种属性或一个方面。作为一个具体事物，这些规定性中的任何一种都是不可缺少的。但是，具体事物之所以具体，乃在于这许多规定性按照一定结构方式的统一；深层次地说，在于多种规定统一而带来的整体性。因为，只有这种整体性，才使一事物区别于他事物而成为现在的样子。事物的整体性和具体性是相辅相成的。整体性是每个事物系统内在规定性的集中表现，也是由这些规定性的结构所决定的。所以，整体性是一个事物系统存在的根据和未来变化发展的基础。

既然整体性是客观事物系统的重要特征，自然它也就必定是对这一客观对象再现的真理系统的重要特征。

在整体和部分的关系上，数学常识告诉我们，整体是部分之和；而具体的实践却又证明整体大于部分之和。真理系统观肯定了这种认识。这是一个悖论，这个悖论从唯物辩证法和现代系统科学那里得到了合理的说明。

就是说，哲学对真理系统整体性的看法，得到现代系统科学的佐证。现代系统科学的研究表明，整体不同于部分之和，整体大于部分之和；这种效应，来自系统的整体性和协同性。因而，被称为系统的整体效应和协同效应。

真理系统的整体性表现在多个方面：首先，表现在系统结构的合理、融洽、协调。真理系统不是实现于若干概念、范畴、判断、规律等的任意组合、胡乱堆砌，而是实现于它们相互关系之间合理的结构方式。这种结构方式，不是概念间的脱离实际的抽象的思辨关系。真理系统的结构是具体的，是思维的理论结构，是思维的具体。作为真理系统的各个因素，在这种思维理论结构内，必定是相互协调、相互融洽、互不矛盾的，因而也才是合理的。只有这种合理的结构方式，才能发挥出它作为真理的整体性效应。其次，真理系统的整体性表现在系统的相关性（关联性）和对客观事物规律的把握上。真理是对系统各要素相互间本质关系即规律性关系的反映。组成真理系统的系统与因素之间、因素与因素之间、系统与环境之间，是紧密联系、环环相扣、相互制约的。这在系统科学里，称为系统的相关性或关联性。实际上，它是系统整体性的一种表现。因为，只有系统因素相互之间的这种紧密关联，才使系统得以存在，成为现在的样子。如果其中任何一个因素发生变化，都会影响其他因素，使系统整体发生变化。就是说，只要有一个变化它就不是它了。这正说明，系统的相关性（关联性），是系统和它的因素之间、因素与因素之间以及系统与环境之间的本质关系，也即事物系统的规律性表现。最后，真理系统的整体性还表现在真理的具体性和全面性上。真理都是具体的，全面的。世界上没有抽象的真理，也没有破缺的真理。这也是现代系统科学要求的系统思维的特点。研究任何事物的系统和各种各样的系统工程，都必须在具体性和全面性上下功夫；否则，就不能真正把握住系统的本质、系统的整体性。这是真理系统整体性的要求，也是它的表现。

2. 层次性

层次性是真理系统的另一个重要特点。所谓层次，是指系统内部结构具有的不同等级。任何系统内部的各个部分都具有不同的结构水平。这种结构的不同水平等级，便是层次。所以，系统的层次和结构密切相关。层次依赖结构而存在，结构也依存于层次。由于系统和子系统（要素）关系的相对性，系统和子系统便是处于不同的层次。所以在系统的任何层次上，高层次都具有组成它的低层次子系统所不具备的特殊的性质、功能和规律。就是说，高层次的性质、功能，绝不是组成它的子系统的性质、功能的相加。也就是说，层次性呈现为系统结构由低级向高级的演化，也表现系统发展的有序性。

和一切系统的内部结构具有层次性一样，真理系统也有鲜明的层次性。关于这个问题，黑格尔也有过近似的论述。他认为，真理系统是由全部概念组成的逻辑体系，但每一个概念又是由一基本概念演化而来的，就是说，每一个概念自身，实际上也是一个体系。在这里，每一个概念自身的体系，和那个由全部概念组成的体系，显然处在不同的层次。前面我们也说过，黑格尔在谈到哲学若没有体系，就不能成为科学的时候，曾说，哲学的每一部分，就本身而言也是一个整体、一个自身完整的圆圈，但就哲学这个整体来说，它又不过是其中的一个片面、一个环节，一个大圆圈中的小圆圈。这里面每一个圆圈都是一个必然的环节，这些特殊因素的体系构成了整个真理。所以，在黑格尔那里，真理系统这个大圆圈虽然是由许多小圆圈构成的，但大圆圈和小圆圈之间，却处在不同的层次。然而，大圆圈却又是由小圆圈演化发展而来的。

马克思主义哲学也认为真理系统是分层次的，并按这个原则使它的理论在各个不同的层次上达到真理。譬如，马克思的《资本论》，实际上是论述整个资本主义社会来龙去脉的真理系统。对于这个系统，马克思把它分为许多不同的层次，分别加以阐述。这样，既使我们懂得了资本主义社会发生、发展的演化过程，又使系统的理论部分有血有肉，生动丰满。

真理系统的层次性主要表现在两个方面：首先，表现在概念（范畴）、判断、体系之间的关系上。强调真理是系统，并没有否定正确的判断、真实的概念，也是对客观事物本质的反映；也就是说，并没有否定它们是一定层次上的真理性认识。实际上，每一个概念、判断，都是认识过程的结果，它们自身也都成为系统。不过，比起由概念、判断等所组成的体系来，单个的判断和单个的概念，则是处于低级的层次。概念（范畴）是帮助我们认识和掌握自然现象之网的网上纽结，判断则是联结纽结之间的线。所以，概念、判断虽然是事物本质的概括，但它不能反映事物的全体。而且，真假对判断来说没有程度问题，但对体系来说却可以有程度问题。这就是说，在系统的低级层次和高级层次之间，既有着不可分割的联系，又有着质的区别。严格地说，概念、判断只是真理最初级的、不成熟的形式，是一种以抽象形式存在着的真理因素，或者说只是真理系统的元素或成分。

其次，真理系统的层次性，乃表现在大系统和小系统、高级系统和低级系统，或者说系统和子系统的关系上。前面我们说了，从系统的眼光看世界，世界处处事事是系统。但是，这些系统并不是都处在同一个水平上，而是有明显的大、小、高、低的等级之分；也就是有高与低的层次不同。决定这种等级之分的，一方面，是这些系统反映的客观对象自身在整个客观世界中所处的层次不同；另一方面，则是系统内部结构优劣形成的等级差异。客观对象的层次差异是相对的。一个对象，对于一个高层次来说是低层次的，可是对于比它低的层次来说它又是高层次。世界上最大、最高层次的系统，当然是包罗万象的整个客观世界这个巨大系统。正确地认识了它，才是真正地达到了真理。因为只有它，才是真正的全体。自然，认识要达到这一点，乃是一个漫长的过程。至于系统内部结构的优劣，固然有客观的原因，但主要的，或许是反映了主体认识能力的高低优劣。

正确把握系统的层次性，很有现实意义。系统是有序地展开的。只有把握了系统的层次性，准确地对高层次和低层次（其实中间还有多个层次）做了区分，才能使系统的展开有序、顺畅，不至于在中间受阻。这一点，对许多系统工程（这里指对系统科学的应用）来说，尤其重要。

3. 过程性

过程性是真理系统的再一个重要特点。世界上的系统，可分为开放型和封闭型两种类型。绝大部分系统，尤其是自然系统和自然形成的系统，都是开放型的；只有人工系统和部分思想理论系统是封闭型的。相比较而言，开放型的寿命长，封闭型的寿命短。变化、发展，是两种类型的系统都具有的。不过，封闭型的，往往是要等到问题积累到非解决不可的时候，系统才突然发生变化，变化的方式比较激烈；而开放型的，则是采取及时发现问题及时解决，渐进式地变化发展，变化的方式比较平和。

系统的开放性，是开放型系统的外部表征。所谓开放性，一是指该系统总是和它的外部周边环境不断地进行着物质、能量、信息的交换，保持着相互间的作用；二是指在系统内部的要素之间、层次之间，始终保持着的动态的相互作用关系。正是系统的开放性，一方面保持着和外部环境之间的物质、能量、信息的交流，另一方面在系统内部的要素与要素、要素与层次、层次与层次之间，不断地进行着相互磨合、相互调整、相互协调融洽；这样，才使系统保持动态平衡，相对稳定，同时又变化发展，更迭代谢。

自组织是开放系统的重要特征。一个复杂事物，复杂系统，常常具有自我调节、自我发展，并使事物由一种状态演化为另一种状态的特征。这便是系统的自组织。它不仅使系统具有抗干扰的能力和自我修复能力，而且具有自我发展、自我演化的能力。从而使系统呈现为动态的过程。

以上说的开放系统的开放性、自组织性、动态性，都表现了系统的过程性。平常说，任何系统都有始有终，有自己的生命。这是就每一个具体事物具体系统来说的，也就是从系统过程的某一阶段来说的。但如果从系统的演化来说，一个系统接着另一个系统，一个阶段接着另一个阶段，便是一个连续的没有终点的过程，从而更显现出系统的生命力。

作为正确反映客观事物系统的真理系统，自然应该是开放性的、动态的过程。关于真理系统是过程的问题，黑格尔早有过明确的论述。黑格尔在说明作为真理的概念体系时，强调了真理系统是一个活生生的逻辑过程；它表明一个概念如何产生于另一概念，表明思维中必然的演化。黑格尔明确地提出了真理是过程的著名论断。在黑格尔那里，真理作为系统的全体，是过程的全体；就是说，它不仅是过程的结果，而且包括了整个过程；即真理作为系统，它自身是一个过程。黑格尔的这些看法，闪耀着辩证法的光辉，具有很深的含义，受到马克思主义哲学的高度评价。

马克思主义哲学也认为真理系统是个过程。恩格斯和列宁有过许多论述。譬如，恩格斯多次强调，对整个外部世界的认识，也只能一代一代地得到巨大进展。他还指出，真理包含在认识过程本身中，包含在科学的长期历史发展中。列宁在他的《哲学笔记》等著作中，则从多角度、多方面，对此问题给予了更直接、更详尽的论述。

真理系统是一种理论形态。它告诉我们，只有具备开放性和过程性的理论体系，才能有旺盛的生命力，才能大胆地进行自我革新、自我调整、自我发展，因而，也才能在实践中发挥

出更大的引领作用，在理论上保持青春活力。一切封闭的理论
体系，是没有前途的。黑格尔的体系就是一例。他的辩证法本
来是很有活力的，却被它的客观唯心主义封闭体系窒息住了。
幸好遇到了马克思主义，打破了它僵化的唯心主义封闭系统，
才使辩证法发挥出了它应有的作用。

以上我们说的真理系统的三个特点：整体性、层次性、过
程性，和现代系统科学指出的系统思维应该强调的整体性、有
序性、动态性观点，是完全一致的。

四 真理系统的构建过程

真理系统的过程性，更为重要的，体现在它的构建过程
中。前面我们说到真理系统是客观事物系统的再现，这种再现
是通过人的头脑对外界事物的反映来实现的，同时我们又指
出，这种反映不是机械的照镜子式反映。严格地说，系统"是
代表物质运动的事物因素之间的关系"。关系，怎么能像照镜
子式地给予反映呢？当然是不能的。真理系统，只能通过构建
来实现。构建，虽包含着主体能动性，但却又不是主观随意
的，它必须以客体原型为依据。所以，构建仍然是主体对客体
的一种反映，是思维的高级功能，是思维对客体信息的整合。

真理系统的构建，必须牢牢把握住以下两个方面：

（一）真理系统内部结构的自洽

1. 真理系统是一个有要素、有结构的有机整体

首先，真理系统是由许多要素构成的。没有必要的要素，
就没有真理系统。从大的方面来说，真理系统是由作为真理系

统基石和原型的客观系统对象和作为主体性关键环节的反映以及作为系统原动力的实践和作为再现工具的语言、文字、符号等四大要素构成的。没有这四大要素，或者缺少其中任何一项，都成不了系统。这是一目了然的。但是，这里说的对象、反映、实践、工具，作为真理系统的四大要素，是从宏观顶层来说的，是说任何一个具体的真理系统都离不开这四个要素或四个方面。但绝不是说把这四个方面放在一起就是真理系统了，或者简单地说，真理系统就是这四个要素的组合。这样就把问题简单化了。我们说的构建真理系统，是指对一个个具体真理系统的构建。作为每一个具体的真理系统，都应该有自己特殊的具体的对象和许多特殊的具体的要素。植物和动物都是有机体。然而，组成植物和组成动物的要素，中间虽有某些共同或共通处，但绝不可能是完全一样的，它们都有各自的特殊性。否则，就没有动物和植物的区别了。这就是说，我们在构建真理系统时，不仅要注意要素的普遍性，而且更为重要的是关注要素的特殊性。

其次，真理系统是有结构的。真理系统作为一个有机整体，是由许多要素按一定的结构方式构成的。就是说，真理系统不仅要有许多必要的构件（要素），而且必须把这些构件安装起来；要安装，就必须有一定的架构（结构）。只有按一定的结构，把许多必需的要素整合起来，才能成为有机整体，才能有生命、有活力。让我们拿"人"这个有机体来做比拟，手、脚、胳膊、腿、五脏六腑、头脑等等，是它的必要要素。但光有这些要素，并不就成为人。只有将这些要素，按照它们各自应当的位置，组合到一起，才成为"人"，成为有生命的活人。也只有这个时候，手、脚、胳膊、腿等，才真正成为人这个有机体的要素，也才能发挥出各自的功能。脱离开人体的手，就不是"人手"。因为脱离开人体的手，它就不具有人手的功能，就只是亚里士多德说的"名义上的手"。离开了人这个有机整体，不但组成它的各个要素的功能不能得到发挥，而且，更为重要的是，作为有机整体的人的整体功能，就会全然消逝。一个死了的人和一条死狗，没有什么区别。

所以，在构建真理系统的时候，首先，要把它的要素搜集好。这里，还特别要注意一个"全"字，即要把所有的有关要素都搜集进来。有些要素，初看上去，似乎没有用，似乎可有可无。实际上是人的认识有一个过程，此时的认识还不全面，不深入。天然客体（系统）的要素，所有的都有用，所有的都有自己的特殊功能。人体的盲肠，常被许多人看成是无用的器官，是某部位退化不彻底留下的痕迹。可后来医学界发现，盲肠对人体还是有作用的。当然，这里应该说，人们对其他动物，如对鸟类等盲肠作用的认识，远比对人自己盲肠作用的认识清晰。这里有一则所谓的笑话：有一个病人，医生要把他的盲肠割了，他坚决不肯。他说，"上帝赐给人盲肠，必有它的用处"。医生说，是的，有它的用处……的确，这个病人说的是对的。根据现代医学的最新研究，发现盲肠是人体免疫系统很重要的一部分，它可抵御人体下腹部各种各样的感染。就是说，天然系统的有些要素，暂时看上去没有用，随着人的认识的发展，将来也许能派上大用处。所以，在搜集客观事物系统的要素时，绝不能把它们漏掉。其次，要把系统的结构把握准确。系统不是要素的堆砌，而是要素按一定的结构方式组成的有机体。这里的"结构方式"特别重要。没有系统结构，就没有系统整体。同时，还应该知道，每一个具体的系统都有自己特有的结构方式。要认识、把握、运用某一个具体系统，首先就必须把这个系统的特有结构方式搞清楚。如果不懂得人体的结构，把手安装到脚的部位，把脑袋安装到心脏的部位，那就要闹出大笑话；用以指导实践，遭失败是必然的。因为，它没有真正地再现人体结构的真实情况，只是把人体的要素随便地搭配到一起。所以，认识和把握好系统的结构方式是十分重要的。这当然要经过一个认识的过程，但必须在找准系统的结构方式上狠下功夫。

2. 真理系统结构必须协调、自洽

作为真理系统对象的客观事物系统的结构是自洽的，就是说，在系统内部的要素与要素之间、层次与层次之间、要素与层次之间的相互关系是协调的。当然，这种协调是动态的协调。因为，任何一个肯定的方面都包含着否定自身的方面。任何一个肯定的要素，其中都包含着对自己的否定。这就是系统内部的矛盾。这种矛盾，通过矛盾双方的相互斗争（竞争），优胜劣汰，得到解决。但旧的矛盾解决了，又会产生新矛盾。这样，便使系统保持在动态的平衡之中。这里虽包含着矛盾双方的竞争、斗争，但这只是系统结构自我调节、自我协调的方式。系统凭借结构的自洽功能，才使它保持为有机整体，成为现在的样子，也才能使系统演化成为现实。

客观事物系统的结构是自洽的，那么，作为对客观事物系统再现的真理系统，自然也必须是协调的、融贯的。在概念、判断、推理，在认识的所有要素、层次之间，都应该是相互协调、相互融贯的。当然，所有命题都相互协调的体系，未必都是真的。因为，所有假命题也可以构成一个无矛盾的体系。但是，如果在一个体系内，发现命题之间的矛盾，那么，其中必有假，乃是肯定的。特别是对一些已经过证实或证明了的真命题或正确命题，如果有新的命题和它相矛盾，一般说来，未经检验的命题站不住脚；但也不一定。必须对它进行很审慎的特

指向宇观乃至胀观层次的发展，更非只是指对胀观层次系统的认识。

那么，认识从小系统演化为大系统，这个"最终"的大系统，到底是指什么呢？我们说，它是指包括从渺观到胀观（就目前我们已认识到的而言），其中也包括人在内的整个客观世界的正确认识。包括人在内的整个客观世界，当然是一个大系统，而且是一个特大的超级大系统。就是说，这个大系统不仅是在和小系统相比较而言意义上的大系统，而是最终意义上的大系统。认识在和小系统相较而言的大系统面前是不会停下脚步的，因为在前面还有更大的系统。但认识如果真正认识了最终意义上的大系统，虽然也不会停下脚步，然而，那时它便是自由自在的了。到那时，人和他的整个外部环境便浑然一体，不分彼此，和谐相处，人的认识只是整个大系统的一种功能。所以，最终意义上的大系统和一般（大小相较）的大系统，意义是不完全相同的。

人的认识从小系统向大系统的演化，是一个必然趋势，最终就是要正确地认识整个客观世界这个特大的超级大系统。为什么这么说？首先，是因为人认识的使命和最终目标，就是要完整、准确地反映客观世界的本真面目（当然不仅是表面和现象）。正确地认识整个客观世界这个特大的超级大系统，自然便是认识的使命和最终目标。因为，认识只有达到它，才是真正达到了对整个客观世界的完整认识。黑格尔说，真理是大全。那么，显然只有整个客观世界这个特大的超级大系统，才是真正的大全。因为，在空间上再没有超过它的了；在内涵上，也没有比它更丰富的了。到这里，也才能真正揭示出世界的本真面目。

正确地认识整个客观世界这个特大的超级大系统，这不是一个乌托邦目标，也不是一个纯粹的形而上判断；而是一个形而上和形而下相结合的命题。它将由形而上的哲学和形而下的现代系统科学共同来完成。这将是一个漫长的辩证过程。

其次，从近处从实际说，认识世界的目的是为了改变世界，使世界更适合人的生存与发展。而要实现这个任务，首先必须使人的认识符合具体客观事物的本质和规律。但要做到这一点，又必须对该事物所隶属的上一个层次的系统有所认识；由此类推，最后便是使人对整个客观世界的本质和规律有一个正确的认识。因为，只有对有机整体本身有了全面正确的认识，才能真正清楚、准确地认识它的各个组成部分。脱离了人体这个有机整体，是无法准确地认识它的手脚功能的。对世界的万事万物来说，整个客观世界这个特大超级大系统，就是它的有机整体。所以，要真正准确地认识世界的万事万物，就不仅要认识每个具体事物的特性和规律，而且要认识它们在整个客观世界有机整体中的位置、功能以及和有机整体的关系等等。这样才能做出全局的判断，引领实践有效地改变客观事物。所以，为了实践的需要，人的认识总是始终地并千方百计地指向整个客观世界这个特大的超级大系统，以求对它有一个完整的正确的反映，从而为实践开辟道路。

（三）构建整个世界的超级真理系统，是一个永远的过程

认识和构建整个客观世界这个特大的真理系统，是人认识的总目标。怎样才能实现这个总目标？人不可能一步登天。只能脚踏实地地一步一步往前走。行万里路始于足下。首先从认识身边的许多具体的小系统入手，而后认识它的大系统。往后再进一步，再认识大系统的更大系统。如此这般，认识一个层次一个层次的提升，总有一天会到达最终的总目标的。

从认识的总趋势看，的确如此。认识不可能一步登天，达到最高境界必有个过程。然而，这种"一步一步走"的看法，似乎又有点形而下的而且是机械论的思维方式的味道。因为，在这里好像只有量变、渐进、肯定、按序，等等；而实际的情况却是：行万里路从足下开始以后，后边的路怎么走，却不一定只能是一步一步地往前挪动。在这里，充满了量变、质变、渐进、突飞猛进、肯定、否定、有序、无序，等等。近现代以来，科学与技术的突飞猛进，就是一个很好的说明。它是人认识世界的广度和深度突飞猛进的反映，也是人认识能力突飞猛进的展现。而且，科学实践和人的认识的这种猛然突进是加速度的；当然其中也包含有曲折，但总的方向是向前的。就是说，随着实践和认识的快速发展，加速度的发展，达到对整个客观世界这个超级大系统的认识，并不就是只能按部就班地、一步一步地向前挪动的；而是可以有跳跃、突变、突飞猛进的发生。

但不管怎样，人类达到对整个客观世界这个特大的超级大系统的认识即构建起整个客观世界这个特大的真理系统，无论从认识的使命还是从现实的实践和认识水平说，它既是需要的，也是可能的；既是现实的，也是可望的。然而，它又是一个过程，甚而是一个永远的过程。这里除了客观世界系统自身有一个酝酿、演化、表露和显现的过程以外，还来自人的这一方面。

前面我们已经说了，作为认识总目标的整个客观世界这个特大的系统，其中是包括人在内的。事实上，完全脱离开人的客观世界，对人的意义是无。这不是说脱离开人的客观事物不存在，也不是说它对未来的人没有意义；而是说只要它进入人的认识领域，它就不可能和人没有关系。所以，认识客观事物，其中就包含着认识该事物和人的关系。而世界上的事物只要有人参与（没有人参与的事物是没有意义的），就会变得复杂万分。这里对人和客观事物的关系这一层暂且不说，就是对"人"本身的认识，比起对物的认识来说，至今也是很皮毛很肤浅的。

古希腊苏格拉底便提出了一个著名的任务："认识你自己"。17世纪初叶，弗·培根又提出了这个问题。他从"斯芬克斯寓言"中推导出许多结论，其中值得注意的是这样一句话："斯芬克斯之谜不外两类：其一关于事物本性；其二关于人的本性。"编者说，这两类谜，当时似乎同样简单易解。可是，有无证据表明其中一类比另一类更难于解答呢？编者指出，自培根写出这则寓言的350年间，人们不难看出对于"事物本性"的认识取得了巨大的进展。培根最现实的梦想实现了，而且有过之而无不及地实现了。现在人们过着当时帝王也不曾想到的生活。至于对"人的本性"的认识，现代人所认识到的，有哪些是培根没有认识的？还是在培根认为是明确的某些事情，却被现代人淡忘了呢？[①] 就是说，在培根提出认识"事物本性"和认识"人的本性"以后的350年间，对两者认识的差距，竟是如此惊人！

在中国哲学史上，关于"人性善"和"人性恶"的问题，从先秦时候提出，直到现代人学的研究，上下几千年，一直争论不休，谁也说服不了谁。

这些都说明，世界上对"人"的认识是最难的。因为，人是有思想、感情、欲望、意志的，人又是社会性的存在物。这又使每个人总是带有一定的地域、民族、国家、宗教、党派、

---

① 参见《西方名著入门》7《自然科学》，美国不列颠百科全书公司、中国商务印书馆1995年版，第1页。

团体等等的特性。这些综合到一起，便使人成为一个特别复杂的"东西"；因而也特别令人难以捉摸，难以把握，难以透彻地认识清楚。

所以，构建包括人在内的整个世界的真理系统，是必要的，可能的，同时却又是艰巨的，困难的。这便决定了它是一个过程，而且是一个永远的过程。但这个过程，却为实践和认识的充分展开，提供了广阔的机遇和平台。

第七章　具体真理和普遍真理

上一章我们谈到真理系统及其构建过程；同时指出，获得真理不仅要靠实践的作用，而且要借助于理论思维的作用。理论思维在使认识达到真理的过程中所起的作用是不可忽视的。理论思维中有多种范畴，而其中具体真理和普遍真理（或者叫真理的具体性和普遍性）这对范畴，则明显地体现了真理的过程性。

一　真理的具体性和普遍性

辩证唯物主义认为，一切真理都有具体性和普遍性。也就是说，不存在"抽象真理"，凡是真理都是具体真理；而具体真理，又有其普遍性。

真理的具体性指的是真理的内容、本质和形式都是具体的。

关于真理的具体性问题，辩证唯物主义的真理论把它放到一个非常重要的地位。列宁说："辩证法的基本原理是：没有抽象的真理，真理总是具体的。"① 列宁还把从这一原理引申出

---

① 《进一步，退两步》，《列宁选集》第 1 卷，人民出版社 1972 年版，第 507 页。

来的具体问题具体分析，称为马克思主义的真髓和活的灵魂。就是说，抽象的真理是没有的，真理都是具体的。所以，辩证唯物主义反对形而上学的抽象思维，主张辩证的具体思维。只有辩证的具体思维，才能把客观事物的具体性在我们的认识中再现出来，从而把握住具体真理。

真理之所以是具体的，在于作为真理内容所反映的客观事物是具体的。世界上不存在任何抽象的事物，作为客观事物，它都是具体的。真理则是对具体的客观事物的正确反映，所以，真理也一定是具体的。如果真理是抽象的，那它就没有能够正确地反映客观事物的具体性，因而也就不成其为真理。这就是说，真理的具体性，是在思维中正确反映了客观事物的具体性。

首先，作为真理总是人的认识对处于一定的时间、空间和条件下的客观事物的正确反映。世界上任何客观事物总是处在一定的时间和空间之中，总是以一定的方式和其他事物相互联系、相互制约着。脱离时间、空间和条件的事物是不存在的。所以，时间、空间和条件是客观事物自身的一种具体的规定性。因而，在把握真理具体性的时候，首先必须注意到这个方面。就是说，任何一个真理性的认识都只是以处于一定发展阶段的客观世界的某一部分及其一定层次为对象，只是对这个具体对象的正确反映。如果脱离开真理对象的时间、空间和条件，那就等于抛开了作为认识对象的具体的客观事物，也就必然陷入形而上学的抽象思维。

黑格尔在1807年写过一篇《谁在抽象地思维》的短文，它对于离开对象的具体的时间、空间和条件，也就是离开了具体对象的抽象思维，做了一个生动而深刻的说明。他举了这样一个例子：有一个卖鸡蛋的女商贩，一次遇到一位女顾客。女顾客说："喂，老太婆，你卖的是臭蛋呀！"这个女商贩可恼火了；于是回敬女顾客说："什么，我的蛋是臭的？我看你才臭呢！你敢这样来说我的蛋？你？要是你爸爸没有在大路上给虱子吞掉，你妈妈没有跟法国人跑掉，你奶奶没有在医院死掉——你就该为你花里胡哨的围脖儿买件称身的衬衫呀。谁不知道，这条围脖儿和你的帽子是打哪儿搞来的；要是没有军官，你们这些人才不会这样打扮呢……你们这些人都该蹲班房了——还是补补你袜子上的窟窿去吧。"总之，由于女顾客说了一声"臭蛋"，得罪了女商贩，结果女商贩就反唇相讥，把这个女顾客骂得一钱不值，并把她的祖宗三代都臭骂了一顿。这位女商贩的蛮横无理一目了然。从思想方法上说，她为什么会这样呢？黑格尔说，她是在"抽象地思维"。因为，鸡蛋臭不臭本来是一个具体的问题，女商贩却离开了这个具体的讨论对象，把女顾客全身上下编排了一番——从围脖儿、帽子到衬衫等等，从头到脚，还有爸爸、妈妈和奶奶，都和臭鸡蛋胡乱地联系起来，一切都沾上了那些臭蛋的气味。[①] 既然女商贩离开了具体的客观对象（鸡蛋臭不臭）发议论，那么她所讲的也就只能是毫无内容的、抽象的、空洞的废话。按照黑格尔的见解，离开具体对象的认识是不真的认识。就是说，脱离开具体对象的思维，是抽象的思维；而抽象的思维，是决然得不到真理的，因为它离开了真理的具体性要求。

所以，真理的具体性首先在于真理反映的对象所处的时间、空间和条件的确定性。真理是受客观对象所处的特定条件制约的。斯大林有一句名言："一切以条件、地方和时间为转移。"[②] 这是很有道理的。比如说，下雨对农作物是好还是坏，

① 参见阿尔森·古留加《黑格尔小传》，商务印书馆1978年版。
② 《论辩证唯物主义和历史唯物主义》，《苏联共产党（布）历史简明教程》，人民出版社1954年版，第143页。

这就要根据具体的条件来做判断。如果不对时间、地点和条件加以规定，抽象地谈论这个问题，那就不能做出确切的判断，甚至可能弄到荒谬绝伦的地步。因为，在久旱缺雨条件下，下雨对农作物当然是好事；而在水涝成灾的条件下，下雨则是坏事。这是由于事物所处的具体条件不同而使然。所以，绝不能离开认识的具体对象及其所处的条件来谈论认识的真理性。

其次，真理的具体性，主要还在于认识正确地把握了客观事物是许多规定的综合。马克思在《政治经济学批判·导言》中说，"具体之所以具体，因为它是许多规定的综合，因而是多样性的统一"[①]。一切现实的、客观的东西，都有着许多的规定性，都是多样性的统一。譬如，一朵花，它总是具有颜色、形状、气味等等多种多样的性质；而作为现实的花，它总是这多种多样性质的统一的整体。"对我们的感觉来说，世界是多种多样的。头脑则从共同点上把世界理解为统一的。对于世界是如此，对于每一特殊的部分也是如此。"[②]在一朵花里，色、形、味等等性质中的任何一种都不可缺少；这朵花的每一个别部分，又都具有整个花的所有特性。所以，在客观的现实世界中，即使一朵花，也是色、形、嗅、味等等许多规定的统一。就是说，在客观世界中绝不存在只具有某种单一性质的事物。某种单一性质，如红色，它不是现实的具体事物，而只是具体事物的一种规定，只是在观念中的一种抽象。现实中只有红色的花、红色的纸、红色颜料等等具有多样性统一的事物。抽象的单一红色，如同在现实中不存在的只有长度而没有宽度的抽象的"线"一样。所谓客观事物是具体的，就是说任何一个事

①　《马克思恩格斯选集》第2卷，人民出版社1972年版，第103页。
②　狄慈根：《人脑活动的本质》，载《狄慈根哲学著作选集》，生活·读书·新知三联书店1978年版，第19页。

物都不是绝对单一地、孤立地存在的。绝对单一的、孤立的东西，只是僵死的、抽象的东西，而不是现实的东西。客观世界中的任何现实的事物都是多样性的统一。这就是说，作为客观事物内在的具体性，一是指事物内在的多样性，事物自身有着许多规定；二是指事物的统一性、整体性，即多样性的统一，许多规定的综合。作为真理，它乃是认识对客观事物所具有的这种"许多规定的综合"、多样性统一的正确反映。因而，真理具有具体性。或者说，真理的具体性只不过是客观事物所具有的许多规定的综合在认识中的再现。

由于具体真理是人的认识对客观事物多样性统一的再现，所以，具体真理一定是全面的。正如列宁所指出的，"单个的存在（对象、现象等等）（仅仅）是观念（真理）的**一个方面**。真理还需要**现实**的其他方面，这些方面也只是好象独立的和单个的（独自存在着的）。真理只是在它们的总和中以及在它们的关系中才会实现"。"真理是全面的。""真理就是由现象、现实的一切方面的总和以及它们的（相互）关系构成的。"① 这是因为客观事物本身是许多规定综合的整体，它具有许许多多的方面，有着各种各样的内部联系和外部联系；所有这些方面和联系构成了一个有机的系统，成为多样性的统一。如果我们的认识只对其中的一个方面、一种联系，即使是一个很重要的方面和联系做了反映，那也只是认识对客观事物的某一方面的一种抽象。比方说，人们常常以为抓住了事物的某个主导方面，即所谓抓要害，就算抓住了事物的整体和本质。实际这是不对的。事实上事物的主导方面不是孤立自在的，而是和这一事物的其他方面紧密联系，彼此相涵，从而构成有机的

---

① 《哲学笔记》，《列宁全集》第38卷，人民出版社1959年版，第209、212、210页。

整体。所以，如果离开了事物的全面性，即使抓住了事物的某个主导方面，那也并不等于抓住了事物的整体。因而，这种认识也就不能称为完整意义上的真理性的认识。列宁曾经指出，辩证法是活生生的、多方面的认识，方面的数目是永远增加着的。就是说，真理是在对客观事物的各个方面、全部联系和中介的全面反映中实现的。只有全面性的认识，才是正确地把握了客观事物的具体性；这种认识也才是正确反映了客观事物本来面目的真理性认识。因此，真理的具体性和全面性是统一的。真理的具体性要求真理是全面的；真理的全面性则是真理具体性的表现。一句话，真理不是片面性的认识；真理反映着客观对象被严格地确定的各个方面。"要真正地认识事物，就必须把握、研究它的一切方面、一切联系和'中介'。我们决不会完全地做到这一点，但是，全面性的要求可以使我们防止错误和防止僵化。"①

　　这里我们须要指出，具体真理的具体，并不是指人的感性认识，并不是感性具体。客观事物有现象方面和本质方面。现象是事物的外部联系，是表面的。事物的现象虽然非常丰富，但每一种现象都有自身的片面性。客体总是首先通过现象来显现自己。人通过各种感觉器官接受这些现象，感知这些现象，构成感性认识。所以，感性认识只是对事物外部的、表面的、片面的反映。把这些反映连缀在一起，也可能使我们得到对事物的一个感性全貌。譬如，某一个客观对象显现在我们面前，我们通过感官可以看到它的颜色，听到它的声响，嗅到它的气味，触摸到它的表面，……这些感觉生动而具体，造成了对这一客观对象的感性全貌。但这个感性全貌在思维中是不清晰、

---

　　① 《再论工会、目前局势及托洛茨基和布哈林的错误》，《列宁选集》第4卷，人民出版社1972年版，第453页。

不深刻的。马克思指出，从感性具体出发，只能得到一个"浑沌的关于整体的表象"。① 所以，感性具体不能反映客体真正的整体性。真理则是对事物本质的正确反映。因而，真理的具体性，是"思维具体"，是客观事物内在的许多规定性表现在思维中的综合。还拿上面的例子来说，那个客观对象之所以有那样的颜色、声响、气味……有它的内在根据，是由它的本质和本质之间的关系决定的。这种内在根据、本质和本质之间的关系，构成事物自身的整体性，使它成为一个具体的事物，区别于其他事物的事物。但这种内在根据、本质和本质之间的关系，是人的感官不可能直接感知的。它是通过思维先把事物的各种规定性抽象出来，而后又加以综合而得到的。所以，这种具体是思维的具体。这种具体性，是思维从客体的整体性上把客体再现出来，它是事物的内部本质和内部规律的深刻反映。

同样，真理的全面性，也绝不是对事物表面现象的简单罗列。罗列事物的表面现象，只是在"开中药铺"，它并没有揭示客观事物的本质，所以也就谈不上真理的全面性。真理的全面性，是认识对客观事物内在本质和整体性的全面占有。

具体真理之所以具体，在于它本质上的具体。黑格尔曾说真理"自身本质上是具体的，是不同的规定之统一"。他还说，"如果真理是抽象的，则它就不是真的"。② 所谓真理的本质上的具体，在于它正确地揭示了事物自身的矛盾性和本质规定。事物内在的各种规定性，并不是互相平行、互相并列的，而是相互交错、相互矛盾的。这种矛盾性，使事物包含有差别和对立于自身。黑格尔又说："事实上无论在天上或地上，无论在

---

① 《政治经济学批判·导言》，《马克思恩格斯选集》第 2 卷，人民出版社 1972 年版，第 103 页。

② 黑格尔：《哲学史讲演录》第 1 卷，贺麟译，商务印书馆 1959 年版，第 29 页。

精神界或自然界，绝没有象知性所坚持的那种'非此即彼'的抽象东西。无论什么可以说得上存在的东西，必定是具体的东西，因而包含有差别和对立于自己本身内的东西。"① 就是说，一切具体的事物内部都包含着矛盾。"事物（现象等等）是对立面的总和与统一。"② 正如毛泽东所说，世界就是由矛盾组成的。"矛盾即是运动，即是事物，即是过程，也即是思想。否认事物的矛盾就是否认了一切。"③ 所以，矛盾是事物的本质和内在根据。真理的本质乃是事物的本质在人的思维中的再现。因而，真理具体性的实质，也就在于它是对作为客观事物本质的事物内在矛盾的正确反映。正如黑格尔所指出，"**真理只有在同一与差异的统一中，才是完全的**，所以真理唯在于这种统一"。④ 事物内部的矛盾关系是复杂的、变化发展的，真理也应该是复杂的、不断发展的。

最后，真理的具体性不仅表现在真理的内容和本质方面，而且还表现在真理的形式方面。真理是主观和客观的符合、思维和客体的一致。真理的内容说的是不以人们的主观意志为转移的客体在人的思维中的再现。所以，真理的内容是客观的，也是具体的。但是，真理还有其形式的方面。真理并不就是客观事物本身。真理是客观事物在人的头脑中的反映，是一种认识，是一种观念的东西。用观念的形态来表现自己，这就是真理的形式方面。观念的东西，当然属于主观的范畴。所以，真理的形式是主观的。但形式又是受内容制约的。所以真理的形式虽然是主观的，但它并不是随意而生的，因而也就不是抽象

---

① 黑格尔：《小逻辑》，贺麟译，商务印书馆 1980 年版，第 258 页。
② 《哲学笔记》，《列宁全集》第 38 卷，人民出版社 1959 年版，第 238 页。
③ 《矛盾论》，《毛泽东选集》第 1 卷，人民出版社 1955 年版，第 307 页。
④ 《逻辑学》下卷，商务印书馆 1976 年版，第 33 页。

的，而是具体的。

真理的形式之所以是具体的，这一方面取决于真理的内容是具体的。内容决定形式。内容的具体性决定了形式的具体性。比如，认识的概念和范畴，不但是客观存在着的事物的反映，而且是直接受事物存在的一定的时间、空间和条件制约着的。就是说，事物和事物存在条件的具体性，决定着概念和范畴的具体性。同时，另一方面，从认识主体的具体性方面说，真理的形式也必定是具体的。因为，作为真理的观念的东西，或者说作为真理性的认识，它总是属于一个具体的主体的认识。抽象的主体是唯心主义的范畴。对唯物主义来说，主体则是现实的具体的活生生的人。真理总是属于一定时间、地点、条件下的人的认识。这种认识，自然有着具体的形式；它总要通过一定形式的语言、文字或符号来表达。比如，一个概念、一个判断、一个公式、一个学说、一种理论，等等。如果没有了这些具体的形式，那么，任何认识就只能是空洞的、抽象的、不可捉摸的，那也就不成其为真理。作为真理的认识必然有着具体的形式。

真理形式的具体性，还表现在概念、范畴的灵活性方面。概念、范畴有确定性的一面，但又有灵活性的一面。概念、范畴的灵活性，表现在概念、范畴随着事物存在的时间、空间和条件的变化而变化，因而能够历史地反映事物的具体发展。如果概念和范畴是抽象的，那它就是僵死、凝固的东西。概念、范畴具有灵活性，正表明这种认识的形式是具体的。

总之，真理的具体性表现在真理的内容、本质、形式诸方面的具体统一。

正因为真理是具体的，所以真理又有普遍性。就是说，凡具体真理，就有其普遍性。

真理的普遍性，或者叫普遍真理，说的是真理性的认识所反映的是客观事物的一般的本性、内在本质和规律性。因而，真理的内容和适用范围都带有相应的一般性和普遍性。

马克思说，作为真理探索者的首要任务，"就是直奔真理，而不要东张西望"。"真理是普遍的，它不属于我一个人，而为大家所有；真理占有我，而不是我占有真理"。[①] 列宁也多次说到理论具有普遍性的品格。不言而喻，普遍性应该是作为真理性认识的一个重要品格。毛泽东明确地把马克思列宁主义称为放之四海而皆准的普遍真理。这就是说，马克思、列宁和毛泽东都明确地指出了真理具有普遍性，普遍性是真理的一个重要品格。正因为真理是普遍的，所以真理才能占有大家，为大家所有，才能有一个普遍的适用范围。

真理之所以具有普遍性，乃是因为作为真理内容所反映的客观事物本身具有普遍性。纷繁复杂的客观世界，有一个普遍性、一般性的基础；因而使整个世界带有总体性（整体性）。这个一般性的基础，就是客观世界、客观事物的本质和规律。也就是说，作为客观事物基础的一般，是本质的一般；它对客观事物本身的存在具有必然性。必然性和普遍性是不可分割的。必然性就是客观事物存在中的普遍性。黑格尔说过，"我所知道的理性的、真理的东西，固然是从具体的东西中返回来的，即从感性的、个别的、特定的、存在的东西中返回来的。但理性所知道的自己内部的东西，也就是**必然性，或**存在中的**普遍性**；它是思维的本质，也是世界的本质"。[②] 黑格尔的客观唯心主义在这段文字中，特别是在最后一句话中，仍然表露出

---

① 《评普鲁士最近的书报检查令》，《马克思恩格斯全集》第 1 卷，人民出版社 1956 年版，第 6—7 页。

② 转引自《列宁全集》第 38 卷，人民出版社 1959 年版，第 291 页。

来。但是在这里，黑格尔正确地指出了：理性的、真理的东西的内部本质是必然性，亦即普遍性。如果我们把被黑格尔唯心主义的颠倒的东西重新颠倒过来；那么，我们就能知道，作为真理本质的普遍性，乃是作为客观世界本质的普遍性在思维中的重现。

客观世界自身的普遍性也就是规律。规律是现象中巩固的、同一的东西。规律是宇宙运动中本质的东西的显现，它使世界的过程呈现出整体性。真理"按照更深的意义来说"，它是人的认识对客观世界的规律性的反映。这就决定了真理必然具有普遍性。

真理的普遍性并不是抽象的普遍性，而是具体的普遍性，是有着丰富内容的普遍性。正如列宁在《哲学笔记》中摘录黑格尔的话时所说的，这种普遍"不只是抽象的普遍，而且是自身体现着特殊、个体、个别东西的丰富性的这种普遍（特殊的和个别的东西的全部丰富性！）！！"① 列宁称赞这是"绝妙的公式"，"好极了"！真理的普遍性反映着特殊的和个别的客观对象的全部丰富性。因而，通常一提起普遍性，不少人往往把它理解为空洞的、抽象的，这是不对的。事实上，世界上并没有什么抽象的普遍性。普遍总是和特殊、个别相联结的。普遍性总是寓于特殊性之中，在特殊性中又必然包含着普遍性。作为客观世界本质的规律性的东西，也绝不是抽象的，而是具体的。规律总要通过大量的个别的现象之间的联系表现出来；同样，在现象的后面总存在着规律性的东西。

正因为真理具有普遍性，所以，真理总是适用于一个相应的普遍范围；在这个范围内，真理必然显示出自己的作用和力

---

① 《列宁全集》第38卷，人民出版社1959年版，第98页。

量。真理绝不是"就事论事"的认识。单纯的就事论事，不揭示事物的内在本质的认识，即使它也是真的，那也只是形式上的，只是"不错"而已。因为，它不具有普遍性。作为真理性的认识，即使它的对象很特殊，它也一定具有普遍性；因为世界上不存在不能归入任何类的特殊事物。当然，各个具体的真理所能适用的范围是不一样的。这与各个具体的真理性认识所揭示的客观事物普遍性的层次和深度有着直接的关系。客观事物内在的本质、规律，是有着许多不同的层次的。作为真理性的认识，它所揭示的客观事物普遍性的层次越高，那么，这个真理所适用的范围也就越广。马克思列宁主义揭示了人类求解放的最一般、最普遍的规律，所以它能"放之四海而皆准"。

总之，真理的普遍性在于它正确地反映了客观事物的普遍性。这种普遍性，又通过真理有一个相应的适用范围而表现出来。

二　具体真理和普遍真理的辩证关系

在上一节中，我们讲到任何真理都有具体性，都是具体真理；同时又讲到任何真理又都有普遍性。那么，真理的具体性和普遍性相互之间又是什么关系呢？

真理的具体性和普遍性是相互联系的，但在联系中又有差别。就是说，真理的具体性和普遍性既有着统一性，又有着不统一性；因而，相互间构成为矛盾的、辩证的关系。下面我们就来做些分析。

首先说真理的具体性和普遍性的矛盾方面。真理的具体性和普遍性的含义是不一样的。任何一个客观事物都是多样性的统一，是许多规定的综合体。这是认识的客观对象。作为真理性的认识，是要全面地正确地反映它。但是，属于真理性认识方面的每一个具体的范畴，所担负的揭示客观对象的方面和重点是各不相同的。这就是真理论中各个范畴都具有自己的质的规定性的客观基础。具体真理和普遍真理之所以有着不同的含义，之所以有着各自不同的质的规定性，就在于它们所揭示的客观对象的方面和重点不同。或者说，它们是从不同的角度、不同的方面来揭示客观事物的本质的。具体真理重点揭示客观对象的具体性，即客观对象所处的特定条件和客观对象被严格地确定的各个方面。前面说到，客观事物都是多样性的统一体，具体真理当然也以其为反映对象；但是，作为具体真理的着眼点，也就是具体真理反映的重点，它所强调的是这个统一体中所包含的多样性、丰富性、多种规定性。普遍真理的重点则在于揭示客观对象的普遍性，即客观对象的内在本质和规律。普遍真理的对象和具体真理的对象，当然是同一个客观事物；但普遍真理的着眼点，它所强调的重点则是具有多样性事物的统一性，是具有许多规定性事物的综合性、一般性。也就是说，具体真理和普遍真理都是对多样性统一的客观事物的正确反映；但真理具体性的侧重点在于揭示一中之多，而真理普遍性的侧重点则在于揭示多中之一。在这个意义上，我们也可以说，具体真理强调的是客观事物的个性、特殊性；普遍真理强调的则是客观事物的共性、一般性。虽然在客观上，一和多、共性和个性是统一的，作为真理则是对这个矛盾统一体的正确反映；但是，具体真理和普遍真理作为真理论中的两个范畴，它们对这个矛盾统一体的着眼点和侧重揭示的方面，却又是不同的。这也就是具体真理和普遍真理的不统一性。

但是，具体真理和普遍真理又具有统一性，它们是相互联系而不可分割的。虽然它们揭示客观事物的着眼点和侧重点不同，但它们反映的是同一个客观对象。作为客观对象，它本身是统一的；或者说，在客观上，一和多、共性和个性、普遍性和特殊性是统一的，是相互联结而不可割裂的。这是具体真理和普遍真理相互统一的客观基础。就是说，正由于客观事物本身是"许多规定的综合"，"多样性的统一"，正由于个性和共性、特殊性和普遍性在客观上是相互联系、相互统一的，所以，具体真理和普遍真理也是相互联系、相互统一的。

世界上既没有脱离个性的共性，也没有脱离共性的个性。任何事物的个性一定与共性相联结而存在。"任何个别（不论怎样）都是一般"。"任何个别经过千万次的转化而与另一类的个别（事物、现象、过程）相联系"。① 就是说，在任何个别的事物中，总有着同一类事物及其客观过程的共同特征；而任何个别的特殊的事物总是与它的同一类事物相联结而存在。所以，任何具体真理同时也都是普遍真理。因为，任何具体真理都是处于一定条件下的认识主体对客观世界发展的某一阶段的某一事物或某一具体过程的本质的把握。正由于它是对客观事物的本质和规律的正确反映，所以，这种反映对相同条件下的同类事物也就有其普遍性的意义，因而对这类事物来说，它也就是普遍真理。马克思在《〈资本论〉第一版序言》中说，"我要在本书研究的，是资本主义生产方式以及和它相适应的生产关系和交换关系。到现在为止，这种生产方式的典型地点是英国。因此，我在理论阐述上主要用英国作为例证"。② 为什么用英国做例证就可以得到对资本主义生产方式的一般认识？这是因为在英国这个个别的事物中，包含着和它同类（资本主义生产方式）事物的共性、一般性、普遍性。所以，对英国的

---

① 《谈谈辩证法问题》，《列宁全集》第38卷，人民出版社1959年版，第409页。
② 《马克思恩格斯全集》第23卷，人民出版社1972年版，第8页。

认识，对其他资本主义国家同样具有普遍的意义。马克思曾经风趣地写道："但是，如果德国读者看到英国工农业工人所处的境况而伪善地耸耸肩膀，或者以德国的情况远不是那样坏而乐观地自我安慰，那我就要大声地对他说：这正是说的阁下的事情！"①

同样，世界上也不存在脱离开个性的共性。任何事物的共性也一定与个性相联结而存在。"一般只能在个别中存在，只能通过个别而存在"。"任何一般都是个别的（一部分，或一方面，或本质）。任何一般只是大致地包括一切个别事物。任何个别都不能完全地包括在一般之中等等"②。就是说，世界上没有什么抽象的普遍，普遍总是存在于特殊之中。普遍性总是同具体的特殊性联结着的。所以，普遍真理也总是同具体真理相联结，并且是通过具体真理而存在的。普遍真理之所以为普遍，正在于它是对客观事物的本质、对某一客观过程的发展规律的正确反映；因而，它对这同一类事物和对这一具体客观事物的全过程的反映是具有普遍性的。而对客观事物本质和规律的正确反映，这又恰恰是真理具体性的表现。普遍真理的普遍当然不是抽象的普遍，而是自身体现着特殊东西丰富性的普遍，是包含着个别和具体的丰富内容的普遍。因而，普遍真理是不能离开具体真理的，它是具体的普遍真理。也就是说，世界上不存在超时空的普遍真理。普遍真理总是存在于具体真理之中，总是通过具体真理来表现的。

由此看来，具体真理和普遍真理在本质上又是一致的、统一的。具体是普遍的具体，普遍又是具体的普遍，两者相互联结不可割裂。或者说，任何一个真理都是既有具体性，又有普

---

① 《马克思恩格斯全集》第23卷，人民出版社1972年版，第8页。
② 《谈谈辩证法问题》，《列宁全集》第38卷，人民出版社1959年版，第409页。

遍性的。只有具体性没有普遍性，或者只有普遍性没有具体性的真理是不存在的。

正由于具体真理和普遍真理有着既相矛盾，又相统一的关系，所以在具体运用真理的时候，一定要坚持普遍真理和具体实践相结合的原则。列宁在谈到马克思主义的真理"是完全颠扑不破的"时候，同时又强调指出"必须善于运用它"。只有具体地分析具体情况，"才能确定这个真理应用于某一问题上的确切意义"。如果只在"一般真理的单纯逻辑发展中去寻找具体问题的答案，这是把马克思主义庸俗化，并且完全是对辩证唯物主义的嘲笑"。[①] 毛泽东也一再告诫我们，要把马克思列宁主义的普遍真理和各国革命的具体实践相结合。为什么对真理还要善于运用？为什么要把普遍真理和具体实践相结合？其中一个重要原因，就在于真理的具体性和普遍性本身存在着一个内在的辩证关系。所谓善于运用真理，就是善于运用真理的这种内在的辩证关系。在这里，我们既不可片面地强调真理的具体性而忽略它的普遍性，也不可片面地强调真理的普遍性而忽略它的具体性。

三　具体真理和普遍真理的过程性

具体真理和普遍真理是思维在使认识达到真理过程中的一对范畴，因而它们本身就表现了真理的过程性。

具体真理和普遍真理尽管着眼点不同，强调的方面不同，但都是对客观事物内在本质和发展规律的正确反映。"具体"

---

① 《俄国资本主义的发展》，《列宁选集》第1卷，人民出版社1972年版，第158页。

有两种形态：感性具体和思维具体。作为具体真理，乃是对思维具体的把握。"普遍"也有两种形态：抽象的普遍性和具体的普遍性。作为普遍真理，当然是具体的普遍。抽象的普遍性在客观世界中是不存在的，它是人的思维能力的一种表现，是人的思维把握客观事物的一种中间形式。具体的普遍性，虽然存在于同类事物的个体和它的发展过程中，但它却也不是由我们的感官可以直接感知的。它要由人的思维器官通过思维去把握。思维具体和具体的普遍性，作为客观事物的本质和规律在人脑中的反映，在这一点上，它们实质上是一样的，是同一个东西。无论是具体真理还是普遍真理，它们都是思维的结果，都要经过一个思维的过程。正像马克思在谈到具体之所以具体的时候指出的，"它在思维中表现为综合的过程，表现为结果，而不是表现为起点"。①

　　思维活动是人类认识的一种高级活动，它是建筑在人类认识的初级活动即感性活动的基础上的。因为思维活动必须依赖感性活动提供原材料；不然它就变成无源之水、无本之木。所以，在认识活动中，首先是人的感官对具体对象的直接反映。具体对象不是思维的起点，但却是现实中的起点，因而也是直观和表象的起点。人们只有在实践中，使自己的感觉器官不断地和具体对象接触，才能从具体对象那里获得大量信息，形成直观表象或者叫作感性具体。在感性具体中，对象的本质方面和非本质方面、必然的东西和偶然的东西是浑然一体的，也就是马克思所称的"一个浑沌的关于整体的表象"。② 所以，感性具体是不清晰的具体。人的认识绝不能停留在这里，停留在这

---

　　① 《政治经济学批判·导言》，《马克思恩格斯选集》第2卷，人民出版社1972年版，第103页。
　　② 同上。

里是达不到真理的。

　　为了使认识达到具体真理和普遍真理，也就是得到对客观事物的内在本质和规律性的认识，必须运用思维的力量，发挥思维的作用。在这里既要发挥思维的分析和综合的作用，也要运用思维的由抽象上升到具体的逻辑力量。首先为了使认识从感性具体再前进一步，就要通过抽象，对感性具体进行分析。通过思维的分析活动，把浑沌的整体分解成它的各种特性、关系、部分、方面、发展阶段等等。思维又对事物的这些特性、关系、部分、方面、发展阶段等等进行抽象的规定。只有进行抽象的规定，才能对事物的各个方面做出清晰的、深刻的说明。恩格斯在谈到古希腊哲学的世界观时说："这种观点虽然正确地把握了现象的总画面的一般性质，却不足以说明构成这幅总画面的各个细节；而我们要是不知道这些细节，就看不清总画面。为了认识这些细节，我们不得不把它们从自然的或历史的联系中抽出来，从它们的特性、它们的特殊的原因和结果等等方面来逐个地加以研究。"[1] 所以，进行抽象规定乃是获得新的具体知识的重要手段。有了对事物的各个部分和各种特性的抽象规定，就能把事物的本质方面和非本质方面、必然的东西和偶然的东西区分开来。这样就使浑然一体的感性具体在我们的认识中受到辩证的否定，也就是思维对感性具体进行了扬弃。这是由感性具体向抽象规定的转化。正如列宁指出的，"认识是人对自然界的反映。但是，这并不是简单的、直接的、完全的反映，而是一系列的抽象过程，即概念、规律等等的构成、形成过程"。[2]

　　由感性具体转化为抽象规定，从表面上看似乎离开客观存

① 《反杜林论》，《马克思恩格斯全集》第20卷，人民出版社1971年版，第23页。
② 《哲学笔记》，《列宁全集》第38卷，人民出版社1959年版，第194页。

在的具体事物更远了，但是，只要这种抽象规定是以感性具体为起点的、是通过科学的抽象而得到的，那它就更深刻、更正确地接近了事物的本质。然而，这种认识还只是对事物某一方面的本质的认识，它还没有抓住事物的全体。所以还没有达到具体的真理性的认识。同时，也由于它只是对事物某一方面本质的抽象规定，这种抽象规定虽然也具有某一方面的普遍性，但它没有包含个别的、特殊的东西的全部丰富性，没有使本质之间联系起来，所以这种普遍性还是抽象的普遍性。也就是说，这种认识也还没有达到具体的普遍真理。

为了达到对客观事物全面具体的认识，还必须发挥思维的由抽象上升为具体的能力和作用。思维具有由抽象上升为具体的能力和作用，这在哲学史上是黑格尔第一个提出来的。黑格尔并对思维由抽象上升到具体的前进运动的基本特征做了深刻的描述。他说："这个前进运动的特征就是：它从一些简单的规定性开始，而在这些规定性之后的规定性就愈来愈丰富，愈来愈具体。因为结果包含着自己的开端，而开端的运动用某种新的规定性丰富了它。普遍的东西构成基础；因此，不应当把前进的运动看作从某一他物到另一他物的流动。绝对方法中的概念保存在自己的异在中，普遍的东西保存在自己的单独的东西中，保存在判断和实在中；在继续规定的每一个阶段上，普遍的东西不断提高它以前的全部内容，它不仅没有因其辩证的前进运动而丧失了什么，丢下了什么，而且还带着一切收获物，使自己的内部不断丰富和充实起来。"① 列宁对于黑格尔的这一论述给予了很高的评价，认为"这一段话对于什么是辩证法这个问题，非常不坏地做了某种总结"。②

---

① 转引自《列宁全集》第38卷，人民出版社1959年版，第249—250页。
② 《哲学笔记》，《列宁全集》第38卷，人民出版社1959年版，第250页。

但是，黑格尔是一个客观唯心主义者。他认为，在由抽象上升到具体的过程中创造了客体本身。也就是说，在黑格尔看来，由抽象上升到具体的过程就是客观具体事物被创造和产生的过程。这当然是唯心主义的。

对黑格尔关于由抽象上升为具体的思想，马克思对它做了唯物主义的改造。马克思指出，"从抽象上升到具体的方法，只是思维用来掌握具体并把它当做一个精神上的具体再现出来的方式。但决不是具体本身的产生过程"。① 就是说，在马克思主义哲学看来，在由抽象上升到具体的过程中，是思维从客体的整体性上把客体再现了出来。这是通过综合各种抽象的规定，形成关于统一的事物整体的认识来实现的。

思维的综合，并不是把各种抽象的规定简单地、机械地凑合到一起或混合到一起，而是把对象的各个本质的方面按其内在联系结合成一个有机的统一整体。通过思维把事物尽量多的方面、把它的各种本质的规定综合成一个有机的整体，这个整体就是多样性的统一，它包含着事物的全部的丰富性，这才是清晰的、深刻的思维具体。

思维具体是认识活动的归宿。认识达到思维具体，也就是达到了具体真理。同时，认识由抽象上升到具体的过程，也是由抽象普遍到具体普遍的过程，因而当认识达到思维具体的时候，也就达到了普遍真理。

由上可知，认识达到具体真理和普遍真理本身就是一个过程。这个过程，就是由感性具体到抽象，又由抽象到思维具体的过程。这也是人类认识运动的一个规律。正像马克思指出的，人的认识运动中存在着两条道路："在第一条道路上，完

---

① 《政治经济学批判·导言》，《马克思恩格斯选集》第2卷，人民出版社1972年版，第103页。

整的表象蒸发为抽象的规定；在第二条道路上，抽象的规定在思维行程中导致具体的再现。"① 这似乎是方向相反的两条认识道路，实际上是一个否定之否定的过程。以感性具体为起点，思维的抽象否定了感性具体，因而离开了具体；但抽象又是走向更高的思维具体的一个必要步骤和环节，这就使它包含着自我否定的因素；最后，思维具体终于否定了抽象，完成了一个否定之否定的过程。在这里，认识似乎又回复到具体，但这是比感性具体更高一级的具体，即思维具体。所以，认识经过"具体—抽象—具体"的运动，形成螺旋形上升的曲线。

这里我们需要指出，认识由具体到抽象，再由抽象到具体的运动，是建筑在社会实践的基础上的。它的每一步都需要由实践来检验，正如列宁在谈到马克思的《资本论》时所指出的，"在这里，在每一步分析中，都用事实即用实践来进行检验"。② 并且每一个环节都需要由实践提供的新材料来丰富自己，充实自己。同时，认识达到具体真理和普遍真理，也不是经过"具体—抽象—具体"一个回合就可以达到的。事实上，任何一个客观事物都是非常具体的，它都包含着自己的丰富内容，成为一个复杂的系统。要正确地认识它，把握它的全部的丰富性，即获得真理的具体性和普遍性，那就必须通过"具体—抽象—具体"的多次反复。这也就是具体真理和普遍真理的过程性。

---

① 《政治经济学批判·导言》，《马克思恩格斯选集》第 2 卷，人民出版社 1972 年版，第 103 页。

② 《哲学笔记》，《列宁全集》第 38 卷，人民出版社 1959 年版，第 357 页。

第八章　相对真理和绝对真理

真理是过程的真实内容，乃是说主观和客观、思想和客体的一致是一个过程。这个过程是以怎样的形式运动的，它遵循着什么样的规律？这个问题，是马克思主义以前的哲学所没有解决的。只有马克思主义哲学把辩证法引进认识论，创造性地提出了相对真理和绝对真理及其相互关系的学说，才科学地解决了这个问题。所以，相对真理和绝对真理及其相互关系，是辩证唯物主义真理过程论的一个中心问题。

一　作为真理过程范畴的相对真理和绝对真理的提出

作为真理过程范畴的相对真理和绝对真理概念的提出，经过了一个漫长的历史过程。

（一）赫拉克利特的真理过程论接触到这个问题

赫拉克利特是第一个把真理理解为过程的人。但他是从朴素唯物主义的立场，以朴素辩证法的观点来理解这一问题的。所以，他还不能自觉地解决真理过程的运动形式和发展规律的问题；当然也就不可能提出作为真理过程范畴的相对真理和绝对真理的科学概念。不过，在赫拉克利特的著作残篇中，我们可以看到作为辩证法奠基人之一的赫拉克利特，他已经开始触及揭示事物和真理处于发展过程中所表现出的相对性和绝对性的问题。

在赫拉克利特之前，古希腊的唯物主义学派——米利都学派在研究世界的本原问题时，实际便提出了一与多的辩证法问题，即作为世界本原、万物始基、万物统一性的"一"与万事万物具体形态的"多"的相互关系问题。泰勒斯认为，这个"一"是水，水是万物的始基，水产生万物，万物又变成水。阿那克西曼德认为，自然的基原是混沌的不固定的物质性的"无限"。阿那克西米尼则认为空气是世界的本原。不管是水、无限，还是空气，它们都是物质性的，它们和自然界形形色色、变化多端的万物之间有一个共同的关系，就是一与多的关系。一与多之间可以相互转化，一产生多，多又转化为一。多是变动不居的；一可以产生多，但一本身又是稳定不变的。这里我们仿佛可以看到，在一与多的关系中，实质贯穿着绝对与相对的关系。

赫拉克利特继米利都学派之后，进一步探讨了一与多的问题，并把它和真理问题联系起来。他认为一切自然现象的物质始源是一团永恒的活火。火是本原，其他万物都是由火而生成的。万物换成火，火换成万物；也就是从一切产生一，从一产生一切。世界上只有"一"，亦即只有这团活火是永恒的，其余的一切，亦即"多"乃是火活动的具体形态，是不断地变化着，流动着的。所以，火的永恒是其过程方面的永恒，而不是实体方面的永恒。赫拉克利特认为，这团活火是在一定的分寸上燃烧，又在一定的分寸上熄灭的。这里的"分寸"就是规律，赫拉克利特称它为逻各斯。他说，万物都根据这个逻各斯而产生。

　　赫拉克利特关于一与多辩证法的观点，也反映到他的真理观上。他认为，智慧在于说出真理，真理就是逻各斯。用我们今天的话说，真理就是我们的认识对逻各斯的把握。逻各斯则是运行于宇宙万物生成毁灭之间的普遍规律。万物是在经常不断地变化着，而贯穿其间的逻各斯则是稳定不变的。所以，对于这一点来说，作为说出逻各斯的真理，则包含着它的绝对性的意义。具有绝对性的真理乃是抽象的、普遍的、永恒的。然而真理总是对具体的、特殊的、变化的事物的反映。承认真理的具体性、承认真理以一定条件为转移，实际就是承认真理的相对性。譬如，他说，"海水是最纯洁的，又是最不纯洁的：对于鱼，它是能喝的和有益的；对于人，它是不能喝的和有害的。""猪在污泥中洗澡，家禽在尘土和灰烬中洗澡。""最美丽的猴子与人类比起来也是丑陋的。"① 就是说，纯洁与不纯洁、有益与有害、美丽与丑陋，这些都是具体的、可变的、相对的。作为自然本质和规律的逻各斯，总要以具体形态的活火来表现。从这个意义上说，赫拉克利特关于反映逻各斯的真理，它又包含着相对性的意义。所以，赫拉克利特把研究世界的统一性与多样性的一与多的辩证法和真理问题联系起来以后，实质上便赋予了真理以绝对性和相对性的意义。这是赫拉克利特朴素辩证法的一个方面。然而，赫拉克利特并没有能揭示这一点，也没有能明确意识到这一点。这些只是我们从他的著作残篇和古代文献记载的关于他的一些观点中引申出来的。

　　赫拉克利特开始触及到了真理作为过程的相对性与绝对性

---

　　① 《古希腊罗马哲学》，生活·读书·新知三联书店1957年版，第24、22、27页。

问题，但又没有能够明确地提出这个问题，这和他的原始的、朴素唯物主义的真理过程论形态是相适应的。

（二）黑格尔明确提出了绝对真理的概念

黑格尔的真理过程论比起赫拉克利特的，内容上要丰富得多，理论上也要完备得多。在谈到真理是过程的时候，黑格尔明确地提出了绝对真理的概念。黑格尔说，理念就是真理。理念本质上是一个过程。"理念作为过程，它的发展经历了三个阶段。理念的第一个形式为生命，……第二个形式为中介性或差别性的形式，这就是作为认识的理念，……第三个形式，即绝对理念。这就是逻辑发展过程的最末一个阶段……"① 就是说，绝对理念是理念自身辩证发展的必然结果和最后阶段。绝对理念是以理念本身为对象的。它既是理论的和实践的理念的统一，也是生命的理念与认识的理念的统一。理念作为主观的和客观的理念的统一，是概念和客观性的绝对统一，"这种统一乃是绝对和全部的真理"。② 所以，绝对理念也就是绝对真理。达到了绝对真理，也就是实现了绝对理念的全部内容。在这里，一切都统一起来了，理念达到了最高的自由境界，于是，理念也就从纯粹思维领域，自由地外在化为自然。正像黑格尔自己所说，享有绝对自由的理念，"它不仅仅过渡为生命，也不仅仅作为有限的认识，让生命映现在自身内，而是在它自身的绝对真理性里，它自己决定让它的特殊性环节，或它最初的规定和它的异在的环节，直接性的理念，作为它的反映，自由地外化为自然"。③

---

① 黑格尔：《小逻辑》，贺麟译，商务印书馆 1980 年版，第 404 页。
② 同上书，第 421 页。
③ 同上书，第 427—428 页。

　　黑格尔提出绝对真理的概念，在真理过程论中是有重大意义的。首先，黑格尔所讲的绝对真理是指真理作为过程的最终结果。理念作为真理，本质上是一个过程。作为绝对真理的绝对理念的出现，不是在过程的开始，而是在过程的终了。黑格尔把绝对理念安排在他的逻辑学的最后一章，绝不是偶然的，而是按照历史和逻辑自身的安排。在他看来，绝对，本质上是结果，不过，结果和过程是不能分开的。没有哪个结果不是演化过程的结果，也没有哪个结果不是处于新的演化过程中。所以，绝对与其说是演化过程的结果，又毋宁说是在演化过程中。列宁在谈到这个问题时曾指出：真理不是在开端，而是在终点，更确切些说，是在继续中。

　　黑格尔认为，由于真理（理念）是一个过程，所以通常用来表述绝对的一些说法，如说绝对是有限和无限的统一，是思维和存在的统一等等，就都是错误的。因为这种统一表达的是一种抽象的、始终静止的、固定的同一性，而不能表达理念的辩证过程。同时，就理念是主观性来说，上面所说的那种抽象同一性也同样是错误的。因为按照那种看法，无限与有限、主观与客观、思维与存在，好像只是中和了似的。但在理念自身的辩证过程中，"无限统摄了有限，思维统摄了存在，主观性统摄了客观性"。[①] 这就是说，在理念的否定的统一里，占主导地位，起主导作用的是无限、思维、主观性；而不是无限与有限……的中和。也就是说，在黑格尔看来，只有运动，只有打破统一的否定，只有辩证过程才是绝对的；静止的、抽象的同一性，是不能称为绝对的。列宁对黑格尔的这一思想是很重视的。曾提示人们要"**注意**这点"。[②]

_____

① 黑格尔：《小逻辑》，贺麟译，商务印书馆 1980 年版，第 403 页。
② 《列宁全集》第 38 卷，人民出版社 1959 年版，第 214 页。

其次，黑格尔所讲的绝对真理包括真理作为过程的全体。在黑格尔看来，只有复杂万状的全体，才能称之为"绝对"；绝对真理乃存在于全体之中。宇宙作为全体来说，它的任何一部分的性质都要受到这部分对其他各部分和对全体的关系的影响。因此，只有作为全体的宇宙的性质是绝对的，其中任何一个部分的性质都只能是相对的。部分总是全体的有机组成部分，它只有在全体中才有其意义，如果把它和全体分割开来，孤立起来，那就不再显出其真面目，而会改变其性质。因而，只有正确把握全体的认识，才是绝对真理；对任何部分事物的把握，都不可能十分的真。

由于绝对是全体，所以，作为绝对真理的绝对理念，也就是自己思维着自身的理念。因为，"理念是唯一全体"，[①] 宇宙间的其他一切只不过是理念演化过程中的各个环节和部分。

因为理念本质上是过程，所以全体只有在理念完整的演化过程中才能实现。先前说绝对本质上是结果，但这样的结果并不是完整的全体；真正的全体必须是理念的全部发展过程及其结果。所以，绝对真理必须包括真理作为过程的全体。也就是说，绝对真理是真理发展的全部过程及其结果，亦即理念自身发展的整个体系。

再一点，黑格尔所讲的绝对真理是一种普遍性的东西；它既是最抽象的，也是最具体的。黑格尔说，"一说到绝对理念，我们总会以为，现在我们总算达到至当不移的全部真理了。……但理念的真正内容不是别的，只是我们前此曾经研究过的整个体系。按照这种看法，也可以说，绝对理念是普遍，但普遍并不单纯是与特殊内容相对立的抽象形式，而是绝对的形

---

① 黑格尔：《小逻辑》，贺麟译，商务印书馆 1980 年版，第 427 页。

式，……"① 在这绝对的形式中，含有全部规定和全部范畴的内容。所以，绝对真理虽然是一种普遍性的东西，但它并不是纯粹抽象的，而是非常具体的，有着丰富内容的。在这儿，黑格尔打了一个生动的比喻，他把绝对理念（绝对真理）比作老人。他说，老人讲的那些宗教真理，虽然小孩子也会讲，可是对于老人来说，这些宗教真理包含着他全部生活的意义。小孩也懂宗教的内容，可是对小孩来说，在这个宗教真理之外，还存在着全部生活和整个世界。"同样，绝对理念的内容就是我们迄今所有的全部生活经历。那最后达到的见解就是：构成理念的内容和意义的，乃是整个展开的过程。"② 所以，要把握绝对理念，不仅要了解理念的最一般、最普遍的本质，而且更重要的还要掌握它的整个发展过程。理念的活生生的发展，就是理念的内容。它发展的每一个阶段，都是对于绝对的一种写照，是绝对的一种形象、表现，不过那都是有限的。扬弃了这种有限性，就达到了绝对理念（绝对真理）。

由此可见，黑格尔对绝对真理的论述是和他的关于真理是过程的思想紧密联系在一起的；绝对真理的概念是作为真理过程的范畴提出来的，是他真理过程论的重要组成部分。关于绝对真理的这些论述，包含着许多合理的、有意义的成分，不少是很精辟的，对于我们理解真理过程有很重要的意义。列宁对于黑格尔的这些论述很重视。在《哲学笔记》中，在不少地方做了称赞性的旁批。事实上，马克思主义哲学对黑格尔关于绝对真理的论述是采取了批判吸收的态度，批判了它的神秘主义的东西，把被它头脚倒置的地方重新倒置过来，吸收了它的合

---

① 黑格尔：《小逻辑》，贺麟译，商务印书馆 1980 年版，第 422—423 页。
② 同上书，第 423 页。

理成分。这一点，我们下面还要谈到。

在这里还有一点，我们应该注意到，就是黑格尔关于绝对真理概念的论述，是在批判康德的不可知论的情况下提出的。了解这一点，对于理解黑格尔论述的意义是相当重要的。康德把自在之物的现象和自在之物自身分割开来，又把人的认识能力区别为几种情况。他认为，"感性"和"知性"这两种先天的认识能力只适用于现象世界，只能认识自在之物的现象，而不能认识自在之物本身。"理性"则和"感性"、"知性"不同，它是企图超越现象世界去把握自在之物自身的一种先天的认识能力。但是，康德证明，当"理性"企图超越现象世界去认识自在之物的时候，"理性"自身就要陷入谬误推理或"二律背反"。就是说，自在之物是无法认识的，是不可知的。人只能在相对的意义上把握自在之物的现象，而不能在绝对的意义上把握自在之物自身；只能认识事物的现象，而不能认识事物自身和它的本质。这是康德关于真理不可知的理论。黑格尔批判了康德的这种理论。他指出把事物的现象和本质割裂开来是错误的；真理是可以达到的；人把握真理有一个过程。在他的真理是过程的理论中，又提出了绝对真理的概念，这就为进一步批判康德关于自在之物不可知、事物的本质不可认识的观点，做了理论上的论证。可见，黑格尔关于绝对真理是真理过程的结果，是对理念全体的认识，是对理念的最普遍本质的认识，又是最具体的认识等等论述，都是有针对性的。从这里我们也可以看到黑格尔对绝对真理论述的积极意义。

但是，黑格尔对绝对真理的论述毕竟又是有严重缺陷的。这主要表现在以下几个方面：第一，黑格尔所讲的绝对真理是一种纯粹的观念的东西，是理念自身发展的最高阶段。在黑格尔看来，一切现实的存在，只不过是理念的外化，是理念发展的某一有限阶段。这就使黑格尔陷入幻觉。一方面表现出了他的绝对真理概念的唯心主义性质；另一方面，又使他达到绝对真理的过程带上了神秘主义的色彩。第二，按照辩证法，按照黑格尔有关绝对与相对范畴的观点，以及他对绝对真理范畴的论述，本应该在论及绝对真理的同时提出相对真理的概念，但他却没有做到这一点。他只提出了绝对真理，而没能提出相对真理；没能把绝对与相对的范畴同时引入真理论。这就使他对绝对真理的论述，在不少地方显得缺点儿什么，显得贫乏和呆板。在黑格尔的论述过程中，在许多地方，相对真理这个概念似乎已经到了他的嘴边，但他却没有能说出来。这不能不说是一个很大的缺憾。第三，正因为黑格尔只提出了绝对真理，而没有能同时提出相对真理，没能把绝对真理和相对真理对应起来讲；特别是他把理念经过一个逻辑过程发展到绝对理念（绝对真理）说成是达到了最高的自由境界，在这里一切矛盾都得到了调和，发展也终止了；而且他还把自己的唯心主义体系说成就是这样现实的绝对真理，这就把辩证法拖进了死胡同，也暴露出了他的绝对真理概念的形而上学性质。这也是黑格尔的真理过程论的不彻底性的表现。

总之，我们对黑格尔关于绝对真理概念的提出和论述，应该采取分析的态度，既不应该全盘肯定，也不应该简单否定；既要看到它对真理过程论的贡献，又要看到它自身的严重缺陷。

黑格尔对绝对真理概念的提出和论述，为他的真理过程论丰富了内容，增添了光彩。这也是赫拉克利特的朴素唯物主义真理过程论所远不能及的。但是，由于黑格尔只提出了绝对真理的概念，而且对它的论述也有严重缺陷，所以，他仍然没有能够真正解决真理过程的运动形式和规律的问题。

（三）马克思主义哲学同时提出相对真理和绝对真理概念的依据

同时提出相对真理与绝对真理的概念，并把它们对应起来论述，这是到马克思主义哲学的真理过程论才做到的事。马克思主义哲学之所以这样做，是由于它能在以往哲学一切优秀成果的基础上，把唯物辩证法引进真理论并且贯彻始终的缘故。

相对与绝对是唯物辩证法的一对重要范畴。这对范畴深刻地揭示了事物处于发展过程中自身所表现出的矛盾性质。譬如，事物处于发展过程中，必然会出现总体与部分、过程与阶段、运动与静止等等的矛盾；这些矛盾的双方有一个共同的、内在的关系，那就是绝对与相对的关系。所以，也可以说，绝对与相对是用以揭示事物处于发展过程中的总体与部分、过程与阶段、运动与静止等等矛盾双方相互关系的性质的。所谓绝对，就是无条件的、永恒的、无限的；所谓相对，就是有条件的、暂时的、有限的。但是，我们不能把绝对与相对的关系仅仅归结为无条件与有条件的关系。无条件与有条件，只是绝对与相对概念的一个重要方面的含义，而不是它的全部含义。由于绝对和相对是一对高度概括、高度抽象的概念，或者说，它是在唯物辩证法的结构中处于较高层次的范畴，所以，为了说明这对范畴的含义，我们只能从物质世界的时间（永恒的，还是暂时的）、空间（无限的，还是有限的）、条件（无条件的，还是有条件的）三个最高的方面去规定和揭示。

相对与绝对作为唯物辩证法的一对高度抽象的范畴，包含着非常丰富的具体的内容。它既适用于揭示客观事物处于发展过程中所表现出的矛盾性，也适用于揭示正确反映客观事物的真理过程中的内在的两重性。把相对与绝对的概念同时引进真理过程论，这样就产生出了相对真理与绝对真理的概念。

当然，马克思主义哲学之所以能同时提出相对真理与绝对真理的概念，并把它们对应起来加以论述，这并不是随意地、单纯地把相对与绝对概念引入真理过程论的结果；而是在研究了真理过程的内在矛盾，运动形式及其规律的基础上提出来的。提出相对真理与绝对真理的概念，并不是单纯的概念的逻辑推导，而是有着充分的科学依据的。这就是：

第一，作为真理内容所反映的客观世界既是绝对的，又是相对的。对整个人类来说，它要认识的是整个物质世界；要探索和寻求的真理是对整个物质世界的正确认识。整个物质世界包罗万象，它的存在是无条件的；在时间上无始无终，是永恒的；在空间上无边无际，无论在宏观方面还是微观方面都是无限的。所以，就物质世界的总体来说，是绝对的。然而，这包罗万象的世界又是由许许多多非常有限的部分构成的。这些有限的部分，它的存在是有条件的，它要受周围其他部分的制约，在时间上是有始有终的。所以相对于整个物质世界，它的每一个部分，每一个阶段，又都是相对的。物质世界处于一个不断地运动、变化的过程中。运动、变化对于任何事物来说，都是无条件的、永恒的，因而是绝对的。然而，运动又是由静止来表现的，在无穷的变化中总有着有穷的不变。而且，没有静止，运动是不可被把握的。不过，这种静止却是有条件的、暂时的，所以是相对的。事物运动的源泉在于事物内部的矛盾性。矛盾有普遍性和特殊性，矛盾的双方有斗争性和同一性。矛盾的普遍性和斗争性是无条件的、永恒的、绝对的；矛盾的特殊性和同一性则是有条件的、过渡的、相对的。等等。这些都是绝对真理和相对真理的客观基础。就是说，既然客观世界本身具有绝对性和相对性，那么，作为正确反映客观世界的真理也就不能不具有绝对性和相对性。

第二，真理是主观对客观的正确反映。人能否达到真理，能达到什么程度以及达到的方式，等等，这不仅取决于认识的客体方面，而且取决于认识的主体方面，其中特别是取决于人的认识能力。人的认识能力存在着内在的矛盾，即人的认识能够正确地反映客观事物的能力既是绝对的，又是相对的。从认识的本性、使命、可能和历史的终极目的来说，人的认识是绝对的。但是，就它的个别实现和每一次的现实来说，人的认识又是相对的。这就是说，人的认识能力的绝对性给我们提供了可以达到绝对真理的可能和保证；可是认识能力的相对性，则又决定了我们所能达到的现实真理只能是相对真理。可见，认识能力的内在矛盾也是造成真理处于过程中的两重性的原因之一。

第三，真理的发生原因是实践。前面已经说过，实践具有两重性，即具有绝对性和相对性。由于实践具有绝对性，所以通过实践得到的真理，也必然具有绝对性。但由于实践又具有相对性，所以即使通过实践得到的真理，也总是不可避免地带有相对性。这就是说，从真理的发生原因上看，在真理的过程中也必然发生绝对真理和相对真理的矛盾。

以上三点，是前面已经比较详细地分析过了的。从那里我们可以自然而然地提出相对真理与绝对真理的问题。除此而外，还有一点是这里应该稍加详细说明的，那就是：

第四，作为检验一个认识是否具有真理性的实践标准，也有两重性。列宁在论述实践标准时，一方面，首先肯定生活、实践的观点应当是认识论的首要的基本的观点；同时，另一方面，他又强调地指出了实践标准的两重性。他说，"当然，在这里不要忘记：实践标准实质上决不能完全地证实或驳倒人类的任何表象。这个标准也是这样的'不确定',以便不至于使人的知识变成'绝对',同时它又是这样的确定,以便同唯心主义和不可知论的一切变种进行无情的斗争"。[①]就是说,和世界上一切事物无不具有两重性一样,实践标准亦有两重性;确定性和"不确定"性。

实践标准的确定性,是指实践作为检验一个认识是否具有真理性的标准,是无条件的、绝对的。主要表现为实践是检验真理的唯一的、最终的标准。

一个认识是否具有真理性,就是说,它是否正确地反映了客观事物及其规律?这个问题在纯客观方面或纯主观方面,都是得不到回答的。因为,"当事者"的一方不能成为这一是非的仲裁人。客观事物固然不会开口说话;认识自身也不能给自身做证。只有一个和认识有直接联系,又能起到沟通主体和客体、主观和客观关系的作用,并且能从感性方面、物质方面表现出来的东西,才能担当起检验认识是否具有真理性的任务。那就是实践。实践和认识有着密切的关系。它一方面是沟通主客观的桥梁;另一方面又是从物质方面体现着主客观的矛盾统一。这样,它就具有直接现实性的品格。作为有直接现实性品格的实践,它是感性的、物质的、客观的;因而是胜于雄辩的。所以,只有实践才能成为检验认识是否具有真理性的唯一最终标准。

我们强调实践是检验真理的唯一标准,并不意味着忽略逻辑证明在判断一个认识是否具有真理性过程中的作用。认识从实践开始,由感性上升到理性。这个理性认识是否正确地反映了客观事物的规律性,对于许多较复杂的科学理论来说,在用实践检

---

① 《唯物主义和经验批判主义》,《列宁全集》第14卷,人民出版社1957年版,第142页。

验它之前，常常先对它进行逻辑验证。即根据已经经过实践证明
为正确的认识，运用正确的逻辑规则，来检验这个新认识是否符
合逻辑。如果符合，那么，从逻辑的角度说，它就是正确的。因
而是可以信赖的。所以，我们可以把经过逻辑证明为正确的认
识，叫作逻辑真理；经过实践证明为正确的认识，叫作现实真
理。逻辑真理是现实真理的前奏、先身、环节。毛泽东在《实
践论》中有这样一段话，他说："许多自然科学理论之所以被称
为真理，不但在于自然科学家们创立这些学说的时候，而且在于
为尔后的科学实践所证实的时候。马克思列宁主义之所以被称
为真理，也不但在于马克思、恩格斯、列宁、斯大林等人科学地
构成这些学说的时候，而且在于为尔后革命的阶级斗争和民族
斗争的实践所证实的时候。"① 这里说的自然科学理论在为自然
科学家们创立的时候就被称为真理，马克思列宁主义在被马、
恩、列、斯等人科学地构成的时候就被称为真理，这种真理，我
以为，就是逻辑真理。因为，这时候，这种理论和学说，只为逻
辑证明为正确。这种理论和学说，只有在为之后的科学实践和革
命的阶级斗争、民族斗争实践所证实的时候，它们才由逻辑真理
变为现实真理。

　　真理对于实践具有巨大的指导作用。按照真理去做，就能
取得成功；违背了真理，就必然失败。这里说的真理，主要指
现实真理，就是经过实践检验过的正确认识。譬如，大部分生
产实践就是在现实真理的指导下进行的。但是，我们也不能忽
视逻辑真理对我们行动和实践的巨大指导意义。我们也有许多
的实践，如科学实验，包括工厂的新产品试制和农村的试验
田，就是在逻辑真理的指导下进行的。阶级斗争的大部分场

① 《毛泽东选集》第 1 卷，人民出版社 1955 年版，第 281 页。

合，也是在逻辑真理的指导下进行的。马克思主义的共产主义
学说，应该说一部分已为实践证明为现实真理，一部分正为实
践证明着，但仍为逻辑真理。我们必须为共产主义事业的胜利
努力奋斗。因为，实践和逻辑都证明，共产主义学说是现今最
具有科学性真理性的学说，因而也是最先进最革命的学说。我
们为共产主义的实现而斗争，也就是为真理而斗争，也就包含
着为部分的逻辑真理而斗争。所以，如果不承认逻辑真理，不
承认逻辑真理对三大革命实践的科学指导作用，那就会把科学
预见说成是乱猜的结果，把创造发明看作是乱碰的结果；那也
不会有革命的理想和科学的信念。要是那样，社会的前进只能
靠乱碰，而不是靠真理的指引；或者，真理永远只能是"事后
诸葛亮"。

　　但是，尽管逻辑真理对我们的革命实践有着不可轻估的指
导作用，而它的力量源泉仍然来自于实践。首先，逻辑真理是
由逻辑证明而来的；而逻辑证明所依据的前提的正确性和逻辑
规则的正确性都来源于实践。其次，逻辑真理只是人们获得客
观真理过程中的一个阶段。人的认识绝不以得到逻辑真理为满
足；而是要通过实践的过程，使它转化为现实真理。这个转化
是非常要紧的。一方面，只有通过转化才能有现实的力量；另
一方面，从转化的几种可能的情况看，也见其经过这个过程的
重要。一般说来，逻辑真理是可以信赖的，它可以通过实践转
化为现实真理；但有的则是部分地转化为现实真理，部分地需
要修改；有的则完全转化不了（当然，情况和原因也是多样
的）。这几种情况，在社会历史领域和科学技术史中都是屡见
不鲜的。譬如，马克思和恩格斯预言的社会主义革命只能在几
个发达的资本主义国家，同时取得胜利。这只是一个逻辑真
理，它并没有能转化为现实真理。又如，自然科学史中有这样

一件事：1934 年，意大利物理学家费米和他的同事们利用慢中子来轰击一种元素时，经常会使被轰击元素转变为原子序数比它大 1 的元素。他们用这种方法，共使 37 种元素发生上述情况。既然如此，能不能够使铀转变成第 93 号元素——一种在自然界中不存在的人造元素呢？于是，费米的小组着手用中子来轰击铀，并获得了一种产物。他们按以往的科学成果和经验，以为他们所获得的产物无疑是第 93 号元素。用逻辑证明来检验，这种认识是正确的。但是，通过科学实验，他们观察到的现象比预期的要复杂得多，一时无法解释。以后人们循着这些现象进行追索，终于发现，费米所做的这个实验实际上并不是"制成"了一个新元素，而是把铀原子分裂成大致相等的两半。这就是重原子核裂变的发现，也是人类接触原子能的开始。

这件事说明，在复杂的科学研究中，逻辑证明即使根据真实的前提，又严格按照一定的逻辑规则进行推理，仍然不能保证结论的绝对正确。一个认识到底是不是真理，仅通过逻辑证明还是不够的，最终还必须用实践来检验。这是因为，在逻辑证明中，如果由对事物的个别性的认识进到对事物的规律性的认识，运用的是归纳法。而"以最简单的归纳方法所得到的最简单的真理，总是不完全的，因为经验总是未完成的"①。所以，人们就有可能通过新的实践和经验，发现例外的事实，推翻已有的结论。如果由对事物的一般性的认识进到对事物的个别性的认识，则要运用演绎法。演绎法的前提最终也要通过归纳法得来。所以，在演绎法的前提中就可能包含着某些差错。这些例外和差错，在逻辑范围内是得不到解决的，而必须通过

① 《哲学笔记》，《列宁全集》第 38 卷，人民出版社 1959 年版，第 191 页。

反复的实践来检验。也就是说，一个认识经过逻辑证明的检验，可以初步判断出它的真理性；但是，它到底是不是真理，归根到底还要由实践来检验。由此可见，实践是检验真理的最终标准。这一点也是确定不移的。

实践标准的确定性还表现在无限发展着的实践对任何认识都可能做出确定的检验。有些认识到底是真理，还是谬误，由于当时的实践水平所限，还难以做出判断。但是，实践是不断发展的，随着实践水平的提高，实践终究有办法证实或驳倒这些认识。比如，从前对月亮背着地球的那半面的情况一直是个谜，如今有了宇宙飞船，人就可以亲自登上月球进行考察。昨天不能被证实（或证伪）的东西，今天可以被证实（或证伪）；今天还不能被证实的东西，随着实践的发展，明天将可以得到证实。这是由实践标准的确定性决定了的。

总之，实践是检验真理的唯一的、最终的、归根到底的标准；这一点是无条件的、永恒的、确凿不移的，因而是绝对的。这就是实践标准的确定性的含义和表现。由于实践标准有确定性，所以，它成为我们向各种形式的唯心主义、唯意志论、僧侣主义和不可知论进行斗争的锐利武器。

但是，实践标准还有"不确定"性，就是说，实践作为真理的检验标准，又是有条件的、相对的。它主要表现于：实践标准实质上绝不能完全地证实或驳倒人类的任何认识。这里大致有两种情况，一种是人们的某些认识（包括理论、意见、办法等）是真理还是谬误，在一定的历史条件下，还根本没有办法用实践去检验它。譬如，关于天体起源与演化的学说，关于生物起源和生物进化的学说，关于人类起源和史前史的学说以及宇宙除了地球之外还有没有生命存在，还有没有具有高等智慧的生物存在，等等，这些问题直到今天，我们还不能、还没有办法直接用实践去检验。就是说，实践标准还有它的局限性，实质上还无法完全证实或驳倒人类的一切认识。

另一种情况是，一定历史条件下的实践，对某些认识（包括理论、意见、办法）的真伪只能做一个大致的判断；而对一个基本正确的认识中包含着的某些错误因素、成分或对一个基本错误的认识中包含着的某些正确因素、成分，却不能鉴别、判明。这也是实践标准"不确定"性的表现。这是因为，我们所需要用实践来进行检验的认识，是理性认识。理性认识是带普遍性的、对事物的本质和规律性的认识。而实践则是一种有限的、具体的感性活动。所以，用实践来检验一个认识是不是真理，就发生一个个别和一般、感性和理性的矛盾。这个矛盾只能在一个长过程中求得解决。而对某一个具体实践或者某一个具体时代的实践来说，则是不可能完全解决的。就是说，个别事例不可能完全地证实一般原理，感性的东西也不可能完全地证实理性的东西。一句话，实践标准实质上不可能完全地证实或驳倒人类认识的一切方面。比如牛顿把物体的运动规律归结为三条运动基本定律和一条万有引力定律，由此建立起一个完整的力学理论体系。这个理论体系，在人们日常的生产实践和科学实验（包括科学观察）中，确实是得到一个又一个的事实证明它是正确的。于是它被称为整个自然界都要服从的"永恒定律"。可是，这个带有普遍性的结论，在达 200 年之久的众多个别的、具体的实践中，却不能完全地得到证实或驳倒。只在后来，随着实践的发展，人们发现当物体运动速度接近光速的时候，并不服从牛顿力学这个"永恒定律"。这时实践才揭示出上述一般性结论中的差错。这就告诉我们，用实践标准检验理性认识，正像用归纳法从特殊推知一般一样，总是不完全的。

　　客观事物具有质的多样性。而我们通过一定的实践，只能认识和实践相对应的那个方面的质，不可能同时认识事物全部的质。同样，某种实践所检验认识的正确性，也只是对事物某个方面或某几个方面认识的正确性，而不可能完全地证实所有方面的正确性。比如，光既具有微粒性，又具有波动性，是微粒性和波动性的统一。我们从一定的科学实验中可以得到对光的波动性的证明，又从另一些实验中得到对光的微粒性的证明；在证实光的波动性时，不能对它是否具有微粒性做出判断；而在证实它的微粒性时，也不能驳倒它还具有波动性。正如列宁所指出，"同实在事物的无限多的方面中的一面相符合的标准（＝实践）"。①

　　每一个历史条件下的具体的实践，作为检验真理的标准总是有条件的、暂时的、相对的；因而它不能完全地证实或驳倒人类的任何表象。这就是实践标准的"不确定"性的含义和表现。

　　实践的历史局限性是实践标准"不确定"性的外在的、客观的原因。每一个具体的实践都有它的历史局限性；但实践又是变化的、发展的。正是通过实践发展的过程，才使实践标准的"不确定"性不断显现出来。

　　实践标准的"不确定"性和确定性一样，都是建筑在客观性基础上的。不能把确定性理解为可靠性，把"不确定"性理解为不可靠性。如果那样，那就离开了它的客观性，也就否定了"把实践标准作为唯物主义认识论的基础"。② 实践标准的"不确定"性，并不是说经过实践证实了的认识以后又会为新的实践所推翻，经过实践否定了的认识以后又会为新的实践所

①　《哲学笔记》，《列宁全集》第38卷，人民出版社1959年版，第310页。
②　《唯物主义和经验批判主义》，《列宁全集》第14卷，人民出版社1957年版，第137页。

肯定。而是说，一定水平的实践总是带有这样那样的局限性，它不可能对人类的任何认识做出完满的全面的检验。所以，我们不应该，也不能把经过某种实践检验过的知识绝对化；因为它只在某种范围、某种程度上得到检验；其中还包含着某些并没有被实践证实或驳倒的成分、因素、部分、方面。

实践标准的确定性与"不确定"性之间的关系是辩证的。没有哪项实践作为检验真理的标准只具确定性，而不具"不确定"性；也没有哪个实践标准只有"不确定"性，而没有确定性。实践是检验真理的唯一的、最终的标准；但它实质上又不能完全地证实或驳倒人类的一切认识和认识的一切方面。经过实践检验过的知识是唯一可靠的，但在这知识中可能又包含着没有经过检验的部分、成分。实践标准的确定性要通过"不确定"性来表现。但在"不确定"性中有着确定性。正因为如此，所以我们在运用这个标准时，必须善于辩证地掌握和思考。既要在"不确定"性中把握确定性；又要在确定性中看到"不确定"性。只有这样，才能正确地坚持实践是检验真理标准的科学论断。

既然实践标准有两重性，那么，从对真理的检验上说，便决定着真理也有两重性。由于实践标准有确定性，所以，经过实践检验为正确的认识，它的真理性是绝对的；但是，实践标准又具有"不确定"性，所以，即使经过实践检验为正确的认识，它的真理性也只是有条件的、相对的。

总之，无论从真理的客观基础，从真理的源泉上说，还是从真理的主体性环节，从人的认识能力的内在矛盾上说，以及从真理的发生上和真理的检验上说，真理作为过程必然有着自身的两重性。这也就是辩证唯物主义的真理过程论同时提出相对真理和绝对真理的概念，把它们对应起来论述，并作为真理过程论的范畴的原因和依据。

二　相对真理与绝对真理概念的总含义和各种具体含义

为了完整准确地把握相对真理与绝对真理概念的科学含义，首先必须注意到马克思主义哲学是把相对真理与绝对真理归属于真理过程论的范畴的。就是说，相对真理与绝对真理是用以揭示真理处于发展过程中自身所包含的两重性的。

真理是人的认识对客观事物及其规律的正确反映，也就是主观和客观相符合，思想和客体相一致。主观和客观的符合、思想和客体的一致，乃是一个过程。在这个过程中，作为主观和客观相符合、思想和客体相一致的真理，不是没有矛盾的，而是包含着极强烈的内在矛盾。这个矛盾正表现为主观和客观既相符合，又不是绝对地符合，思想和客体既相一致，又不是绝对地一致。这就产生了一个主观和客观相符合、思想和客体相一致的绝对性和相对性的问题，也就是绝对真理和相对真理的问题。绝对真理和相对真理就是用以表示处于发展过程中的真理的这种内在矛盾的。真理正是由于其自身包含着（思维和客体相一致的）相对性和绝对性的矛盾，才成为一个过程；正由于这种矛盾的运动变化，才使思维对客体处于一个永远的、没有止境的接近的过程中。所以，相对真理和绝对真理是真理过程的两个环节。相对真理和绝对真理不是静态的、僵死的东西，而是用以表现真理作为动态过程的范畴。因而，要把握这两个概念的含义，就必须把它们放到真理的过程中来考察。也就是说，要懂得思维和客体一致的相对性和绝对性是什么意思，就必须把它们放在思维和客体一致的过程中来了解。不懂得或离开思维和客体的一致是一个过程，就不能确切地把握思维和客体一致的相对性和绝对性的含义。

对什么是相对真理，什么是绝对真理，马克思主义经典作家并没有专门为此下过定义。但却在不同场合对这两个概念做过论述。

在马克思主义哲学中，第一次同时提出绝对真理与相对真理概念的是恩格斯。恩格斯在《反杜林论》、《自然辩证法》、《费尔巴哈与德国古典哲学的终结》等著作中，多次提出了绝对真理与相对真理的问题。在这些著作中，恩格斯还把无限与有限、永恒与暂时、至上与非至上、无条件与有条件、绝对与相对，等等，这些同绝对真理与相对真理相关的概念对应起来做了辩证的分析。在恩格斯之后，列宁对相对真理与绝对真理的问题也做了许多论述。特别是在《唯物主义和经验批判主义》一书中，应该说，列宁对这个问题做了更系统的论述。以后，毛泽东结合中国革命的经验，也对这个问题进行了形象生动的论述。

在恩格斯、列宁、毛泽东的论述中，有一个共同的地方，就是他们都把相对真理和绝对真理作为真理过程的范畴，用它们来表达真理是一个动态的过程，表述真理作为过程自身的矛盾性；因而，总是把这两个概念联系到一起，对应起来加以阐述。对这两个概念的实质、含义做了最概括性表述的是列宁。列宁在《唯物主义和经验批判主义》一书中指出，"（一）有没有客观真理？就是说，在人的表象中能否有不依赖于主体、不依赖于人、不依赖于人类的内容？（二）如果有客观真理，那么表现客观真理的人的表象能否立即地、完全地、无条件地、绝对地表现它，或者只能近似地、相对地表现它？"列宁接着指出，"这第二个问题就是关于绝对真理和相对真理的相互关系问题"。① 在这里，列宁虽然不是在给客观真理、绝对真理和相对真理下定义，然而，透过列宁的这些话，我们却可以自然地领会到这三个概念的含义以及它们相互之间的关系。

客观真理，强调的是真理性认识中包含着不依赖于认识主体的客观内容。亦即客观真理强调了认识对象的第一性，认识的第二性；没有被反映者，就没有反映。这说的是真理论的唯物论。辩证唯物主义的真理论认为，一切真理都是客观真理，它断然否定主观真理论。然而，这里并没有完全否定真理的主观性方面。因为真理是主观对客观的反映；既然是反映，它就不能没有反映主体，也就不可能把反映内容与反映主体完全分离开。但是，并不能由此得出真理是主观的结论。实践证明真理是客观的判断的正确性。不过，辩证唯物主义的真理论又认为，人把握客观真理有一个由相对到绝对的过程。就是说，客观真理本身是一个过程。这就是上面所引的列宁所讲的第二个问题，即绝对真理和相对真理的问题。列宁的意思很清楚，真理是客观的，客观真理是一个过程，绝对真理和相对真理就是用以表示这个过程的。所谓绝对真理，就是人的认识对客观世界及其无穷本质完全地、无条件地、绝对地正确的反映；相对真理则是人的认识对客观世界及其本质不完全地、近似地、有条件地、相对地正确的反映。显然，绝对真理和相对真理是相对应的，是相比较而说的。正如不能把相对和绝对、有限和无限、有条件和无条件等等分割开来一样，也不能把相对真理和绝对真理分割开来。没有离开相对真理的绝对真理，也没有离开绝对真理的相对真理。绝对真理和相对真理的关系是辩证的关系。我认为，这就是列宁对相对真理和绝对真理这两个概念

① 《列宁全集》第14卷，人民出版社1957年版，第120页。

的实质和含义所做的最精辟的概括。

列宁的这个概括，是在他研究了恩格斯对相对真理与绝对真理的有关论述之后做出的；也是针对马赫主义者在这个问题上制造的混乱，特别是针对俄国马赫主义者对恩格斯的攻击而做出的。所以，列宁对相对真理和绝对真理含义的概括，同恩格斯有关论述的精神实质是一致的；并且列宁是在理论的更深一个层次上揭示了这两个概念的实质，因而，它也就更具有概括性。显然，列宁这里所概括的是这两个概念的总含义，其他的只是从不同方面揭示的这两个概念的具体含义。具体含义是总含义的展开。

那么，相对真理和绝对真理除了上面所讲的总含义以外，马克思主义经典作家到底还从哪些方面揭示了它们的具体含义呢？或者说，这两个概念还有哪些具体含义呢？

第一，为了同形而上学的绝对主义划清界限，马克思主义经典作家把绝对真理跟相对真理当作对无限发展着的整个物质世界的无限发展的认识跟对物质世界发展某一阶段、部分或某一方面的认识来对比。

真理论上的绝对主义者只承认绝对真理，不承认相对真理，不承认绝对真理是由相对真理构成的。马克思主义以前的许多哲学家，包括黑格尔在内，都喜欢建立一个包罗万象的哲学体系。并且总是趋向于宣布这样的哲学体系是最终解决了整个宇宙的一切问题的"绝对真理"。譬如，黑格尔的哲学，它概括了以往哲学的成果，建立了一个庞大的唯心主义体系。黑格尔宣称，他的哲学已经完成了"理念"的自我认识，是最后的"绝对真理"，因而是全部哲学发展的顶峰，是人类认识的极限。

黑格尔的哲学体系和他的方法是自相矛盾的。黑格尔的方法即辩证的方法，是具有进步意义和革命性质的。在辩证法看来，根本没有什么一成不变的、最终的、绝对的、神圣的东西。一个伟大的基本思想，即认为世界不是一成不变的事物的集合体，而是过程的集合体；其中每一个似乎稳定的事物以及它们在我们头脑中的思想映象即概念，都处在生成和灭亡的不断变化中；在这种变化中，前进的发展，终究会给自己开辟出道路。所以，按照黑格尔的方法，哲学所应当认识的真理，已不再是一簇现成的一经发现后就只需熟读死记的教条。真理是包含在认识过程本身中的，是包含在科学长期的历史发展中的。科学从知识的低级阶段上升到越来越高的阶段，但是科学永远不会达到这样的一点，即永远不会因它在发现了某种所谓绝对真理以后，就再不能越过此点，于是只好惊愕地束手观望这个已获得的绝对真理。也就是说，从辩证法的观点看，人们是不能通过发现所谓绝对真理来达到其智慧上的顶峰的。包罗万象的、最终完成的关于自然和历史的正确认识，是和辩证思维的基本规律相矛盾的。可是，另一方面，黑格尔却又硬说自己的唯心主义体系就是这个绝对真理的全部内容。这样一来，就如同恩格斯所指出的，"黑格尔体系的全部教条内容就被宣布为绝对真理，这同他那消除一切教条东西的辩证方法是矛盾的；这样一来，革命的方面就被过分茂密的保守的方面所闷死"。①

所以，尽管黑格尔哲学的方法是辩证的，他对辩证法做了比较全面的研究；但是，当他宣称自己的哲学是无所不包的绝对真理的体系时，就陷入了形而上学的泥坑。尽管黑格尔"如此强调这种永恒真理不过是逻辑的或历史的过程本身，但是他

————————
① 《路德维希·费尔巴哈和德国古典哲学的终结》，《马克思恩格斯选集》第 4 卷，人民出版社 1972 年版，第 214 页。

还是发现他自己不得不给这个过程一个终点，因为他总得在某个地方结束他的体系"。[①] 因此，黑格尔在这里所讲的绝对真理，仍然没有能超越绝对主义、独断主义的绝对真理的界限。因为这个绝对真理仍然是一个一成不变的概念，是一个脱离了真理过程、没有相对真理与之对应的概念；因而，它也就不是辩证法意义上的绝对真理的概念。

那么，马克思主义哲学是不是排除对整个世界穷尽的、终极的正确认识呢？是不是排除这个意义上的绝对真理呢？当然不是。这是因为，马克思主义哲学是最彻底的世界可知论。在马克思主义者看来，世界上只有现今还没有被认识的事物，而不存在什么根本不可认识的事物。

但是，和绝对主义的真理论不同，马克思主义哲学认为，对整个外部世界的有系统的认识，可以通过一代一代的人，而且也只能通过一代一代人的具体认识才能得到进展。所以，为了和绝对主义划清界限，马克思主义哲学在谈到上述意义的绝对真理的时候，总是强调这种绝对真理必须通过和它相对应的相对真理的无数积累来达到。马克思主义哲学，一方面，承认人的认识可以达到对包罗万象的整个物质世界的正确反映；但另一方面，又强调指出这种认识的达到只能通过一代一代人的巨大进展来实现，而每一代人的再大进展，也只能达到对整个世界的一部分或一个方面的正确认识。也就是说，就全人类对整个世界的认识来说，可以达到绝对真理；就每一代人对整个世界的认识来说，只能达到相对真理。正像恩格斯所指出的，如果我们把黑格尔所讲的那种"绝对真理"撇在一边，就可以"沿着实证科学和利用辩证思维对这些科学成果进行概括的途

---

① 《路德维希·费尔巴哈和德国古典哲学的终结》，《马克思恩格斯选集》第 4 卷，人民出版社 1972 年版，第 213—214 页。

径去追求可以达到的相对真理"。①

那种认为人的认识在某一个特定时期，已经达到了那种包罗万象、确切无误、终极的绝对真理，是根本违反辩证法的，是和辩证法本性不相容的。倘若在某一个时期我们的认识已经掌握了这种绝对真理，那么我们就可以断言，从此以后我们的认识再也没有事可做了。而人类认识的历史和现实告诉我们，这是根本不符合实际的。人类对世界的认识，在深度和广度方面总是不断前进的，又总是不断开辟新的认识领域，提出许多新的认识任务。在我们面前未被认识的事物大大多于已经认识的事物。

因此，按辩证唯物主义的观点，反映无限发展着的整个物质世界的绝对真理，只能在人们世代的无限系列中来达到，只能通过正确反映整个世界发展的每个阶段的一部分或一方面的相对真理的无限积累来实现。关于这一点，马克思主义经典作家说得很清楚。恩格斯说，"思维的至上性是在一系列非常不至上地思维着的人们中实现的；拥有无条件的真理权的那种认识是在一系列相对的谬误中实现的；二者都只有通过人类生活的无限延续才能完全实现"。又说，"人的思维是至上的，同样又是不至上的，它的认识能力是无限的，同样又是有限的。按它的本性、使命、可能和历史的终极目的来说，是至上的和无限的；按它的个别实现和每次的现实来说，又是不至上的和有限的"。②

列宁在《唯物主义和经验批判主义》一书中，谈到恩格斯的这一思想时指出，"在恩格斯看来，绝对真理是由相对真理

---

① 《路德维希·费尔巴哈和德国古典哲学的终结》，《马克思恩格斯选集》第4卷，人民出版社1972年版，第215—216页。

② 《反杜林论》，《马克思恩格斯全集》第20卷，人民出版社1971年版，第94—95页。

构成的"。① 列宁又说，"人类思维按其本性是能够给我们提供并且正在提供由相对真理的总和所构成的绝对真理的。科学发展的每一阶段，都在给这个绝对真理的总和增添新的点滴，可是每一科学原理的真理的界限都是相对的，……"②

毛泽东在《实践论》中，更把绝对真理形象地比喻为一条长河。他说，"在绝对的总的宇宙发展过程中，各个具体过程的发展都是相对的，因而在绝对真理的长河中，人们对于在各个一定发展阶段上的具体过程的认识只具有相对的真理性。无数相对的真理之总和，就是绝对的真理"。③ 很明显，毛泽东这里所使用的绝对真理的概念，自然指的是对无限发展着的整个宇宙及其规律的洞察幽微、包罗无遗的正确反映。这种绝对真理实际包含在一个永恒的过程中。所以，毛泽东很生动地把它比作一条长河。的确，这是一条没有尽头的长河；因而是无限的、绝对的。而相对真理的概念，则是指的对于无限宇宙发展的某个具体阶段的正确反映，因而是有限的、相对的。

总之，在辩证唯物主义看来，整个物质世界的存在和发展是永恒的、无限的、无条件的，因而是绝对的；而它的某个阶段、某个部分或方面，则是暂时的、有限的、有条件的，因而是相对的。对无限发展着的整个物质世界的正确反映是绝对真理，而对它的某阶段、某部分或某方面的正确反映，则为相对真理。当然，有限中包含着无限，相对真理中有着绝对真理的成分。尽管对物质世界的某阶段、某部分的认识在本质上是相对的；但由于部分中有着部分的全体（当然部分决不等于全体），所以，对自然界的一切真实的认识，都是对永恒的东西、

---

① 《列宁全集》第 14 卷，人民出版社 1957 年版，第 133 页。
② 《唯物主义和经验批判主义》，《列宁全集》第 14 卷，人民出版社 1957 年版，第 134 页。
③ 《毛泽东选集》第 1 卷，人民出版社 1955 年版，第 284 页。

对无限的东西的认识，因而本质上又是绝对的。①

第二，为了同哲学唯心主义、真理论上的相对主义划清界限，马克思主义经典作家又把绝对真理跟相对真理当作绝对的客观真理跟近似正确地反映了客观事物及其规律的真理来对照。

唯心主义否认真理的客观性，即否认真理中有不依赖于主体、不依赖于人和人类的内容。客观唯心主义者，例如柏拉图，认为真理是从对神秘的理念世界的回忆中得到的，是纯粹精神性的东西。主观唯心主义者则直截了当地认为一切真理都是主观的、人造的。

真理论上的相对主义，例如俄国的马赫主义者波格丹诺夫等人，他们把相对主义作为真理论的基础，在他们看来，承认我们知识的相对性，就是根本不承认绝对真理，不承认相对真理中包含着绝对真理的成分。这样，相对主义者也就否认了客观真理的存在。因为，否定人的某些认识中的相对性因素而不否定客观真理，是可以的；但是，否定绝对真理而不否定客观真理的存在，是不可能的。正如列宁在批判马赫主义时指出的，在相对主义者看来，既然物理学的一切旧真理，包括那些被认为是不容争辩和不可动摇的旧真理在内，都是相对真理；那就是说，任何不依赖于人类的客观真理是不能有的。列宁在《唯物主义和经验批判主义》一书中，坚决彻底地批判了这种相对主义的观点。列宁认为，新物理学之所以陷入唯心主义，主要就是因为物理学家不懂得辩证法。"不懂得唯物主义辩证法，就必然会从相对主义走到哲学唯心主义"。② 新物理学的物

① 参见《马克思恩格斯全集》第20卷，人民出版社1971年版，第577页。
② 《唯物主义和经验批判主义》，《列宁全集》第14卷，人民出版社1957年版，第326页。

理学家们，"他们反对形而上学（是恩格斯所说的形而上学，不是实证论者即休谟主义者所说的形而上学）的唯物主义，反对它的片面的'机械性'，可是同时把小孩子和水一起从浴盆里泼出去了……他们在坚持我们知识的近似的、相对的性质时，竟否定了不依赖于认识并为这个认识所近似真实地、相对正确地反映的客体"。① 由此可见，在相对主义者眼中的所谓相对真理，乃是一个完全脱离绝对真理的唯心主义的概念。因为，它是不包含任何客观内容的。

为了同这种真理论上的相对主义划清界限，彻底地揭露和批判它的唯心主义和不可知主义的本质，列宁特别把绝对真理和相对真理这两个辩证的概念，当作绝对的客观真理和近似正确地反映了客观事物的真理来加以对照。列宁说，"当一个唯物主义者，就要承认感官给我们揭示的客观真理。承认客观的即不依赖于人和人类的真理，也就是这样或那样地承认绝对真理"。② 又说，"承认自然界的客观规律性和这个规律性在人脑中的近似正确的反映，就是唯物主义"。③ 而人类认识对客观规律所作的近似正确的反映，具有相对性，是相对真理。

为什么说承认了客观真理也就是这样或那样地承认了绝对真理呢？所谓客观真理，是说真理的内容是客观的。任何真理都有着不依赖于人和人类的客观内容。作为真理内容所反映的客观事物及其规律的存在，是无条件的、绝对的；人的认识能够正确地反映它，也是无条件的、绝对的。这是已为人类的千百万次的实践充分证明了的。人类在实践中，表现出来的驾驭

---

① 《唯物主义和经验批判主义》，《列宁全集》第 14 卷，人民出版社 1957 年版，第 276—277 页。

② 同上书，第 131 页。

③ 同上书，第 157 页。

自然、改造自然的成功，正是自然现象和自然过程在人脑中客观地正确地反映的结果。因而，它也就证明了这个反映（在实践向我们表明的范围内）是客观的、绝对的真理。所以，只要承认客观真理，也就是这样或那样地承认了绝对真理。

和绝对的客观认识意义上的绝对真理相对应的相对真理，便是指人的认识对客观事物及其规律的近似正确的反映。关于这一点，17 世纪上半叶法国最著名的唯物主义哲学家比埃尔·伽桑狄（1592—1655）曾经写道，"虽然，要达到完全的真理也许是不可能的，但是我们却一定能达到最接近真理的、最近似真理的东西"。① 这里，伽桑狄一方面肯定了人的认识可以达到真理，反对了怀疑论；另一方面又指出了我们可以达到的真理只是近似的。这些思想是正确的。但他却没能进一步指出"完全的真理"和"近似真理"的辩证关系。马克思主义哲学则从真理是过程的角度，指出了认识对客观事物近似正确反映的意义。列宁还把这种反映称为"近似的"真理。所谓近似，是说客观事物及其规律在每一个具体人或某一代人的头脑中的正确反映，总不是"绝对客观的认识"，而是有条件的、相对的客观认识。我们说，我们的感觉是唯一的和最终的客观实在的映象，"所谓最终的，并不是说客观实在已经被彻底认识了，而是说除了它，没有而且也不能有别的客观实在"。② 人所能达到的现实的认识和客观事物之间总不可能绝对地一致，总有一定的距离。"一个事物的概念和它的现实，就象两条渐近线一样，一齐向前延伸，彼此不断接近，但是永远不会相交"。③ 就

---

① 转引自敦尼克等主编《哲学史》第 1 卷，生活·读书·新知三联书店 1962 年版，第 439 页。

② 《唯物主义和经验批判主义》，《列宁全集》第 14 卷，人民出版社 1957 年版，第 127 页。

③ 《恩格斯致康·施米特》，《马克思恩格斯选集》第 4 卷，人民出版社 1972 年版，第 515 页。

是说，反映和被反映的对象之间总是有差别的。"这种差别使得概念并不无条件地直接就是现实，而现实也不直接就是它自己的概念"。① 比如，反映一个人的照片，甚或立体照片，甚或电影纪录片等等，和这个人本身总不是一回事，总不是绝对地一致的。正像约·狄慈根所说，"图画当然不能画尽对象中的一切，画家当然赶不上他的模特儿。……图画怎么能同它的模特儿'一致'呢？当然，近似是可以的。……每一张肖像都多少是逼真的。但是，所谓十分传真的合适和十分出色却是一种病态想法"。② 同样，人的认识对客观事物的反映，亦是如此。人的认识只能有条件地、近似地把握着永恒运动着的和发展着的客观世界。"人不能完全把握=反映=描绘全部自然界、它的'直接的整体'，人在创立抽象、概念、规律、科学的世界图画等等时，只能永远地接近于这一点"。③ 人对整个客观世界的认识是如此，对客观世界中每一个具体事物的认识也是如此。就是说，虽然不依赖于主体的客观事物的存在是无条件的，人的认识向它的接近也是无条件的；但是，我们的知识向客观的、绝对的真理接近的界限是受历史条件制约的，图画的轮廓是受历史条件制约的。认识对客观事物的反映总是粗糙的、近似的、不完全的或不十分确切的；它随着实践的发展，日趋精确、深入和完全，这意味着向"绝对客观的认识"前进一步。

总之，认识达到客观真理是完全可能的；但是，这里有一个由相对到绝对的过程。人的认识，在一定的历史条件下，一方面，不可能和它所反映的客观对象绝对地一致，而只能近似

---

① 《恩格斯致康·施米特》，《马克思恩格斯选集》第 4 卷，人民出版社 1972 年版，第 515 页。

② 《一个社会主义者在认识论领域的漫游》，载《狄慈根哲学著作选集》，生活·读书·新知三联书店 1978 年版，第 232—233 页。

③ 《哲学笔记》，《列宁全集》第 38 卷，人民出版社 1959 年版，第 194 页。

正确地反映它，只能达到相对真理；另一方面，在近似正确的反映中，已经包含着不依反映者的意志为转移的客观内容，这又是无条件的。这又意味着"这样或那样地"达到了绝对真理。

第三，马克思主义经典作家在运用绝对真理和相对真理的概念时，也把绝对真理当作一种局部的完满的真理，因而也是永恒的真理，把相对真理当作这种永恒真理隐含的条件性来对比。

认识对于一个局部的对象来说，在其具体限定的范围内，是可以提供完满的，因而也是不变的、永恒的、绝对的真理的。譬如，恩格斯举的最著名的例子，拿破仑死于 1821 年 5 月 5 日。这个例子，相对于要说明拿破仑死于公元哪年哪月哪日来说，这是完满的、绝对正确的。又如，二乘二等于四，在十进位的范围内，也是绝对正确的。诸如此类的例子，可以举出很多。

由于恩格斯承认有绝对真理，站在相对主义立场上的俄国马赫主义者波格丹诺夫便攻击他有折中主义。波格丹诺夫在反驳时，便举出了恩格斯在《反杜林论》一书里说到的"拿破仑死于 1821 年 5 月 5 日"的例子。波格丹诺夫说，"这是什么'真理'呵？它有什么'永恒的'呢？"[1]

列宁在批驳波格丹诺夫时指出，这是用响亮的词句来回避问题的做法。列宁说，"如果你不能断定'拿破仑死于 1821 年 5 月 5 日'这个命题是错误的或是不确切的，那么你就得承认它是真理。如果你不能断定它在将来会被推翻，那么你就得承认这个真理是永恒的"。列宁又说，"为什么恩格斯在这里要讲

---

① 转引自《列宁全集》第 14 卷，人民出版社 1957 年版，第 130 页。

'平凡的事'呢？因为他是要驳斥和嘲笑不善于在绝对真理和相对真理的关系问题上应用辩证法的、独断的、形而上学的唯物主义者杜林……杜林到处滥用最后真理、终极真理、永恒真理这些字眼。恩格斯嘲笑他，并且回答说：当然，永恒真理是有的，但是在简单的事物上用大字眼是不聪明的。为了向前推进唯物主义，必须停止对'永恒真理'这个字眼的庸俗的玩弄，必须善于辩证地提出和解决绝对真理和相对真理的关系问题"。①

辩证唯物主义的真理过程论承认存在着上述第三种意义上的绝对真理，但同时又指出，和这种绝对真理相对应的相对真理，即是改变了限定的条件，这种局部的"永恒真理"就会变为不永恒。比如，二乘二不仅等于四，还等于四乘一，八乘二分之一，一加三，十六乘四分之一等等；而且，这只在十进位的范围内，它的正确性才具有绝对的意义。如果离开了十进位的条件，它的正确就再不是绝对的和永恒的了，这就显露出来它的条件性和相对的意义了。

辩证唯物主义上述观点的正确性，已为科学史上的大量事实所充分证明，并为现代科学的发展所不断证实。曾经有许多科学原理、学说，判断被认为是天经地义的、永恒的真理。它们也的确在科学史上居统治地位几十年、几百年。但是，随着科学的发展和人们认识的提高，终于一个一个地打破了它们的永恒性，终于发现了它们也是有条件的、相对的。所以，我们一方面承认局部问题上的永恒的绝对的真理，另一方面又必须善于辩证地提出和解决绝对真理和相对真理的相互关系问题。

那么，这样说是不是存在着三种不同的绝对真理和相对真

---

① 《唯物主义和经验批判主义》，《列宁全集》第14卷，人民出版社1957年版，第131—132页。

理呢？当然不是。因为，这里说的是绝对真理和相对真理这两个概念在不同方面的具体含义，它是受绝对真理和相对真理的总含义制约的，是总含义在不同方面的展开和具体化。如果有人问，到底什么是绝对真理？什么是相对真理？我们可以告诉他，绝对真理就是人的认识对客观世界，特别是它的规律的完全的、无条件的、绝对的正确反映；相对真理则是人的认识对客观世界，特别是它的规律的不完全的、近似的、有条件的、相对的正确反映。如果离开了这个总含义，只注意了某一方面的具体含义，那就不能完整地、准确地理解和说明到底什么是绝对真理，什么是相对真理。如果用某种具体含义来代替总含义，那就会犯以偏概全的错误。比如，有人就把绝对真理仅仅定义为客观真理。那么，相对真理就不是客观真理吗？显然，这是误解了列宁的话。列宁已经明确地指出，有没有客观真理和如何表现客观真理是两个不同的问题，不应把它们混为一谈。后来，在另一个地方，列宁是说，承认客观真理，也就是这样或那样地承认绝对真理。如果把"这样或那样"给抹掉了，那就违背了列宁的原意。列宁说，正是这个"这样或那样"，就把形而上学的唯物主义者杜林同辩证唯物主义者恩格斯区别开来了。

我们必须完整地、准确地理解和说明马克思主义经典作家关于绝对真理和相对真理的论述。比如，上面所讲的关于绝对真理和相对真理的几种具体含义，并不是互不相干，彼此孤立的，而是相互联系、辩证统一的。这表现在马克思主义经典作家无论在哪一种意义上运用这两个概念，始终都是坚持了它们的总含义，坚持了这两个概念是用以表示真理是一个过程的，因而也就坚持了这两个概念之间的辩证关系。所以，我们应该全面理解这两个概念的各种具体含义。我们说认识是变化、发展的，我们在某一阶段所取得的每一个真理总是带有局部的、近似的，因而也是相对的性质时，如果我们不懂得它在第二种意义（客观真理）上的绝对性质的话，是会违背真理具有客观性的基本论点的，会滑向唯心主义。同样，当我们说某些局部的、具体的真理具有绝对性质的时候，如果我们不懂得它在第一种意义（对客观世界的一部分的反映）上的相对性质的话，或者说，如果我们不注意到它是整个人类认识长河的一部分的话，那就会使我们的认识停滞、僵化。如果把绝对真理只理解为第一种意义（对包罗万象的整个世界的穷尽的正确反映），那又会把绝对真理看成是在现实中根本达不到的东西，实际上完全否定了绝对真理。

但是，坚持绝对真理和相对真理的不可分割，坚持任何相对真理中都包含着绝对真理的成分、因素、颗粒，任何绝对真理都要通过相对真理来表现，这又并不是说，绝对真理和相对真理这两个概念的含义就完全等同，没有各自的质的规定性。如果是那样，那就等于取消了真理论中的辩证法。

总之，我们应该把相对真理和绝对真理概念的各种具体含义综合起来加以考察，把握它们的总含义及其各种具体表现，从而正确地理解这两个概念的实质。

三　由相对真理向绝对真理发展，是真理过程的运动规律

（一）真理的过程，就是由相对真理向绝对真理发展的过程

真理是个过程。这个过程是以怎样的形式向前运动的？真理过程的运动规律又是怎样的？这是研究相对真理和绝对真理的相互关系所要解决的问题。我们知道，人类认识的使命和最

终目标，是完全地、绝对地正确反映整个物质世界，即获得对包罗万象的整个物质世界的绝对正确的认识。只有那种认识，才是尽善尽美的；只有到那时，人类才进入了最高的境界。可是，要达到对不断发展着的整个物质世界的绝对正确的认识，只有通过对它的不同具体阶段、部分、方面的相对正确的认识来实现。正确地认识客观世界的一个阶段、一个部分或一个方面，虽然只具有相对性，但却意味着向绝对正确地认识整个客观世界靠拢了一步。每一个具体的真理，都只是对客观事物的一定深度、一定层次的正确认识，只是一种近似的客观真理。但是，每获得一个近似的客观真理，都意味着我们的认识向绝对的客观真理逼近了一步。就是说，在真理过程中，相对真理总是不断地向绝对真理运动、发展；绝对真理最后则由无数相对真理的总和来完成。所以，由相对真理不断地向绝对真理运动、发展，是真理发展过程的必然趋势，是真理过程的运动规律。

（二）　相对真理和绝对真理是相互联结、不可分割的

由相对真理向绝对真理发展，之所以成为真理过程的运动规律，这是由相对真理和绝对真理的辩证关系决定的。

相对真理和绝对真理都是客观真理；是同一个客观真理处于发展过程中所表现出来的两重性。

相对真理和绝对真理有共同基础，决定着相对真理和绝对真理是相互联结不可割裂的。拿实践的二重性对真理二重性的决定作用来说，真理的绝对性或者叫作绝对真理，从发生上说是由于实践有绝对性，并且是由实践的绝对性决定的。首先，实践的绝对性表明：主体和客体、主观和客观的矛盾统一是无条件的，这就决定了人的认识能够正确地反映客观事物也是无条件的，人得到绝对真理是完全可能的。其次，实践的绝对性还曲折地渗透在实践的各个基本要素之中，这也是人们通过实践能够得到绝对真理的原因。譬如，实践的目的具有客观性，就是说，它包含着不依赖于主体，不以人的主观意志为转移的客观内容。"客观的等于在我们身外的"。在我们身外的客观世界是无始无终、无边无际的。一切都是互相作用的，一切同时是结果又是原因，一切都是具有一切方面的和相关的，一切都处于永恒的运动中，运动是有规律的。这些都表明客观世界的存在和运动是无条件的、无限的、永恒的，因而是绝对的。这个绝对的客观世界不依赖于人，但它不断地作用于人，决定人的实践目的，规定人们的活动。这也是无条件的、绝对的。无限的客观世界不断地和人交往，这又决定了实践对象的无限性。实践对象的无限性正是认识对象无限性的基础。客观世界在成为人的认识对象以前，首先成为人的实践对象。这就是说，实践目的的客观性和实践对象的无限性，是真理绝对性的前提，它表明人的认识能够正确地反映无限发展着的客观世界。在客观世界和人的认识之间没有隔着一条不可逾越的鸿沟。客观世界是无限的，实践的对象也是无限的；这就使人们能够正确地认识无限的客观世界成为实在的。但这种"实在"还是潜在的，只是一种可能。使这种可能转化为现实的，是实践手段的物质性。物质性使手段具有了生命和无限的力量。实践手段的物质性，是使真理具有绝对性的可靠保证。只有通过物质性的手段，人的认识才能对客观事物及其规律达到完全地、绝对地正确的反映，即才能获得绝对真理。又由于实践目的的客观性，使实践结果带有必然性。必然性是存在中的普遍性；是联系的一种"绝对的中介"。不言而喻，必然性本身就是确定的。因而，它也使实践作为检验真理的标准具有确定性。这样，实践结果的必然性、实践标准的确定性，又为真理的绝对性提供了可靠的客观尺度和依据。总之一句话，实践的绝对性和实践标准的确定性决定了真理的绝对性。

同样，实践的相对性和实践标准的"不确定"性，是真理的相对性或者叫作相对真理的决定原因。如前所说，实践的相对性表明：主体和客体、主观和客观的矛盾统一又是有条件的，这就决定了人的认识能够正确地反映客观事物也是有条件的，人得到的真理只是相对的。同时，在实践的各个基本要素中也曲折地反映出实践的相对性，这也是造成真理相对性的原因。譬如，实践的目的又有主观性。主观性的目的是有限的，是有历史局限性的。它受客观过程的发展及其表现程度的限制，受生产力和科学技术条件的限制，受各种社会制度的限制，同时，也受主体自身的生理条件和精神状况的限制。目的的主观性，规定着实践的局限性、相对性。这又决定了人的认识也只能是有限的、相对的。人不可能一下子认识无边无际、永恒发展着的客观世界。每一个人、每一代人只能认识客观世界的一个阶段、一个部分、一个方面。就某一个人或者某一代人来说，实践对象总是有限的。通过有限的实践对象，怎么能够达到对无限世界的完全正确、绝对正确的认识呢？这是一个矛盾。事实上，我们只能认识有限的事物，只能通过有限事物得到对无限世界的有条件的、不完全的、相对的正确认识，即只能得到相对真理。而且，事物是多方面的，每一个具体的实践只能同事物的一个方面打交道。这也使我们的认识不得不带上相对性。同时，我们同客观对象打交道，必须有手段作为媒介。如前所述，实践手段不仅具有物质性，而且还具有精神性。手段的精神性，限制了手段自身，使自身带有许多局限性。这种局限性，又限制着实践的广度和深度。自然，这也是认识的一种条件性；而这种条件性正是造成我们所能达到的真理相对性的重要环节。实践目的的主观性和手段的精神性，又使实践结果带有偶然性。偶然性是不确定的。所以，它也是实践标准具有"不确定"性的原因。实践标准的"不确定"性，也是真理相对性的基础之一。

可见，实践的二重性和实践标准的二重性是造成相对真理和绝对真理的重要原因。同时，从这里我们也可以看到，相对真理和绝对真理有着共同的基础，它们是不可分离的。因为，实践的二重性是统一的，实践标准的二重性也是统一的。实践的相对性和绝对性只是同一个实践过程所表现出的自身的矛盾性。并不是一些实践只具有相对性，另一些实践只具有绝对性。因而也并不是一些实践决定着相对真理，另一些实践又决定着绝对真理，而是同一个实践过程的二重性决定着同一个真理过程的二重性。所以，相对真理和绝对真理之间不是相互割裂、相互脱离、互不依赖、各自孤立存在的两个东西；它们之间没有不可逾越的鸿沟，而是紧密联系、互相依存、有机地联结在一起的。

真理作为过程，它的各种特点及过程的运动规律，是通过相对真理和绝对真理及其相互关系来表现的。相对真理表示人的认识对客观事物及其规律的正确反映是相对的、有条件的、有限的；绝对真理则表示这种正确认识是绝对的、无条件的、无限的。所谓相对和绝对、有条件和无条件、有限和无限，这一对对范畴的双方，都不是各自孤立的，而是辩证统一的。世界上不存在什么相对之外的绝对、有限之外的无限、有条件的东西之外的无条件的东西；而是相对之中有绝对，绝对寓于相对之中；有条件的东西中包含着无条件的东西，无条件的东西又通过有条件的东西来表示；有限中包含着无限，无限则由有限而构成。这是唯物辩证法的极其重要的原理。毛泽东把这一相对绝对的道理，提到事物矛盾问题精髓的高度。他说，"这一共性个性、绝对相对的道理，是关于事物矛盾的问题的精髓，不懂得它，就等于抛弃了辩证法"。① 同样，这也是真理过程论中的一个重要问题；不懂得它，就不能真正懂得相对真理和绝对真理的辩证关系，也就不能把握真理过程的辩证性质和运动规律。

　　唯物辩证法告诉我们，人们认识相对的、有限的东西，也就是这样或那样地认识着绝对的、无限的东西。在认识的相对性中总是包含着绝对性；认识的绝对性总要通过相对性来表现。譬如，我们的认识什么时候发现物质所固有的一种基本粒子——J 粒子，这是有条件的、相对的；然而，每一个这样的发现都意味着向无条件的"绝对客观的认识"前进一步。又比如，只要人类社会存在，便会有生产力和生产关系的矛盾，处理这个矛盾的正确程度和它对社会发展的促进作用成正比例，这是绝对的。然而，对这样一个绝对的客观规律的认识，却只能通过对有条件的、相对的各个具体社会形态及其变更情况的研究来达到。换句话说，我们只能通过对有限东西的认识来认识无限的东西；同时，我们现实所认识的虽然只是有限的东西。但从实质上讲，它却又是在这样或那样地认识着无限的东西，狄慈根说得好："绝对和相对不是截然分离的，而是相互联系的；因此，无限是由无穷个有限组成的，每一个有限的现象本身都具有无限的性质。"②

　　植物学家耐格里不懂得认识的这种有限和无限、相对和绝

---

① 《矛盾论》，《毛泽东选集》第 1 卷，人民出版社 1955 年版，第 308 页。
② 《一个社会主义者在认识论领域中的漫游》，载《狄慈根哲学著作选集》，生活·读书·新知三联书店 1978 年版，第 238 页。

对的辩证关系。他认为，我们所能认识的只是有限的东西；如果人们不限于只研究有限的东西而把永恒的东西、无限的东西和它搅在一起，那就会把有限的东西弄成为不可理解的东西。

恩格斯批判了耐格里的这个观点。恩格斯指出，如果说我们所能认识的只是有限的东西，是指在我们的认识范围内所碰到的仅仅是有限的对象，那是完全正确的。但是，恩格斯又指出，这个命题还需要有一个补充，那就是"我们在根本上只能认识无限的东西"。因为，有限和无限的关系本来就是辩证的。世界从本质上讲是无限的，但它又是由有限构成的。我们对无限世界的一切有限部分的正确认识，从本质上讲，都是对永恒的东西、无限的东西的认识，因而这种认识自身在本质上也是绝对的。

所以，有限和无限、相对和绝对是不能分离的。没有脱离开绝对真理的相对真理，也没有不经过相对真理表现的绝对真理。

列宁在《谈谈辩证法问题》一文中说，"主观主义（怀疑论和诡辩等等）和辩证法的区别在于：在（客观的）辩证法中，相对和绝对的差别也是相对的。对于客观的辩证法说来，相对中有绝对。对于主观主义和诡辩说来，相对只是相对的，是排斥绝对的"。① 同样，在唯物辩证法看来，相对真理和绝对真理的区分也是如此，即既是确定的，又是不确定的。相对真理和绝对真理的区分正是那样"不确定"，才能从理论上阻止把我们已经得到的现实真理变为恶劣的教条，变为某种僵死的凝固不变的东西；但同时它们的区分又是那样"确定"，"以便最坚决果断地同信仰主义和不可知论划清界限，同哲学唯心主

---

① 《列宁全集》第38卷，人民出版社1959年版，第408页。

义以及休谟和康德的信徒们的诡辩划清界限"。①

实际上，信仰主义、不可知论、休谟和康德的信徒们以及其他形式的哲学唯心主义和形而上学，它们在对待相对真理和绝对真理问题上的一个共同特点，就是把相对真理和绝对真理完全割裂开来，绝对地对立起来。他们不懂得相对和绝对的差别也是相对的，不懂得相对之中有绝对；所以也就不懂得相对真理和绝对真理的辩证关系，从而在相对真理和绝对真理之间划了一条不可逾越的鸿沟。正是由于这个原因，所以，他们不是陷入绝对主义，就是陷入相对主义。

在绝对主义者看来，承认绝对真理就意味着否认我们已达到的真理的相对性、局部性、近似性和可变性。他们认为，相对真理是不存在的，要么是完满无缺、正确无误的绝对真理，要么便是谬误。承认某些相对真理中包含着某些错误因素，那是绝对不能允许的。他们否认认识的发展，否认真理是一个过程。他们所讲的绝对真理，不是寓于相对真理之中的、通过相对真理来表现的绝对真理，而是和相对真理完全脱离的、一次完成的终极的绝对真理。这种"绝对真理"，自然是僵死的、凝固不变的，是永远能为人们崇奉的恶劣教条。它起着禁锢人们的思想，阻碍科学理论发展的坏作用。为了划清同这种绝对主义的界限，我们在看到相对真理和绝对真理的区分是如此"确定"的同时，必须更加强调两者区分的如此"不确定"。

和绝对主义者相反，相对主义者却又走到另一个极端。相对主义承认人类知识的流动性、相对性，反对把人的认识凝固化、绝对化，证明认识是一个日新月异的发展过程，这是正确的。但它不懂得相对之中有绝对，不懂得相对和绝对的辩证

---

① 《唯物主义和经验批判主义》，《列宁全集》第14卷，人民出版社1957年版，第135页。

法。所以，他们只承认相对真理。就是说，在相对主义者看来，承认相对真理就意味着否认它所包含的某些成分的绝对性、普遍性、永恒性和客观性。"他们在否定一些最重要的和基本的规律的绝对性质时，竟否定了自然界中的一切客观规律，竟宣称自然规律是单纯的约定、'对期待的限制'、'逻辑的必然性'等等。他们在坚持我们知识的近似的、相对的性质时，竟否定了不依赖于认识并为这个认识所近似真实地、相对正确地反映的客体"①。因此，他们认为，有些相对真理最终会被完全推翻。这就完全错误了。可见，他们所讲的相对真理是不包含任何绝对真理的成分和因素的，是和绝对真理完全脱离的纯粹相对主义的相对真理。辩证唯物主义则是在承认客观真理的前提下，承认和绝对真理既相对应又相联系的相对真理。列宁说，"马克思和恩格斯的唯物辩证法无疑地包含着相对主义，可是它并不归结为相对主义，这就是说，它不是在否定客观真理的意义上，而是在我们的知识向客观真理接近的界限受历史条件制约的意义上，承认我们一切知识的相对性"②。

绝对主义和相对主义是从两个极端割裂相对真理和绝对真理的典型。除此而外，有的文章和教科书中有些提法，也是容易导致把相对真理和绝对真理完全分离开的。譬如，那种把绝对真理只定义为客观真理的做法，就有这种危险。因为，别人会问：难道相对真理就不是客观真理吗？又如，那种认为某些相对真理最终会被证明为完全谬误，绝非真理的意见，也必然导致把相对真理和绝对真理加以割裂。还有一种意见，认为真理（如牛顿定律）在一定条件下（在物体缓速运动的有限条件

---

① 《唯物主义和经验批判主义》，《列宁全集》第14卷，人民出版社1957年版，第276—277页。

② 同上书，第136页。

下）是绝对真理，在另一条件下（在物体高速运动的条件下）又是相对真理。这（不仅不符合牛顿定律的实际情况，而且）也是直接地割裂了绝对真理和相对真理的例子之一。

所以，我们在研究相对真理和绝对真理的辩证关系，掌握由相对真理向绝对真理发展的运动规律时，首先必须注意到相对真理和绝对真理之间的有机联系和相互贯通，注意到它们是同一个真理过程中所表现出来的两重性，坚决反对那些把它们加以割裂的观点和倾向。

（三）相对真理中包含着绝对真理的成分，绝对真理是由无数相对真理的总和构成的

对于掌握真理过程的运动规律，仅仅认识到相对真理和绝对真理是相互联结的还不够。因为，对暂时的、有限的东西的认识，毕竟并不完全等同于对永久的、无限的东西的认识；相对真理和绝对真理虽然是紧密联系不可割裂的，但它们又不是完全同一的，而是有着不同的含义。因而，为了真正把握由相对真理向绝对真理发展的真理过程的运动规律，我们还必须进一步探索相对真理和绝对真理的辩证关系，进一步弄清这样一个辩证的道理，即绝对真理是由发展中的相对真理的总和构成的，每一个相对真理中都含有绝对真理的成分。

辩证唯物主义的真理过程论认为，正像无限由有限构成一样，绝对真理的长河是由发展中的无数的相对真理之总和构成的。列宁曾经指出，"在恩格斯看来，绝对真理是由相对真理构成的"。[①] 列宁又说，"人类思维按其本性是能够给我们提供并且正在提供由相对真理的总和所构成的绝对真理的。科学发

────────────

① 《唯物主义和经验批判主义》，《列宁全集》第 14 卷，人民出版社 1957 年版，第 133 页。

展的每一阶段，都在给这个绝对真理的总和增添新的点滴，可是每一科学原理的真理的界限都是相对的，它随着知识的增加时而扩张，时而缩小"。① 这就是说，绝对真理并不是不可达到的，而是能够达到并且正在达到的。因为，它是由发展中的相对真理构成的。世界上没有不可认识的东西，只有暂时还未被认识的东西。它们之间的界限也是相对的。那些尚未被认识的事物，总会不断地进入我们的认识领域。绝对真理是人类认识的一条长河，是一个川流不息、永无尽头的过程。我们现实的认识所能达到的只是相对真理；然而，正是这些相对真理"其中都含有绝对真理的成份"。② 由于相对真理中只是含有绝对真理的成分、因素或者颗粒，而我们对这些成分、因素、颗粒还不可能一下子完全认识清楚，所以，每一个科学原理的真理的界限，必然随着知识的增加时而扩张，时而缩小。同时，也正由于相对真理中含有绝对真理的成分、因素、颗粒，所以，每发现一个新的相对真理，或者相对真理每向前发展一步，就都在"给这个绝对真理的总和增添新的点滴"。也就是说，科学发展的每一个阶段，给我们提供的虽然是相对真理，但其中都含有绝对真理的成分，所以这也就是这样或那样地在给我们提供着绝对真理；绝对真理正是由这些相对真理构成的。因而，由相对真理向绝对真理发展，这是真理过程的必然规律。

也正因为如此，我们说，"绝对真理是由相对真理的总和构成的"和"相对真理中包含着绝对真理的成分"，这两句话是辩证统一的。我们只有把这两句话统一起来考虑，才能真正把握住相对真理和绝对真理的辩证关系，也才能正确理解真理作为过程的运动规律。如果我们把这两句话分割开来，如果不

---

① 《唯物主义和经验批判主义》，《列宁全集》第 14 卷，人民出版社 1957 年版，第 134 页。
② 同上书，第 326 页。

分场合，只拿其中的一句话来解释相对真理和绝对真理的辩证关系，其结果就可能把它们的关系解释成不是辩证的，而是呆板的、机械的。

譬如，有人根据"绝对真理是由相对真理的总和构成的"这句话，就一般地把绝对真理说成是整体，而把相对真理说成是这个整体的部分。并且认为，绝对真理和相对真理的关系，就是整体和部分的关系。甚至说，如果不把绝对真理和相对真理的关系看成整体和部分的关系，那就是把两者割裂，就是形而上学。

实际上，这种看法是不全面、不确切的。我们承认，绝对真理和相对真理的关系，在特定的意义上是整体和部分的关系。所谓特定的意义，就是不是指在有限范围内的一般的整体和部分的关系，而是指宇宙整体和它的部分的关系，也即指无限和有限的关系。列宁在《黑格尔"逻辑学"一书摘要》中曾经说过这样一句话，他说，"绝对和相对，有限和无限＝同一个世界的部分、阶段"。① 这话表明，绝对与相对、无限与有限，都是反映世界作为过程的整体与其发展的不同阶段、不同部分之间的关系的范畴。这里所说的整体，不是一般的整体，而是指世界作为过程的总体，所以，它是无限的、永恒的、绝对的；部分则是指无限发展着的整个世界的一个阶段、一个部分，因而它是有限的、暂时的、相对的。

列宁这话的意思，我们还可以从它的来源和针对性中得到理解。列宁的话是针对着巴门尼德、斯宾诺莎和黑格尔的有关观点说的。巴门尼德和斯宾诺莎都认为，不可能从存在或绝对实体向否定的、有限的东西转化。巴门尼德所讲的绝对是指

---

① 《列宁全集》第38卷，人民出版社1959年版，第107页。

"存在"或者叫"有"。"绝对就是有"。[1] 他认为，"有"或者叫"存在"，是"完整、唯一、不动、无限"的[2]。他否认存在与非存在、无限与有限之间的联系与转化。斯宾诺沙所讲的绝对是指他作为物质的"实体"。在他看来，"实体"是绝对的、不变不动的；运动只是单个物体的属性。这样他就把绝对的不变的"实体"和运动着的个别的物体之间的关系完全割裂开来了。黑格尔虽然赞扬巴门尼德把绝对理解成纯粹精神性的东西，但他却不赞成巴门尼德和斯宾诺莎把相对和绝对、有限和无限加以形而上学的割裂。"黑格尔认为，'存在'和'无'的统一或不可分性（这个用语有时比统一更好）提供转化、生成"。[3] 列宁不赞成黑格尔的唯心主义，但赞赏他的辩证法思想。所以，他对黑格尔的思想加以批判的改造，提出了上述对相对与绝对、有限与无限的辩证唯物主义的看法。

由此看来，不管是巴门尼德、斯宾诺莎、黑格尔还是列宁，他们都是把绝对和世界整体、无限相联系，而把相对和世界整体中的部分、有限相联系。也就是说，把相对与绝对的关系说成是部分与整体的关系，只是在这样一种特殊的意义上说的。因而，不应笼统地把相对真理与绝对真理的关系，归结为有限世界范围内的一般的部分与整体的关系。更不会因为不把它们看成只是一般的部分与整体的关系，而就成了形而上学。恰恰相反，如果把它们看成只是一般的部分与整体的关系，那倒会引向形而上学机械论的泥坑。

我们知道，有限范围内的一般的整体和部分的关系，当然也是辩证的。整体是由部分组成的，部分总是整体的部分。部分本

---

① 转引自黑格尔《小逻辑》，贺麟译，商务印书馆 1980 年版，第 190 页。
② 《古希腊罗马哲学》，生活·读书·新知三联书店 1957 年版，第 52 页。
③ 《列宁全集》第 38 卷，人民出版社 1959 年版，第 107 页。

身就是整体的成分或颗粒，所以，整体是各个部分的相加。部分对整体来说是部分，可是部分对它分成的更小的部分来说，它又是整体。那么，绝对真理和相对真理的关系，是不是就是这样的情况呢？不是的。如果绝对真理是整体（一般的），相对真理是这个整体的部分；那么，相对真理便不是其中包含着绝对真理的成分或颗粒的问题，而是像有些作者所说的，相对真理本身就是绝对真理的颗粒了。正因为如此，所以他们必然又把"绝对真理是由相对真理的总和构成的"原理解释为，绝对真理是相对真理的简单积累或机械相加。这样，他就把"总和"解释为机械混合，把辩证的关系归结为机械的关系。

同时，如果把绝对真理和相对真理的关系仅仅归结为一般的整体和部分的关系，那么，能不能说反映宇宙中一个较大部分的相对真理，对那些反映这个较大部分中的各个较小部分的相对真理来说，又是绝对真理呢？当然是不能这样说的。因为，我们知道，相对真理的"相对"二字，不是就几种范围不同的认识相比较而言的，而是对着绝对真理的"绝对"二字而说的。

另外，有一种观点，对于"绝对真理是相对真理的总和"这个基本原理提出疑义。照这种观点说来，一个正确的认识绝不是把不同时期、不同层次上的正确认识加起来就了事，而是前人认识发展的结果；每个时期、每一层次上的正确认识，都既是绝对的，又是相对的。这些看法当然都是对的。但如果由此得出结论说，单单把相对真理相加起来是构不成绝对真理的；从逻辑上讲，把绝对真理说成是相对真理的总和是讲不通的。这就把问题搞混了。这里我们可以清楚地看到，这位作者显然是把绝对真理与相对真理的关系，仅仅理解为一般的整体与部分的关系；所以把"总和"同"相加"混为一谈。同时，这种观点又把一个正确的认识既是绝对的，又是相对的，不是理解为相对真理中包含着绝对真理的成分或颗粒，而是把相对和绝对分割开来。所以，才提出了"单单把相对真理相加起来"的问题。可见，完全脱离开相对真理中包含着绝对真理成分的原理，就可以把绝对真理是由无数相对真理的总和构成的原理弄成不可理解的；自然也就不能正确理解由相对真理不断地向绝对真理发展的辩证过程。

除了把绝对真理与相对真理的关系仅仅归结为一般意义的整体与部分的关系以外，还有一种意见也是不能令人完全赞同的。那就是把绝对真理和相对真理的关系说成仅仅是反映的精确程度和完备程度上的不同。这种看法之所以不妥，是因为：精确程度是一个度量的概念，是就两个东西、两种认识相比较而言的。一个相对真理不仅可以和绝对真理来做精确程度上的比较，而且也可以和另一个相对真理来做这种比较。比如，对客观事物的第二本质的认识，在精确程度上自然要比对它的第一本质的认识要高；但我们却不能说，对第一本质的认识是相对真理，对第二本质的认识就是绝对真理；因为还有更深的本质尚未认识。所以，我们也绝不能把绝对真理和相对真理的辩证关系，只归结为精确程度或完备程度上的关系。

总之，在理解相对真理和绝对真理的辩证关系时，既要注意到绝对真理是由无数相对真理的总和构成的，也要注意到在相对真理中只是包含着绝对真理的成分或颗粒。正像列宁所指出的，"绝对真理是由发展中的相对真理的总和构成的；相对真理是不依赖于人类而存在的客体的相对正确的反映，这些反映日趋正确；每一个科学真理尽管有相对性，其中都含有绝对真理的成分"。① 列宁的这个论断，是我们正确把握真理作为过程的两重性和它的运动规律的指针。

（四）　由相对真理向绝对真理发展是一个辩证的过程

正是由于相对真理中只是包含着绝对真理的成分、因素或颗粒，而绝对真理又是由无数相对真理的总和构成的，所以，由相对真理向绝对真理的发展必然是一个辩证的发展过程。

在相对真理中有绝对的、永恒的东西（即绝对真理的成分、因素或颗粒），同时也有近似的、暂时的东西。甚至某些相对真理中还包含着一些错误因素。这些近似的、暂时的东西以至错误因素会不会一起"总和"到绝对真理中去呢？会不会像有的作者所说的那样，如果承认相对真理中可能包含着某些错误因素，那么，根据"绝对真理是相对真理的总和"的原理，绝对真理会不会就成了包含所有相对真理中的错误的总和的真理了呢？我们说，不会。因为，说绝对真理是由相对真理的总和构成的，说的是由相对真理不断地向绝对真理发展，而不是相对真理的简单积累或机械相加。由相对真理向绝对真理的发展，不是直线式的，不是单纯的量的进化，也不是部分的机械相加，而是曲折的，是有着量变到质变、否定之否定的过程。在这个过程中，相对真理中所包含的绝对真理的成分或颗粒，将随着认识的发展而被进一步揭示、明确、充实和丰富，被进一步发扬光大，成为认识历史中的积极内容。这部分积极内容，有的以成分、因素的形式包含在相对真理中，有的则以颗粒的形式存在于相对真理中。但不管哪种形式，就这一部分而言，在认识的过程中，它是一个不变的量，它不会为后来的

———————————

① 《唯物主义和经验批判主义》，《列宁全集》第14卷，人民出版社1957年版，第326页。

认识所推翻；因为，它是从某一个角度、某一个方面对客观事物的某个部分或方面做了完全客观的反映，因而成为绝对的客观认识的某一个方面或环节。至于相对真理中那些近似的、暂时的东西以至错误因素，将随着实践的发展、认识的提高，受到反复检验而得到克服、纠正和改善。因而，它们不会也不能同那些绝对的、永恒的东西一起进入绝对真理的长河。也就是说，在由相对真理向绝对真理发展的过程中，相对真理既不会被全盘否定、完全推翻，突然出现一个绝对真理，也不会被全盘肯定、完全保留，整个儿包括到绝对真理之中。

拿人们对物质的自然单位的认识来说，17世纪认为分子是物质的最小单位。到了19世纪，又发现了比分子更小的东西，并认为这个更小的东西是物质的最基本的单位，是不可能再分的了，于是给它定名为"原子"。因为"原子"是古希腊哲学家留基伯和他的学生德谟克利特最先提出来并加以论述的一个概念，意思就是不可再分的东西。可是，到19世纪的最后几年，发现原子也不是不可再分的；特别是20世纪20年代以后，人们陆续发现了构成物质的基本粒子有300多种，于是对物质的最小单位又有了新的看法。近些年来，又有不少科学家提出了基本粒子并不"基本"的见解。从认识的这个发展过程中，我们可以看到，无论是关于分子的理论、原子的理论，还是关于基本粒子的理论，它们都是一些相对真理。但在这些相对真理中都含有永恒的因素，即绝对真理的成分或颗粒，同时也都含有一些近似的、暂时的、相对的东西，即须要改善的因素。比如，说水分子是水的最小单位，是正确的；但却不能说水分子不能再分；然而，水分子再分以后，它就不再是水了，而是变成了氢和氧。可见，关于分子是物质最小单位的科学原理，其中既含有绝对正确的成分，又有近似的、相对的部分。

同样，原子的理论和基本粒子的理论也都是如此。

人们对物质自然单位的认识，从分子到原子、到基本粒子，以及基本粒子的进一步分解，毫无疑问是在不断地前进；每一个阶段都在为绝对真理的长河增添新的点滴。但是，说绝对真理是相对真理的总和，并不是说物质的最小单位是分子、原子、电子……的总和。如果那样，那就把相对与绝对的关系简单化了。实际的认识过程是，认识的后一个阶段对前一个阶段进行辩证的否定，即继承前阶段中的那些永恒的因素，也就是绝对真理的成分、颗粒；舍弃那些近似的、相对的东西，也就是改善那些尚须改善的因素。从这个意义上说，在真理的过程中，相对真理是通向绝对真理的一个个环节。

黑格尔把否定看作是辩证法的最重要因素和"辩证的环节"。他认为，事物内在的否定性是一切运动的源泉，是辩证法的灵魂。他说，"所有真理的东西本身都含有这种辩证法的灵魂，并且只有通过它才是真理"。[①] 就是说，作为概念和实在相统一的真理本身也包含着否定性；并且正是由于真理内在的否定性，才使真理成为一个否定之否定的过程。列宁指出："辩证法的特征的和本质的东西并不是单纯的否定，并不是任意的否定，并不是怀疑的否定、动摇、疑惑……并不是这些，而是作为联系环节、作为发展环节的否定，是保持肯定的东西的，即没有任何动摇、没有任何折衷的否定"。[②] 由相对真理向绝对真理的发展，正是这样一个过程。

这里我们还应该指出，作为对无限发展着的整个物质世界绝对正确认识的绝对真理，它和对这个世界的某阶段、某部分、某方面的任何正确认识之间，都有质的区别。从对物体的本性来

① 转引自《列宁全集》第38卷，人民出版社1959年版，第246页。
② 《哲学笔记》，《列宁全集》第38卷，人民出版社1959年版，第244页。

说，对整个世界的某部分、某方面的认识，在现实中是难以达到绝对正确的程度的。"我们永远不会完全认识具体事物"。① 因为，严格地说来，真理是在事物的许多方面的总和中以及在它们的关系中才会实现的。这里，撇开其他的条件不谈，单从部分和整体的关系来说，部分只有在整体中才具有它本来的面目、本来的意义。离开了整体，它就不再是整体有机部分意义上的部分了。也就是说，任何部分一经孤立离开整体，便因孤立而改变性质，于是不再显出原来的面目。当我们认识某一个对象时，无形中总是把它从它所处的整体中分割出来；这样我们也就无法绝对正确地认识它的本来面目。因此，要正确认识某个对象，必须把它放到它所处的整体中来进行。也就是说，从根本上讲，要达到对世界某个部分的最终的认识，只有在实现了对整个世界最终认识的时候。可是认识却又总是由近及远、由浅入深、由小范围到大范围地进行的。在远近、深浅、大小之间不仅有量的区别，而且有质的不同。所以，由相对真理向绝对真理发展，绝不仅仅是一系列的量变，而是有着许许多多由量变到质变的过程。

总之，在由相对真理向绝对真理发展的过程中，相对真理一方面不断摒弃自身中包含的不准确、不确切、不完善的因素，使之日趋正确和完备；另一方面，又继承和扩大自身中的绝对性成分，使其在广度和深度方面都提高到一个更高的水平。所以，从相对真理逐步走向绝对真理的过程，也可以看成是相对真理不断地进行自我扬弃的过程。在这里，既有量变和质变，也有否定之否定。因而，使这个过程成为"无限地近似于一串圆圈、近似于螺旋的曲线"。②

---

① 《哲学笔记》，《列宁全集》第38卷，人民出版社1959年版，第310页。
② 《谈谈辩证法问题》，《列宁全集》第38卷，人民出版社1959年版，第411页。

第九章　真理和谬误

真理作为过程，它和谬误的关系是怎样的？这是真理过程论不能不讨论的一个问题。

我们知道，谬误的历史和真理的历史是一样古老的。人们从古以来，在谈论真理的时候，他总不能不谈论谬误，不能不涉及真理与谬误的关系。但是，由于人们所处时代的实践水平和科学知识水平等等条件的不同，所以，对真理和谬误及其相互关系的看法，也就不尽一致。实际上，对这个问题的正确解决本身，也经历着一个过程。

一　哲学史上对真理和谬误关系的几种看法

对真理和谬误的关系问题，在哲学史上归结起来大概有三种不同的看法：第一，过分强调真理和谬误的对立；第二，过分强调真理和谬误的统一；第三，既看到真理和谬误的对立，又看到它们的统一。下面让我们对这个问题做些历史的考察。

（一）过分强调真理和谬误的对立

真理和谬误是对立的，真理和谬误有本质的区别。这是大多数哲学家所承认的。真理这个概念，无论在中国或在外国，在古代就已经产生了。尽管我们现在还难以考证它最先是由谁提出的；但是应该说，作为认识论范畴的真理从一开始，便是作为谬误的对立面被提出来的。[①] 我们知道，有一类概念，比如，上、左、前、大、好、先进，等等，这些概念都是在和它的对立面的比较中而存在的。上是和下相比较而言的。左和右、前和后、大和小、好和坏、先进和落后，等等，都是相比较而存在的。它们的本质含义也都通过和各自的对立面相比较而被揭示出来。同样，真理和谬误也属于这一类概念。

在中国哲学史上，"真理"一词是指真实的道理或真确的原则的意思。[②] 所谓真实的道理、真确的原则，乃是针对谬论、谬说、假道理、荒谬的原则来说的。就是说，真理的提出和存在，是和谬误相对立的。这在西方哲学史上，也是如此。譬如，在古希腊，"真理"一语便是指客观事物展现在人类理智中的公开性、非隐秘性。这种公开性、非隐秘性，是真正地、确实地符合事实的。它的对立面就是谬误。谬误，根据他们的意思，翻译成我们今天的话来说，就是认识对客观事物的不真正的、不事实的、不的确的反映。在西方哲学史中，真理还和哲学紧密地联系在一起。在古希腊，真理被看作是人的智慧或智慧的产物；哲学则是对智慧，也就是对真理的热爱。智慧的反面是愚蠢。愚蠢产生谬误。黑格尔也曾明确地说，"哲学是关于真理的客观科学，是对于真理之必然性的科学"；"在哲学领域内劳作所得的成就乃是真理"。[③] 黑格尔认为，和真理正相反对的是意见。意见是一种主观的观念，一种任意的思想，一

———————————

① 参见本书再版序。
② 参见宇同《中国哲学大纲》下册，商务印书馆 1958 年版，第 516 页。
③ 黑格尔：《哲学史讲演录》第 1 卷，贺麟译，商务印书馆 1959 年版，第 17—18、42 页。

种想象。也就是说，意见是不以客观事实为依据，不受客观事实约束的。这本身便是一种荒谬，它的结果必然包含着谬误。黑格尔说，意见和真理的对立，在苏格拉底和柏拉图时代的文化生活里，就已经可以看到。同样的对立，在奥古斯都和其后的罗马社会政治生活衰落的时代里也可以看到。他认为，哲学是不包含意见的，所谓哲学的意见是没有的。这是黑格尔对哲学和真理以及意见相互关系的看法。这个看法应该怎样解释，我们应该怎样评论它，可以讨论。但从这里我们可以看到一个问题，就是根据黑格尔的看法，哲学对真理的探索，这与真理和意见、谬误的对立是分不开的；真理和谬误的对立，从古便已有之。这一点是完全正确的，无可非议的。

在中、外哲学史上，很早便谈论真理。但是，从认识论的角度给真理下了第一个定义的是亚里士多德。这个定义就是，真理是思想和物的符合，或者说，真理是认识和现实的符合。这就是古典的传统的真理定义。其实，亚里士多德不仅是第一个给真理下了定义的人，而且也是第一个给谬误下了定义的人；并且这两个定义是连在一起的。就是说，他在给真理下定义的同时，也就给谬误下了一个定义。他说，"真假的问题依事物对象的是否联合或分离而定，若对象相合者认为相合，相离者认为相离就得其真实；反之，以相离者为合，以相合者为离，那就弄错了"。① 很清楚，前者指的是真理，后者指的是谬误。当思想把现实的事物本来就分离着的东西联系起来，或者把本来就联系着的东西分离开来，这就是谬误。可见，真理和谬误的含义是正相反的。它们从一开始，便是作为两个完全对立的概念被提出来的。然而，它们又是相互联系的，因为它们

① 亚里士多德：《形而上学》，吴寿彭译，商务印书馆 1959 年版，第 186 页。

同源于认识和认识对象之间的关系。

承认真理和谬误是对立的，真理和谬误之间有质的区别，这当然是正确的。但有些哲学家却过分强调了这种对立，以至把两者变为毫无关联、互不相干、各自独立存在的东西，这就错了。

哲学史上有一部分哲学家是由于不懂得感性认识和理性认识的辩证关系而导致了上述片面性。我们在前面第三章中，已经说到有一些在哲学史上称为经验论的哲学家，他们当中有些人片面夸大感性认识的能力，以至认为感觉是绝对可靠的，感性认识是无论什么东西也不能驳倒的，感觉绝对不会有错误，一切感官都是真理的报道者，感觉给我们提供的都是真理，等等。那么，谬误是怎么回事呢？他们认为，谬误只存在于我们对感觉所做的解释和判断之中；谬误是由于理性对感觉材料做了不正确的说明而产生的。很明显，由于他们把感性认识和理性认识绝对地割裂了，不懂得感性认识还有待于上升到理性认识这个道理，从而片面强调感性认识的可靠性，贬低理性认识的能力和作用；于是把真理仅仅和感性认识联系在一起，同时又把谬误仅仅归结为理性认识的范围。这样一来，实际上就把真理和谬误完全分了家；把真理和谬误从一个统一的认识过程中完全割裂开来了。这是不对的。事实上，真理不仅和感性认识有联系，而且更和理性认识联系在一起。谬误也不单单来自理性认识，同样也来自感性认识。

和经验论相反，另有一些被称为唯理论的哲学家，他们又走到另一个极端。他们片面夸大理性认识的作用和能力，贬低感性认识的作用和可靠性。他们当中有的人竟完全否认感觉的真实性，认为凡是不符合理性原则的，不是清楚明白的，就都是不可靠的，都是假的。于是，他们认为，要想得到真理，就得抛弃感性的东西，因为感性的东西只能产生谬误。真理只和理性认识相联系，真理只存在于理性认识之中。在这里，在感性认识和理性认识当中，究竟谁和真理相联系，谁和谬误相联系（这是他们的提法），在这个问题上，唯理论者和经验论者虽然是完全相反的；但是，在真理和谬误的关系问题上，他们却有一个共同之处，那就是把它们在认识过程中完全分家。实际上，这正是过分地强调了真理和谬误的对立所致。

片面地强调真理和谬误的对立，除了不能正确处理感性认识和理性认识辩证关系的极端的经验论者和唯理论者以外，还有一些人则是由于不懂得真理是过程，不懂得相对真理和绝对真理的辩证关系所致。譬如杜林。他断言，"真正的真理是根本不变的"。① 他认为，永远可以设想，真理在任何时候，对于它所有的条件都是适用的。甚至那些不反映事物普遍联系的，只能说明个别事物、纯系个人问题的真理，也是永恒的、不变的。因而，他说，"把认识的正确性设想成是受时间和现实变化影响的，那完全是愚蠢"。② 就是说，在杜林看来，我们的认识要么就是永恒的绝对真理，要么就是绝对的谬误。在真理和谬误之间是绝对地对立的，认识在这里不存在任何的过渡的、中间的状态。尽管杜林承认，在某种情况下，人的认识发生错误是必然的。比如，人的本能欲望、本能情感等等都会使认识产生错误。但是，他还是坚持，真理是一次完成的。人的认识所达到的真理，都是终极真理，因而是永恒不变的。他认为，对于所谓严格的知识的可靠性和日常认识的充足性，是不容许怀疑的。怀疑在认识过程中是"一种病态的软弱状态"，是"极端紊乱的表现"。这样，他就完全排除了认识达到真理是一

---

① 转引自《马克思恩格斯全集》第 20 卷，人民出版社 1971 年版，第 93 页。
② 同上。

个过程，排除了真理过程自身的矛盾性，不懂得要达到绝对真理必须经过相对真理的阶段和环节，绝对真理只有通过相对真理来表现。真理不是什么"根本不变"的，而是必然要经历一个变化发展的过程，一个由相对真理向绝对真理的运动过程。

正由于杜林不懂得真理是一个过程，不懂得无限和有限、绝对和相对的辩证关系，所以，他把真理和谬误做了形而上学的割裂。他只承认真理和谬误的对立，否定它们的统一。他不仅否认认识在绝对真理和绝对谬误之间还有许多中间的状态，而且还否认真理和谬误可以相互转化。他不承认失败是成功之母。他认为，人的认识不可能通过谬误引出真理来；真理适用于一切场合，也不可能变为谬误。所以，在杜林那里，真理和谬误是绝对地对立的，是互不联系、互不相干的。这是真理和谬误关系问题上的一种典型的形而上学观点。

恩格斯在《反杜林论》中，严肃地批判了杜林的形而上学观点。恩格斯说，永恒真理，最后的、终极的真理，除了能满足于一些陈词滥调以外，再也不能说明别的什么。在这里，恩格斯还对真理和谬误的辩证关系做了深刻的论述；明确地指出了真理和谬误的对立不仅有绝对性的方面，而且还有相对性的方面。如果只看到真理和谬误对立的绝对性，而忽略这种对立的相对性；或者只看到这种对立的相对性，而忽略它们的绝对性，都会走到片面性的邪路上去。

可见，承认真理和谬误的对立是正确的；但是，如果片面强调这种对立，特别是像杜林那样，把这种对立强调到不适当的程度，那就完全错了。

（二）完全抹杀真理和谬误的原则界限

在真理和谬误的关系问题上，除了那种片面强调两者对立的观点以外，另有一种观点则完全抹杀两者的质的区别。前者是绝对主义的观点，后者是相对主义的观点。相对主义观点在哲学史上的著名代表，在西方有普罗塔哥拉，在中国有庄周。

普罗塔哥拉是古希腊罗马时期"智者"学派的最重要的代表之一。他对自然界的看法是倾向于唯物主义的。但是他的注意中心已经不是自然界，而是转向了社会理论和人的认识方面。在认识论方面，他认为，"知识就是感觉"。① 但他又片面强调感觉的主观性和相对性。于是，他便从片面的感觉主义出发，得出了相对主义和怀疑论的看法。他在《论真理》中，有一句名言被保留下来，就是"人是万物的尺度，是存在的事物存在的尺度，也是不存在的事物不存在的尺度"。② 他认为，"事物对于你就是它向你呈现的样子，对于我就是它向我呈现的样子"。③ 比如，风本身是无所谓冷的或不冷的，因为，它完全看人的感觉；风对于感觉冷的人是冷的，对于感觉不冷的人是不冷的。就是说，在普罗塔哥拉那里，人的认识对于任何客观事物无所谓真假、是非。因为，真假、是非都只是相对于人的感觉来说的，而每个人的感觉又都是同样真实的。这就完全否认了真理的客观内容；把真理和谬误看成是纯主观的东西，从而也就抹杀了真理和谬误的原则界限。似乎真理和谬误没有什么区别，没有什么质的不同，因为它们都是人的感觉。你感觉糖是甜的，我感觉糖是苦的；你感觉风是冷的，我感觉风不冷。这里的甜与苦、冷与不冷，没有是非之分，没有真理和谬误之别；因为你的感觉和我的感觉都是真理和谬误、是和非的

---

① 北京大学哲学系外国哲学史教研室编译：《古希腊罗马哲学》，生活·读书·新知三联书店 1957 年版，第 133 页。

② 同上。

③ 同上。

尺度。这是真理和谬误关系问题上的典型的相对主义观点。这种相对主义观点，必然导致唯心主义和怀疑主义。

在中国古代战国时期的庄周，也是一个有名的相对主义者。庄周以相对主义作为他的认识论的基础，所以，他认为，世界上的一切事物，包括人的认识对象以及认识能力、认识标准；等等，都是相对的。他不承认大与小、美与丑、生与死、成与毁等等有质的区分。他认为，事物的性质都是主观的、相对的；人的认识能力也是相对的，认识是不可靠的；真与假、是与非没有什么客观标准。他说，"彼亦一是非，此亦一是非"！你说你有理，我说我有理，到底谁有理，这是永远也弄不清楚的。这样，他就抹杀了真理与谬误的原则界限，否定了它们各自质的规定性；其结果必然是真假不分、是非混淆、黑白颠倒。并由此走上一条采用取消一切的态度来对待认识、对待生活的道路。也就是说，从相对主义走向了虚无主义和不可知论。因为，既然真理和谬误没有一个客观标准，是与非搞不清楚，那么，分辨是非也就毫无意义，也就不必去枉费心机。

这种在真理和谬误关系问题上的相对主义观点，也是非常错误和有害的。列宁曾经指出，"辩证法，正如黑格尔早已说明的那样，包含着相对主义、否定、怀疑论的因素，可是它并不归结为相对主义"。① 就是说，它不否定客观真理的存在。对于唯物辩证法说来，相对之中有绝对。但是，"把相对主义作为认识论的基础，就必然使自己不是陷入绝对怀疑论、不可知论和诡辩，就是陷入主观主义"。② 从这种观点出发，可以证明任何诡辩都是正确的。

---

① 《唯物主义和经验批判主义》，《列宁全集》第 14 卷，人民出版社 1957 年版，第 136 页。
② 同上。

（三）既承认真理和谬误的对立，又承认它们的统一

从哲学史上看，在对待真理和谬误关系的问题上，除了上述的绝对主义观点和相对主义观点之外，还有一种观点，就是既承认真理和谬误的对立，又承认它们的统一。在马克思主义以前，这种观点以黑格尔为代表。

黑格尔是一个唯心主义者，但他又是"第一个全面地有意识地叙述了辩证法的一般运动形式"①的人。恩格斯曾经指出，恢复了辩证法这一最高的思维形式，这是黑格尔的最大功绩。黑格尔的辩证法同样体现在他对真理和谬误关系问题的看法上。黑格尔站在他的唯心主义立场上认为，"真理即是客观性与概念相符合"。②因为，在他看来，只有理念才是自在自为的真理。就是说，只有和概念相符合的实在，才是"成熟的"实在，才是真理的。所以，真理是实在符合于概念。反之，一切和概念不相符合的实在，都是不真的、假的、虚妄、谬误。这当然是从他的唯心主义观点出发给真理和谬误做的界说。这是头脚倒置着的。如果把这倒置着的头脚再重新倒置过来，那么，真理就是概念、认识和客观事物本来面目的符合；谬误则是和客观实在不相符合的认识，概念。但是，从黑格尔对真理和谬误的上述界说中，我们仍然可以清楚地看到，在黑格尔那里真理和谬误是正相反对的两种东西，是完全对立的。真理是实在和概念的符合、存在和思维的统一；谬误则是实在和概念的不符合、存在和思维的不统一。所以，真理不是谬误，谬误也不是真理。真理和谬误各自都有自己的质的规定性。

不仅如此，黑格尔还进一步指出，真理和谬误的对立不是

---

① 《资本论》，《马克思恩格斯全集》第23卷，人民出版社1972年版，第24页。
② 黑格尔：《小逻辑》，贺麟译，商务印书馆1980年版，第397页。

抽象的，而是具体的。他认为，哲学的目的就在于用思维和概念去把握真理。他在谈到哲学史上哲学系统之分歧性的意义时说，"对于真理和哲学的性质，加以哲学的理解，这样我们就可以认识到，这种哲学系统的分歧，绝不意味着真理与错误是抽象地对立着的"。① 黑格尔反复强调过真理的具体性。他说，"行为本质上是一个整体，而整体就是具体的，不只行为是具体的，而且潜在，那开始活动的主体，也是具体的，那活动的产物，一如活动和开始活动，也同样是具体的"。② 这里的"行为"，实际指的是认识真理的活动。就是说，真理作为过程，它的对象、主体、活动和结果，等等，都是具体的。真理就是在这多样性的统一中实现的。所以，真理是具体的。"如果真理是抽象的，则它就不是真的。"③ 而健康的人类理性趋向于具体的东西。同样，谬误也是具体的。因为，谬误也是对着具体的实在和概念的关系来说的。正由于真理和谬误都是具体的，所以它们的对立也就决不可能是抽象的。实际上，真理和谬误对立的具体性有其自身的必然性，那就是真理和谬误实际发生在同一个认识过程中，是同一个认识过程中产生的矛盾和对立。黑格尔认为，如果离开了具体的实在和具体的认识以及它们之间的具体的关系，那就既谈不上真理，也谈不上谬误；当然，也谈不上真理和谬误的对立。

正因为真理和谬误是发生在同一个认识过程中，所以，它们的对立也就不可能是纯粹绝对的。也就是说，真理和谬误是既对立又统一的。真理和谬误统一的基础，就在于它们是发生在同一个认识过程中的矛盾。真理和谬误作为矛盾的两个方

---

① 黑格尔：《哲学史讲演录》第 1 卷，贺麟译，商务印书馆 1959 年版，第 23 页。
② 同上书，第 29 页。
③ 同上。

面，自然是相互联结的，各自都以对方作为自己存在的前提。但是，真理和谬误的统一，不仅表现在这里，而且更深刻地表现在它们的相互渗透和相互转化中。

黑格尔在《精神现象学》一书中说，某种东西被认识错了，意思就是说，知识和它的实体不同一。黑格尔认为，作为主观的知识和客观的实体，这种不相等，不同一，正是一般的区别，是本质的环节。但从这种区别里很可能发展出它们的同一性，而且发展出来的这种同一性就是真理。黑格尔说，"但这种真理：不是仿佛其不等同性被抛弃了，犹如矿渣从纯粹金属里被排除了那样，……而勿宁是，不同一性作为否定性，作为自身还直接呈现于真理本身之中"。① 所以，黑格尔认为，真实与虚妄通常被认为是两种一定不移的各具有自己的本质的思想，两者各据一方，各自孤立，互不沟通，这样的看法是不对的。他说，"与这种看法相反，我们必须断言真理不是一种铸成了的硬币，可以现成地拿过来就用"。② 因而，他提出了一个著名的论断：理念（真理）是一个过程。

真理作为过程，实际是思维和客体的又统一又不统一的过程。正如黑格尔所说，真理（理念）可以理解为主体与客体、观念与实在、有限与无限、灵魂与肉体的统一；但这统一，是矛盾的发展过程。在这过程中，理念永远在那里区别并分离开主体与客体、灵魂与肉体。所谓思维和客体的不统一，主体和客体的分离，从质的规定上讲就是谬误。所以，谬误是包含在真理过程中的。正因为真理过程自身包含着这种异在，同一性中包含着自身的否定性，这才使真理成为一个永恒的过程。就是说，真理自身的矛盾推动着真理自身的发展。正如黑格尔自

---

① 黑格尔：《精神现象学》上卷，贺麟、王玖兴译，商务印书馆1962年版，第25页。
② 同上。

己所说，"扬弃了的错误或异在，本身即是达到真理的一个必然的环节，因为真理作为真理，只是由于它自身造成它自己的结果"。①

依黑格尔的意见，真和假、真理和谬误是相互包含、相互渗透的。他曾经用人来做例子。他说，所谓不真的东西也就是在另外情况下叫作坏的东西。坏人就是不真的人，就是他的行为和他的概念或他的使命不相符合的人。"然而完全没有概念和实在性的同一的东西，就不可能有任何存在。甚至坏的和不真的东西之所以存在也还是因为它们的某些方面多少符合于它们的概念"。② 所以，真和假并不如通常所想的那样，是判然分明的对立物。事实上，没有任何事物是完全假的，也没有任何事物是完全和它的概念相符合的。真理中总是包含着谬误，谬误中也总是包含着真理。关于这一点，黑格尔在《哲学史讲演录》中明确地说，"……主观辩证法，当它承认'对的里面也有不对，谬误里面也有真理'的时候，它是公正的"。③

正由于真理和谬误是发生在同一个认识过程中，有着共同的基础，同时又相互包含、相互渗透，所以，在一定条件下，它们又可以相互转化。黑格尔说，真理（理念）在它的发展过程中，自己常常造成谬误（错觉），但真理的过程却在于扬弃这种谬误（错觉）。"只有由于这种错误，真理才会出现"。④这就是说，在真理的发展过程中，错觉或谬误的产生常常是不可避免的；但是，扬弃和克服了错觉、谬误，则又使真理大大向前发展一步。在这个过程中，真理和谬误的相互转化是很明

① 黑格尔：《小逻辑》，贺麟译，商务印书馆1980年版，第397页。
② 同上书，第399页。
③ 转引自《列宁全集》第38卷，人民出版社1959年版，第280页。
④ 黑格尔：《小逻辑》，贺麟译，商务印书馆1980年版，第397页。

显的。哲学的目的就是要把握真理，就是要不断地促使谬误向真理转化。"只要人的精神和心情是健康的，则真理的追求必会引起他心坎中高度的热忱。"①

总之，黑格尔对真理和谬误关系问题的看法中有着许多合理的东西，这一点必须充分地肯定。但由于黑格尔毕竟是个唯心主义者，而且由于他的真理过程论的不彻底性，所以，对真理和谬误关系问题，还没有能真正科学地解决。这个任务，还是由马克思主义哲学来完成的。

二　真理和谬误对立的绝对性和相对性

马克思主义哲学确认，真理和谬误是认识论的一对范畴，它揭示了认识运动中的自身的矛盾。正由于真理和谬误表明了认识运动中的矛盾，所以，它和真理过程论又存在着内在的联系。因此，正确理解真理和谬误的关系，直接关系着正确地把握真理是过程的原理。

马克思主义哲学运用辩证唯物主义的原理对真理和谬误的关系做了全面的、科学的分析，指出真理和谬误是对立的，但这种对立既是绝对的，又是相对的。也就是说，真理和谬误的关系是辩证的关系。对于这个问题，恩格斯在《反杜林论》中做了精辟的论述；并且第一次提出了真理和谬误对立的绝对性和相对性的著名论断。恩格斯说，"真理和谬误，正如一切在两极对立中运动的逻辑范畴一样，只是在非常有限的领域内才具有绝对的意义；……只要我们在上面指出的狭窄的领域之外

---

① 黑格尔：《小逻辑》，贺麟译，商务印书馆1980年版，第64页。

应用真理和谬误的对立，这种对立就变成相对的，因而对精确的科学的表达方式来说就是无用的"。接着，恩格斯还指出，"如果我们企图在这一领域之外把这种对立当做绝对有效的东西来应用，那我们就会完全遭到失败；对立的两极都向自己的对立面转化，真理变成谬误，谬误变成真理"。①

不言而喻，恩格斯对真理和谬误关系的论述是全面而深刻的。他所提出的关于真理和谬误对立的绝对性和相对性的论断，是一个科学的论断。因为它精辟地表明了真理和谬误的关系是辩证的关系。

（一）真理和谬误对立的绝对性

前面已经说了，真理和谬误是用以揭示认识过程中自身矛盾的一对范畴。作为认识过程中的一对矛盾，真理和谬误始终是对立的。就是说，在整个认识过程中，真理和谬误作为一对矛盾，它们并不是有时候是对立的，有时候又不是对立的。不是这样，而是从有真理起它便是和谬误一直对立着的。正像毛泽东所指出的，真理和谬误是相比较而存在的。从一个方面说，如果真理和谬误不是对立的，它们就不可能是相比较而存在的。不过，真理和谬误的对立，既有它绝对性的方面，又有它相对性的方面。

真理和误谬对立的绝对性，首先表现在它们各有自己质的规定性。真理是人的认识对客观事物，特别是对它的规律的正确反映。或者说，真理是主观和客观的符合，是思想和其对象的一致。这就是真理概念的含义，也就是真理的质的规定性。谬误是什么呢？谬误乃是人的认识对客观事物，特别是对它的

① 《马克思恩格斯全集》第20卷，人民出版社1971年版，第99页。

规律的歪曲反映。或者说，谬误是主观和客观的不符合，是思维和其对象的不一致。这是谬误概念的含义，也是谬误的质的规定性。就是说，真理和谬误都是用以表明主观和客观、思维和客体、认识和其对象的关系的；但是，它们所表明的关系的性质是不同的，而且是正好相反的。这就决定了真理和谬误有着完全相反的含义和完全相反的质的规定性。在这一点上，它们是泾渭分明，不容混淆的。在这里，真理和谬误的对立是绝对的，它们的界限是分明的。真理是真理，谬误是谬误；真理不能是谬误，谬误也不能是真理。

真理和谬误质的规定性的不同，之所以体现真理和谬误对立的绝对性，这是由于这种质的规定性是客观的。有人认为，真理是客观的，谬误则是主观随意的。这种看法是欠妥的。因为，就它们各自质的规定性而言，都是客观的。很清楚，当我们这么说的时候，我们是把真理和谬误当作我们的认识对象来考察的。在这里，真理和谬误的区别，并不在于前者不是主观随意的，后者是主观随意的；而是在于前者是主观对客观的正确反映，后者则是主观对客观的歪曲反映。但就这种反映来说，或者就它所体现的主、客观的关系来说，都是不依我们的主观愿望为转移的。而且，无论是真理，还是谬误，它们都有自己的客观内容，同时又都有自己的主观方面。因为它们所体现的是主观和客观、反映和被反映者之间的一种关系。这种关系，对我们来说是客观的。正因为这种关系是客观的，它才决定了真理和谬误的对立也是客观的；这是无条件的，因而是绝对的。

真理和谬误对立的绝对性是具体的。这种具体性是由真理和谬误本身的具体性所决定的。"辩证法的基本原理是：没有抽象的真理，真理总是具体的"。① 如果真理是抽象的，那就会变成空谈，就会缺乏实在性，就不受客观事实的约束，因而也就不是真的。真理是主观对客观的正确反映；这种反映必定是实在的、具体的。同样，谬误也是具体的。谬误是主观对客观的歪曲反映。这种反映如果是抽象的，它就不具有确定性，因而也就不成其为谬误。由于真理和谬误本身都是具体的，所以，它们的差异，它们的对立也是具体的。真理和谬误对立的具体性，自然是这种对立的绝对性的因素。因为，如果真理和谬误的对立是抽象的，那它就不是实在的；不是实在的对立，那就根本谈不上什么绝对性。

真理和谬误对立的绝对性，还表现在真理和谬误是相互排斥、相互斗争的。真理和谬误作为认识过程中的一对矛盾，它们相互之间不是和平共处的关系，而是相反相成的关系，是相互排斥、相互斗争的关系。正是由于真理和谬误的相互排斥和相互斗争，才使认识不断向前运动，不断向纵深发展。真理和谬误的相互排斥、相互斗争，贯穿于认识运动的始终。马克思说，"真理通过论战而确立，历史事实从矛盾的陈述中清理出来"。② 毛泽东也指出，真理是和谬误相斗争而发展的。马克思这里所讲的"论战"，我们从认识的质的规定性方面去看，实际指的就是真理和谬误的斗争。从马克思和毛泽东的话中，我们可以知道，真理的确立和真理的发展，都是经过了和谬误的斗争，都是通过和谬误的斗争得来的。所以，谬误和真理的年龄一样古老，它们的寿命也将会一样长久。同时，它们相互之间的斗争和它们本身的存在也是共命运的。由于真理和谬误的斗争贯穿于认识过程的始终，其实也就是贯穿于真理过程的始

---

① 《进一步，退两步》，《列宁选集》第 1 卷，人民出版社 1972 年版，第 507 页。
② 《马克思恩格斯全集》第 28 卷，人民出版社 1973 年版，第 286 页。

终，所以，真理和谬误的对立也就具有绝对性。

真理和谬误对立的绝对性，还通过实践表现出来。实践是检验任何认识是否具有真理性的最终标准。实践检验认识的过程，实际也就是认识指导实践的过程。由于真理正确地反映了客观事物的规律，所以，由真理指导的实践，一定会取得成功；而谬误则是主观对客观的歪曲反映，因而由谬误指导的行动，必然遭到失败。当然，在实际的实践活动中，由于实践本身具有许多因素，同时实践本身也是一个动态的过程，所以，在这里，认识和实践结果的关系，有时候也呈现出复杂的情况。有时实践的失败，并不是由于认识指导上的错误；有时实践的成功，也不见得证明了认识指导上的正确。有时一个认识基本上是正确的，但其中包含着某些谬误，或者一个认识基本上是错误的，但其中包含着某些正确的部分，这种情况经过实践，有时也不一定能马上鉴别出来。但是，这种情况在整个人类的历史中，或者在认识和实践的历史中，终归是不会长久的（当然，有时是几年，有时是几十年、几百年乃至更长时间；但和人类历史相比还是一刹那，而且随着认识和实践的发展，这种情况的时间会越来越短）。就是说，一个认识究竟是真理，还是谬误，最终总会经过实践的检验而表现出来；一个认识中的真理部分和谬误部分，经过反复实践，最终也会被鉴别开来。这既是实践标准的确定性、绝对性的表现，也是真理和谬误对立的绝对性的表现。

总之，真理和谬误的对立有其绝对性的方面。这方面是不可忽视的。忽视了它，就会抹杀真理和谬误的原则界限。

（二）真理和谬误对立的相对性

由于真理和谬误反映的是认识过程中的矛盾，所以，真理和谬误的对立也就一定不仅有其绝对性的方面，而且也一定有其相对性的方面。

真理和谬误对立的相对性，首先，表现在它们是相互联结的。它们互为自己存在的前提。没有真理，就没有谬误；没有谬误，也就无所谓真理。它们是相比较而存在的。

由于真理和谬误是作为对同一个认识过程中主、客观之间的关系的不同反映，前者是正确的反映，是主观和客观的符合、思维和客体的一致，后者是歪曲的反映，是主观和客观的不符合、思维和客体的不一致；那么，在正确的反映、符合、一致和歪曲的反映、不符合、不一致之间，也就不能不有许多中间状态。因为，正确的反映是一个过程，歪曲的反映也是一个过程。也就是说，真理是一个过程，谬误也是一个过程。它们虽然是两个方向相反的过程，但又有着共同的基础。这样就在两个过程达到极端之前，形成了一系列的过渡形态。这些过渡形态，概括起来就是相对真理和相对谬误的形态。恩格斯把真理过程称为由相对真理向绝对真理发展的过程，明确提出了相对真理和绝对真理的概念。同样，恩格斯也明确提出了"相对谬误"① 的概念，对谬误和相对谬误做了区分。这样，在主观和客观符合不符合、思维和客体一致不一致的问题上，就有四个程度不同的概念，即绝对真理、相对真理、相对谬误、绝对谬误。这里，除了绝对真理和绝对谬误的对立是绝对的以外，相对真理和相对谬误的对立显然是相对的。所以，从这一点上我们也可以看到，真理和谬误是相互联结的，它们的对立并不光是绝对的，而是还有着相对性的一面。

其次，真理和谬误对立的相对性，还表现在它们是相互渗

① 《反杜林论》，《马克思恩格斯全集》第20卷，人民出版社1971年版，第95页。

透、相互包含的。由于对这个问题的争论较大，所以，我们也就需要用较大的篇幅来讨论这个问题。

绝对真理不包含谬误因素，绝对谬误也不包含真理成分，这是不言而喻的。所以，说真理和谬误的相互渗透、相互包含，严格说指的是相对真理和相对谬误的相互渗透、相互包含。普通为了简化起见，把这种情况就称为真理和谬误的相互包含也是可以的。

那么，从什么意义上说真理和谬误是相互包含的呢？

有一种意见认为，相对真理之所以是相对的，正是因为它还包含着不正确的因素，否则，它就不是相对真理，而是绝对真理了。这种看法，显然是把真理和谬误的相互关系问题同相对真理和绝对真理的相互关系问题混淆起来了。我们承认这两个问题是紧密联系、部分交错的，但毕竟是两个问题。相对真理之所以是相对的，是对应着绝对真理而言的，并非因为它们一个包含谬误，另一个不包含谬误。

另一种意见认为，相对真理不但可以包含谬误因素，而且某些相对真理最终还会被证明是完全谬误，绝非真理。这种意见从根本上否定了一切相对真理中都包含着绝对真理的成分，这是不客观的，因而也是不能同意的。

还有一种意见认为，人们的正确认识，是在不断犯错误，不断修正错误中发展起来的。从这个意义上说，人们的每一个具体认识都只有相对真理的性质，一切科学原理都只能是相对正确因而也是相对错误的；反过来说，相对错误的认识，同时也可以叫相对真理了。这种观点分明是忽视了真理和谬误对立的绝对性的一面，从而也就完全抹杀了两者的界限，其结果只能导致相对真理也是相对谬误、相对谬误也是相对真理的相对主义结论。

所以，以上的几种意见是不能同意的。我们讲相对真理包含谬误因素，并不是指在所有意义上的相对真理，也不是指所有的相对真理。事实上，有些相对真理，或者说在某些意义上的相对真理，是不包含什么谬误因素的。我们说的相对真理包含谬误因素，是指那种"近似正确"、"相对正确"意义上的相对真理来说的。所谓"近似正确"、"相对正确"，一方面表明思维对客体的反映总是粗糙化的，认识对客观事物的反映总是"粗线条"的、不完全的；另一方面表明这种认识对客观事物的反映还不十分确切，还有误差。正如同对某物体进行任何精确的测量（测量也是一种认识）总会包含某些误差一样。认识上的不确切、误差，就它的质的规定性来说，毫无疑问属于谬误的范畴。所以，近似正确、相对正确地反映了客观事物及其规律的相对真理，就其还不十分确切，还有误差的方面来说，是包含着谬误因素的。

同样，谬误也有绝对谬误和相对谬误之分。因为谬误也是一种认识，既然也是一种认识，它就不可能没有一点和被它反映的客观对象之间的相符之处。不然，它就不成其为认识。所以，对着那些主观和客观绝对分离的绝对谬误来说，相对谬误则是指表现主观和客观相对分离的谬误。在相对谬误中的某些主观和客观的相符之处，即是其中包含的真理因素。

真理和谬误之所以相互包含，首先是由真理和谬误的矛盾关系决定的。

所谓相互渗透、相互包含，当然是指对立面的相互渗透、相互包含。它的本质含义之一，就是矛盾双方是你中有我，我中有你。真理和谬误作为认识领域中的一对矛盾，双方当然也有这种相互包含的关系。

众所周知，恩格斯曾经把对立统一规律称之为"对立的相互渗透的规律"。① 恩格斯说，矛盾着的双方，"不管它们如何对立，它们总是互相渗透的"。② 这就是说，相互渗透是矛盾双方相互关系中的一个普遍现象，是对立统一规律的重要内容和组成部分。恩格斯还说，对立的两极，"一极已经作为胚胎存在于另一极之中"。③ 这不是明确地表明了对立面的相互渗透就是相互包含，就是矛盾着的双方相互包含着对立方面的"胚胎"、因素吗？

黑格尔曾说，在矛盾每一方的规定中都包含着自己的对立面。他讲的是概念的辩证法。在马克思主义看来，概念辩证法只不过是客观辩证法的反映。在矛盾概念的每一个规定中之所以包含着它的对立面，是由于在客观事物中，矛盾的每一方总是包含着自己对立因素的缘故。比如，自然领域的光明与黑暗、直线与曲线、植物与动物、雌与雄，社会领域的生产与消费、敌与我、进攻与防御、好事与坏事，认识领域的分析与综合、感性认识与理性认识、真理与谬误，等等，这些对立的双方，都是相互渗透、相互包含的。所以，要求把哲学上的相互渗透和客观事物中以及各门具体科学中矛盾双方的相互渗透、相互包含完全割裂开来，那是不正确的，是违背唯物主义的辩证法的。

为什么对立面的相互渗透、相互包含是一种普遍现象？这是由一切现实的矛盾双方都存在着某种共同点所决定的。矛盾双方的共同点是矛盾同一性的基础。既然矛盾有共同点，那么，它们就不是可以截然分开的；而是你中有我，我中有你，相互包含的。真理和谬误之所以能构成矛盾，不仅由于它们有

---

① 《自然辩证法》，《马克思恩格斯全集》第20卷，人民出版社1971年版，第401页。
② 同上书，第25页。
③ 同上书，第545页。

质的对立，还由于它们有共同点，它们都是人的主观对客观的反映，都是对同一客观对象的认识。正由于真理和谬误有这种共同点，所以，它们就不能截然分开，而是处于认识的统一体中，相互包含、相互渗透。真理性的认识中渗透着谬误认识的因素；谬误认识中也渗透着真理性认识的因素，因而形成此中有彼，彼中有此的状况。

那么，承认真理和谬误相互包含，是不是就混淆了真理和谬误的原则界限，抹杀了各自质的规定性呢？当然不是。我们知道，所谓真理和谬误，都是指认识。认识不外是移入人的头脑并在人的头脑中改造过的物质的东西而已。但是，这种"移入"和"改造"，即人脑对客观现实的反映，却有正确和歪曲之分。正确的反映，即客观事物在头脑的反映和客观事物的本来面目相符合；这样一种认识，我们称之为真理。歪曲的反映，乃是人的头脑对客观事物的反映和客观事物的本来面目不相符合；这样一种认识，我们就称之为谬误。所以，真理和谬误的原则区别只在于：真理是主观对客观的正确反映，它从精神方面体现着主观和客观矛盾双方的统一；谬误则为主观对客观的歪曲反映，它体现着主观和客观矛盾双方的分离。这也就是真理和谬误各自质的规定性。在这里，真理和谬误的对立是绝对的；它们的界限是不容混淆的。但是，这种绝对对立，仅仅在这样一个非常狭隘的领域里，即仅仅在回答"什么是真理？什么是谬误？"的时候，才有意义。超出了这个领域，它们的对立，无疑就只具有相对的意义了。

恩格斯说，"真理和谬误，正如一切在两极对立中运动的逻辑范畴一样，只是在非常有限的领域内才具有绝对的意义；……只要我们在上面指出的狭窄的领域之外应用真理和谬误的对立，这种对立就变成相对的"。恩格斯还说，"今天被认为是合乎真理的认识都有它隐蔽着的、以后会显露出来的错误的方面，同样，今天已经被认为是错误的认识也有它合乎真理的方面，因而它从前才能被认为是合乎真理的"。① 在这里，"被认为"并不是随意的，而是有客观依据的，是经过一定的实践检验过了的。所以，"被认为是合乎真理的认识"，也就是我们现今所能达到的真理性认识，其中是隐藏着错误的；同样，"被认为是错误的认识"，就是经过今天的实践检验过的错误认识，其中也有它合乎真理的方面。正因为真理和谬误是相互渗透、相互包含的，所以恩格斯才指出，"拥有无条件的真理权的那种认识是在一系列相对的谬误中实现的"。②

列宁在《唯物主义和经验批判主义》一书中，多次提到"相对真理是不依赖于人类而存在的客体的相对正确的反映"。列宁特别指出，这些反映随着实践的发展"日趋正确"。③ 不言而喻，"相对正确的反映"中是包含着错误的，否则谈不上"日趋正确"。不仅如此，列宁还认为，谬误中也可能包含着真理。列宁在《莱伊〈现代哲学〉一书批注》中，摘引了莱伊的话："重要的结论：谬误不是真理的绝对对立。……在某种意义上说，它是最小的真理"。④ 列宁在这话下画了横线，并且在旁边批注道："真理和谬误（接近于辩证唯物主义）"，对莱伊的这话表示了赞同的意向。

同时，如上所述，无论真理或者谬误，都是从观念方面反映着主观和客观的一种关系。那么，我们就不难理解作为真理的主观和客观的符合、统一，绝不可能是绝对的符合、统一，

---

① 《路德维希·费尔巴哈和德国古典哲学的终结》，《马克思恩格斯选集》第4卷，人民出版社1972年版，第240页。

② 《反杜林论》，《马克思恩格斯全集》第20卷，人民出版社1971年版，第95页。

③ 《列宁全集》第14卷，人民出版社1957年版，第326页。

④ 《列宁全集》第38卷，人民出版社1959年版，第520页。

而是在符合、统一中总是包含着不符合、不统一；同样，作为谬误的主观和客观的分离、不符合，也绝不可能是绝对的分离与不符合，而是在分离中又有统一，在不符合中又有符合。就是说，真理和谬误之间总是相互渗透、相互包含的。

在这个问题上，德国工人、独立地获得辩证唯物主义基本原理的哲学家约·狄慈根也有许多精彩的论述。他说："对正确与谬误的对立抱有极其夸大的观念是多么幼稚。"他认为"认识是由不认识逐渐地、逐步地产生的，因此，它根本无起点可言；它生成，成长，一半错误一半正确，越来越明确；但从来既没有绝对错误的认识，同样也不可能有绝对正确的认识"。就是说，在现实的认识中，既没有绝对的谬误，也没有绝对的真理。因为"错误的认识是真实的认识的否定，谬误不是真理，但它却是一个真实的片段"。[1] 这也就是说，在狄慈根看来，真理和谬误并不是绝对地对立的，而是还有相互渗透的一面。他还说，"我们并不愿意混淆谬误与真理，使之乱作一团，我们愿意区别它们"。[2] 他认为，只有把它们绝对地对立起来，而忽略这种对立的相对性，"才会制造混乱"。

所以，承认真理和谬误相互包含，并没有否定真理和谬误各自质的规定性。不仅如此，辩证法还认为，真理和谬误对立的绝对性总是通过真理和谬误对立的相对性来表现的。因为，绝对总是寓于相对之中，并通过相对来表现的。真理和谬误的原则界限正寓于两者的相互联系之中，并通过两者的相互依存、相互包含和相互转化来显现。所以，承认真理和谬误相互包含，不但没有混淆两者的界限，而且正是表明了两者的界限。

---

① 《哲学的成果》，《狄慈根哲学著作选集》，生活·读书·新知三联书店 1978 年版，第 377 页。

② 同上书，第 377—378 页。

有的同志说，真理是客观的，谬误则是主观主义的东西；如果把谬误"人为地加到"真理中去，那就取消了真理的客观性。这里显然是把真理的客观性和谬误的主观性做了不确切的理解。真理的客观性不是指客观事物本身，而是指真理的内容是客观的，指主观正确地反映了客观。谬误的主观性也不是指谬误没有具体的、客观的内容，而是指主观脱离了客观，主观歪曲地反映了客观。当我们说到真理中包含（隐藏）着错误的时候，说的是在主观对客观的正确反映中包含着主观对客观的歪曲反映。这里谈不到把主观的东西"人为地加到"客观的东西中去；因为这里说的是"反映"；因而，也谈不上对真理的客观性的否定。

总之，从真理和谬误的辩证关系方面看，真理和谬误是相互包含的。

真理和谬误的相互包含，还从真理和谬误的具体性方面反映出来。

没有抽象的真理，真理总是具体的。同样，谬误也是具体的。真理和谬误是经常联系在一起的，是相比较而存在的。它们是发生在对同一个客观对象的反映上。

真理的具体性，首先，表现在它是对客观事物的某种具体的正确认识，而不是停留在抽象的定义上。真理是人的头脑对客观事物的正确反映。客观事物是具体的，因而表现客观事物真理的正确认识也是具体的。认识要用语言文字来表达，真理也要用语言文字来表达。比如，真理总要通过某一个命题、某一段话、某一个原理、某一种学说、某一个公式、某一个方程、某一个定理等等方式来表达。如果某个真理，它不能用一定的具体的语言文字来表达，那它就是抽象的，不可捉摸的。而在一个具体的正确认识中，要求它的每一点，每一句话，每一个词，都绝对正确地反映客观对象，那是不可能的。同时，正像世界上不存在绝对纯的东西一样，认识中也没有绝对纯的正确认识和绝对纯的错误认识。世界上没有绝对单一的具体事物，也没有绝对单一的具体的正确认识。这不但在一些复杂的原理、学说中是如此，就是一些简单的公式、定理、定律也一样。"句句是真理"，永远是不可能的。我们不应该这样看待前人的话，也不应该这样要求今人。

有的同志说，认识中包含着真理部分和谬误部分，是可以理解的；真理中包含着谬误是不行的。我认为，这种观点，是把真理和具体的认识割裂开了；是违反真理的具体性要求的。诚然，不是所有的认识都是真理，但是所有的真理必定都是具体的认识。所谓真理，就是真理性的认识；所谓谬误，就是错误的认识；除此而外，再没有脱离认识的真理和谬误。

所以，只要承认真理和谬误是用语言文字表达出来的某种具体的认识，就不可避免地要承认真理和谬误是相互渗透、相互包含的。

其次，真理的具体性还表现在：这种正确的认识，是指人们在一定的时间、地点、条件下，对某具体客观对象的正确反映。具体的客观对象总是处于一定的时间、地点、条件下，它的本质的显现总要受到时间、地点、条件的制约。作为认识主体的人，对客观事物的认识，则除了要受客观事物本质的显现程度的限制外，还要受到自身所处时间、地点、条件的限制。作为一个在一定时间、地点、条件下的正确认识来说，在这许多限制之下，要做到对事物内在规律的完全的、纯粹的、绝对的正确反映是不可能的；其中带有某些误差、包含某些错误因素，则是完全可能的；这在当时并不影响这个认识从总体上说的正确性。

所以，我们如果把那些在一定的时间、地点、条件下，被实践判明为真理或者谬误的具体认识拿来，再用新的实践来检验一下，就会发现真理和谬误是经常相互包含的。

再次，具体真理之所以具体，还在于它是"许多规定的综合"，是"多样性的统一"。客观事物常常是很复杂的。即使是一个简单的事物，它也有着质的多样性，所以才有丰富多彩的外部表现（现象）。所以，要真正地认识事物，就必须具体地把握、研究它的一切方面、一切联系和"中介"；并从具体的发展中来全面地估计这种关系。全面性、具体性的要求是应该的，必需的；但是，在任何一个具体的历史时代，人们都不可能完全做到这一点。这是因为，人们的实践只能以客观事物的某个方面或某几个方面为自己的对象，由此而得到的正确认识仅仅是真理的一个方面或几个方面（这里暂且不谈它的精深度）。如果把真理的一个方面或几个方面，就当作具体真理，那是不符合客观事物的本来面目的，那就带有对客观事物本来面目歪曲反映的成分、因素。

同时，具体真理是对客观事物质的多样性和许多规定反映的综合和统一。那么，在这"许多规定"、"多样性"中，有的部分、方面反映正确了，有的则做了歪曲的反映，这也是常有的事。这些被歪曲反映了的部分、方面，由于当时实践水平的局限没能鉴别出来，从而被思维综合了进去；这样，它便成为隐藏在整个说来为正确认识（具体真理）中的谬误因素。

所以，从真理的具体性方面看，其中包含（隐藏）着谬误，也是完全可能的，也是不难理解的。同样，谬误作为对某个客观对象的具体反映来说，它也不可能是百分之百的、绝对的歪曲反映。由于人的认识的本性、使命、可能和目的，是要正确反映客观事物；所以，即使在一个基本方面、主要方面是错误的认识中，常常也可能包含着某些正确认识（真理）的因素、成分、部分。这就是说，从真理和谬误的具体性上说，两者是可以相互包含的。

由于认识是一个复杂的过程，所以，真理和谬误相互包含的具体形式，也是多种多样的。但是，从真理和谬误的具体性方面说，二者相互包含的主要形式有两种：一种是以颗粒、部分的形式相互包含，即真理中包含着谬误的颗粒、部分；或者，谬误中包含着真理的颗粒、部分。这种形式的包含，一旦被实践鉴别出来，只要对其中的颗粒、部分加以取舍，就能达到坚持真理、修正错误的目的。另一种是以因素、成分的形式相互包含，即真理中包含着谬误的因素、成分；谬误中包含着真理的因素、成分。这种情况，如果被实践鉴别出来以后，那就不是简单地对其中某个部分加以取舍的问题，而是必须改变整个的认识形式（如公式、定理等），才能做到坚持真理、修正错误。

真理和谬误的相互包含有其深刻的认识论原因。

人的认识的发生和发展，受着许多条件的制约：有主观方面的条件，亦有客观方面的条件；有自然方面的条件，亦有社会方面的条件。因而，人的认识的正确与错误，也都与这些条件有着非常密切的关系。这里只从认识论方面，简单地分析一下真理和谬误相互包含的原因。

第一，从发生上说，真理只能来源于变革客观事物的实践；但每一个具体的实践都有其自身的局限性，所以，即使通过实践得到的认识，也可能对客观事物做歪曲的反映。我们知道，作为真理的源泉是整个客观物质世界；但是，客观物质世界并不能自动地进入人的认识领域。而且，要想认识客观事物的内部联系、本质、规律，光靠从外表对它进行消极的直观，也是办不到的。只有通过变革、改造客观事物的实践，才能达到对客观事物的真理性认识。

但是，实践都是具体的，每一个具体的实践都有其自身的局限性。实践是人们有目的的活动。每一个具体的目的，因受主、客观各种条件的制约，它不能不带有很大的（脱离客观实在的）主观性和局限性。这种局限性又影响着实践的方向、范围、深度等等，从而影响着人们对客观事物真实面目的接触和认识。客观世界是由千千万万千差万别的事物相互制约、相互作用、相互转化而形成的一个错综复杂的相互联系的有机整体。但是，就每一个具体实践来说，它不可能把整个的物质世界作为自己的改造对象，而只能把它的一部分作为对象。当某一事物成为我们的实践对象时，无形中是把它从整个世界的有机联系中分割开来了。这时的这个事物，既属于有机整体的一部分，又不完全等同于整个世界有机部分时的那个事物。所以，实践对象的有限性，既使我们能够具体地把握客观事物的本性，又使我们可能歪曲地反映客观事物的本性。实践是有手段的。实践手段，一方面受实践目的、人的认识水平的制约，另一方面又受客观的物质条件、工艺技术条件和水平的制约。人们一方面借助实践手段，变革客观事物，从而获得对客观事物内部本质的正确认识；可是，另一方面，由于实践手段的局限性，又影响着人们对客观事物内部规律的正确认识。实践结果是实践过程的归宿和物质体现者。人们可以通过实践结果，来把握客观事物的特性、本质。但是，实践结果是需要我们对它进行分析、概括、认识的；同时，实践结果既是实践过程的必然归宿，又受着许多偶然性因素的影响。这样，它就既为我们提供了正确认识客观事物的基础，也为我们提供了歪曲反映客观事物的可能性。

由于实践是真理发生的源泉，实践作为认识的基础又有两重性，即上面所说的引起正确反映和歪曲反映的两种可能性；这样，它就为真理和谬误的相互包含提供了条件。

第二，感觉是真理的门户，但感觉也会欺骗人。人们要想获得对客观事物的真理性认识，必须通过感觉。感觉是人在实践活动中，用自己的感觉器官直接接触客观事物，在大脑中获得的一种反映，即客观世界的主观映象。感觉是联系思维和客观外界的纽带、中介、桥梁。所以，人们只有先获得对事物现象、外部联系的感觉，才能再对感觉进行分析、综合、抽象，进一步把握事物的本质和内部规律，达到真理性认识。

实践经验告诉我们，感觉能够给我们提供对客观事物的正确摹写。但是，感觉又有很大的局限性。这不仅表现在它只是对客观事物现象、局部、外部联系的反映上，还表现在有时它也会欺骗人。这是由于感觉的产生，一方面要受感觉器官构造的制约，另一方面又要受客观事物显现程度的制约。感觉依赖于大脑、神经、视网膜等等感官的组成、结构。感官生理学告诉我们，人的感觉器官并不是尽善尽美的。人的眼睛不能感受和反映所有的光线，耳朵也不能感受和"反映"所有的声波……而且，这些感官在人的不同的年龄、不同的健康状况、不同的精神状态，甚至在物体的不同方位、角度等不同的条件下，对同一客观事物所产生的感觉，并不是完全相同的，有的甚至是很不相同的。其中有精确程度、完备程度上的误差，也有的纯属错觉。当然，客观事物的显现状况和它的本质的暴露程度，乃至一些假象，也会造成我们感觉上的差错。一根方柱，由于距离我们较远，在视觉中就引起它是圆柱的感觉。诸如此类，不一而足。而我们的理性在对这些感觉（包含错觉）进行加工时，并不能把那些差错都找出来，保证百分之百地做到去伪存真（因为这并不是理性所能单独解决的任务）。由于感觉上的误差、错觉的存在，也就可能使我们做出对客观事物的歪曲反映。

所以，感觉既是真理的门户，也可能是谬误的门户。它在为我们达到对客观事物的真理性认识或错误认识上，有着两重性。这也是造成真理和谬误相互包含的原因。

第三，由具体的东西上升到抽象的东西，这是获得真理性认识的重要环节；但是，也有可能更远离真理。列宁说，"当思维从具体的东西上升到抽象的东西时，它不是离开——如果它是正确的（**注意**）（而康德和所有的哲学家都在谈论正确的思维）——真理，而是接近真理"。① 因为，抽象思维是对感性材料的扬弃。通过这种扬弃，才把对事物现象的认识上升为对事物本质的认识，把对事物外部联系的认识上升为对事物内部规律的认识，"把可以看见的、仅仅是表面的运动归结为内部的现实的运动"。② 从而在更高、更深、更完全的程度上反映客观事物的本来面目。但是，这种抽象必须是正确的、科学的抽象。如果是形而上学的抽象思维，或者只是稍微离开了正确的、科学的抽象，那就不是接近真理，而是更远离真理了。就是说，抽象自身也有薄弱的方面。

所以，由具体的东西到抽象的东西，既是使感性认识上升为理性认识，即达到真理的一个必然的环节和必经的桥梁；又为认识更远离真理提供了可能。这也是造成真理和谬误相互包含的一个环节。

第四，实践是检验真理的根本标准，但是实践标准又有确定性和"不确定"性。一个认识到底是不是真理，这不能由主

① 《哲学笔记》，《列宁全集》第38卷，人民出版社1959年版，第181页。
② 马克思：《资本论》第3卷，人民出版社1954年版，第349—350页。

观上觉得如何而定，而必须由客观的实践来检验。有些认识是真理还是谬误，由于当时实践水平所限，一时难以做出判断；但随着实践的发展，实践终究有办法证实或驳倒这些认识。这是由实践标准的确定性决定了的。由于实践标准有确定性，它可以使我们和各种形式的唯心主义、不可知论划清界限，并成为我们向它们进行斗争的锐利武器。

但是，实践标准又有"不确定"性。这就是："实践标准实质上决不能完全地证实或驳倒人类的任何表象。"① 这里，大致有两种情况，一种是人们的某些认识是真理还是谬误，在一定的历史条件下，还根本没有办法用实践去检验它。另一种情况是，一定历史条件下的实践，对某些认识的真伪只能做一个大致的判断；而对一个基本正确的认识中包含着的某些错误因素、成分、部分，或对一个基本错误的认识中包含着的某些正确因素、成分、部分，却不能鉴别、判明。由于实践标准有这种"不确定"性，所以，一方面不至于使人的知识变成"绝对"、僵化；另一方面又使以上说的几种原因造成的真理和谬误相互包含的情况，一时不能把它鉴别出来。

总之，从认识论上看，从真理的发生，一直到真理的检验，其中每一个环节都可能发生真理和谬误的相互包含。而且，认识论上的这些环节，并不是一个个孤立的，也不是可以达到真理的是一条路，可能发生谬误的是另一条路；而是环节之间、道路之间是错综复杂地交织在一起的。所以，造成现实认识中的真理和谬误的相互包含，乃是不可避免的。

真理和谬误的相互包含、相互渗透，正是真理和谬误对立的相对性的重要表现。

---

① 《唯物主义和经验批判主义》，《列宁全集》第 14 卷，人民出版社 1957 年版，第 142 页。

从真理和谬误的相互包含方面看，绝对真理、相对真理、相对谬误、绝对谬误之间的关系，大致可以用下图来表示：

真理和谬误对立的相对性，除了表现为它们的相互联结和相互渗透以外，还表现为它们的相互转化。对于这一点，在本节开头引的恩格斯的话中也可以清楚地看出。恩格斯说，真理和谬误的对立，只在一个非常狭窄的领域内才有绝对的意义；超出了这个领域，在这个领域之外应用这种对立，这种对立就变成相对的。而在这个领域之外，企图把这种对立当作绝对有效的东西来应用，那么对立的两极就会向自己的对立方面转化，真理变成谬误，谬误变成真理。这就是说，真理和谬误的相互转化，直接地同真理和谬误对立的相对性有关，或者说，也是相对性的一种表现。因为，既然真理和谬误可以相互转化，那就说明这两极是相通的，这两极并不是绝对相互排斥的，也就是这两极的对立并不是绝对的。

真理和谬误的相互转化是在一定条件下进行的。比如，如果片面夸大真理，把真理说得"过火"，或者把它搬到它所能适用的范围以外去，这时真理便会变成谬误。因为真理是具体的，真理只是人的认识对一定时间、地点、条件下的客观事物及它的一定层次的本质的正确反映。所以，它的适用范围是有限的。如果夸大了这种认识的正确性，而且仿佛是向同一方向迈的一小步，真理就变成谬误。正如列宁所指出，"任何真理，如果把它说得'过火'……加以夸大，把它运用到实际所能应用的范围以外去，便可以弄到荒谬绝伦的地步，而且在这种情形下，甚至必然会变成荒谬绝伦的东西"。[①] 同样，谬误也是具体的。如果把某种错误的东西拿到它所反映的范围以外去，它也就不再成为谬误。而且，谬误常常是真理的先导，人们通过谬误常常可以得到许多经验教训，甚至直接受到启发，这样就使认识由谬误转化为真理。

总之，真理和谬误的对立，既有绝对性的方面，又有相对性的方面。这两个方面是相互联系不可分割的。如果人为地把这两个方面割裂开来，那就会重蹈绝对主义的错误，或者相对主义的错误。正因为真理和谬误的对立既是绝对的，又是相对的，这才使真理和谬误的关系成为辩证的关系。它们既有明确的界限，既是对立的，又是相互统一的。同时，也正由于真理和谬误的关系是辩证的，它们既对立又统一，这才使认识成为一个过程，使认识不断向前发展。

（三）真理和谬误相互包含的逻辑支撑

前面我们从唯物论、辩证法、辩证思维的视角阐述了真理和谬误相互间既唯物又辩证的关系，其中包括真理和谬误相互包含的关系。但有些人对真理和谬误相互包含的看法，表示不可理解和接受，认为这违背了形式逻辑的矛盾律。矛盾律认为，在同一个思维过程中，一个思想及其否定不可能都是真的，其中必有一个是假的。A 不是非 A。A 和非 A 之中，必有一个是假的，不可能都是真的。A 表示任何一个判断。比如，

---

① 《共产主义运动中的"左派"幼稚病》，《列宁选集》第 4 卷，人民出版社 1972 年版，第 217 页。

我们说，某个认识（观点、观念、理论、学说等）是真理，和我们同时又说它包含着某些谬误（非真理）；这是两个相互矛盾的判断。就如同说"所有天鹅都是白的"和"有些天鹅不是白的"是相互矛盾的两个判断一样。那么，按照矛盾律，这两个判断不能都是真的，其中必有一个是假的。因而，说真理和谬误（非真理）可以相互包含的判断，是不能成立的，是违反形式逻辑的，所以不可接受。

违反形式逻辑的思维断定是错的，断定是不可取的。这一点必须坚定不移。那么，认为"真理和谬误相互包含"，是否违背了形式逻辑呢？我们怎样来理解和解答这个问题呢？

第一，我们必须明确，认为"真理和谬误相互包含"违背了逻辑的矛盾律，这里所说的矛盾律，准确地说是指经典逻辑的矛盾律，而不是指泛泛讲的形式逻辑（包括经典逻辑和非经典逻辑）的"矛盾律"。形式逻辑的矛盾律要求人们的思想必须保持前后的一贯性、不矛盾性。否则就会犯自相矛盾的错误。所以，遵守矛盾律的要求，是保证正确思维的必要条件。但是，遵守矛盾律的逻辑要求，并不意味着否认客观事物本身存在着的矛盾。因为客观事物本身的矛盾是客观地存在着的，是不可否认也无法否认的。对客观事物本身存在的矛盾，只有是否认识了和是否正确地认识了的问题。矛盾律所要求排除的只是思维中的逻辑矛盾，而不要求排除也不可能排除客观事物本身的内在矛盾；也不否认人们可以正确地认识客观事物自身的矛盾。一句话，形式逻辑只管思维的形式，不管思维的内容。那么，真理和谬误相互包含，是思维的形式呢，还是思维的内容？表面看含有思维形式的味道，实际上说的是思维的内容。前面我们多次说到真理都是具体的，总是指某个具体的认识（判断、观点、理论等等），而在这些被认为、被称为真理的具体认识中，当时虽然不可能，事后总能发现其中包含着某些谬误成分或因素；反之，当时被认为是谬误的，事后又发现其中包含着某些真理成分或因素。所以，很清楚，说"真理和谬误相互包含"是指"人的认识"这个客观事物自身存在着的客观矛盾。这当然是指思维的内容。也就是说，从这一问题的实质上看，它不是逻辑矛盾律管辖的范围。矛盾律只管思维形式中的逻辑矛盾，不管思维内容中反映的客观事物的矛盾。这也就是说，认为真理和谬误相互包含，并没有什么违反不违反形式逻辑的问题。

以上是从形式逻辑的职能和"真理和谬误相互包含"实质内容的关系来说的。形式逻辑的规则必须遵从；"真理和谬误相互包含"论断并未涉及形式逻辑的职能，因而，也就无所谓触犯不触犯形式逻辑规则的问题。

第二，形式逻辑的矛盾律有一定的适用范围。就是说形式逻辑中的矛盾律并不是普遍有效的，它的适用范围并不是无限的，而是有一定范围的。非经典逻辑分支之一的弗协调逻辑的先驱卢卡西维茨，据他的研究，"亚里士多德曾设想过矛盾律不普遍有效的逻辑，也就是说他对弗协调逻辑有某种直觉"①。后来，卢卡西维茨和弗协调逻辑的另一位先驱瓦西里耶夫，1910 年和 1911 年期间，"他俩各自独立地论述了逻辑跟几何之间的类似，认为亚氏逻辑的基本定律的修正将产生非亚里士多德逻辑。俩人都建议消除矛盾律，瓦西里耶夫还提议消除排中律"②。就是说，矛盾律不普遍有效，不普遍适用。可是，现代逻辑创始人之一弗雷格（1848—1925），在他开创的经典逻

---

① 转引自张清宇、郭世铭、李小五《哲学逻辑研究》，社会科学文献出版社 1997 年版，第 394 页。
② 同上。

辑中，却把矛盾律的普遍性固化了。后来，非经典逻辑揭示出的许多非经典逻辑矛盾，比如，弗协调逻辑矛盾，等等；对于这些，经典逻辑的矛盾律就不适用。

前面我们说到，真理和谬误相互包含，"表面看含有思维形式的味道"，就是说，没有绝对地否认这一论断中包含有思维形式问题。因为在这个论断里，确有"真理和非真理"、"谬误和非谬误"即一个思想及其否定同时都可存在的似乎自相矛盾的逻辑形式。现在，我们可以知道，这一逻辑矛盾形式的确是存在的。但它不是经典逻辑的逻辑矛盾，而是非经典逻辑的逻辑矛盾。经典逻辑矛盾律无法说明它、解答它，只有非经典逻辑才可解释它。这里并非说经典逻辑的矛盾律就可以违背，而是说它有它的适用范围。就如同用于计算机的 2 进位制（1+1＝10），并没有否定算术 10 进位制（1+1＝2）的意义一样。

但是，"一切法则都存在于特定条件中，超出特定条件，铁律也会化解。20 世纪三四十年代，波兰学者首先提出一种理念，即某种逻辑系统在特定条件下也可以不遵守矛盾律。到了六七十年代，巴西和秘鲁学者又指出，在特定条件下矛盾律不再普遍有效，A 和非 A 同时成立，但不可漫无边际地推出其他任何命题，八九十年代张清宇向国内介绍了这一成果。"[①] 这一成果就是弗协调逻辑。

第三，弗协调逻辑等非经典逻辑为真理和谬误相互包含，提供了逻辑支撑。

真理和谬误相互包含的论断，虽然不在经典逻辑矛盾律的"管辖"范围以内，但并不是说它就可以违背逻辑，可以不需要逻辑的支撑。但是，人的认识有一个发展过程，逻辑学自身

---

① 李树琦：《中国古代对矛盾命题的思考》，《中国社会科学报》2012 年 11 月 16 日。

也有一个发展过程。

逻辑学虽是历史悠久、自身独立的学科，但它和其他学科特别是科学技术的关系，却历来非常紧密。在古希腊时期，随着各类科学知识条理化、系统化、整体化对思维逻辑工具的要求，亚里士多德的逻辑学应运而生。后来，随着科学、技术和人类其他实践活动的不断发展，逻辑学也在不断地发展着。这一方面是由于科学技术等活动的发展一刻也不能离开思维中的逻辑推理，需要不断提高理论水平和理性思维能力，因而需要相应的思维逻辑工具做支撑；另一方面作为思维的逻辑工具，它也不可能是一成不变，一经创造出来就完满无缺、永世万能，无须做任何修改和发展；这是不可能的。关于这一点，亚里士多德在创建他的逻辑学的时候，便已很明确了。不然，他就不会有对"矛盾律不普遍有效的逻辑"以及"模态逻辑"等等的设想和研究。就是说，亚氏逻辑学并非是完满无缺的，而是需要充实、完善和发展的。

事实上，逻辑学的发展和科学技术的发展是相互促进，甚至几乎是同步前行的。"现代对非经典逻辑的研究是从1910年开始的。80多年来，非经典逻辑分支的涌现有过三次高潮时期。第一次是二三十年代，刘易斯建立模态命题逻辑、卢卡西维茨和波斯特建立多值逻辑、海丁建立直觉主义逻辑。第二次是50年代，道义逻辑、认知模态逻辑、问题逻辑、相干逻辑、自由逻辑、时态逻辑和弗协调逻辑等都在这一时期出现，代表人物是赖特、普赖尔、阿克曼和欣迪卡等。第三次是80年代，动态逻辑、模糊逻辑和非单调逻辑在这一时期掀起了一个高潮，代表人物是计算机方面的一些专家。"① 19世纪末以来的

---

① 张清宇、郭世铭、李小五：《哲学逻辑研究》，社会科学文献出版社1997年版。

这 100 多年，也是科学技术突飞猛进的时期。在这个时期，也差不多有三次高潮。19 世纪末到 20 世纪 30 年代，从 X 光的发现到相对论、量子理论等的提出，是第一个高潮。它的特点是结束牛顿力学全面统治科学的历史，开启了非经典科学的科学时期。第二次高潮是 20 世纪四五十年代，特点是系统论、控制论、信息论、协同论、突变论、超循环论等一批所谓"横断科学"，如雨后春笋般出现。第三次高潮是 80 年代开始目前仍在继续的以信息技术、计算机技术为代表的各种技术科学的蓬勃发展。

这里并非说非经典逻辑发展的三次高潮和科学技术非经典科学化后的三次发展高潮之间是对应的，而是说，逻辑学和科学一样都有自己的童年和成年，都是变化发展着的。而且，逻辑学的发展，常常和科学技术实践发展之间，有一种非常密切的关系。逻辑学从 1910 年开始的非经典逻辑的研究和 20 世纪初开始的科学非经典化（非牛顿力学化）过程之间，绝不是一种偶然巧合。它们否定原来的经典逻辑和经典科学的一统天下。认为人类认知的方式是多元的。正如张清宇先生指出的，"随着逻辑研究中多元化倾向的加强，也就是说承认可以选择多种方式来定义有效推理和逻辑常项，并且不指望将人类多种多样的认知方式归结为单一的标准方式"①。承认认知方式多元的正确性和承认人的认识是一个永远的发展过程，乃是人类认识的必然。

这样，对于亚里士多德逻辑学构建后，过了近两千年出现了逻辑现代化问题，开创了经典逻辑时期，又过了几十年，又出现了弗协调逻辑等非经典逻辑，便是可以理解的了。这是逻

---

① 李树琦：《中国古代对矛盾命题的思考》，《中国社会科学报》2012 年 11 月 16 日。

辑学自身的发展。也是认识发展的必然规律。

弗协调逻辑是逻辑学领域里革命的成果，而且是非经典逻辑中最具革命性的一个逻辑学分支。弗协调逻辑告诉我们，在人类认知的过程中，出现的逻辑矛盾是多种多样的，并非只有经典逻辑矛盾律所指的一种矛盾。弗协调逻辑矛盾和经典逻辑矛盾相比，就是另一种逻辑矛盾。我们知道，逻辑矛盾是和逻辑命题的肯定、否定直接相关的。可以说，有多少种类型的逻辑否定，就有多少种类型的逻辑矛盾。由各种非经典否定所引起的逻辑矛盾，都与经典逻辑矛盾不同，它们都有各自的特点。所以，对这些不同的逻辑矛盾的处置方式也就不能相同。比如，对弗协调理论（弗协调矛盾的理性表述）就不能用经典逻辑的矛盾律来处置。

弗协调理论（思想）在实际生活中和科学研究领域经常出现。一个理论的理想状态应该是协调的，即这个理论自身是无矛盾的。但是，现实存在的理论有相当部分是处于不协调状态的。即这些理论中包含有某种类型的矛盾。具有辩证思想传统的中国是一个具有不协调思想传统的大国。先秦时期，持"两可之说"的邓析、公孙龙子等人的思想应该说是不协调的，承认"亦此亦彼"的传统辩证法思想也可以说是不协调的。无穷小演算及素朴语义学等，以及黑格尔的辩证法也是弗协调的。[①]弗协调理论现象的大量存在，说明了弗协调理论的客观实在性。经典逻辑矛盾律所说的那种"非此即彼"的模式，即二值性模式在实际生活中是很少的。黑与非黑、白与非白，在那"非黑"、"非白"中有许多的中间状况，绝非用"非此即彼"的二值性模式就能准确地说清楚的。在许多情况下，就必须承

---

① 参见张清宇《弗协调逻辑》，中国社会出版社 2003 年版，第 13 页。

认"三值"乃至"多值"类型的客观实在性和合理性，就必须承认"亦此亦彼"弗协调理论的客观实在性和合理性。为了解释这些"亦此亦彼"的理论，首先就必须在逻辑上给出其合理性的描述。而能用来描述不协调理论状态的逻辑，就是弗协调逻辑。经典逻辑虽可用于研究协调的理论，但不适用于研究弗协调理论。能用作弗协调理论的基础的逻辑就是弗协调逻辑。也可以说弗协调逻辑就是不能从矛盾推出一切的逻辑理论。[①]

真正开创弗协调逻辑分支的是巴西逻辑学家科斯塔。[②] 他和他的合作者们按下列三个要求创立了他们的弗协调逻辑系统。这三个要求是：（1）矛盾律不普遍有效，（2）从相互矛盾的两前提不推出一切公式，（3）包含经典逻辑中跟上述两要求不冲突的、最重要的模式和规则。……[③]在满足上述三要求的前提下，他们创立了一系列弗协调命题逻辑系统。在此基础上，还创立了弗协调谓词逻辑系统。等等。这些逻辑系统的成功创立，为弗协调理论的合理性，提供了强有力的逻辑支撑。

这样，对于"真理包含谬误，谬误包含真理"中的真理和谬误的这种矛盾，便是可以理解的。在真理理论中存在这种矛盾，也是可以理解的。它并没有违反逻辑。它的合理性，已从弗协调逻辑那里，得到逻辑支撑。此外，它也可从多值逻辑（非经典逻辑的另一个分支）那里得到逻辑支撑。在弗协调逻辑那里，真理和谬误相互包含这样的矛盾是容许存在的。并且不会因为这一矛盾的存在，而危害到承认这一论断的真理理论

---

① 参见张清宇、郭世铭、李小五《哲学逻辑研究》，社会科学文献出版社 1997 年版，第 394 页。
② 同上书，第 395 页。
③ 同上书，第 396 页。

体系。因为，按照弗协调逻辑，一个理论中即使出现了这种矛盾，也不由此推出一切，导致理论的崩溃。就是说，弗协调逻辑承认有价值有意义的矛盾命题的地位，并为不能从矛盾命题推出全部命题提供了逻辑保证。

"弗协调逻辑虽是为了处理不协调性而提出来的，但在具体系统的建立时往往是将否定解释成弗协调否定。"① 那么，什么叫"弗协调否定"？我们应怎样理解"弗协调否定"？对于这个问题，逻辑学界还有不同的看法，还没有一个得到公认的用日常语言对它的确切表述。不过，作为逻辑学门外汉的我认为，那种想从经典逻辑的视野来解释非经典否定，恐怕是有困难的。这就好比要用牛顿的时空观来理解相对论时空观一样，那是不可能的。但有另外一种解释，似乎较易理解。那就是认为"弗协调逻辑的否定与辩证否定有一种比较粗略的相像"。"辩证法探讨的否定不是经典逻辑中的否定，而是辩证否定。恩格斯说：'在辩证法中，否定不是简单地说不，或宣布某一事物不存在，或用任何一种方法把它消灭。'辩证否定实际上就是我们通常说的扬弃。辩证法认为，任何事物在包含了肯定自身因素的同时都包含了对自身否定的另一面，也就是肯定的一面与否定的一面同时存在于一个事物之中。这与弗协调逻辑对否定的解释有一致的地方。但是，因为弗协调逻辑只是允许 A 与弗协调非 A 可以同时成立，并不要求它们一定同时成立，而辩证法认为任何事物都同时包含了肯定和否定，二者之一不可能离开另一方而单独存在，所以我们说弗协调逻辑中的否定只是与辩证否定有相像之处，而并不是对辩证否定的刻画。"② 这种对"弗协调否定"的解释，与我们所说的"真理和谬误相

---

① 张清宇等：《哲学逻辑研究》，社会科学文献出版社 2007 年版，第Ⅳ页。
② 余俊伟：《弗协调逻辑的哲学解读》，《哲学动态》2004 年第 11 期。

互包含"中"真理和谬误相互否定"的"否定"含义，是很吻合的。就是说，真理否定谬误和谬误否定真理，这里的否定是辩证法的否定。这种类型的否定，它的合理性，在经典逻辑中得不到认可（前面已经说过它们之间实无关系，所以认可不认可，实际上无所谓）；但在现今的非经典逻辑中终于得到确认，找到了逻辑支撑。至于对"弗协调否定"到底如何用日常语言来准确地表述它，那是逻辑学家们的事，那就留给逻辑学家们去处理吧！相信随着研究的深入，这个问题是会解决的。

总之，在真理和谬误辩证关系中关于"真理和谬误相互包含"的论断，原来在经典逻辑中得不到支持，但随着逻辑学自身的发展，随着非经典逻辑的诞生，它的合理性终于得到逻辑学的确认，它终于为自己找到了逻辑支撑。

三　真理的发展过程，也是不断排除谬误的过程

这里我们首先要指出的是真理过程和认识过程的一致性。在反对真理和谬误是相互包含的论者中，常常有这样一种观点，即认为在认识的过程中可以既有真理，又有谬误；而在真理的过程中只有真理（即只有相对真理和绝对真理的问题），绝无谬误。就是说，在他们看来，真理过程和认识过程是判然分明的两个不同的过程；或者说，在认识过程中包括两个部分，即真理的过程和谬误的过程，而这两个过程则是相互平行、各自独立的。这种看法，我认为是不能同意的。我们知道，真理过程和认识过程是不能分开的，它们实际是一个过程，即都是指的我们的认识从不知到知、从知之不多到知之甚多、从知之甚浅到知之甚深、从知之不准到知之甚准乃是一个

过程。当然，有时候是从不同的角度或者强调不同的侧重点来分别谈论真理是一个过程和认识是一个过程的。比如，真理过程侧重和强调了从相对真理不断向绝对真理发展的过程；认识过程则着重研究认识的阶段和认识过程中的矛盾等问题。但是，无论从哪个角度讲，认识过程或真理过程，其运动目标都是说的使认识获得真理，都是说的达到真理是一个过程。

认识作为过程，它的特点不仅在于其中既含有真理的因素，又含有谬误的因素，而且还在于这些因素在认识运动中是错综复杂地交互在一起的。所以，从这一点上讲，也不能说真理和谬误在认识过程中，是各自独立、相互平行的两个部分。

真理作为过程，它也不断暴露出自身的谬误方面。正如黑格尔所说，因为真理是一个过程，所以就不能说思维和客体的绝对统一。而思维和客体的某些不统一的部分、因素，就其实质来说，当然不是真理，而是属于谬误。这些部分和因素，将随着真理过程的推移而逐渐被揭露出来。这样，也就使近似的相对的真理日益接近于绝对真理。所以黑格尔讲，在真理的发展过程中包含着错觉或错误的产生和克服。这是正确的。

所以，无论就认识过程来说，还是就真理过程来说，实际上，其中都含有这样两对矛盾，即真理和谬误的矛盾（辩证关系）、相对真理和绝对真理的矛盾（辩证关系）；而且，这两对矛盾是彼此交错在一起的。正是由于这两对矛盾的交错运动，才使认识向前发展，也才使真理成为一个无尽头的过程。由此我们也可以清楚地看到，真理过程和认识过程是完全一致的，它们实际是一个过程，只不过是从不同的角度来论述罢了。

明确了真理过程和认识过程的一致性，就使我们比较容易理解真理与谬误的矛盾同真理过程的关系；排除谬误并不在真理过程之外，而就在真理过程之中。因为，真理的发展过程，不仅是从相对真理向绝对真理接近的过程，也是真理和谬误斗争，不断排除谬误的过程。所以，发展真理和排除谬误是同一个过程，而不是两个过程。当然，真理和谬误，按其运动的倾向和发展趋势是根本对立的。也正因为如此，所以要发展真理，就必须和谬误进行斗争。这是真理的发展规律。正如毛泽东所说，"正确的东西是在同错误的东西作斗争的过程中发展起来的。真的、善的、美的东西总是在同假的、恶的、丑的东西相比较而存在，相斗争而发展的。当着某一种错误的东西被人类普遍地抛弃，某一种真理被人类普遍地接受的时候，更加新的真理又在同新的错误意见作斗争。这种斗争永远不会完结。这是真理发展的规律，当然也是马克思主义发展的规律"。① 真理和谬误是相比较而存在，相斗争而发展的。这是因为，第一，谬误的产生在认识过程中是不可避免的。产生谬误不仅有阶级根源，而且有认识论的根源。所以，即使在阶级消灭以后，谬误仍然会不断发生。而只要有谬误，真理就必然要和它斗争。第二，真理只有在和谬误的斗争中，才能战胜谬误。要战胜谬误，就必须指出谬误的弱点所在，必须回答谬误给真理的诘难，这就需要真理本身更精确、更深刻、更完善。就是说，真理在和谬误斗争的过程中决不允许自身停步不前。停步了就要吃败仗，就不能战胜谬误。要战胜谬误，真理必须发展自身。第三，真理和谬误斗争的过程，也是认识反复接受实践检验的过程。认识中的是与非，必须经过实践的反复检验，由实践来做判断。通过实践的反复检验，一方面不断剔除认识中的谬误成分、不确切成分，另一方面也就使真理性的认识更加符合客观实际，更加精确地反映变化发展着的客观世

---

① 《关于正确处理人民内部矛盾的问题》，《毛泽东选集》第 5 卷，人民出版社 1977 年版，第 390 页。

界。第四，真理只有在和谬误的斗争中，才能更好地发射出自
己的光辉，从而为更广大的群众所接受。马克思说，"最好是
把真理比做燧石，——它受到的敲打越厉害，发射出的光辉就
越灿烂"。[①] 灿烂的光辉，必然照亮更多人前进的道路。而真理
一旦为更多的人所接受，实际也就为自己的进一步发展开辟了
更广阔的道路。总之，真理通过论战而确立，并通过和谬误的
斗争而不断发展。

　　真理和谬误的斗争贯穿于整个真理的发展过程。因为，在
整个人类历史上，当着某种谬误被人们普遍地抛弃，某种真理
被人们普遍地接受的时候，随着认识向深度和广度的发展，更
加新的真理又要同新的谬误作斗争。只要人类的历史没有完
结，这种斗争也就永远不会完结。这是真理发展的规律，同时
也充分地说明了真理和谬误的斗争同真理过程的关系。

　　由于谬误的具体形态的多样性以及真理和谬误相互关系的
复杂性，所以，为了战胜谬误，在真理和谬误的斗争中，我们
必须认真地研究谬误。比如，有些认识是赤裸裸的谬误；但多
数却不是这样的情况。多数情况往往是：有些认识就整体来
说，或者就基本方面来说是错误的，所以我们称它为谬误；但
其中却包含着某些合理的因素，这些合理的因素，也许是以真
理颗粒的形态存在着，也许是以真理成分的形态存在着。除了
这种情况以外，还有一种情况，就是谬误以颗粒或成分的形式
隐藏在真理中。就是说，真理和谬误是常常相互渗透、相互包
含的。所以，为了避开谬误，排除谬误，求得真理，发展真
理，我们在坚持真理与谬误之原则界限的同时，也要注意不应
把现有的认识凝固化。我们既要研究现有真理中可能包含的谬

---

① 《第六届莱茵省议会的辩论（第一篇论文）》，《马克思恩格斯全集》第 1 卷，人民
出版社 1956 年版，第 69 页。

误；也要认真地研究现在被确认的谬误。认真研究谬误，不仅可以从反面吸取经验教训，或者受到启发，从而使真理更加发扬光大；而且还可以把其中可能包含的真理颗粒、因素保存下来，不使它和脏水一起倒掉。所以，谬误在某种意义上，对人们来说是更为深刻的东西。正像恩格斯所指出，"拥有无条件的真理权的那种认识是在一系列相对的谬误中实现的"。① 如果我们不去认真研究谬误，非但不能战胜它，而且也不可能使真理得到发展。

正确地运用真理和谬误相斗争而发展的规律，是发展科学文化事业的重要途径。毛泽东同志根据真理发展的这一规律，为我们党制定了关于百花齐放、百家争鸣的方针。这个方针，是发展我国的科学事业，繁荣艺术和文化的唯一正确的方针。对于科学上的不同学派、不同观点，只有通过百家争鸣的方法、自由争论的方法，才能更好地取长补短，排除谬误，发展真理。

总之，辩证唯物主义的真理过程论认为，真理的发展过程，也是不断地排除谬误的过程。这个过程永远不会完结。在这个过程中，马克思主义为我们在实践中不断地开辟达到真理的道路，但它并没有结束真理。正如列宁所指出，"遵循着马克思的理论的道路前进，我们将愈来愈接近客观真理（但决不会穷尽它）；而遵循着任何其他的道路前进，除了混乱和谬误之外，我们什么也得不到"。②

---

① 《反杜林论》，《马克思恩格斯全集》第 20 卷，人民出版社 1971 年版，第 95 页。
② 《唯物主义和经验批判主义》，《列宁全集》第 14 卷，人民出版社 1957 年版，第 143 页。

第十章　真理过程与人类命运

前面的章节，我们对真理为什么是一个过程和真理是一个怎样的过程，分别做了阐述。本章将对真理过程和人类命运相关联的问题做些探讨，即对人在认识世界、改善世界、创新世界，使人和世界和睦相处，使世界更适合人的生存和发展需要的过程中，"真理"范畴以及"真理过程"论断的意义。

一　真理范畴对人认识世界的意义

（一）真理有没有用？

记得 30 多年前，我们在黄山地区开真理问题学术研讨会，会外有人向我说，你们现在还讨论真理哪！有真理吗？真理有什么用？那时改革开放刚刚开始，一切还没有头绪，是所谓"不三不四"的人"发大财"的时候，一些人对有没有真理，真理有没有用，发生了疑问（其实是对社会秩序和社会法制产生了疑问）。这是可以理解的。这表露了当时一些人的无奈情绪，他们骨子里对真理是真切盼望的。

但在 30 年后，即前年（2013 年）一位教授级的同事对我说："陈老师，你这么多年搞真理论的研究，到底有何意义？

有何价值?"他的态度是认真的,对我是真诚的。当时由于别的事情的干扰,我们的交谈没能进行下去。但他的意思是明白的。即认为当今研究真理论没有太大意义,甚或没有意义。这种看法,和我们国家一段时间以来的"经济哲学热"、"生活哲学热"、"价值论热"以及最近的"法哲学热"、"法治哲学热"等等,是密切相关的。曾几何时,有人便明确地提出,哲学在古希腊时代是本体论的研究时代,后来让位给了认识论的研究,当今应该是价值论的研究时代。在当今,本体论、认识论的研究,应退出历史舞台,至少只应占次要地位。按照这一逻辑,真理论的研究在当今自然没有太大意义,甚或可以退出历史舞台。

那么,真理论的研究在当今到底有没有意义呢?有没有意义的根本所在,是在乎它有没有用,有没有价值。诚然,我们不否认"经济哲学"、"政治哲学"、"文化哲学"、"环境哲学"、"生态哲学"以及"生活哲学"等等在当今研究的意义。因为,这些问题是从社会实践中来的,是社会实践中提出的迫切需要正确解决的问题,也是广大群众盼望得到合情合理解决的问题。所以,它们成为我国一段时间以来哲学研究的热点问题,是理所当然,可以理解的。还有,关于价值问题,在我国古代哲学中虽有许多论述,但是不系统,没有形成为系统的学科;特别是 1949 年以后,这一问题完全被忽略,甚至某些涉及此问题的观点还受到批判。所以,1978 年以后,随着真理标准问题的展开,价值问题被重新提到哲学层面加以讨论,并很快成为哲学研究的一个热点和重点问题,就完全是顺理成章的。价值论的研究不仅具有理论意义,而且具有实践意义。与此情况大体类似的,还有伦理学以及人生观的问题,它也定将成为我国不远未来哲学研究的热点和重点问题。

那么，哲学研究热点和重点的转移，能否说本体论、认识论的研究就不重要了，甚或应该退出历史舞台呢？当然不是。因为它们根本就不是同一个层次的问题。就像当今世界上物理科学技术的迅猛发展，一点也不能放松对物理学基础理论的研究一样。同样，上述哲学热点问题研究，一刻也脱离不开作为哲学最基础的本体论和认识论的指引。

尽管我们天天说要为真理而奋斗，人人说要为真理的实现而努力，但是我们有些理论工作者却对研究真理的意义表示怀疑。这是不太好理解的。前面我们已经说到，研究真理有没有意义的问题，实质是"真理"范畴和真理对人到底有没有用和有什么用的问题。

科学技术史上有这样一个小故事，被称为19世纪科学领域最伟大实验家之一的法拉第（1791—1867），英国物理学家。他一生在电磁学方面，有许多科学发现和科技发明，比如，对电磁感应现象的发现，对自感现象、磁光现象和物质抗磁性等的发现。他制造出了第一架感应发电机；提出了电场、磁场、电力线、磁力线的概念；概括出了电磁感应原理；等等。于是，有些人不知是出于妒忌还是别的什么原因，竟对此提出：这么多发现和发明"到底有什么用呢？"当时，另一位叫约翰·廷德耳的科学家站出来回答说："如果人的智力是渴望求知，那么知识就是有用的，因为知识满足了这种渴望。如果你的需要是实用，我以为，你应该拓宽实用这个词的含义，使它包含增加和启发才智的全部内容，以及包含给予人们身体健康舒适的全部内容，而且……或许可以给问题'什么是它的用途'以另一种回答。就电在医疗方面的应用而言，则几乎为法拉第电学所独占。"①

在这个故事中，人们可以从不同的角度，得到许多不同的启发。我想，既然世界上有那么多人在谈论真理，追求真理；那么多人表示，他们是在为真理的实现而奋斗！（诚然，这里为真理的实现而奋斗的"真理"，直接所指的相当大的一个比重，是指"公平、正义、自由、民主"等等。但是，如果从公平、正义、自由、民主等，是对作为人的本性的善的方面的正确反映来说，它们自然也是真理，或者说是真理的具体表现。）这便说明"真理"在当今仍然是一个庄严神圣的名词，是一个具有亲和力的名词。那么，有一批人在研究真理问题，这种研究就是有意义的。对于真理的用途，也应该从更宽广的意义上去理解。马克思说，从前的哲学只在说明世界，而问题在于改变世界。这是说，第一，过去的哲学脱离实际；第二，强调一个正确的哲学必须转化为实践，为实践而服务。所以，他又说，共产主义者是实践的唯物主义者。但是，在这里，不应该把哲学的用途误以为就是直接地改变世界（或改造世界）。这中间还需通过实践这个中介。正确的哲学在这里仍然只能起指导作用。就是说，认识世界是改造世界的内在力量，即它能对改造世界的实践起指导引领作用。作为认识论范畴的真理，更是如此。因而，我们说真理有没有用？回答是：有用。但是，它的直接作用，是通过对人在认识世界过程中的作用，而表现出来的。

下面，我们将对真理和真理范畴在人认识世界中的作用和意义，做些阐述。

---

① 《西方名著入门》7《自然科学》，美国不列颠百科全书公司、中国商务印书馆1995年版，第29页。

（二）真理范畴指引人们寻找客观事物的本真面目

1. 真理的原初含义就是"揭蔽"

真理在古希腊时期，最初的含义就是将遮蔽事物本来面目的掩盖物揭去，以还事物的真相。后来才慢慢地将真理定义为对客观事物本来面目的正确反映。就是说，客观事物的真实面目并不是赤裸裸地暴露在人们的面前，人们凭着直观就可以一目了然地看清楚的。人们凭着直观，就能一目了然地准确地认识清楚的事物，实际上只占客观事物微不足道的一部分。客观世界的绝大部分，是人无法凭直观直接地认识清楚的。这里有主观和客观两方面的原因。在主观方面，由于认识主体的知识、经验等的不足，特别是思维方式的不完善，往往赶不上认识客观事物的需要，这便会影响人们对客观事物的正确反映。但是，在客观方面也有许多原因影响人们对它的正确认识。这里又有两种情况：一种情况是客观事物的真实面目常常被各种现象遮蔽着，隐藏在现象的背后；另一种情况则是人为地制造了许多假象，有意或无意地掩盖了客观事实的本来面目。对自然界事物的认识，常常属于前一种情况；对社会事物的认识，经常属于后一种情况。

所以，要想认识客观世界和客观事物的本来面目，必须通过"揭蔽"过程，即把掩盖客观事物真面目的遮蔽物揭掉。这正是真理范畴给人认识世界的启示和要求。因为，真理的最初含义就是"揭蔽"，即揭掉遮蔽物，让事物露出真面目。要想正确地反映客观事物，正确认识客观事物，使认识成为真理，首先就必须寻找客观事物的本来面目、本真面目。

认识事物的本真面目，并非是一件很简单的事，轻而易举的事。认识自然界事物的本真面目，固然要经过复杂的认识过程和实践过程；认识社会事物的本真面目，更要复杂得多，困难得多。因为社会事物是由人参与的事物，而人是有思想、有感情、有立场，并结成社会群体而参与社会事物之中的，而且人的思想、感情、立场又是可变的；这就造成了社会事物自身的可变因素太多、变化太快而且错综复杂的客观局面。同时，对于社会事物的认识，又不能像对自然科学那样通过科学实验的方法来解决。对社会事物的认识，虽然最终、归根结底还是要由社会实践来解决，来做判断。但那是一个过程；对有些事的认识需要较长的历史过程，绝不是一朝一夕、三年五年就可以达到的。尤其是对成为社会历史（实际上，我们所认识的都是属于社会事物的"过去式"，即历史）的认识，更是不可能用"实验"方法来解决的。因为历史是不可以重复的。同时，对社会事物认识的难度，更多的还是来自人为的对真相的掩盖。

上面说到，人是有思想、感情、立场的；不仅如此，人还有欲望、利益等等。这些都会影响人参与社会事物的活动，同时又影响人对社会事物的认识。就是说，社会事物的多变性、错综复杂性，是由于有人这个复杂的主体的参与而形成的。复杂的人造就了复杂的社会事物，而由于某种原因又人为地掩盖、遮蔽某些事实真相。这便是社会事物之所以成为社会事物的真实过程。

人为遮蔽社会事物本真面目的具体原因多种多样。本书在前面的第四章中，介绍了培根的"四假象说"和洛克的"论典型的错误信念形式"。那便是培根和洛克对人为遮蔽社会事物本真面目的形式分类，和对其产生原因的分析。他们的分析和论述，对我们今天仍具有重要的启发意义和现实意义。在当今社会，大概有这样三种情况，首先，是绝大多数人的"人云亦云"、"随大流"的从众心理造成的。由某种原因而形成的某种社会倾向、社会思想潮流，总能把大多数人裹挟进去。因为，从众心理是大多数人都具有的一种社会心态、社会心理惯性。同时，大多数人都认为这样做费力少，而且风险小。其实，它同样起着掩盖社会事物真面目的作用。培根曾经就把"普遍同意"和"崇古的观念"、"伟大人物的权威"并列为禁锢科学停滞不前的原因。同样，大多数人也往往以为社会真理定在多数人一边。其实这是被"假象"蒙蔽了。

其次，少数人为了"一党之私"，不惜颠倒黑白，把水搞混，从而掩盖了事实的真相，以致使后来的人把"假象"当真相。这少数人，常常打的是代表多数人利益，甚至代表全人类利益的幌子，实际上只是为了本单位、本地区、本团体、本党派、本民族、本国家的利益，甚至只是为了少数政客的利益。他们口头上讲的和骨子里做的，反差很大。于是便故意黑白颠倒，把真相搅混。比如，二次世界大战前后，德国纳粹党负责宣传工作的戈倍尔，他是希特勒的得力同伙，他说过一句著名的话"谎言重复千遍，便成为真理"。我国"文化大革命"时期，林彪、"四人帮"的爪牙也曾张狂地说，"阶级斗争无诚实可言"，"不说谎，办不成大事"，等等。这里除了说"阶级斗争无诚实可言"包含着部分真理外，其余二说（从长远看）当然是谬误，是不可能变为真理的。但在一时一地，重复的谎言能蒙蔽一些人的眼睛，现实中的确也是时有发生的。就拿纳粹党来说，它在德国当年之所以能登上执政党的地位，当然有各种复杂的原因，但其中与它声称自己代表德国大多数中下层群众的利益，要为中下层与上层的平等而奋斗的宣传鼓动也是分不开的。开始，它的确也是这么做的，所以它才欺骗了许多人，得到许多人的拥护。而它对不同意他们真实政治主张的人们、派别、团体、政党，特别是对犹太人等，却采取了惨无人道的法西斯专政。这和它先前所说的阶层平等、人民民主，完全背道而驰。就在它的狰狞面目暴露以后，有些人还说什么，"领袖元首是好的，是正确的，那些坏事都是下面人干的。"可见，欺骗宣传的毒害有多大，有多深。如果事物的真相都弄不清楚，那还谈什么总结历史经验教训，还谈什么认识和掌握历史规律？所以，出于一党之私的宣传是最具欺骗性的，是人为掩盖社会事物真面目的最可恶的方面。

最后，还有一种情况，就是少数人真正是为了弄清客观事物的真相，但由于他们旧有的思维方式、情感、客观上存在的立场和意识形态等的影响，事实上却得不到真相，甚至越奋斗离真相越远。这也是人为遮蔽社会事物真相的一种情况。

以上，第一种情况是可悲的；第二种情况是可恶的；第三种情况则是可怜的。

正是由于客观事物的真面目被许多假象遮蔽了，所以为了能正确反映客观事物，获得真理，就必须通过揭蔽，首先弄清客观事物的本真面目。这正是"真理"范畴对我们的启示，也是"真理"范畴在我们认识客观世界中的第一个作用。

2. 本体论研究的实质是探寻世界的本真面目

在哲学本体论作为重点研究的阶段，"真理"范畴的上述作用表现得尤其突出。"本体论"一词，最早是由德国哲学家郭克兰纽（1547—1628）使用的。他把本体论称为是研究作为存在的存在的科学，是"第一科学"。就是说，他是把本体论作为形而上学的同义语。后来的西方哲学家们又在不同的具体含义上使用这个词。尽管他们的研究方法、选择的对应物和参照物、得出的结论，各不相同；但其中有一点是相同的，即都在探究世界的本原、根本、本质或世界存在的依据。古希腊从巴门尼德的存在论开始，相当长一段时期，都把这个问题当作哲学的重点来研究。

在中国古代哲学中所说的"本根论"，实际上也属本体论范畴。因为它是探究关于天地万物产生、存在、发展变化的根本原因和根本依据的学说。在中国古代哲学中，还有以其他形式来研究这个问题的。

就是说，关于世界本体的研究，在中外哲学史上都占有重要的地位。这一研究的实质，或者说它的最基本的方面，或者说它的核心就是要探究世界的本真面目。所谓世界的本真面目，就是世界存在的根本原因和依据，亦即世界本来的、真正的样子或相貌。这一研究，催生了科学的诞生，并又大大地推动了现代科学的发展。拿天文学来说，回答宇宙结构本真面目的"日心说"和"地心说"，它们的相互竞争促使了天文学的发展，便是一个很好的例子。天文学是科学中最古老的学科之一。它应农业的农时、航海业的方位等等实践的需要而诞生。为了解答天空的星体（包括我们人类居住的地球）相互之间的关系以及它们是否运动的问题，必须对它做出描写、说明、解释和探究。日心说和地心说，便是这种描写、说明的两种对立的观点和学说。日心说认为，太阳是宇宙的中心，其他星球包括水星、金星、地球、火星、木星、土星等，都围绕着太阳而旋转。就是说，太阳是不动的，它居于宇宙的中心；而其他星球，包括地球在内则是运动的。而地心说的看法，却和此相对立。地心说认为，地球是宇宙的中心，是静止不动的；其他星球包括太阳，则是围绕着地球在运动。这两种学说，谁对谁错呢？

3. 认识世界本真面目是一个漫长的过程

认识事物的本真面目绝不是一件容易的事，有时要经过很艰难的过程。这里还以关于天体结构的日心说战胜地心说的曲折过程为例。日心说和地心说，西方早在古希腊时代就提出来了。早在公元前 5 世纪末，毕达哥拉斯学派的非洛劳斯便提出了地球是运动的，并且不居于宇宙中心的见解。公元前 3 世纪，阿利斯塔克通过计算，发现太阳比地球大得多，并认为大的太阳不可能围绕小的地球转动。他明确地指出，太阳位居宇宙的中心不动，最外的恒星天球也不动，地球每日自转一周，并且与其他行星一样绕太阳公转。这就是最早的日心说。但缺乏科学的观测依据，所以只是天才的猜想。地心说的提出，比日心说稍微早一点点。公元前 5 世纪下半叶，留基波便提出大地是宇宙的中心。公元前 4 世纪，柏拉图提出了一个地心宇宙模型，认为球形的地球居于宇宙中心静止不动。公元前 4 世纪中叶，亚里士多德则从建构体系的原则、要素、方法等方面，给地心说做了进一步论述。公元 2 世纪，亚历山大城的天文学家托勒密（约 90—168）整理了自亚里士多德以降约 500 年积累的天文观测资料，在前人研究的基础上，做了全面的总结和提高，将地心说发展成一个完整的体系。认为："地球不动居于宇宙的中心，太阳、月球在偏心圆上直接绕地球运行，行星则在一个小圆（本轮）上运动。而本轮的中心才沿一个大圆（均轮）绕地球运动。"[①]

　　按照托勒密体系，人们可以比较准确地测出太阳、月球和行星的方位，和古代人们关于"天然位置"和"天然运动"的见解也很符合，同时和人们的直觉也很一致。太阳每天早晨从东方升起，傍晚由西方落下，周而复始，这是人们可以直接感觉到的。特别是后来在欧洲，托勒密体系又被教会用来作为

---

　　① 周德红、吴以义、陈敬全：《哥白尼日心说的建立何以是一次科学革命》，《科学》2014 年第 5 期。

论证上帝创造世界的理论支柱，用以论证"地球中心"、"人类中心"的教义。这样，地心说在宇宙结构问题上，便一直占着统治地位。经过了 1400 多年，尤其是在教会的严密统治下，人们一直未能挣脱地心说的桎梏。公元前 3 世纪阿利斯塔克的日心说，自然很难敌过亚里士多德的权威影响。而在地心说为宗教所用，得到宗教的支撑之后，日心说便更难和宗教的绝对统治相对抗。非但如此，还有多少个为了坚持真理而主张日心说的科学家，被宗教裁判所判为异教徒，被迫害致死。

但是，事实真相终归是事实真相。今天，科学已经清楚地证明，真理在日心说一边；宇宙结构上的地心说是谬误。这一结论，是通过一千多年来科学的进步发展而来的，是在人们的意识中尊重事实敢于冲破"权威"而得出的，更是人们以大无畏的精神勇敢地冲破了宗教的藩篱，敢于坚持真理、捍卫真理而得来的。

在地心说提出以后，对它的质疑从没有停止过。从留基波到亚里士多德到托勒密（这里只是粗略地说），差不多每一步都对地心说的模型、要素、原理、理论进行了修改和修正；其中有些还是比较重大的修改。只有这样，它才能得以延续。诚然，这种不断地修改，一方面，表明原有模型、理论，存在着重大缺陷；另一方面，也应该承认，这是科学力量的使然。科学精神的本质是实事求是，它的目标是求得真理。只有在科学精神的引领下，人们才能发现原有认识（地心说、日心说，都是人的认识）的差距，从而对其修改。当这种修改再也无法进行时，他就得换一个认识框架，即彻底抛开原有的模型和理论。这样，便使认识得到发展，科学得到进步。日心说战胜地心说，也经历了这样一个过程。

地心说从创立，到 1543 年波兰天文学家哥白尼（1473—

1543）的《天体运行论》出版，宣布了日心说的重新确立，地心说才寿终正寝。在这 1400 多年中，地心说一直修修补补。到这时，它才再也无法通过修补来维持自己的"正确"了。通过对这段天文学史的研究，发现哥白尼也不是一上来就确定，要重新以日心说来构建他的天文学体系的。开始，他也是想通过对地心说模型做进一步的修改，来解决一些困惑的问题。他曾考虑过一个新的模型：地球位于中心不动，太阳绕地球转，所有的行星都绕太阳转。可是这样一来，"如果火星绕着太阳转，太阳绕着地球转的话，太阳的水晶球和火星的水晶球要碰。这或许是哥白尼放弃地心说的原因"[①]。就是说，哥白尼根据自己掌握的丰富的资料，也曾考虑过用地心说体系来加以整合，但实在整合不了时，才最终舍弃了地心说，建立起日心体系，使天文学得到跨越式的发展。这是完全可以理解的。正像爱因斯坦指出的，"差不多科学上的重大进步都是由于旧理论遇到了危机，通过尽力寻找解决困难的方法而产生的"[②]。

哥白尼经过近 40 年的艰辛研究，在分析过去的大量资料和自己长期的观测以及通过数学计算的基础上，以严格的科学论据建立了日心体系。认为地球不是宇宙中心，而是一颗普通的行星，太阳才是宇宙中心，地球绕太阳公转一周便是地球运动一年的周期。等等。这一日心体系和古希腊阿利斯塔克的日心说，是有很大区别的。阿利斯塔克的日心说，只是一种天才的猜测；哥白尼的日心说则是建立在科学论据的基础上的。当然，今天我们知道，哥白尼的日心说，仍然存在着缺陷。比

---

① 周德红、吴以义、陈敬全：《哥白尼日心说的建立何以是一次科学革命》，《科学》2014 年第 5 期。

② 转引自《西方名著入门》7《自然科学》，美国不列颠百科全书公司、中国商务印书馆 1995 年版，第 590 页。

如，他认为太阳是宇宙的中心。其实，太阳并不是宇宙的中心，而只是太阳系的中心；等等。这些缺陷，随着科学的进步，被他以后的科学家们逐步纠正。意大利哲学家、思想家布鲁诺（1548—1600），因坚持真理，被罗马教廷宣判为"异端"，1600年2月17日，活活烧死在罗马鲜花广场。他的《论无限、宇宙和诸世界》一书，从哥白尼的日心说出发，对亚里士多德的地心说——有限宇宙论，进行了全面批判。但他结合当时天文学的最新成果，明确地指出，太阳只是太阳系的中心天体，而不是宇宙的中心，也不存在"恒星天"这一层。他进而指出，宇宙是无限的。宇宙既不存在中心，也不存在（最外）圆周。德国天文学家、数学家开普勒（1571—1630），他支持哥白尼的日心说，但他彻底摒弃了托勒密地心说的本轮、匀轮概念，抛弃匀速、正圆两个传统观念，明确指出行星运动的轨道是椭圆的，太阳位于椭圆的一个焦点上，从而解决了行星运动速度不均匀的问题，解决了行星运动的几何形状或真实结构问题。这些都是对哥白尼日心说的某些纠正和重要发展。

近代自然科学的奠基者、意大利数学家、物理学家、天文学家伽利略（1564—1642）也是哥白尼日心说的著名捍卫者，为此还受到教会的残酷迫害。1615年，马费奥·巴尔贝里尼（后来的教皇乌尔班八世）便警告伽利略：不要再捍卫甚至不准持有地球绕日运行的异端邪说。伽利略也同意今后在这个问题上默不作声。当然，这也是他最大的痛苦，被强制着否认他通过自己的发现加以肯定而获得的深刻信念。他信守诺言17年。直到1632年他的《关于世界的两个基本系统的对话》问世，还是正式地宣布了他的态度：反对托勒密的地心体系，支持哥白尼的日心说。1633年，他被罗马宗教裁判所以"反对教皇，宣传邪说"的罪名，判处终身监禁。

伽利略对日心说的发展和完善，做了很多方面的贡献。其中有一点，对我们今天探寻真理仍有重要意义，就是他在天文学研究中对理性作用的推崇。他知道，重视理性的作用，是从亚里士多德开始的。所以，"伽利略认为：'亚里士多德如果看见本世纪的新发现，将会改正他的意见。'因为感觉到的现象未必是真相，唯有理性才能昭示真理。他说：'依照哥白尼的方法，一个人必须否定自己的感觉。''他们完全是靠理智的力量对他们自己感官的破坏，从而相信理性所昭示给他们的真理，而不去相信感觉经验看上去显然相反的那些事情。……当我想到阿里斯塔克和哥白尼能够使理性完全征服感觉，不管感觉表现为怎样，依旧把理性放在他们信仰的第一位，我真是感觉到无限的惊异。'"①

伽利略这种坚持真理的精神以及对天文学、科学乃至哲学等所做出的贡献，让后人受到鼓舞并铭记。

哥白尼日心说的最终完成，应该说是在牛顿对万有引力的发现以后。从亚里士多德起，人们便知道，认识一个事物必须求取原因。就是说，认识一个事物，不仅要知道它是这样的，而且应知道它为何是这样的。托勒密所关心的，不是天体为什么是这样运动，而是天象是怎样运动的。哥白尼和他的后继者们所关心的，除了天体运行的真实情况，还孜孜不倦地探求天体何以是这样运行的。开普勒、伽利略等都做出了很大成绩。但是，直到英国物理学家、数学家、近代科学的集大成者牛顿（1642—1727）发现了机械运动三大定律和万有引力定律并将它们统一起来以后，这一问题才真正得以解决。"1705 年，牛

---

① 周德红、吴以义、陈敬全：《哥白尼日心说的建立何以是一次科学革命》，《科学》2014 年第 5 期。

顿的挚友哈雷（1656—1742）根据 1531 年、1607 年和 1682 年三次对彗星的观测资料，发现其轨道参数非常接近，他断定这是同一颗彗星，根据牛顿万有引力定律，他计算出这颗彗星的周期约为 76 年，并预言它再次光顾地球的日期。1759 年 3 月，这颗以哈雷命名的彗星如期而至，牛顿理论得到了辉煌的验证。至此，哥白尼日心说完全确立。"[1]

总之，通过日心说战胜地心说的过程，我们可以看到，一方面，人们为了追寻事物的本真面目，求得真理，是多么的不容易，花费了那么长的岁月和那么巨大的艰辛（特别是这一问题和宗教教义搅和到一起以后）；另一方面，它又告诉我们，追寻事物本真面目的精神蕴含着多么巨大的能量，这种精神又具有着怎样的坚毅性和执着性的品格。对自然界事物的认识尚如此，对社会事物本真面目认识的艰辛，更是可想而知，它更需要这种执着精神和坚毅精神。但所有这些，都反映出了和表现出了真理范畴，在引领人们寻找客观事物本真面目中的伟大作用。

（三）真理范畴鼓舞人们探求事物的本性和规律

1. 古希腊时期对真理是事物规律反映的看法

关于真理是人的认识对客观事物规律的反映这一看法，我们可以追溯到古希腊的哲学家们那里。赫拉克利特所说的真理，便含有规律的意蕴。他认为，智慧就是认识那善于驾驭一切的思想，智慧就在于说出真理，听自然的话，按照自然行事。在这里，"善于驾驭一切的思想"就是"真理"。那么，什么东西能够驾驭一切呢？他说，逻各斯，"统治一切的逻各

---

[1] 周德红、吴以义、陈敬全：《哥白尼日心说的建立何以是一次科学革命》，《科学》2014 年第 5 期。

斯"。赫拉克利特断言，一切都遵照命运而来，命运就是必然性。命运的本质，就是贯穿宇宙实体的"逻各斯"。"逻各斯"是创生世界、创生万物的种子，也是确定了的周期的尺度。他认为，一切都是火的转换。"世界的转化有一个一定的次序和一个确定的周期，适应着不可避免的必然性。"① 总之，在赫拉克利特那里，真理就是逻各斯。逻各斯统治一切，它使世界万物按照一个一定的次序和一个确定的周期转化，适应着不可避免的必然性。显然，在真理的意蕴中蕴含着对万物转化（变化）的必然性（规律性）的思想（认识）。

同时，赫拉克利特还进一步指出，规律是深藏在事物现象后面的东西，所以人不容易觉察它，了解它的意义。他说，逻各斯虽是永恒地存在着，万物都根据这个逻各斯而产生，但是人们在听见人说到它以前，都不能了解它，人们在加以体会时都显得毫无经验。还说，逻各斯虽是人人共有的，多数人却不加理会地生活着。

柏拉图的普遍知识真理观所说的真理，也带有对规律认识的意蕴。柏拉图的普遍知识真理观，集中反映在他的相论里（详见本书再版序）。他说，只有对事物的相的认识，才是真知。他认为，任何一类事物，背后都有一个共同的"相"。各种美的事物背后有美的相。各种善的行为背后有善的相。各种公正的举止背后有公正的相。相不是精神性的东西，而是物质性的东西；但它又不是具体的事物自身，而是隐藏在具体的事物之中。关于这个问题，亚里士多德曾经批评柏拉图。认为柏拉图的错误是分不清普遍和个别，将普遍的形式当作具体事物以外的另一个个体的"相"。柏拉图看来是接受了亚里士多德

---

① 北京大学哲学系外国哲学史教研室编译：《古希腊罗马哲学》，生活·读书·新知三联书店 1957 年版，第 17 页。

的意见，所以他后期的相论和前期相论是有所不同的。按照后期相论，正如我国学者陈康所指出，柏拉图所说的相和事物不是分离的。按照柏拉图的看法，具体的事物形形色色，各种各样，变化多端；而隐藏于内的相，则较稳定、单一、一般。所以，同一类事物的相，是同一类事物的共性、普遍性。柏拉图认为，人的认识虽然是从认识具体事物开始的，但只有认识到具体事物背后的相，才是达到了真知。柏拉图的普遍知识真理观，就是建立在这种对相的认识的基础上的。因而，在柏拉图那里，真理就是对事物普遍性的认识。普遍性是什么，普遍性就是事物的共性，就是事物内在的本性，也就是事物的内在本质和规律性。

亚里士多德的科学真理观所说的真理，其内蕴着对事物规律性的认识，也是明显的。他虽然没有专门讨论过这个问题，但他认为，永远的"真"应该是和永远的"是"结合在一起的。只有那些永远是的东西，才是永远真的。那么，既是永远是的又是永远真的东西，除了逻辑命题和推理论证形式之外，便是自然科学发现的公式、公理和规律（其实公式、公理也是规律的表现，详见本书再版序），这就是说，在亚里士多德那里，真理永远是和科学知识结合在一起的，真理就是科学的真理。对科学的真理来说，意蕴着对普遍性和规律性的认识，乃是不言而喻的。

以上说的是几位古希腊的哲学家对真理是对事物规律的反映的看法。总体上说，他们的看法还是比较肤浅的。缺乏论据和论证，尤其是对规律本身的认识还很肤浅，有的只是天才的猜测。所以，亚里士多德虽然是第一个给真理下定义的人，但在这个定义中还只停留对事物外表面目的描写上，而并没有明确对事物内在本质和规律认识的意思。这和他们那个时代，哲学研究的重点是本体论，不无关系。

在中国古代哲学中所说的"天道"、"人道"的"道"，也含有规律的意蕴。但它和真理的关系，似乎并未引起中国古代哲学家的兴趣；所以这方面的论述就很少见。

2. 认识论成为哲学研究重点以后，更自觉地注重真理是规律反映的研究

对真理是认识对客观事物本质和规律正确反映这个问题的重视和深入研究并取得重大成果，是在哲学研究的重点由对本体论的研究转移到对认识论的研究以后，也是在自然科学由古代科学发展为近代科学之后。

被马克思称为"英国唯物主义和整个现代实验科学的真正始祖"的培根，实际上也是上述两个"转变"（哲学研究重点的转变和科学研究样态、方式的转变）的关键人物。弗·培根生活在英国社会大变革的前夕。一方面是资产阶级革命的准备时期，同时另一方面又是科学技术发展面临大突破的时期。培根的哲学正适应了这两方面的要求。他首先对妨碍资产阶级登上历史舞台和科学技术发展的封建神学和僵死的经院哲学，进行揭露，给予无情批判。对于唯名论和唯实论的争论，他虽然赞成和继承了唯名论的观点，但他并没有停留在这里，甚至对此也没有表现出兴趣。因为这一争论，仍然是停留在本体论的框框里。他虽然承认物质世界的客观存在，认为，这种存在既不依赖于人的意志，也不依赖于什么抽象的"本质"。但他对经院哲学的批判，更多的是从认识论的视角、从认识论方面着手和进行的。他研究哲学的重点和对哲学研究的贡献，也多半在认识论方面。所以，他是处在哲学研究重点，由古代哲学和中世纪哲学对本体论的研究，转移到近代对认识论研究的关键时刻。他既从认识论的视角批判了经院哲学，同时又在批判中

对认识论自身做出了很多贡献。就是说，他使认识论研究有了一个很好的开端。

培根还处在自然科学由亚里士多德时的古代科学向近代科学（马克思当时称作的"现代实验科学"）转化的时期。马克思说他是"现代实验科学的真正始祖"。的确，培根是最早的一位近代科学的伟大倡导者。他认为，只有科学才能造福人类；科学也应该造福人类。他阐释并颂扬科学方法。从哲学的高度对当时的科学方法做了很好的概括。他大力号召人们进行科学实验。认为只有通过科学实验，才能揭示"自然的奥秘"，才能把"经验能力与理性能力"结合起来，认识到自然的本性和规律，让人们得到他们所希望的东西。为此，他提出了一套为科学实验服务的方法。这对欧洲近代以实验为手段的自然科学的发展，起到了巨大的推动作用。

培根把认识论的研究和自然科学的发展紧密结合起来，推动了对客观事物本性和规律的认识和追寻。培根认为，人类知识和人类权力是统一的。"凡不知原因时即不能产生结果。要支配自然就须服从自然；而凡在思辨中为原因者在动作中则为法则。"① 就是说，人类要想支配自然，让自然为人类服务，首先就要服从自然，认识自然，按自然自身的法则（规律）、因果关系去行动。在思想认识上得到真理，才能在行动实践中得到自由。

培根说，追求和发现真理，只有也只能有两条道路。"一条道路是从感官和特殊的东西飞越到最普遍的原理，其真理性即被视为已定而不可动摇，而由这些原则进而去判断，进而去发现一些中级的公理。……另一条道路是从感官和特殊的东西

---

① 培根：《新工具》，商务印书馆 1986 年版，第 8 页。

引出一些原理，经由逐步而无间断的上升，直至最后才达到最普遍的原理。"这两条道路都是从感官和特殊的东西出发，都是止息于最高普遍性的东西。但培根指出，二者之间有着无限的不同。"前者对于经验和特殊的东西只是瞥眼而过，而后者则是适当地和按序地贯注于它们。还有，前者是开始时就一下子建立起某些抽象的、无用的、普遍的东西，而后者则是逐渐循级上升到自然秩序中先在的而为人们知道得较明白的东西。"①

从以上两段话中，我们可以看到培根的意思是，第一，真理是在认识由感性上升到理性、由特殊性上升到普遍性时实现的；真理是属于理性和普遍性的。第二，发现真理的两条道路，前一条是借用或依赖于演绎逻辑，后一条则借用或依赖于归纳逻辑。前一条路教条主义的气息严重，后一条路则为科学态度。培根自然是推崇后一条路（当然，这里绝不能绝对化；否则也是认识的误差。诚如恩格斯所指出，归纳和演绎，正如分析和综合一样，是必然相互联系着的。不应当牺牲一个而把另一个捧到天上去）。他还对当时以观察、实验为特征的自然科学的研究方法，从哲学认识论上做了概括和总结，制定出了经验归纳法。他认为，只有运用归纳法，才能使科学研究欣欣向荣，使人的认识不断有新东西，逐步地认识自然的内在本性和规律。

就是说，在培根那里，认识论的研究和自然科学的研究都告诉我们，真理就是对自然界（客观事物）的本性和规律的认识。那么，什么是规律呢？培根没有给规律下定义。但他常常指自然界事物的内在秩序、次序、因果关系、必然性，甚至事

---

① 培根：《新工具》，商务印书馆 1986 年版，第 12、13 页。

物的内部"结构和组织"（他又称它为"形式"）等。

总之，在培根那里，掌握了真理，就是理解和认识了自然界（客观事物）的规律；而认识了世界的规律，并按照规律去做，就能使人们生活得"像帝王一样"。

黑格尔哲学的思辨性很强，语言晦涩，并且把思维和存在的关系本末倒置。但他的下述看法是明确的，即真理是对事物本性和规律的认识。他把真理区分为"形式的真理"和"较深的意义"的真理。所谓"形式的真理"，只不过是与意识相联系的、对事实的现象的正确描述，只是"不错"罢了。"较深的意义"的真理则是不满足于对事实、现象的正确描述，而是要求深入到事实、现象里面去把握事物的本质和规律，达到"客观性和概念的同一"。所谓规律，黑格尔认为，就是摆脱了客观实体的自然形态的内在客观的必然联系。

3. 马克思主义真理论从哲学层面解答了什么是规律？

马克思主义哲学批判继承了真理论史上的优秀成果，同时汲取了科学发展的最新成就，认为真理是人的认识对客观事物及其规律的正确反映；并对什么是规律的问题，从哲学的层面做了回答。我们知道，任何一个现实事物的存在，都有现象和本质两个方面。这两个方面，是紧密联系不可分割的。任何一方缺了另一方，都不可能单独存在。而人的认识则是由表及里、由外到内、由浅入深地展开的。总是先通过感官认识事物的表面现象，获得感性认识，再通过理性思维深入到事物的内部本质，获得理性认识。感性认识和理性认识的统一，才真正是事物的本真面目。所以，作为对事物本真面目正确反映的真理，不仅要正确地反映事物的现象方面、感性方面；而且更加要能正确反映事物内部的本质和规律。

关于自然界规律问题的齐一性原理，是近代科学思维方式的本体论预设的三个原理之一。另两个原理是，实体原理和因果原理。"齐一性原理认为自然界的变化都是有规律的；实体原理则讨论了这些变化的实体的性质；因果原理则认为所有的变化都是有原因的。这三个原理结合起来，我们可以对自然界得到这样一个观念：自然界是有规律的，这种规律具有因果律的形式，它们体现为实体的一部分对另一部分的规则作用。"①齐一性的信念是近代经验科学的根本性预设。它是力图超越经验，揭示经验本质的所有科学理论的共同基础。它以哲学性质的本体论预设的决定论观念为前提。哲学性质的决定论和科学规律的决定论性质是有明显差别的。"哲学的决定论是在本体论层面对实在的一种描述，表达的是对实在的一种理念，它在具体的科学领域可以有不同的表现形式，如在牛顿的经典力学中是严格决定论，在经典统计力学和量子力学中则是概率决定论。20世纪以来，物理学特别是量子力学的发展，基本上否定了牛顿意义上的严格的机械决定论。但是对科学规律的严格决定论的否定，并不等于对哲学上非决定论的肯定。事实上，即使是在量子力学中，'波函数'这样的概率论描述也已经包含了决定论的思想。所以，不管是哪种性质科学定律的决定论，都与哲学的决定论观念不矛盾。从量子力学的非严格决定论特性并不能推论出哲学决定论的非真理性。"②

如果否定规律的客观性，如果没有齐一性原理，近代科学就根本不可能取得那么大、那么多的成就。也就是说，近代科学的发展和在实践中的成就，是在人们追求和掌握客观事物的规律——这一认识目标的奋斗中获得的。

---

① 陈中立、杨楹、林振义、倪健民：《思维方式与社会发展》，社会科学文献出版社2001年版，第318页。

② 同上书，第319—320页。

那么，到底什么是规律呢？在马克思主义哲学看来，规律和本质是同等程度的范畴。列宁在回答什么是规律的问题时说，"规律和本质是表示人对现象、对世界等等的认识深化的同一类的（同一序列的）概念，或者说得更确切些，是同等程度的概念。"① 他说，"规律就是关系"，是"本质的关系或本质之间的关系"。② 就是说，规律是事物、现象之间普遍的、本质的联系，决定着事物发展的方向和趋势。规律是客观的，不能创造，不能消灭，也不能改变；但它是可知的；它具有可重复性，只要具备了必要的条件，合乎规律的现象必然出现。正因如此，人才可以认识它，利用它。

由于世界上的事物千差万别，而且即使同类事物还有许多不同的层次，所以，规律也就多种多样。既有不同方面的规律，还有不同层次的规律。比如，可区分为自然规律、社会规律、思维规律；还可区分为哲学的规律、一般科学规律、具体科学规律，等等。但是，不管哪个方面、哪个层次的规律，它们都分别是各门科学真理（哲学层面的规律归哲学真理）的捕捉对象、研究对象和内容。

4. 对事物规律的认识和运用，是真理范畴的认识论功能和实践功能

捕捉到规律和正确地反映了规律，对认识来说才是达到了真理；对实践来说，则是行动指南，是实践能否成功的关键。二者合到一起，便是增加社会财富的途径，意味着对社会发展的推动。所以，客观事物的规律以及对它的认识和运用，乃是真理范畴的认识论功能和实践功能统一的现实表现。

为追求真理，为探求事物的本性和规律，成为近代科学时

---

① 《列宁全集》第38卷，人民出版社1959年版，第159页。
② 同上书，第161页。

代以来社会的最大特点之一。上下几百年，追求真理、探索规律成为一种高尚的社会风尚。在这种精神鼓舞下，科学发现、科学发明、科学创造、科学创新，层出不穷。科学突飞猛进，生产力迅速提高，社会财富以空前的速度增加。就是说，在探索客观事物的规律方面，取得了一个又一个的巨大成就，并带来巨大社会效益（包括社会财富）。

在认识客观事物规律的许许多多成就中，在这一历史时期，有两件是最为重要的带有根本性的成就。那就是：牛顿力学和马克思的唯物史观。前者是从文艺复兴时期、从伽利略的探索开始，直到牛顿发现万有引力，并把物体运动三大定律和万有引力定律统一而完成的经典力学（或经典物理学），以牛顿的名字命名。它是宏观范围内的对机械（物理）规律认识的集大成。在现代物理学产生（19世纪末20世纪初）以前，在自然科学领域，它居统治地位300余年，对人类社会的发展做出了巨大贡献。至今，在宏观低速运动的范围内，它仍然是有效的，仍可以为人们服务。

在这一历史时期，对事物规律认识的另一个具有划时代意义的成果，就是唯物史观的创立。千百年来，人们对自然界的变化发展有规律存在似无疑义，但对社会的变化发展亦有规律可循，绝大多数人则持否定态度。认为社会的变化发展是由人（特别是掌握了权力的人）的思想决定的，而思想却是随心所欲的。马克思和恩格斯则"用唯物主义观点观察世界和人类，看出一切自然现象都有物质原因作基础，同样，人类社会的发展也是受物质力量即生产力的发展所制约的。生产力的发展决定人们在生产人类必需的产品时彼此所发生的关系。用这种关系才能解释社会生活中的一切现象，人的意向、观念和法律。"① 就是说，在马克思恩格斯那里，一切社会关系是由生产关系决定的，而生产关系又是由生产力决定的，这是一个自然历史过程。这也就是社会变化发展的内在规律、历史的铁的必然性。由此，有关社会历史的知识，才有了科学依据。

（四）真理范畴规范认识目标

人的所有行动都是有目的、有目标的。同样，人的认识也是有目的、有目标的。认识的总目的是为了指导实践。但对于每一个认识主体来说，他们的具体目的，则又是千差万别的。目标和目的，不是一回事。目的是最终想要达到、想要实现的那个愿望；而目标则是为了实现目的，在认识上所要达到的东西即所要具备的标准、尺度。这是由认识自身有不同的等级、对客观事物的反映有不同的程度决定的。

那么，为了实现认识的实践目的，认识自身要达到什么标准呢？回答是：要达到真理。即要正确地反映客观事物及其规律（至于如何才能正确反映规律，规律怎样才算是得到正确反映，那是需要通过实践和认识相互关系来解决的另一个问题）。人的愿望所要达到的目的，只要和客观规律相符合，按照客观规律去行动，实践才能成功，目的才能达到。也就是说，只有通过真理指引的实践，目的才能实现。所以，真理是认识范围内的最关键也是最高目标。这也就是说，只有真理范畴，才能起到对认识目标的规范作用。真理是所有认识应该达到的目标，认识的目标就是真理。

---

① 《列宁选集》第1卷，人民出版社1995年版，第91页。

（五）真理范畴内涵的变与不变

这里还有一个问题是值得注意和说明的，那就是关于真理范畴内涵的变与不变的问题。真理范畴的内涵是指人的认识对客观事物及其规律的正确反映，就这一点而言，它是不变的。因为它是成百上千年来人们对"真理"认识的积淀；是一种高度的抽象，可容纳的空间很大。如前面说到的"自然界的齐一性原理"，尽管现代科学和近代科学所说的具体内容有很大的差异，但它们都没有否定物理世界（自然界）有规律的存在。

然而，从另一个角度说，真理内涵又并不是一成不变的；而是随着实践和认识的发展，有所变化和不断丰富着的。还拿对于客观事物规律的认识来说，便经历了一个不断变动和丰富的过程。一开始人们所说的规律，只是从经验积累中得到的现象与现象之间的一种联系。后来才逐渐认识到简单因果关系的必然性规律。到文艺复兴时期，伽利略、开普勒等科学家自觉地探寻天体自然的运动规律。培根则从哲学方面对规律的存在、规律的作用以及探寻规律的方法做了研究和论述。直到17世纪，牛顿总结出物体运动的三大定律和万有引力定律，并把二者统一起来。这分明是说，天上的物体运动和地上的物体运动，都服从牛顿的经典力学规律。可是随着科学的新发现和认识的再向前，人们对规律的认识又有很大变化。

19世纪末20世纪初，镭放射现象的发现、相对论、量子力学相继问世，人们发现牛顿力学规律并不是普遍适用的，它只在宏观世界有效；再前进一步，又认识到牛顿力学规律只对宏观低速的状态有效。宇观世界的运动和微观世界的运动，牛顿力学并不适用。宇观世界有宇观世界的规律，微观世界有微观世界的规律。20世纪六七十年代，随着混沌现象的发现，混沌理论或混沌学随之产生。有人把相对论、量子力学和混沌学，称为20世纪科学可以载入史册的三件事。它们是物理学在20世纪的三次伟大革命。"相对论粉碎了牛顿学说绝对空间和绝对时间的错觉，量子力学粉碎了牛顿学说测量过程可控的幻象，而混沌学粉碎了拉普拉斯决定论预测的梦想。"① 就是说，牛顿力学揭示的规律并不是放之四海而皆准的，实际上它有很大的局限性。

从20世纪80年代起，信息论、控制论、系统论、超循环论、突变论等"横断科学"如雨后春笋般兴起（系统论20世纪中叶便开始，80年代又有新发展），它们从各自的视角揭示出了客观世界的许多新现象和新规律。比如，对世界的非线性和系统复杂性关系的发现和认识，便是对世界真面目或者说对本真世界认识的一个很大突破。

通过对复杂性和复杂系统的研究，使我们的认识更接近于作为整体的真实世界，尽管对复杂性目前尚无统一的认识。但一般认为，非线性、不稳定性、不确定性是复杂性的根源。钱学森曾指出，凡不能用还原论方法处理的需要用新的科学方法研究的问题，都是复杂性问题。②

从最一般的意义上说，科学就是研究事物的相互关系和运动规律的。"数学上可以把世界上所有的关系分为两类：线性关系（相互作用）与非线性关系（相互作用）。经典数学和经典科学以研究线性为主，而现代科学的一个重大特点就是开始转向非线性的领域。"③ 对非线性现象的重视，一般说是从对混沌现象的发现和认识开始的。原先对非线性东西都是通过把它

---

① 詹姆斯·格莱克：《混沌学》，社会科学文献出版社1991年版，第Ⅵ页。
② 参见《复杂性研究》，科学出版社1993年版，第33页。
③ 童天湘、林夏水主编：《新自然观》，中共中央党校出版社1998年版，第5页。

线性化的方法来处理的，后来发现许多非线性现象是无法线性化的。

所谓线性和非线性，它们在数学上的区别是简单的。"从几何图形或函数图像上看，线性指的就是直线性，非线性即为非直线性，即曲线性。从代数的角度看，线性关系就是成正比，或成比例的关系，而非线性关系是指不成比例的关系。""线性关系对应着一次方程"；"非线性关系对应了大于一次的方程，其中最简单的就是二次方程，即抛物线方程"。① 世界上，直线只有一种，曲线却千差万别。"真实世界中能够严格用一次方程来描述的关系或现象如果不说是绝无仅有，也是极其罕见，而非线性关系和现象则随处可见。"可是，"我们大量现有的教科书中研究的几乎全是线性关系和线性现象，非线性现象反而成了奇特的东西。本世纪 80 年代以来，非线性科学的兴起很快成为自然科学中最引人瞩目的热点，不少人都预料，在未来的科学中非线性科学将占主导地位"②。非线性是复杂性现象的根源。③ 在一定意义上，我们抑或可以把复杂性理论看作是非线性科学的另一个名称。它们抑或本来就是同一个东西。按照搞复杂性理论研究的科学家们的说法，他们相信，他们正在凌厉地冲破自牛顿时代以来一直统治着科学的线性的、简化论（还原论）的思维方式。他们相信，他们正在开创的是"21 世纪的科学"。

非线性复杂性研究给我们揭示了一幅不同于牛顿力学描绘

---

①　童天湘、林夏水主编：《新自然观》，中共中央党校出版社 1998 年版，第 6、7 页。

②　同上书，第 27 页。

③　有的学者不同意此看法。如北京大学哲学系赵光武教授认为，"非线性与系统复杂性有内在联系，但不是产生复杂性的根源；自组织与复杂性有天然联系也不是产生复杂性的根源。只有以同一性斗争性同时存在紧密结合又地位作用不同为内涵的对立统一，才是复杂性之源"。（《党政干部学刊》2015 年 1 月 23 日。）

的世界图景，它更接近于我们生活的真实世界。如果说非线性科学主要还是从数学模型方面谈论的一些比较抽象东西的话，那么，复杂性研究的便是我们身边随时随地可以感知的直接现实的东西。这些研究，使我们对事物本性和规律的认识，产生了一次质的飞跃。这里说的事物的本性和规律，与过去教科书中所说"一级本质、二级本质……"是不同的。"一级本质、二级本质"等等，是就对同一个系统事物认识的不同层次来说的；而这里所说的"事物的本性和规律"，是指对不同于牛顿力学系统的另一种系统（非线性系统复杂性系统）来说的。就是说，它给我们提供了认识客观事物的另一种思维方式，使我们认识到不同于牛顿力学的更宽广更接近于真实的世界。

在非线性复杂性的研究中，虽然也谈到事物的本性和规律，然而，它和牛顿力学里所说的含义（前者是非线性意义的，后者则是线性意义的）是不完全相同的。

由于非线性复杂性研究还处于兴起阶段，所以还没有能像牛顿力学那样概括出大家公认的几条公理、定律、规律。但是，科学不停顿地进步，科学已从近代科学转变为现代科学，科学研究的目标已从简单性规律转到复杂性规律，从线性规律转到非线性规律，等等，这是确凿无疑的。

随着科学的进步，科学研究目标的转移，以及科学对事物规律认识的深化，真理的内涵并不是一成不变、无动于衷的，而是也随着变化，不断充实，不断地得到丰富。

（六）"真理是过程"命题的积极意义

"真理是过程"并不是无可奈何的消极论断，而是一个有积极意义的有关真理理论的命题。

第一，"真理是过程"，这是人的认识达到真理的一条规律。真理的对象（不管是自然界，还是人类社会以及人的思维）本身是一个日新月异、万古常新的过程。一个矛盾解决了，新的矛盾又出来了；新矛盾解决了，更新的矛盾又来了；等等。同时，作为真理主体、真理承担者的人的认识，也永远是处于"至上与非至上"的矛盾之中。这就决定了真理不可能一次完成，人的认识不可能一蹴而就地达到真理。真理是一个永远的过程。真理永远在路上，永远在过程中。不管你承认不承认它，它总是这个样子的。但是，承认不承认这个规律，能不能自觉地按规律行事，其效果又是很不相同的。承认它，按规律行事，就可使认识在更靠近真理的轨道上前进，越来越接近真理；违背它，则使认识偏离真理，并且离真理越来越远。

第二，"真理过程论"是扫除阻碍人的认识达到真理的各种认识观念的有力武器。遮蔽真理、阻碍人的认识达到真理，有多种多样的原因。其中有一类原因，是属于思想认识、思想观念方面的。比如，"真理一次完成论"、"真理终极论"、"真理顶峰论"、离开相对真理的"绝对真理论"以及"权威真理论"、"天才真理论"、"权力真理论"等。要解决这类问题，还必须从思想认识方面入手。思想认识的问题，必须用思想武器来解决。真理过程论便是解决这类问题的最好的理论武器和思想武器。

"真理是过程"的论断，还为我们在认识与真理的问题上，怎样评价古人、要求今人、期待来人，提供了正确的标准。对古人要不苛求、不迷信，也不饰非；对今人要有信心、有耐心，但不孤芳自赏；对未来者有期待、有信心，但不奢望。因为真理是一个过程。真理为每个时期的探寻者都提供了机遇，同时也都"设置了障碍"，提出了和时代相应的跨越高度。每个时代的人都应为真理过程做出贡献；同时又必须清醒地看到，真理永远在认识攀登的路上；但又不能以此为借口而怠惰，或为此而粉饰。

第三，"真理是过程"的命题，是鼓舞人们积极投身探寻真理的动力。真理不是在认识的开初，也不是在终结，而是在认识的过程中。对真理来说，它没有终结，只有过程。这样，任何人在任何时段，都可以参与探寻真理的活动，都可以对真理的探寻做出贡献。在探寻真理面前，大家是平等的，不存在谁有权谁没有权的问题，也不存在谁生不逢时没有机会参与探寻真理的问题。真理是过程，为人们追逐真理提供了机会，搭起了时间上的平台。只要你愿意，随时随地都可以加入到探寻真理的行列中来。真理永远在进行中，它对所有愿意参与探寻的人，都敞开着大门，它鼓励人们积极地参与到探寻真理的队伍中来。

由上可知，真理是过程的命题，是一个有着重要的积极意义的命题。它对人在认识客观世界方面，有着别的概念、范畴、命题等，无法替代的意义。

综上所述，真理范畴在人认识世界方面的意义和作用，是很大的。它指引人们追寻事物的本真面目，鼓励人们探寻事物的本质和规律，规范认识目标。在它的指引下，日心说战胜了地心说；在它的鼓励下，近代自然科学取得了牛顿力学的成就，社会发展学说方面取得了马克思唯物史观的成就。目前科学形态已由近代形态转变为现代形态，非线性复杂性理论研究正以凌厉之势给人们揭示出一个崭新的世界及其新的规律。随着实践和认识的不断发展，真理内涵也随着扩展、深化和丰富。

二 偏离真理，必遭惩罚

上面我们从正面阐述了真理范畴对人们认识世界的意义，这里，我们将从另一个方面说明真理的庄严和严肃，说明我们应以敬畏之心来对待真理。

（一）恩格斯讲的一个故事

恩格斯在《劳动在从猿到人的转变中的作用》一文中，说到人和动物的本质区别时，说了两句话：一句是"动物仅仅利用外部自然界，简单地通过自身的存在在自然界中引起变化；而人则通过他所作出的改变来使自然界为自己的目的服务，来支配自然界。"在此处页边上，恩格斯写着："通过改良"。另一句话是，人之所以比其他一切动物强，在于人"能够认识和正确运用自然规律"。①

就是说，人比其他动物强，比其他动物高明，是由于人能够认识自然界及其规律，并正确运用自然规律。亦即人能够认识真理，并按真理行事。人根据自己的需要，让自然界为自己的目的服务。并总是按照自己已经获取的认识，对自然界进行有目标、有计划的改良和改变。在这中间，取得了一个又一个的胜利。

但在这里，恩格斯却又立即告诫我们："不要过分陶醉于我们人类对自然界的胜利。对于每一次这样的胜利，自然界都对我们进行报复。每一次胜利，起初确实取得了我们预期的结

---

① 《马克思恩格斯选集》第 4 卷，人民出版社 1995 年版，第 383、384 页。

果，但是往后和再往后却发生完全不同的、出乎预料的影响，常常把最初的结果又消除了。"① 在这里，恩格斯给我们讲述了，美索不达米亚怎样由于过度采伐森林，使肥沃的田园变为不毛之地的故事。

关于美索不达米亚，美国历史学家、传记作家、新闻记者房龙把它称为"东方文明的第二中心"。他说，站到金字塔的最高顶峰，你会看到一片碧绿葱翠的流域，那就是旧约圣经上所说的乐园。希腊人把这个地方叫美索不达米亚，是一个夹在两条河流之间的国家。这两条河的名字叫幼发拉底和底格里斯。这两条河，把小亚细亚的不毛之地，化成了肥沃的田园，它就是美索不达米亚。它受到人们的喜爱，成为一个充满希望的国家。于是，四面八方的人群、部落、民族，都拥向这里，都想把这片土地据为己有。当时，从东面来的有：米底人、尼莱维人、波斯人，从南面来的有：叙利亚人、巴比伦人、犹太人、迦纳底人、亚玛利人、阿拉米亚人、腓尼基人，从西面来的有：埃及人、腓力斯丁人、马其顿的亚历山大统治下的希腊人、撒马里人、希特德人，从北面来的是不想居住在高山上的人们。大家都想占有它，互不相让。于是形成了永远的敌对状态，引发了无休止的战争。最后以最强悍勇敢的人生存下来。所以他们能够创造出在各个方面和埃及同样重要的文明。②

那么，这样一个被称为"东方文明的第二中心"的地方，后来怎么又变为不毛之地的呢？原因说来也很简单，那就是除了连绵的战事以外，更为重要的乃是过度地开发，使它承受了它所不能承载的压力。恩格斯说，美索不达米亚、希腊、小亚细亚以及其他各地的居民，为了得到耕地，毁灭了森林，以致

---

① 《马克思恩格斯选集》第 4 卷，人民出版社 1995 年版，第 383 页。
② 参见 H. W. 房龙《人类的故事》，李牧华译，世界文物出版社 1976 年版，第 47—49 页。

使这些地方今天竟因此而成为不毛之地。这是他们做梦也没有想到的。因为，他们这样做，使这些地方失去了森林，也就失去了水分的积聚中心和贮藏库。还有，阿尔卑斯山的意大利人，当他们在山南坡把在山北坡得到精心保护的那同一种枞树林砍光用尽时，他们没有预料到，这样一来，就把本地区的高山畜牧业的根基毁掉了；他们更没有预料到，他们这样做，竟使山泉在一年中的大部分时间内枯竭了，同时在雨季又使更加凶猛的洪水倾泻到平原上。于是，他们通过毁林获得耕地的成果，经过自然界的报复，又全被消除了。美索不达米亚等地，就是在自然界这样的报复中，重又沦落为不毛之地。

这个故事告诉我们什么呢？恩格斯告诫我们，我们应该吸取的经验和教训有：

第一，在支配、改良自然界时，我们每走一步都要记住：我们统治自然界，绝不能像征服者统治异族人那样，绝不能像站在自然界之外的人似的；相反地，我们应该也必须懂得“我们连同我们的肉、血和头脑都是属于自然界和存在于自然界之中的”。① 我们爱护自然界，也就是爱护自己。我们应该在爱护自然界中，改良自然界。显然，通过残酷战争而取得胜利的美索不达米亚的人们，他们根本不懂得这些。他们在对待自然界时，也像征服异族人那样，把自然界当作敌人。为了获得耕地，不惜破坏自然生态系统，对森林进行大肆的过度的乱砍滥伐，甚至以全部毁灭为快。他们以取得眼前的胜利为傲，岂不知在目前的效益中埋藏了长久的隐患。犯这一错误的最重要的认识上的原因，就是不懂得人“自身和自然界的一体性”。不懂得对大自然应该像对待自身一样。对大自然，应在养护中改

---

① 《马克思恩格斯选集》第 4 卷，人民出版社 1995 年版，第 384 页。

良，在改良中养护。这一类的错误，在那以后很长时间乃至今天，在世界其他地方，人们仍然再犯不止。

第二，我们对自然界的全部统治力量，来源于我们能够认识和正确运用自然规律；即能够认识真理，并按真理行事。而上述美索不达米亚人的做法，表明他们的认识并没有真正达到真理，更没有按照真理去做。当然真理是过程。他们虽然也看到了砍伐森林和扩大耕地之间的关系，但仅此而已。他们虽然知道增加耕地可以多产粮食，却不知道生产粮食还和其他许多因素（条件）有关。他们只知两个简单事物（砍伐森林和扩大耕地）之间的简单联系（砍伐了森林就可扩大耕地），却没有认识到事物内在的本质之间的联系（森林、耕地和生态系统间的）。也就是说，他们的认识仅仅是接触到表面的简单的真理，还没有真正达到真理。因为他们还没有正确地理解自然规律。甚或说，还有点偏离真理（规律），因而遭到自然界的报复是必然的。

第三，必须"学会估计我们的生产行为的较远的自然影响"①。恩格斯说，到目前为止的一切生产方式，都仅仅以取得劳动的最近的、最直接的效益为目的。那些只是在晚些时候才显现出来的、通过逐渐的重复和积累才产生效应的较远的结果，则完全被忽视了。美索不达米亚人，为了扩大耕地而毁灭了森林，他们获得了最近、最直接的效益。可是，他们可曾想过这一行动，经过若干年后，竟使这里成为不毛之地？在这里，倒不是"人无远虑必有近忧"，而是"人无远虑，或有近喜，必有远患"。我们是经过几千年的劳动，才多少学会估计我们的生产行为较远的自然影响的。但经过科学突飞猛进取得

---

① 《马克思恩格斯选集》第 4 卷，人民出版社 1995 年版，第 384 页。

巨大成就、社会经济生产经过资本主义得到空前增长以后，人们在精神方面似乎有点骄傲，情绪上似乎有点浮躁。好多行为，好像忘记了必须远虑的教训，即认清我们生产活动间接的、较远的社会影响。正如恩格斯指出的，这些教训是在经过长期的、往往是痛苦的经验，经过对历史材料的比较和研究中得到的。有没有远虑，行为可能很不一样。有了远虑，我们也就有可能去控制和调节这些影响。

从美索不达米亚故事中，恩格斯总结和引申出几条经验教训。我以为，如果从认识论的视角看，其中最为重要的是第二点，即人能认识世界，获得真理，理解自然界的规律，按照规律办事。但必须注意，这里说的是"能"、"能够"、"能力"。有能力，并不等于这个能力全部发挥出来了；能够，并不等于做到了。如果人的认识没有达到真理或者偏离了真理，那么，行动前定的目标和计划，就会脱离实际，行动就会失败。如果没有理解自然界的规律，就不可能真正正确地估计到我们的生产行为和其他一切活动，对自然界和人类社会的较远的后果和影响；遭到自然界和社会的报复，就是必然的。就是说，人对外部世界的行为，认识不到位或偏离真理一点点，都会遭到报复。我们对大自然，必须存有崇敬之心、敬畏之心；必须驱除一切侥幸心理。

（二）当代的可持续发展问题

1. 问题提出的时代背景

在生产力和科学技术突飞猛进的时候，却提出了可持续发展的问题。

文艺复兴开始以后，资本和资产阶级逐步登上历史舞台，科学则冲破神学的束缚，从神学的奴婢地位解放出来。随着科学从古代分散的、不系统的、缺乏理据甚至带有猜测的状态，发展成有理论、有体系、有实验依据的近代科学形态以后，不但使科学本身得到前所未有的快速成长，而且增加了它在人类社会中的权重，成为社会不可或缺的方面。把科学运用于生产，科学和资本结合起来，科学成为"第一生产力"。这便使资产阶级改造世界的能力比以往社会大得多。正如马克思恩格斯所说，"资产阶级在它的不到一百年的阶级统治中所创造的生产力，比过去一切世代创造的全部生产力还要多，还要大。自然力的征服，机器的采用，化学在工业和农业中的应用，轮船的行驶，铁路的通行，电报的使用，整个大陆的开垦，河川的通航，仿佛用法术从地下呼唤出来的大量人口，——过去哪一个世纪料想到在社会劳动里蕴藏有这样的生产力呢？"① 这是马克思恩格斯在19世纪中叶说的。打那以后，19世纪末20世纪初，随着新的科学发现，科学理论发生革命性变革，更多更大的科学发明接踵而来，技术科学兴旺发达。同时，社会的资本越来越雄厚，社会经济基础更牢固。因而，人们改变世界的能力，又得到更大的新的跨越式的提升。可就在这种形势大好的背景下，"可持续发展"问题却被提了出来。这是怎么回事呢？

2. "可持续发展"概念的提出和内涵的深化

什么是可持续发展问题？可持续发展问题的实质是什么？它是怎么被提出来的？下面就来说说这几个问题。

我们通常说，可持续发展问题是20世纪80年代提出的。1980年，由世界自然保护同盟等组织参与制定的《世界自然保护大纲》里，最早明确提出了可持续发展的意念和思想。到

---

① 《马克思恩格斯选集》第1卷，人民出版社1995年版，第277页。

1987 年，由挪威首相布伦特兰夫人主持的世界环境与发展委员会，在其长篇专题报告《我们共同的未来》中，对"可持续发展"概念给了一个界定。那就是：它是指既满足当代人的需要，又不损害后代人满足需要的能力的发展。这就是我们今天所知道的"可持续发展"概念的最早表述。它从正面告诉我们，今天人的发展不要影响、不要损害后代人的发展，要给后代的发展留有余地，不要寅吃卯粮。从社会伦理上说，它强调的是人们的代际平等，即代与代之间的平等。这个思想，很快便在社会上传播开来，并且得到丰富和深化。比如，从倡导代际平等，发展为还要倡导代间平等以及提高生活质量等。所以"可持续发展"概念的内涵是逐步地丰富起来的。从这时起，可持续发展理念和可持续发展战略也逐渐为各国政府认可和接受。

　　1992 年 6 月，在巴西里约热内卢举行的联合国环境与发展会议是一次盛大的会议。有 183 个国家的代表团和 102 位国家元首或政府首脑与会。这次会议确认环境与发展有密不可分的关系，确认人类必须转变传统发展模式，走可持续发展的道路。会议通过的《里约热内卢环境与发展宣言》、《21 世纪行动议程》、《保护生物多样性公约》、《气候变化公约》等，都是围绕着上述中心展开的。所以，人们把这次会议看成世界各国宣示走可持续发展道路的里程碑。这些文件使可持续发展概念的内涵得到进一步充实和丰富。它不再停留在一般地、抽象地谈论代际、代内的平等问题；而是把它和直接现实的环境问题挂上钩，和传统发展模式的问题挂上钩。

　　就是说，"可持续发展"是一个完全正面的概念。因为，它是从正面对人类社会发展提出的倡导和警示。它是在说"要可持续发展"，"应该走可持续发展之路"，"必须可持续发展"，"不可以再做不可持续发展的事"，等等。

不过任何一个新概念、新思想、新理念，都不是凭空蹦出来的。新理念总是针对某个问题或某个旧理念而被提出来的。20世纪六七十年代以前，就没有"环境保护"（或"保护环境"）的词语或概念，也没有"可持续发展"的概念。可见"可持续发展"是一个崭新的概念或理念。那么，"可持续发展"这个新理念针对的是什么问题？它反对的是什么？它的背后是什么样的问题？简单地说，它直接针对的是目前人的生存环境不断恶化的问题。深层次上说，它针对的是旧的发展理念，尤其是旧的发展模式。因为这种旧理念和旧模式，已经给人类社会发展造成了严重障碍，以致使人类社会陷入不能够继续发展，不能够延续下去的境地；所以才提出了需要"可持续发展"的理念。

3. 可持续发展问题是从环境问题开始提起的

1972年在瑞典斯德哥尔摩召开的联合国人类环境会议，便提出各国要共同解决环境问题。1987年明确提出"可持续发展"概念，便是在世界环境与发展委员会上。1992年召开的里约会议，名称就是"环境与发展"。会议通过的宣言便是《里约热内卢环境与发展宣言》。就是说，是环境问题造就了"可持续发展"理念的提出。而且，这个问题相当严重。不然不会有这么多人响应，更不会有这么多个国家和政府来响应。

当然，从提出环境问题到提出"可持续发展"理念，这中间还有一个过程。虽然见诸正式文件，明确提出"可持续发展"的概念，是在1987年。但是，早在20世纪60年代，当人们发现当代人类生存环境恶化的问题时，特别是经过对问题的争论和深入探讨以后，便萌生了"可持续发展"的意念，之后才逐渐形成为思想观点。

　　曾任中国环境保护部部长、环境学家周生贤，在谈到唤醒人类生态环境保护意识时说，"在环境觉醒历史进程中，出现过著名的三本书。第一本书是《寂静的春天》，其代表性语言是，'不解决环境问题，人类将生活在幸福的坟墓之中'。第二本书是《增长的极限》，其代表性语言是，'没有环境保护的繁荣是推迟执行的灾难'。第三本书是《只有一个地球》，其代表性语言是，'不进行环境保护，人类将从摇篮直接到坟墓'。"①

　　4. 较早讲述环境问题的三本代表性著作

　　《寂静的春天》发表于 1962 年。作者蕾切尔·卡森（1907—1964）是美国的化学家、海洋生物学家兼作家。她"集科学家和诗人（作家）于一身"，这是很罕见的。该书鲜明地批判了滥用杀虫剂的做法。认为这种做法已经在生态平衡方面造成了不可逆转的变化。她说，我们使用化学物质对昆虫大举进攻，正在削弱环境本身所固有的、阻止昆虫发展的天然防线。而每当我们把这些防线击破一次，就有一大群昆虫涌现出来。就是说，每当我们对自然界取得一点胜利，就会遭到自然界的反抗和报复。她认为"控制自然"这个词是一个妄自尊大的想象产物，是当生物学和哲学还处于低级幼稚阶段的产物。当时人们设想中的"控制自然"就是要大自然为人们的方便有利而存在。这应归咎于科学上的蒙昧。而这样一门如此原始的科学，今天却已经用最现代化、最可怕的化学武器武装起来了。这些武器在被用来对付昆虫之余，已转过来威胁着我们整个的大地了。这是我们的巨大不幸。

　　蕾切尔·卡森指出，当前使用毒剂这一流行做法的失败使人们考虑到了一些最基本的问题，就像远古穴居人所使用的棍

————————

① 周生贤：《坚持不懈探索环境保护新路》，《学习时报》2013 年 8 月 19 日。

棒一样，化学药物的烟幕弹作为一种低级的武器已被掷出来杀害生命组织了——这种生命组织一方面看来是纤弱和易毁坏的，但另一方面它又具有惊人的坚韧性和恢复能力，另外它还具有一种以预料不到的方式进行反抗的秉性。生命的这些异常能力一直被使用化学药物的人们所轻视，他们面对着被他们胡乱摆弄的这种巨大生命力量，却不曾把那种"高度理智的方针"和人道精神纳入到他们的任务中去。

蕾切尔·卡森是现代环境保护运动的先驱。她不仅能敏锐地抓住现代生活中的弊端，而且，具有很深邃的思想。就像她在书的扉页上引用的两位作者所说的内容，她都感受到了。济慈说，"湖上的芦苇已经枯萎，也没有鸟儿歌唱。"E. B. 怀特说，"我对人类感到悲观，因为它对于自己的利益太过精明。我们对待自然的办法是打击并使之屈服。如果我们不是这样的多疑和专横，如果我们能调整好与这颗行星的关系，并深怀感激之心对待它，我们本可有更好的存活机会。"①

《寂静的春天》被人们称为划时代的作品。这种赞誉，是恰如其分的。正如美国前副总统阿尔·戈尔所指出的，《寂静的春天》播下的新行动主义的种子如今已成长为历史上伟大的群众力量之一。当1964年春天蕾切尔·卡森逝世时，人们已经明白她的声音是不可能被掩盖的。她唤醒的不只是我们国家，还有整个世界。《寂静的春天》的出版可视为当代环境保护运动的起始点。

这本书出版后，曾引起诸多讨论和争议。除了农药制造商为了他们的既得利益进行争辩以外，也有属于不同看法的问题。所以这种争议和讨论是很正常的，是有益的。

---

① 蕾切而·卡森:《寂静的春天》，吕瑞兰、李长生等译，上海译文出版社2015年版。

《增长的极限》也是一本具有很强现实针对性和前瞻性的著作。它篇幅不大，但掷地有声。它1973年出版。出版后，引起社会强烈反响。作者D.梅多斯等，是美国麻省理工学院的几位教授。他们是罗马俱乐部的成员。罗马俱乐部是一个非正式的国际性协会。但他们是来讨论一个范围大得惊人的题目——人类目前的和未来的困难处境。它不想表示任何一种意识形态的、政治的或者国家的观点。然而，他们有一个共同的信念，即认为人类当今面临的那些重大问题，是相互关联而复杂的，以致传统的制度和政策已经不能应付，甚至不能掌握它们的全部内容。为了解决这个全球性难题，首先就要了解和掌握这一难题的全部内容。为此，他们走到了一起，共同制订了关于人类困境的研究计划。该书就是这个计划第一阶段研究工作的一个成果。它是由D.梅多斯教授指导下的麻省理工学院研究小组（国际的）负责的。

《增长的极限》一书的目标很明确，就是以全球性的人类困境为研究对象，掌握它的真实现状，探寻它的真正原因，提出科学对策。他们从影响全球的人口、农业生产、自然资源、工业生产和污染五项基本因素入手。分析研究这些因素的现状和未来走向。增长极限论，便是该项研究的结果，也是该研究的第一次报告。

像每个人都借助于模型来研究他的问题那样，该书作者也根据人们已经掌握的资料（包括思想上的和各种书面记录中的），把"科学方法、系统分析和现代计算机——结合起来"，创立了一个世界模型。创立这个模型的目的，首先便是为了调查研究和全球问题关系紧密的五项重要趋势——加速工业化、人口快速增长、广泛的营养不良、不可更新的资源的消耗和日益恶化的环境的情况。这些趋势在许多方面都互有关系，它们的发展不是以年、月计算的，而是以几十年或几百年计算的。他们通过这个模型，想要了解这些趋势的原因、它们的相互关系以及它们在长达 100 年的未来岁月中具有什么意义。

他们承认这个模型并不完善、过于简单化，但又认为它是现今可能得到的最有用的模型。

根据上述模型，他们的结论是："（1）如果世界人口、工业化、污染、粮食生产以及资源消耗按现在的增长趋势继续不变，这个星球上的经济增长就会在今后一百年内某一个时候达到极限。最可能的结果是人口和工业生产能力这两方面发生颇为突然的、无法控制的衰退或下降。

"（2）改变这些增长趋势，确立一种可以长期保持的生态稳定和经济稳定的条件，是可能的。全球均衡的状态可能计划做到，使得世界上每个人的基本物质需要得到满足，以及每个人有同等机会发挥他个人的人类潜力。

"（3）如果世界上的人决定努力争取这第二种结果，而不是那第一种，那么，他们愈早开始努力，取得成功的可能性就愈大。"①

此模型对世界人口、工业化、环境污染、粮食生产以及资源消耗等因素按指数增长的具体情况，除分别说明外，还对它们相互关系的具体情况做了阐述。还对怎样从全球增长过渡到全球平衡的构想做了说明。

当经济增长能给人带来实惠，人们普遍希望得到这种实惠的时候，这种增长同时带来的副作用（弊病）往往被忽视。当人们还沉浸在"增长热"、"增长狂"中的时候，忽然听到"增长极限"的理论，自然是一石激起千层浪，引起了激烈争

---

① ［美］D. 梅多斯等：《增长的极限》，于树生译，商务印书馆 1984 年版，第 12 页。

论。有人甚至把梅多斯等人的世界模型称作世界末日模型，以此来指摘它的悲观论调。

不管梅多斯等人的世界模型有多少缺陷，但它有两个重要意义是不可轻估，更不能忽略的。第一，它所揭示的随着经济增长而带来的问题的严重性。特别是人口问题、环境污染环境破坏问题、生态严重失衡问题等。尤其是对人类和环境的关系这个全球性问题，必须科学地解决好，绝不能掉以轻心。第二，它揭示了造成这些严重问题的根源在于现行的增长模式和增长体制。它只涉及了这个问题，没有深加分析。然而，这却是一个重要问题，值得深思。这个问题解决好了，也许整个问题便能迎刃而解。

总之，《增长的极限》是一本好书，它给人们在前进的路上敲响了警钟。在经济增长热时，让头脑冷一冷；在看到经济热带来的成绩时，更要看到它同时带来的环境灾难。

《只有一个地球——对一个小小行星的关怀和维护》一书，是受联合国人类环境会议秘书长委托，为 1972 年 6 月在斯德哥尔摩召开的联合国人类环境会议提供实际背景材料的一份非正式报告。它是由美国哥伦比亚大学政治经济学家巴巴拉·沃德教授和著名微生物学家、实验病理学家、曾在洛克菲勒大学任教 44 年的雷内·杜博斯教授两位执笔并任主编而完成的。为保证本书的准确性和全面性，组成了一个由 58 个国家的 152 位专家参加的大型委员会，作为编写本报告的顾问。其中 70 多人写了详细的书面材料。这些专家中，包括自然科学家、人类学家、工程师、社会科学家、银行家、哲学家、法律家、工业家、建筑师等。他们既是各该领域中的权威人士，而又很关心环境问题。所以，该书从参与人员的广泛性看，它又是一个集体的作品，凝结了许多人的智慧。

把《只有一个地球》称作是"一本对人类环境最完整的报告"，是不为过的。首先，它把地球作为一个整体，探讨人类环境问题的生成与演变过程。它指出，人类生活在两个世界里。一个是自然世界，是由土地、空气、水和动植物组成的。它在人类出现以前几十亿年就已存在。后来人类也成为其中的一个组成部分。另一个世界是人类为着自己而建构起来的社会结构和物质文明的世界。亦可把前一个世界称为生物圈，把后一个世界称为技术圈。人类总是用自己制造的工具和机器、自己的科学发明以及自己的设想，来创造一个符合人类理想和意愿的环境。可见，自从后一个世界亦即技术圈产生之时，它即与前一个世界亦即生物圈发生着关系，这也就是环境问题产生之日。两界两圈的关系，表现为相互依存、相互制约，又相互矛盾。只不过在很长的时间内，由于技术圈的力量不够大，生产力水平较低，所以两者基本协调，基本平衡，就是说矛盾的方面不突出。相反，由于人类有一种变革的精神，坚持变革的"自由"，常常在变革中实现了自己的理想。但是，随着这些"自由"的实现，也产生了一些副作用。一是人类变得骄傲了，过分地相信自己的力量；二是旧的平衡被打破，协调变为不适应。正如该书所指出的，"今天，当我们进入了 20 世纪的末叶，越来越感觉到人类在同他的两个世界的关系上，正在发生着一些根本性的，而且可能是无法改变的事态。近 200 年内，特别是突飞猛进的近 25 年中，人类改造自然的力量、广度和深度，都似乎预示着人类历史上革命新纪元的来临。……人类似乎正以全球范围的规模，对未受控制的事物加以控制，并用人造的代替天然的，用计划性代替盲目性。人们正以史无前例的速度和深度，对大自然进行改造。"① 这种改造，必然会带来由量变到质变的严重后果，可是人类的整个活动并没有因此有所收敛。相反，在向自然世界和人类历史的进军中，似乎变得更紧张地起锚驶航。所以，该书把人类近 200 多年来的历史，称为环境问题上的"历史转折点"。

《只有一个地球》指出，今天"人类生活的两个世界——他所继承的生物圈和他所创造的技术圈——业已失去了平衡，正处于潜在的深刻矛盾中。而人类正好生活在这种矛盾中间，这就是我们所面临的历史的转折点。这未来的危机，较之人类任何时期所曾遇到的都更具有全球性、突然性、不可避免性和困惑不可知性。而且这种危机就在我们孩子生活的时代将会形成。"②

其次，该书作为对人类环境问题的完整阐释，还表现在，它不仅把整个地球作为一个有机的完整的地球村（系统）的前途来对待，而且还从社会、经济、政治的角度来探讨人类的环境问题。就是说，环境问题不仅是人与自然界的关系问题，而且是涉及人与人的关系，涉及人与社会、经济、政治、科学技术、文化、思想、认识等多层面的关系问题。该书对这诸多方面，做了程度不同的阐发，这是很有意义的。因为只有全面地考察这些问题，才能正确地提出解决好这个问题的方案。

人与社会（广义的）的关系，自然涉及地球上这一地区和那一地区、这一部分人和那一部分人、穷人和富人等等，对环境问题的不同影响和不同态度。该书分别对发达国家的问题和发展中国家的问题，做了阐述。对他们在环境问题上的不同影

---

① ［美］巴巴拉·沃德、雷内·杜博斯主编：《只有一个地球》，燃料化学工业出版社 1974 年版，第 3 页。

② 同上书，第 15 页。

响、不同责任、不同目标、不同态度、不同后果，做了比较客观公平的分析。它没有简单地把今天人类遇到的环境问题归结为谁的责任，而是把它看作人类发展历史的自然过程。它还希望后发展中国家能够吸取先发达国家的教训，不要走发达国家曾经走过的老路，而要走出一条"绿色革命"的新路。

再次，该书作为完整阐述人类环境问题的著作，还表现在它不仅从最明显的环境污染问题着眼，而且还把人口问题、资源的滥用、科学工艺技术的影响、发展的不平衡性以及世界范围的工业化和城市化的困境等作为总体，对环境问题做全方位的探讨。环境问题绝不是一个像丢垃圾那样简单的问题，而是一个复杂的具有整体性的问题。凡与环境有关的方面、因素，它们的活动、变化，都可能对环境发生影响和作用。所以，要完整了解人类环境问题，就要对影响环境的方方面面（当然，事实上也只能对其中的主要方面），做全方位的考察。

影响环境的每一个方面、每一个因素自身又是很复杂的。比如污染问题，情况就多种多样，有空气污染、水污染、土地污染，又可分为化学污染、生物污染、核污染等等。农业污染中有农药污染和化肥污染等等。

关于人口问题和环境污染的关系，一直是一个争论不休的问题。一种观点认为，人是上帝赐予的，是上帝的子民；或者换一个说法，世间一切事物中，人是第一个可宝贵的。就是说，环境问题和人口问题没有关系。另一种观点则认为，人口问题是环境问题中的一个重要因素。首先，是人口数量的多寡，直接影响环境的压力和优劣。人口多了，要解决吃、穿、住的问题，要扩大耕地，要多消耗能源，同时也增多了垃圾的排泄量；为了使土地增产，要多使用化肥和农药，为了增加能源，要扩大能源的开采或增多核能设施……所有这些，都直接地关乎着人居环境的优劣（包括安全和舒适度等）。其次，人口的质量（素质），也会影响对环境的塑造。其中道理是很浅显的。可是持前一种观点的人说，你不应该只看到一张嘴，还应看到两只手。后一种观点则说，两只手（对环境的作用）实际上赶不上一张嘴（对环境的作用）。当然，实际的情况是错综复杂的。比方说，嘴对环境的影响，也是通过手来实现的，等等。但是，这里说的人口问题对环境的影响，与"人是否宝贵"根本是两码事。人是不是宝贵的，是对人的价值评价问题。认为人是宝贵的，就要尊重人权，讲人道；而不是随便生，生了以后又不当人对待。而关于人口对环境有无影响，有什么影响的问题，乃是一个相当理性的科学问题，也是人如何对待生命，如何对待自己，如何对待自己的子孙后代的一个极其严肃的问题。在世界万物中，只有人这样高度智慧的物种，才会产生这样的问题。

该书认为，人口问题是和人类环境直接相关的问题。它指出，人类到了 20 世纪，能量的使用、食物及原料的消耗、城市化，还有最重要的人口增长，都呈直线上升趋势。这是人类历史发展的新情况，其核心问题是人口增长的相互影响。这里对人口增长情况，特做了一个说明。它说，世界人口从新石器时代的农业可能供养的数字水平，到罗马帝国覆灭时期，约逐渐增至 4 亿。经过了 1000 多年之后，大约在公元 1600 年，人口达到 10 亿。从那时起，由于工业革命带来的工农业生产提高等原因，人口增长开始加速。只经过了 300 年，到 1900 年，人口就达到 20 亿。再经过 50 年的时间（至 1950 年），人口则为 30 亿。到 1980 年，只需要 30 年，就要达到 40 亿。照此速度，下一个世纪（21 世纪）开始，全球可能有 70 亿人口。

前面提到的《增长的极限》一书，也对世界人口的增长问题，做过专门论述。两书根据的资料，计算的参数和计算方法，不尽相同。但它们都相当重视人口问题在影响环境中的重要地位。同时，《增长的极限》也预测，到 2000 年，世界人口将达到 70 亿左右。这都是 20 世纪 70 年代初（1970—1972 年前后）的预测。如今这一预测基本上应验了，基本上得到了证实。由此可以推断，这两本书对人口和环境关系的其他许多论述，都是严肃的，有理有据，建立在科学研究、科学分析、科学推理的基础上的。而不是像有的批判者指责的，它是主观随意"戴着（资产阶级）有色眼镜来看世界的"。当然，一叶可以知秋，一叶也可以障目。但这里只是强调，它们提出的问题，是很值得人们重视，值得人们深入思考的。我们不应该戴着另一副狭隘的有色眼镜，来看待这些关乎人类命运和人类前途的共同的大问题，来看待别人提出的不合自己口味的见解和意见。

最后，该书的完整性，还表现在它对不同观点的全面介绍上。该书说，对于纯粹客观的科学问题，容易取得一致的意见。但联合国人类环境会议，并不专门讨论理论生态学的抽象问题，会议主要关心的是影响人类生活质量的环境特征，这是一个主观的含义不清的概念。所以，在一些问题上意见分歧，是很自然的。

比如，专门从事理论生态研究的专家们，主张把编写重点放在地球的生态系统上，把人类看成是破坏生态的主要因素。认为当前大多数的环境问题，都来自人类对生态的错误行动。我们日益认为人类不是地球上的寄居者，而是地球的主人。我们把征服客观世界看作人类的进步，即使这意味着对自然界的破坏。尽管在破坏和污染了自然界之后，人类仍能生存下去，但在这样污秽的环境里，人类还能长期保持它的尊严吗？

可是对于筹备联合国人类环境会议的政治家们，他们虽然也确实认识到人类的物质和精神素质同地球的关系，至少同地球生态的健全是同等重要的。但他们更关注的是人们缺少食物和舒适生活的实际问题，关注自然资源的枯竭、环境污染的积累、世界人口的增长以及超越物质需要的某些自然价值所受到的威胁等问题。

可见，不同的人，看问题的视角、关注问题的重点不一样，是很自然的。把这些不同的观点和诉求摆出来，对开诚布公地探讨问题，是很有好处的。

该书指出，现在人类正在完成向全球移动的过程中，学会明智地管理地球已成为一项紧迫的任务。人类必须担负起地球管理员的责任，做管理员，便意味着为他人服务。而他人由于各自的科学、社会、哲学和宗教的态度不同而分为不同的集团，环境学家要为怎样的集团做管理员，有着某些不同看法。然而，对于联合国人类环境会议来说，显然是要确定我们应当干些什么，怎样才能使地球不仅成为现在适合于人类生活的场所，而且将来也适合于我们的子孙后代居住。这里，从战略的视角说，环境问题也就是一个可持续发展问题。

对环境的可持续发展来说，自然资源的日益减少，是使人们怀疑地球还有多大能力继续维持未来文明的一个主要原因。所以对自然资源未来供应的关心，是十分普遍和深切的。但如何应对这一问题，意见就不一了。欧洲高度工业化富裕国家的一位顾问，竟主张人类应当立刻放弃工业化，集中精力去发展高效率的农业技术。这种担心显然是过分了，是要从工业化后退的思想。而刚开始工业化的一些国家的顾问们的意见则完全相反，他们知道工业化会带来一些危险，可是他们看到，只有工业化才是达到高生活标准的唯一道路。因而，在他们看来，几乎任何发展工业的方法都应优先于对未来环境损害的考虑。正在争取经济发展的许多国家的决策者和计划人员，都不会改变工业化的主张。甚至有一种带普遍性的看法，认为环境污染是工业发展不可避免的副产物。似乎"富足之日就是恶果来临之时"已成为法则，至今仍无形地统治着许多人对待环境的态度。看来在今后许多年内，大多数地方的环境质量势必服从于经济发展的目标。40年过去了，这一预言应验了。

同样，对其他问题，人们的看法也不会一致，甚至有巨大分歧。比如，要由科学专家来权衡在工业发展中的技术和环境问题的相对重要性，那是很困难的。拿对核能价值的评估来说，有两位很有成就的自然科学家，都是诺贝尔奖获得者，他们的看法完全对立。一位认为，《只有一个地球》的正文，对于核能的潜力没有做出很公正的判断，过于夸大了它对自然生态系统和人类健康的威胁。可另一位却认为，核能完全不应当发展，因为它"完全不适合于生物圈"。此外，在对杀虫剂的利弊问题，对生态系统的稳定性、恢复力与脆弱性的估量问题，对人类定居与自然生态系统保护谁更重要的问题，对水污染、大气污染与土地污染谁应优先考虑的问题，等等，在顾问们中，都有不同看法。该书一一做了介绍。

这里，有一个问题的两种声音是该引起深思的，那就是：有些顾问感到该书的总语调过于悲观，他们认为把世界现状描绘成"可怕的逸事"是不公正的。其中有一位竭力反对《寂静的春天》一书的内容，认为那是"出于感情冲动，而不是根据事实"，他指出该书的风格具有同样的缺点。其他的顾问却相反，他们希望本书提出强有力的警告，发出更加响亮的呼声，使人们注意到，当前的环境趋势不能继续太久，因为人类正在走向一条自我毁灭的道路。他们还认为，只有唤起人们的热情，才能最终拯救世界。这是 40 多年前的逸事，相信持前一种观点的人，如今也会改变态度的。

值得欣慰的是，该书说，专家们对于事实本身的真实性，看法基本上是一致的，他们只是对于怎样解释和应用这些事实，具有不同的看法而已。这些看法上的分歧，正说明人类最引人注目的特色之一，就是它的多样性。把这些不同看法反映出来，只是希望人们把社会和科学的注意力，集中到对社会和技术革新对复杂生态系统所引起的间接和难以预料的缓发性反应上来。

总之，该书认为，"建立理想的人类环境，不仅包含保持生态平衡，自然资源的经济管理以及对威胁机体和智力健康的控制，而且，还需要给社会集团和个人有机会发展各自的生活道路和选择他们各自的环境。人类不仅在自己的环境中生活和工作，而且还在改造环境，同时环境也在改造人类。正是由于人类和环境之间不断地反复影响的结果，双方都获得在自然法则下发展各自的特征，因而使人类克服了对自然现象盲目的宿命论。丰富多彩的人类环境，不但是由于它天然的构造和自然现象的无穷多样性，而且更多的还是由于自然力量和人类意志之间，无穷无尽地互相作用所产生的结果。"① 我们"要培育一种对地球这个行星作为整体的合理的忠诚。我们已进入了人类进化的全球性阶段，每个人显然地有两个国家，一个是自己的祖国，另一个是地球这个行星"②。

5. 当今问题的严重性

从以上介绍的情况中，我们可以知道，当代可持续发展问

① ［美］巴巴拉·沃德、雷内·杜博斯主编：《只有一个地球》，燃料化学工业出版社 1974 年版，第 8—9 页。

② 同上书，第 10 页。

题，是在人类向自然界索取取得巨大成就的时候提出来的。因为在取得这些成就的同时，也带来了隐藏在背后的隐患。随着时间的推移，隐患逐渐显露出来，并且范围越来越大，程度越来越严重。

2014年3月，联合国政府间气候变化专门委员会发表了一份最具震撼力的气候变化报告。报告指出，地球冰帽正在融化，北冰洋浮冰在瓦解，而地球水资源供应出现紧张，热浪和暴雨加剧，珊瑚礁正在消亡，鱼类和很多其他生物朝南北极迁徙，有些甚至面临灭绝危险。而海平面上升速度正威胁沿海居民，海洋也因吸附汽车和发电厂排放的二氧化碳而逐渐酸化，导致生物死亡或生长受阻。

经验和案例显示，2013年到2014年冬春之交，全球气候诡异而极端。比如，肆虐菲律宾一带的"海燕"台风，因海平面上升导致破坏力大增，给菲律宾和越南等造成了巨大人员伤亡和经济损失。又如，蔓延印度、尼泊尔、中国北方、俄罗斯、中欧、苏丹和索马里的水灾，也造成了人员伤亡和财产损失。令人吃惊的还有中东降大雪、澳大利亚出现历史上最热气候、中国大部分城市严重雾霾、巴西干旱，都创了新纪录。

极端诡异的天气现象不仅出现于发展中国家，在美欧发达国家同样有表现。比如，北美的龙卷风比往常频发并灾害很大，巴黎惊人的雾霾，美国西岸山区积雪少，加州出现百年罕见的干旱，美国东北部则是暴雪，异常寒冷，凡此种种。可见全球气候反常，没有国家能置身事外。

联合国世界气象组织秘书长米歇尔·雅罗2014年3月24日在日内瓦做年度报告，明确指出2013年出现极端天气的主要原因是人类的活动。极端天气对亚太和欧洲造成极大破坏，各国政府额外支出逾千亿美元。3月底，联合国政府间气候变化专门委员会发表的那份报告，也明确地提出，环境大灾难已现明显迹象，而人类活动导致温室效应加剧，是罪魁祸首。

问题不止气候变化，报告一针见血地指出，气候变化引发粮食短缺、渔获减少、淡水供应紧缩、延缓全球经济增长、扩大贫富差距、加速城市沙漠化……以至可演化成重大社会危机和人类生存危机。①

由上可知，当今全球环境问题的形势依然十分严峻。正像《只有一个地球》一书所指出的，"当前的环境趋势不能继续太久，因为人类正在走向一条自我毁灭的道路。"

前联邦德国总理 W. 勃兰特亦指出："我们面临的形势是前所未有的。人类自身的生存从来没有像现在那样处在危险之中，人类过去从未有过毁灭自己的能力，这种毁灭不仅是世界范围军备竞赛的可能后果，而且是不可控制地开采和破坏全球资源的结果。"②

《濒临失衡的地球》是一本全球畅销书，1992 年初版。作者阿·戈尔是美国参议员（后为美国副总统）。作者说，我把两类环境问题加以区别，有害废物场等是一类，这一类主要是区域性的；另一类则对整个地球产生威胁。他又说，我们不可只简单看到人对环境的各个部分的所作所为，我们必须放眼看到人和整个环境的复杂关系。他认为，环境危机从根本上来说，就是现代文明和生态系统之间的冲突。所以他将"生态与人类精神"作为该书的副标题。他在该书中说，"我这时还更深刻地领会到我们的一生中最可怕的事实：人类文明已经具备

---

① 以上转引自《世界日报》2014 年 4 月 5 日社论《大国耽于国际竞争，忽视气候危机》。

② ［德］W. 勃兰特：《共同的危机》，载《全球学研究与展望》，社会科学文献出版社 1988 年版，第 105 页。

了毁灭自己的能力。"① 他说，"现在我们面对的是急速恶化的全球环境，这类听天由命带来的将是灭顶之灾。现在谁还敢说，无论出了什么毛病世界都自会解决？"②

人类的前途命运其实掌握在自己手中，取决于人类用什么样的态度对待自然、对待自身、对待未来。英国牛津大学人类未来研究院院长尼克·博斯特罗姆说，最终毁灭人类的最有可能是人类自己。"过去，我们已历经各类灾害与风险，然而那时的人类并不具备毁灭自己的能力。当前，最严重的生存危机是由人类发明的现代科技所带来的核扩散、生化武器、大规模疾病的传播以及人类某些未来技术，如机械智能、高分子纳米技术或者合成生物学技术等。由于人类此前并没有掌握这些强大科技的经验，所以并不知道它们会为我们带来什么，比如某种武器系统的快速发展或者异种生物的迅速繁殖等，而这些未知力量蕴含着极大风险，有可能在未来威胁人类种族的生存。"③

就是说，在今天的大环境中，一方面生产力欣欣向荣，不断发展，科学技术突飞猛进，并在各国"创新"战略的驱动下，底气十足地向前奔跑；社会物质财富增加，人们生活水平提高。可是，另一方面，却带来人口膨胀，自然资源迅速消耗，空气、水、土地严重污染（以及核污染等），生态平衡频频被打破以致形成生态危机等负面影响。这种负面影响的危害相当严重，它为人类自己毁灭自己提供了条件，使人类自己毁灭自己成为可能。

---

① ［美］阿尔. 戈尔：《濒临失衡的地球》，陈嘉映等译，中央编译出版社 1997 年版，第 20 页。

② 同上书，第 26 页。

③ 《中国社会科学报》2012 年 12 月 10 日。

　　人们说，对人类自己可以毁灭自己的发现，是 20 世纪最伟大的科学发现，这是十分精当的。由于这一科学发现，人们才开始注意和议论人类社会的可持续发展问题，各国政要才在联合国召开的人类环境会议上，提出和讨论要"走可持续发展的道路"，制定"可持续发展战略"。

　　当代可持续发展问题的提出，和恩格斯讲述的美索不达米亚兴衰的故事，有相似之处，但又有很大的不同。相似的地方，甚至可以说是这两件事的实质和本质方面，乃是完全一致、完全相同的。反映的都是人类和自然界的关系没有处理好。人没有正确地对待自然界，把自然界看作自己的奴隶或征服对象，所以每当取得对自然界"胜利"的时候，都要遭到自然界的报复。但它们又有很大的不同。首先，在规模上不同。美索不达米亚在当时，对全球来说，只是一个很局部的地方，当今的可持续发展问题却是一个全球性问题；美索不达米亚问题只涉及人类的很小一部分，当今的可持续发展问题却涉及整个人类。其次，深度不一样。当年美索不达米亚问题，只是由于乱垦荒地、滥伐森林，造成水土流失，以致变为荒芜不毛之地。相对而言，还是比较好治理的。而今天，由于工业化的不断扩大，高科技的应用，城市化的开展，造成自然资源的乱采滥伐破坏，造成空气、水、土的严重污染，其深度无法形容。恢复起来，不是几年、几十年、几百年的工夫，有些可能是永远也治理不好的。最后，人们的认识不同。当年是许多人都看到美索不达米亚的自然条件好，就蜂拥到这里来进行野蛮的开垦，等酿成了大祸，大家又不知所以地逃之夭夭。人们完全是在自然界的摆布下，自发地运动着。当代的情况是，某些先进国家（民族）先一步实现了工业化，人们的生活富裕了（这里暂不谈社会、政治、文化等方面的原因）；其他国家（民族）

的人们看到了，也希望能这样。因为，希望过美好富裕的生活，这是人的本性使然，是人之常情；也是天经地义的事。于是，大家都来搞工业化、城市化、现代化等等。地球一时承受不了。幸运的是人们的思想认识能力也比过去大大地提高了，再不像过去那样，环境毁坏后逃之夭夭，溜之大吉。当然，今天是全球性的，谁也无法逃脱。

其实，冰冻三尺，非一日之寒。根据国际自然保护联盟（IUCN）的数据，自1500年以来，地球上总共已经有617种物种灭绝，其中绝大多数是在过去的114年间消失的。按照自然的物种灭绝的速度，自1900年以来，应该只有9种脊椎动物灭绝。但可惜的是，468种本来可以生存多年的脊椎动物都灭绝了。而按照自然的速度，这468个物种的灭绝，本来需要一万年以上的时间。美国《科学》杂志下属的《科学进展》杂志，2015年6月19日，发表了一篇题为"现代人类导致的物种加速流失：进入第六次物种大灭绝"的论文，提出了评估人类活动是否导致物种大规模灭绝的问题。而长期关注环境问题的美国《纽约客》杂志的作者伊丽莎白·科尔伯特在他的《第六次大灭绝》一书中，则明确地指出：自工业革命以来，地球的大气成分发生了重大改变，地球上越来越多的动、植物正以超乎正常的速度灭绝，最终这种大灭绝的趋势将可能波及人类自身。[①] 就是说，今天的生态环境问题的出现不是偶然的。自西方工业革命之后，人类通过各式各样的农业、工业生产活动，已经从根本上改变了地球的生态和地质面貌。

但不管怎样，今天，在日趋严重的环境问题上，终于引发了人们对传统工业化道路的反思，唤醒了人类对生态环境的保

---

① 转引自胡明艳：《"人类世"来临，人类准备好了吗?》，《学习时报》2015年8月13日。

护意识。这样才提出了要走可持续发展道路的问题。尽管真正走上可持续发展的道路，前面还有许多荆棘，但这毕竟是人类认识上的一次觉醒，人们将能比较自觉地来对待这个问题。

（三）　对不可持续问题产生原因的探讨

这里把人口膨胀、自然资源消耗、环境污染、生态危机等严重地影人类生存发展的问题，叫作不可持续问题。一是因为这些方面的发展，各自都有一个极限。如果超过了极限，各自系统就会崩溃。二是这些方面，不要说是全面崩溃，即使是其中的一个方面崩溃了（实际上它们是相互联系、相互制约的），都会直接地影响到人类的继续存在和发展。就是说，它们的继续发展和恶化，便使人类的生存发展成为不可持续。所以把它们统称为不可持续问题。

那么，不可持续的问题是如何造成的呢？不可持续问题产生的根源和它的实质是什么呢？对这个问题，人们从不同的视角，做出了多方面的回答。

1. 对不可持续问题根源的几种看法

目前多半是就生态危机原因或环境恶化根源，进行了剖析、追问、探讨。主要有这样几种看法：

一是将当前的生态危机直接归因于科学技术进步。认为若无某些科学技术上的进步，人类的力量不可能强大到破坏整个自然生态，形成生态危机的程度。现代科学的发展，特别是它在技术上的应用，使人类获得了巨大力量。它一方面产生了巨大的创造力，同时另一方面也使人具备了同样程度的破坏力。

二是有人认为造成目前困难的最根本原因是世界人口增长过快引起的。过多的人口造成对自然界过大的压力。突破自然界的负荷，势必打破自然界的平衡，造成环境问题。

三是从经济层面寻求危机根源。这里说的经济，主要是指资本主义经济。因为此前的经济活动也会破坏生态环境的平衡，但那时的生产力水平有限，造成的破坏可以自我修复。而到了资本主义时期，经济的力量越来越大，以至于统治了整个社会。资本的效用原则和增殖原则，在经济中便占据着主导的核心地位。在资本原则的主导下，环境破坏和生态危机，乃是自然而然的。所以，资本、资本逻辑、资本制度，才是生态危机的根源。

四是认为生态危机的根源应到观念与文化中去找。引发生态危机的观念，是指"人定胜天"，人应该而且能够控制自然，主宰自然，让自然完全服从人的需要，成为人的奴仆等。文化具有鲜明的时代性，有什么样的经济基础和政治制度，有什么样的思想观念，便会有什么样的文化样态。有人定胜天的观念，也就有人定胜天的文化。就这一点，文化和观念是相连相促的。同时，文化还具有地区性、民族性，甚至集团性。就是说，它常常缺少整体性，缺少人类的"类"主体性。正是文化的这两个弱点，才导致生态破坏乃至生态危机。

五是把生态危机的根源归因于政治制度。认为人类自进入文明社会以来，人类的活动都是在一定政治制度的框架下，由政治主导或参与下进行的。污染环境，破坏生态的一件件一桩桩的具体活动，没有一件不是得到政治的允许或默许的。所以，造成困境的根源在于政治制度。

以上各种看法，各有各的理由、道理，同时又都有各自的偏隘性。这里不想进行评论。但这是一个很值得人们进一步深入探讨的问题，是一个很有意义的问题。

2. 从哲学认识论的视角对不可持续问题根源的两点分析

第一，人类中心主义的思维方式是产生不可持续问题的认识论根源。

　　这里有两个问题需要先加以说明，首先，我们讨论的可持续与不可持续问题，是一个属于如何处理好人和自然界关系的问题。前面已经说到当今的环境恶化、生态危机、资源过度损耗等不可持续问题的出现，都是由人和人的活动所引起的。今天并不是由于自然界自身有什么特别的变化，比如人们曾经说过的太阳黑子爆炸、某个天体可能和地球擦边而过甚至会碰到地球、地球磁极的变化和地球磁场变化（这里不是说它有多大能量，而是指它不以人的意志为转移）以及火山爆发、地震等等人类无法抵御的力量，才引发了严重的生态危机，以致引起了人类生存危机。目前的危机是由人造成的。就是说，在当今发生人类生存危机这个问题上，在人和自然这对矛盾中，矛盾的主要方面在人。人是矛盾的责任方。因而，应该从人的方面来寻找危机的根源。就这个意义说，以上五种对生态危机根源的看法，都是有道理的。因为他们探寻的方向都是指向人和人的活动，这是正确的。不过，从哲学的高度看，还应追问在人的这些活动背后的原因。因为它才是问题的最本质的方面，才是造成当前生态危机的真正根源。从哲学层面探究，可以有多个入口，可以从多个角度着眼；这里仅从认识论的视角管窥一二。

　　其次，对这里所说的"人类中心主义的思维方式"要做点说明。因为，对于"人类中心主义"，在哲学史上曾有过不同的解释和争论，而当今一提到这个问题，大家的理解和争论就更多。比如相关的概念或命题就很多。如人类中心主义及与之对应的自然中心主义（又分生物中心论、生态中心论以及动物解放论、动物权利论等）、旧人类中心主义、新人类中心主义、强人类中心主义、弱人类中心主义，等等。一些人认为，人类

中心主义是以人类为世界万事万物的中心的理论。所以它是人
的世界观的一种反映。另一些人则认为人类中心主义是作为一
种价值与价值尺度而被采用的。它把人类利益作为价值原点和
道德评价的依据。人的一切活动都以人的利益为出发点和归
宿。人的生存与发展，是人的最高目的。所以，人类中心主义
属于价值论范畴。所谓强人类中心主义，是指这样一种主张，
即认为人是最高级的存在物，他的一切需要，包括毁坏或灭绝
任何自然存在物，都是合理的。弱人类中心主义，则是对人的
需要应该做某些限制的主张。还有人认为，人类中心主义就是
以人为本，主张在人与自然的相互作用中，将人的利益置于首
要位置。等等。就是说，当今对"人类中心主义"有多种解
读，但这里并不想对这些解读加以评论，而只是想表示"人类
中心主义思维方式"与这些"人类中心主义"有关，但又并不
就是这里说的"人类中心主义"或其中的一种。

那么，到底什么是"人类中心主义的思维方式"，它的含
义是什么？为什么说它是造成人类不可持续困境的认识论根
源？

人类中心主义思维方式是指那种认为人是世界万事万物的
中心，人的生存、需要和利益是最高利益，一切应从人的需要
和欲望出发，坚信人定胜天，千方百计地探寻实现目的的手段
和工具，勇于付诸实践的那样一种看问题、思考问题、解决问
题的思想线路和思维逻辑。这里包含思维定式和思维运行路径
两个方面。以为人是世间万物的中心，人的利益高于一切，人
的智慧和力量无穷，这是人类中心主义思维方式的思维定式。
它积蓄着思维的力量、思维的动力和思维的方向，但它处于待
而不发、待而未发、引而可发、引而即发的思维准备状态。它
是思维的一种态势，积蓄了具有方向性的思维势能。一旦有了

具体的目标以后，这种势能便转化为动能，变为具体的思维运行过程。以人的需要和欲望为出发点，这就有了具体目标。为了实现这些需要和欲望，便使出浑身解数，发挥全部智慧，绞尽脑汁，想尽一切办法寻找各种手段和工具，发挥敢闯敢干的精神，付诸实践。这就是人类中心主义思维方式的具体的思维线路和思维路径。

如果从人类中心主义思维方式的结构分析，它乃包括一个核心和两个支撑点。一个核心是指认为人是世界万物的中心。两个支撑点：一个是人定胜天的信念；另一个是只要敢闯定能成功的信念。该思维方式的核心是，认为人类是中心，便是说世间其他的万事万物都是处于人类周围的位置。这也就意味着人类在整个自然界中处于一种特殊的最高的地位。因为对于一个圆圈或圆球来说，再没有比圆心（中心）更高的位置了。因而，人类对着他的周边环境来说，便具有绝对的优越性。他对周边万物似乎可以呼风唤雨。其他万物只能围绕着人类转，接受人类的牵引，听从人类的使唤。就是说，在人和他所处的周边世界之间不是一种平等的融洽的关系，或如中国哲学史上所讲的它不是一种"天人合一"的关系。在这种思维方式里，人类和他所处的环境之间，是一种分离的对立的关系。总之，"人类中心"表明了在这一思维方式中思维主体的地位和思维的认识取向和价值取向。

一种思维方式要能真正地运转起来，只有思维定向是不够的，还需要有能使这种定向变成为现实可能的心灵支撑、认识支撑，或者说，要有一种使思维势能变为思维动能的认识机制。上述的"人定胜天"和"只要敢闯便能成功"的信念，就是这种心灵支撑、认识支撑，或称为能使思维势能变为动能的认识机制。人如果只有驾驭周围一切事物的愿望，而没有实现这种愿望的把握和方法，这种思维运动是无法进行，无法展开的。"人定胜天"的信念，为"人类中心"的实现，提供了可能，增强了信心。"只要敢闯便能成功"的信念，为"人类中心"的实现，提供了思维动力；即它把"人类中心"的思想直接转化为行动。所以，它们是人类中心主义思维方式的两大支撑。

人类中心主义的思维方式不是人类与生俱来的，不是人类天生就有的。不要说茹毛饮血的游猎社会，就是到五谷丰登的农牧社会，人类也绝不具备自己是万物中心意识的物质基础。那时人们的意识是敬畏自然，敬畏天地，敬畏"神仙"。神仙是人与天之间的中介。人总是祈求神仙上天言好事，下界保平安。因为那个时候，科学不发达，生产力低下，人只能"靠天吃饭"。直到近代，随着近代科学的诞生，特别是实验科学、技术科学的发展，以及与此结伴而行的工业社会的到来，生产力空前地得到释放。蒸汽机、纺织机、火车、电灯、电话、电报、各种矿藏的开采和使用，以及后来的汽车、飞机、核能等等的新发现、新发明，一个接一个地出现。使生产效率、工作效率，比之过去，几倍、几十倍乃至千万倍的增长。社会物质财富的积累越来越雄厚。与此同时，还出现了许多"移山填海"、"呼风唤雨"、"让河水让路，让高山低头"的奇迹。这一切都是在人的积极参与下实现的。在这一切成绩和奇迹中，都显示了人的力量。到这时候，人觉得自己在和大自然的相处中并不是无能为力、微不足道的。在和自然界的斗争中，只要敢闯敢干，人就一定能降服自然、驾驭自然、主宰自然，人定胜天。到了这时候，即在进入工业社会以后，人类中心主义的思维方式才真正形成。也可以说，人类中心主义的思维方式是工业社会的产物。这和海德格尔、金岳霖说的"人类中心论是西方的传统"，实质上并不矛盾。①

　　人类中心主义的思维方式和人的主观能动性有关联，但又有很大的不同，完全不是一回事。说它们有关联，是说它们都是人的主体性的表现；说它们不是一回事，是指人的主观能动性是人的主体性的正常发挥，一般带来的是正能量，而人类中心主义思维方式则是人的主体性的歪曲表现，带来的最终结果乃是负能量（在某种意义上，或许可以把人类中心主义思维方式的效应，看成是"过了头的"、"过了底线的"主观能动性。列宁说，真理再向前迈一步，仿佛是同一方向的一小步，便会变为谬误）。而且，它们产生的过程和条件也不相同。主体能动性是伴随着人成为主体而来的。人本来就是大自然的一部分，自从人有了自我意识以后，人就在意识上和自然界分离开来，人成了主体，自然界的其他部分则成了人的客体。就是说，人作为主体和他的客体，是同时产生的。在这里，人和自然界并不是敌对的关系。人作为主体，并不是要像统治者征服敌对势力那样，来对待自然界。人的主体能动性，在这里是指要发挥人的聪明才智，认识和运用客观规律，认识人和环境相互关系的规律，统筹人和自然界的关系，从而使人的能动性在和他周围环境的协调谐和中得到最好的发挥。而人类中心主义思维方式，如前所说，乃是在人类进入工业社会以后，才形成的。它要突出和强调的是：与天斗、与地斗、与人斗。它是人类在和自然界"斗争"中取得"胜利"后骄傲自满、陶醉于既得"成绩"的产物。所谓"中心"，乃是为了表示自己高贵而杜撰的。科学已表明，包括人类在内的整个大千世界，根本就不存在什么中心。原子核、细胞核的"核"似乎是"中

---

① 参见拙著《真理的探寻》下册，中国社会科学出版社 2014 年版，第 545—548 页。

心"，但它只是表示在该组织中的空间位置，而不是地位高低；同时，它们都不是单一的而是复合的。至于广袤无际的宇宙，科学早已明示也不存在什么中心。所以"人类中心"的意念，是没有任何客观依据和科学依据的，是令人费解的。

人类中心主义思维方式的要害是，把人类看作中心，把人类的地位突出到高于自然界，把自然界推到人的对立面，把自然界看作供自己"把玩"（为自己服务）的对象。认为人对自然界可以随意支配，为所欲为。只要自己想要的，大胆地去干，就能得到。你要扩大耕地，就去砍伐森林、烧毁草原、围湖填海，你要盖工厂盖大楼，就去毁掉粮田菜园，没有水泥去开山，没有钢筋去采矿，没有能源去挖煤，等等。这还是工业社会早期的情况。到了高科技出现以后，人类改造自然的广度、深度和速度，更是扩大了又扩大，加深了又加深。如今，在整个地球的陆地上，没有人到过的地方已经越来越少了。随着人类征服自然深度和速度的加快，手段也更加激烈、残酷、残忍。在人类的这股劫掠行动面前，自然生态环境能幸免而不被破坏，根本是不可能的。在可持续发展问题提出以前，在人类中心主义思维方式的引领下，人们是全然或很少考虑自己的行动对破坏环境的影响的。从这里追根溯源，我们可以清楚地看到，人类中心主义思维方式是破坏自然环境、引发生态危机行动背后的真正的罪魁祸首，是产生不可持续问题的认识论根源。

第二，支离破碎的真理观是引发不可持续行动的思想方法。

真理是对客观事物的本质和规律的正确反映。发现真理和阐释真理，是科学的任务和目标。技术的任务是运用真理，实现真理。同时，在科学技术的实践中，检验真理和发展真理。

所谓按照科学原理办事，或者说在真理指导下的实践，才能够取得成功，实际上都是在说，必须认识事物的客观规律，掌握规律，按照客观规律办事，才能取得实践的成功。所以，尊重科学、尊重真理、敬畏规律，这都是一回事。

人类进入工业社会以来，各个方面之所以能取得如此空前的成就，和这个时代人们对真理、科学、客观规律的敬重、孜孜以求并取得了明显的进展，是分不开的。这个时期，哲学的研究重心由本体论过渡到了认识论（还有价值论）；这个时期，真理论的研究，也从追问事物的本来面目（偏重于感性）到底是怎样的，发展到直接追问事物的本质和规律（偏重于理性）是什么；这个时期，科学由古典型发展为近代科学和现代科学。近代科学是古典科学的继承和发展。它们之间最大的不同之处在于近代科学是建立在实验基础上的，强调实验手段、强调对客观对象规律的探求、强调和技术结合为社会服务。现代科学则是科学自我革命的产物，它是对近代科学的扬弃，即既摒弃了近代科学的某种机械性，又保留和发扬了它的科学性。其中对规律的认识不再停留在简单的、线性规律的层面，而是更加注重对非线性的、复杂性规律的探求。总之，这个时期，科学对客观事物内在本质和规律的迫切追求和真理论对事物客观规律的十分重视，说明认识规律、掌握规律，是此时人们认识的一个焦点，也是时代的诉求。

作为近代科学最早的一位伟大倡导者弗·培根曾经说，科学应该造福人类，而且能够造福人类。因为科学能够理解和阐释世界的规律。只要懂得世界的规律，就能生活得"像帝王一样"。

从培根发表这一观点之后，350多年来，科学对客观世界规律的认识，的确有了非常显著的进展。随着技术科学、工业生产乃至整个社会经济取得的辉煌成就，人们过上了当年帝王都没有料想到的生活。

我们知道，进入工业社会以来（也是进入近代科学时期以来），所有这些成就，莫不是在科学研究、科学发现的客观规律（科学原理）的引领下取得的。比如，随着物理学的发展，物体机械运动原理的揭示，从纺织机的发明、蒸汽机的改进，直到近代机器制造业的兴起，莫不与物理学研究揭示的物体机械运动规律（以及力学、热学、化学揭示的规律）有关。又如，在发现电流以及后来又发现电磁感应的现象以后，有了对电的本质和对电磁运动规律的认识，才有了电灯、电话、电报的发明，才有了各种各样的医疗电子、电磁设备的问世，一句话，才有了电能的开发和广泛应用。科学到了现代，在发现放射性物质以后，认识了放射性物质原子核的裂变与聚变的规律，才制造出原子弹、氢弹，有了对原子核本性的认识，才开发了对原子核的和平利用（诸如核电站、核动力、医疗设备等）。

由于科学技术的开发应用又带来整个社会的繁荣。比如，工厂采用蒸汽机以后，便出现了人口集中的城市；有了城市，便促使房屋建筑行业、交通运输行业的发展；又带动了材料工业和能源工业……电学研究促成电能开发利用，从而帮助解决了公共交通和电力输送问题，从而出现了近郊城市……

总之，进入工业社会以后，社会之所以能如此迅速地繁荣昌盛，是和科学的发展分不开的。正如恩格斯指出的："科学是一种在历史上起推动作用的、革命的力量。"[①] 科学之所以有这么大的力量，乃是和科学能不断地揭示出事物内在规律分不

[①] 《马克思恩格斯选集》第3卷，人民出版社1995年版，第777页。

开的。当然，具体的科学技术的创造发明、推广应用和科学原理之间，并不是简单的一一对应的关系。这里只是表示：（从生产力的视角）社会的繁荣来源于科学的昌盛，科学的昌盛来源于对事物内在规律的认识。至于具体的情况就要复杂得多。有的科学技术的创造发明，由多个原理支撑；有的在一个原理的引领下，有多项发明；同时，通过技术实践，科学原理又得到丰富和发展。

那么，既然从工业社会以来，在科学揭示的客观规律（真理）的引领下取得了这样大的成就，怎么又说"支离破碎的真理观"引发了不可持续的问题？

如上所说，人类进入工业化社会、科学进入近代科学以后，人们对自然规律的捕捉、理解、认识、阐释，不论在数量上、广度上还是深度上，可以说，都超过了过去数千年的总和。这和近代科学的研究视角、研究方式是分不开的。"古代科学，包括古代希腊、中国、印度和中世纪阿拉伯的科学，基本上处于现象的描述、经验的总结和猜测性的思辨阶段，主要是以直觉和零散的形式出现的；而近代科学则把系统的观察和实验同严密的逻辑体系结合起来，形成以实验事实为根据的系统的科学理论。"① 从另一个角度看，古代科学还没有从神学和哲学的束缚中完全独立出来，它常常从总体的、混沌的、模糊的、思辨的角度观察问题，解释问题，因而不能得到清晰的深入的认识。而近代科学则是对客观事物进行分门别类的系统的研究，条理清晰，逻辑层次分明；同时又引入实验方法、实验工具，和实验结合起来，从而使认识一步一步深入。这样也就使科学研究能够认识到客观事物更丰富的本性，捕捉到更多的

---

① 中国科学院自然科学史研究所近现代科学史研究室编著：《20世纪科学技术简史》，科学出版社1985年版，第1页。

具体规律。

科学捕获到了许多事物的客观规律，也即意味着得到了许多具体的真理性认识。然而，这些都是"小写真理"。因为它们只是对包罗万象和千变万化宇宙的某个阶段的某个局部、方面、颗粒、成分、系统、层次本性（规律）的正确反映。而人类追求的真理，应该是对包括自身在内的整个包罗万象的宇宙本性及其运行规律的系统整体的正确认识。因为只有这个包罗万象的宇宙（整个世界），才是真正独立的客观真实的整体性世界；只有对它的正确反映，才是真理的完满的状态，才是真正具有整体性的真理。所以，我们把它叫作"大写真理"。

虽然人的认识在达到"大写真理"的过程中必然要经过"小写真理"的阶段，但是，"大写真理"并不就是"小写真理"的相加。一个个"小写真理"加起来，不等于"大写真理"。"小写真理"只是"大写真理"某部分的某种表现形式。它不能真正客观地表现客观事物的真实。诚如亚里士多德曾经指出的，脱离了身体的手，只是名义上的手。因为身体的各个部分只有在其联系中才是它们本来应当的那样。在这里，"小写真理"和"大写真理"的关系犹如脱离了身体的手和身体的关系。

如果忘记了人类认识的真实目标是"大写真理"，而把"小写真理"就当作了认识的目标；这种真理观，我们把它叫作"支离破碎的真理观"。进入工业化社会以后，社会的许多成就，可以说都是在一个个"小写真理"的指引下取得的。因而，人们也就习惯地把这种真理观作为自己的一种思想方法。

"支离破碎的真理观"的特点是支离破碎。这是一只脱离了身体的"手"，那是一只脱离了身体的"耳朵"，还有一个脱离了身体的"头颅"……它们都只是名义上的。它们相互之间，缺乏内在的实际（实质）上的联系，没有整体性。只有头颅，没有头脑。这本身就是一种离奇的片面性的表现。用它来指导实践，必然引出更大的片面性。因为任何实践的结果（信息），都是引领实践原则（信息）的加倍放大。这种片面性的认识，一旦进入实践阶段，便会像脱了缰的野马任意奔驰。因为到那时，它便不会像正常的认识自己走着自己的路，而是要受实践主体利益因素的影响。在实践主体利益的驱使下，它便大摇大摆地走到斜路乃至邪路上去。比如，知道了物质的化学性质和化学原理（"小写真理"）以后，便可以根据农业生产的需要，制造出农药和化肥。过一段时间，这种农药和化肥的效率不明显了，便又可以制造出药性更毒的农药和肥力更大的化肥。至于这些农药和化肥，除了能治理农作物的病虫害，能够增加土地肥力以外，还可能引起病虫害的抗体、变异和"反扑"，可能使土地肥力失衡和引起土地板结，以及还能残留到食物链中直接影响人（及其后代）的身体健康，等等，这些连锁反应，是生产商和经营商们不会考虑的。他们考虑的只是如何利用相关的知识，如何降低成本，如何实现自己的利益最大化（赚更多钱）。如此这般的发展下去，能够不走到斜路上去吗？又如，人们有了原子能的知识（"小写真理"），为了制服敌人，制造了原子弹；对方也为对付自己的敌方，也造了原子弹。相互竞争，又造出了氢弹，等等。不要说造出它们，要花费很大的人力、物力、财力，而且造出来以后，对人类的生命、财产就是一大威胁。原子能知识（"小写真理"）没有阶级性，也不知道正义非正义，谁掌握了它都可以造出原子弹、氢弹来。它对人类这个主体来说，不是走到邪路上去了吗？

可见，缺乏"大写真理"整体性的支离破碎的真理观，必然把人类社会实践引导到各种奇特的歧路、斜路、邪路上去。

它一方面使人类社会自身失去平衡，因为在利益主体的主导下，社会的一些方面、因素得到长足的奇特的发展，而另一些能够对它起到平衡作用的方面、因素却又受到压抑。同时，另一方面，它又破坏了大千世界的原有的相互协调的关系，对大自然某个方面的过度开发，势必破坏原有的生态平衡，使人和他的自然环境处于紧张的对立状态。所以，支离破碎的真理观是破坏社会平衡，破坏人和自然的关系，把人类社会引上歧路、引上不可持续发展道路，在思想方法方面的罪魁祸首。

总之，一个个"小写真理"分别使人取得一个个"胜利"，因而使人们认可了"支离破碎的真理观"；而在这种真理观的引领下，社会发展走上了不可持续的道路；所以我们说，"支离破碎的真理观"是产生不可持续问题的思想方法。

综上所述，人的社会实践是一刻也不能离开真理的指引的。离开了就不能成功。背离了违背了就要遭到惩罚。偏离了"小写真理"，要受到"小惩罚"；偏离了"大写真理"，必遭到大惩罚。

三　把握大写真理，创造美好未来

（一）什么是大写真理？

在上一小节里，我们已经说到，现在我们所认识到的一个个真理，严格地说，还只能称为"小写真理"。因为它们反映的客观事物及规律，还只是变化中的整个客观世界及其总规律的一部分、一方面。就像是"一只脱离了身体的名义上的手"。它不是客观世界的本真面目。它是被人的认识局域化、僵化了的形象。这种真理，对特定的时间、空间、条件下的人的实践来说是够用的。它可以引导实践在特定的范围内实现人的目的。人类社会开始工业化以来的300年中，它以科学原理（科学真理）的面目（或形式）引领人们取得了那么大的成就，便是最好的说明。这种真理帮助人们在实践中取得的胜利，甚至可以冲昏人们的头脑。它一方面促进了人类社会发展但又把它带上畸形的道路；另一方面它增强了人类在自然界自立的信心，但却又助长了人们的盲目自大，使思想观念也走上褊狭的道路。这两个方面，在过去的200多年中，都已得到了十分鲜明的显现。即一方面，根据主体的需要和欲望，有选择地利用某些科学原理去开发自然、改造自然，由于主体欲望的褊狭性，便造成了人类生态环境的严重破坏，以至走到"人可以自己毁灭自己"的边缘；另一方面又使人增强了和强化了"人定胜天"的意识和人类自我中心的意识，在思想观念上把人引向忘乎所以的道路。

　　小写真理既然不能完整地反映客观事物（客观世界）的本真面目，为什么它又能引领实践取得那么大的成就？既然取得了那么大的成就，为什么又走到邪路上去了？这是由于小写真理虽然没能完整地反映客观事物（客观世界）的本真面目，但它总是这样那样地反映出了不以人的意志为转移的客观事物的规律；它虽然只是名义上的手，但毕竟是一只手；所以，它便配称为真理。是真理，总会发光的。但由于它的背后缺乏大写真理的支撑和制约，因而又会走上歧途。所以，那种只用小写真理的观念来看待真理，追求真理，实际上便是恩格斯所说的那种"只见树木，不见森林"的形而上学的真理观。它不知道天外有天。这个天外的"天"，就是"大写真理"，它是人的认识按照使命所要追求的目标。

　　大写真理是人所在世界（包括自然界、人类社会和人类思维及其各种相互关系）的总系统的正确反映；或者说，是指人的认识对千变万化包罗万象的客观世界及其规律的正确反映。这个客观世界包罗万象。从空间上说，其大无外，其小无内；从时间上说，古往今来，千变万化。从认识上说，既包括已经进入人的认识领域但还没有认识清楚（真正认识）的事物，也包括正要进入或尚未进入认识领域的事物。尚未进入人的认识领域的事物，对人的意义绝不是无。相反的，许多事物在未被认识之前，一样地在那里起作用，只不过你不知道而已。科学史上的许多事例都说明了这一点。比如，放射性元素在被发现前，它已经存在，并且也在那里对自然界和对人类起着它的作用。但在被发现后，人则可以自觉地主动地利用它来为人类谋福利。又比如，生物的基因，自有生物以来它便存在于生物体内，并对生物的生长发育等生理过程发挥着作用。所以在你没有发现它之前，并不等于它就不存在或者它就没有作用。只是在你认识了它之后，可以有意识地运用它。诸如此类的事例，不胜枚举。

所以，在大写真理的对象中，包含目前尚未进入认识领域的事物，是理所当然的，是有特别重要的意义的。一方面，到目前为止，对整个大千世界，人类尚未认识的事物还是远远多于已经认识的事物；另一方面，客观事物进入还是尚未进入人的认识领域，从来就没有一条分明的界线。而且，人的认识从来就是从已知推测到未知，又从未知深化为知之。如此周而复始，使认识在广度上不断扩大，在深度上不断深化；从而更完整准确地反映客观世界的本真面目。

就是说，作为大写真理反映对象的客观世界，既包罗万象，又千变万化。从目前人类认识的水平看，我们可以把这些客观事物分类为物质的、能量的、信息的；也可分类为自然的、社会的、思维的（这里叫"精神的"，也许更好。因为精神包含思维。同时，和自然、社会发生相互作用的，更多更直接的方面也是精神）。

　　大写真理不仅是要正确地反映大千世界包括哪些方面，哪些内容，不仅是要从感性和知性方面知道大千世界的本真面目；而且更为重要的是要知道这些方面、因素、层次，在平面上和立体上（包括球体等）的相互联系、相互作用（包括相互制约、相互控制、相互依赖、相互促进等）的真实情况。亦即从理性方面正确地反映整个客观世界的内部联系、内部机制，认识客观世界的内在本质和规律。在这个问题上，我们应该承认，目前它还是人的认识的一个薄弱点。目前，我们的认识，总的说，还只停留在"只见树木，不见森林"的阶段。因为，"存在的整体是太广大了，人们在只研究它的一个方面的时候，是无法窥知它的秘密的"①。不过，从 20 世纪开始，认识正在走出这个阶段，正在向着新的综合的方向走去。

　　科学作为人的认识的一种重要手段和重要形式，第一，它坚信客观事物的独立存在。正像爱因斯坦那样，他坚信"有一个离开知觉主体而独立的外在世界，是一切自然科学的基础"②。第二，它必须承认（或假定）自然界是可以理解、可以认识的。不过，它在观察客观事物的视角方面，从古到今，是有很大变化的。古代科学从总体方面观察世界，但带有很大的模糊性、混沌性和思辨性。近代科学按系统分层次地研究问题，也就是分门别类地观察世界，从而使认识变得清晰，有条理，有逻辑性。科学取得了空前的成就，人对自然的认识得到深化。到 20 世纪，科学又重新重视从整体方面对自然进行考

---

① ［英］W. C. 丹皮尔：《科学史》，李珩译，张今校，商务印书馆 1979 年版，第 14 页。
② 《爱因斯坦文集》第 1 卷，商务印书馆 1976 年版，第 292 页。

察和研究。这是否定的否定，是在高层次上的复归。此时，科学是在对自然进行分门别类研究的基础上，开始形成一个多层次的、综合的统一整体。"一方面由于新的实验技术和巨大而精密的观察工具的产生，人的'视野'在微观和宏观两方面都扩大了 10 万倍以上，人的洞察力已经从大于 10^{-10} 米的原子集团深入小于 10^{-15} 米的基本粒子内部，人的眼界已经能从直径 10 万光年的银河系扩展到 200 亿光年的大宇宙；同时由于各门科学本身的深入发展，自然界从基本粒子、原子、分子，到细胞、生物个体，到地壳、天体、宇宙，所有的各个层次都得到了比较深入的了解。另一方面，由于交叉学科和边缘科学的大量兴起，各门科学之间的空隙逐渐得到填补，其中特别是分子生物学的出现，使物理科学和生命科学之间深邃的鸿沟开始消失。由此，自然界各个层次之间的过渡环节也开始逐一为人们所认识，整个自然科学正在形成一个前沿在不断扩大的多层次的、综合的统一整体。在技术领域中，随着电子技术的发展、电子计算机的发明，以及控制论、信息论、系统论的建立，综合性技术逐渐起着主导作用。同时，科学同技术的关系也日益密切，这突出地表现在：任何重大新技术的出现，不再来源于单纯经验性的创造发明，而来源于系统的综合的科学研究。"①

有些现代科学家为了探寻大自然的最终的统一的定律，还在对自然的各种力（自然的四种力，由强到弱的次序为：强核力、电磁力、弱核力、引力）的统一做不懈的研究。

知识的大综合，对科学的发展，是很有意义的。不同的孤立的概念由某一个伟大的科学家融合起来了，这时就会出现壮观的盛况。比如，牛顿创立天体演化学，麦克斯韦把光和电统

---

① 中国科学院自然科学史研究所近现代科学史研究室编著：《20 世纪科学技术简史》，科学出版社 1985 年版，第ⅳ—ⅴ页。

一起来，爱因斯坦把万有引力归结为空间和时间的一个共同特性，都是这样的情况。"一切迹象都说明，还会有这样一次综合。在这样一个综合中，相对论、量子论和波动力学可能会归入到某一个包罗万象的、统一的、单一的基本概念里去。"① 就是说，从 20 世纪以来，自然科学已逐步走上了综合的道路，强调用系统整体的眼光观察问题，研究问题，希望找到支配整个自然界的"总定律"（总规律）。

　　然而，正如《科学史》的作者所指出的，"物理科学似乎是至高无上的。但是……不论它有多么伟大的和不断增长的力量，它永远不可能反映存在的整体。科学可以越出自己的天然领域，对当代思想的某些别的领域以及神学家用来表示自己的信仰的某些教条，提出有益的批评。但是，要想观照生命，看到生命的整体，我们不但需要科学，而且需要伦理学、艺术和哲学；……"②

　　这就是说，要想使人的认识达到"大写真理"，不仅要依靠科学实践和科学理论的发展，而且还要依靠社会实践和哲学社会科学理论的发展。不仅要运用形而下学，还要运用形而上学。要把形而上学和形而下学的方法结合起来。因为，大写真理既不同于小写真理那样只是把客观世界的某个方面局域化、定格化，给以系统的观察、实验、研究，找到事物内部因子之间相互联系的规律，用某符号表示的公式、定律、法则等给以清晰说明；也不同于古代哲学那样总是用一些似是而非、模棱两可的概念，纯粹抽象地、思辨地表述对客观世界总体的看法。它应该是建立在小写真理基础上，既有古代哲学那种能用总体的统揽全局的眼界，又有现代哲学的系统整体观，来洞察

---

① ［英］W. C. 丹皮尔：《科学史》，李珩译，张今校，商务印书馆 1979 年版，第 21 页。
② 同上。

整个客观世界,用近、现代科学的眼光来透视客观世界内部的各种错综复杂的关系,通过理性梳理,找出其内在逻辑和规律性,并用清楚明白的方式来表示。在这个过程中,既有各种小写真理的互动、适应、协调,又有对客观事物的本然状态和应然状态的互动、协调。唯有如此,才能达到对整个世界总体的正确反映。所以,它既需要各种各样的科学方法(包括社会科学的方法),也需要各种各样的哲学方法;既需要形而下,也需要形而上。

总之,人们从小写真理引领科学实践和社会实践取得很大的成就中,认识到小写真理的重要性,为小写真理而欢呼,转变到对大写真理的需求、渴望和呼唤,其间经过了二三百年的过程。今天,科学家与哲学家,都在自觉与不自觉地开展对大写真理的探寻工作。这一探寻,或许又将是一个漫长过程。

(二) 大写真理的两个核心问题

1. 人在自然界的位置以及人类与宇宙万物的关系

大写真理是离不开人的。前面说的包罗万象的大千世界,其中包括着人类。如果离开人,谈什么"包罗万象"的世界,那是毫无意义的。那种离开了人的客观世界,对人来说,它的意义的确是无。所以,我们追求的大写真理是离不开人的,离不开人的视线和认识。但是,对人在这个大千世界中的位置和作用,正是大写真理所要解决的问题。正如赫胥黎在150多年前指出的,人类问题中最重要的问题,比所有其他问题都重要,而且比任何其他的问题都具有更深刻意义的问题,就是要确定人类在自然界的位置以及人类与宇宙万物的关系。

托马斯·亨利·赫胥黎(1825—1895),英国博物学家,达尔文主义的维护者和宣传者,1883—1885年任英国皇家学

会会长。1858 年达尔文的《物种起源》一书出版，赫胥黎给
以积极支持和宣传进化论；自称是"达尔文的随从"和达尔文
进化论的"总代理人"。

1863 年，赫胥黎出版《人类在自然界的位置》（亦称"论
人类与次于人的动物的关系"）一书。该书开宗明义指出：
"有关人类的许多问题之一，就是确定人类在自然界的位置和
人类与宇宙万物的关系，这个问题是其他一切问题的基础，比
其他问题具有更深刻的意义。"他接着说，"我们人类的种族是
从哪里来的？我们人类制服自然和自然制服我们人类的力量范
围有多大？我们人类要达到的最终目的又是什么？所有这些问
题一再出现在人们面前，并且对每个生长在世界上的人的重要
性丝毫未减。"他又说，"我们当中的多数人，在寻求这些问题
的新答案时遇到艰难和危险就退缩回来，而满足于避开这些问
题，或者使追究问题的精神窒息在受人推崇备至的传统说法的
安乐窝中。但是，每个时代总有一两个坚持不懈的志士，具有
天赋的创造能力，认定只有确定可靠的事实才能作为科学根
据，或者厌恶那种纯粹怀疑主义的论调，不愿走他们的前人和
同时代人所走的舒适的老路，不顾一切荆棘和障碍，迈开大步
走他们自己开拓的道路。"①

赫胥黎这里说的"有天赋"的"志士"，是指达尔文等进
化论者。他认为，怀疑论者们断言这些问题是无法解决的，或
者否认宇宙间的事物存在着任何有秩序的发展运动和支配规
律。而达尔文的进化论则有科学根据地来对这些问题做回答。
它既否定了这一切都是造物主事先安排好的，也否定了怀疑论
者认为这些问题是无法解决的，还反对那种认为宇宙间的事物

① 《西方名著入门》7《自然科学》，美国不列颠百科全书公司、中国商务印书馆 1995
年版，第 180 页。

运动没有任何秩序和规律可循的观点。

按照生物进化论，自然界自从产生生命体之后，她便永无止境地处在一个不断变化、演化、进化的过程之中，形成一个生生不息的壮丽过程。人也是生物进化的产物，是从次于人的动物经过漫长的演化而来的。而那些次于人的动物则又是从低于它们的生物演化来的。从人在自然界的生成来说，亦即从人是生物进化的产物来说，在这一点上，他和其他动物相比，是没有什么可以骄傲的，大家都是进化的产物，彼此的生成方式是相同或相似的。在这里，人类在自然界的位置和其他动物在自然界的位置是平等的。

赫胥黎并未否定人类的位置是在自然界的顶点。他说，谁都不能轻视或忽视人类与所有其他动物之间的巨大差别；没有一个人会轻视这个世界上唯一有理智的居民的现在的尊严和放弃对未来的希望。但这些差别主要不是身体构造与形态产生的结果，而是语言产生的结果。人类的大脑有可能产生语言，但大脑并不能保证做到这一点。一旦人类发明了语言，他就前进了一大步，而没有任何其他动物可以与他相提并论。

在人类语言是如何产生的问题上，赫胥黎似乎没有说清楚。是和他同时代的恩格斯在《劳动在从猿到人的转变中的作用》一文中说清楚了这个问题。恩格斯认为，语言是从劳动中并和劳动一起产生出来的。首先是劳动，然后是语言和劳动一起，成了两个主要的推动力，在它们的影响下，猿脑就逐渐地过渡到人脑。

由此可见，劳动、语言和人脑相互间是紧密相连的关系，是它们共同标志着人类的诞生；共同把人类与其他动物区别开来。知识的力量、善与恶的意识、人类感情中的怜悯之心，都是人脑的产物，都使人类超越于一切兽类的伙伴之上。

　　那么，到这时，能否说人类的位置，在实质上超出了自然界或在自然界之上呢？如果人类确实有一个位置，那么它是一种独特的位置而与其他所有生物的位置截然不同吗？特别是，即使人类在自然界有明确的位置，那么他是否还有一个超出自然界的位置？这些是赫胥黎提出的一部分重要问题。还有，前面提到的"我们人类制服自然和自然制服我们人类的力量范围有多大？我们人类要达到的最终目的又是什么？"

　　这些问题，是赫胥黎在历史的关键时期提出来的。这时，科学、工业、社会各个方面，都取得了空前的成就，并以前所未有的速度前进。在成就面前，有些人的头脑已经有点热。赫胥黎提出这些问题，是先进人士理智的表现。和恩格斯告诫人们在自然界面前取得一点"胜利"不要骄傲的意义是一样的。赫胥黎说，大自然似已预见到人类的傲慢，已严肃地做了布置，给人以理智，使他在得意忘形的时候意识到自己并不比他的奴隶们高出多少。可是，在赫胥黎说完这话以后的150多年里，人类依然傲慢，以致使社会走上不可持续的道路。其中最根本的原因，就是人们没有理解赫胥黎提出的所有这些问题，没有摆正人类在自然界的位置，没有处理好人类与宇宙万物的关系。所以，这些问题对今天的人们来说，仍然很有意义。

　　阿尔·戈尔在谈到全球生态危机及解救之方时指出，"说到底，那就是要追问我们人类文明的本性及其与全球环境的关系。"他说，"文明的大厦变得这样复杂，令人瞠目结舌。然而在它变得日趋精巧的同时，我们也感到愈来愈远离扎在土地里的根系。在某种意义上，文明自身从它自然世界的基地出发，行往一个我们自己设计的世界；我们的设计有时太过狂妄，而这样设计出来的世界也愈来愈充满计划、控制、制造。在我看来，我们为此付出了极高的代价。在中途上的某一点，我们失去了与自然的其余部分的联系感。"接着，他说，"我们现在倒是该问一问：我们真的这么独特这么强大，乃至于我们从根本上可以和地球分离吗？"① 很明显，戈尔这里的问题，和当年赫胥黎的问题，骨子里是一样的。戈尔认为，从很多人的做法或想法来看，答案似乎是可以。因为很多人现在只把地球看作一堆"资源"，除了眼下用处，别无内在价值。这种看法和做法，一方面表现出了人类盲目的骄傲；另一方面，他搞不好和其他万物的关系，是可想而知的。破坏地球的生态环境，制造不可持续发展，乃是必然的。因而，要解决生态问题，解决人类的困境，首先必须解决好人类与地球的关系，摆正人类在世界的位置。

所以，为了探寻大写真理，进一步为人类的可持续发展提供坚实的哲学支撑，重新认真思考赫胥黎 150 年前提出的这些问题，是十分必要的。今天，我们知道，人类因为有语言、有智慧、会劳动，和客观世界不仅能进行物质和能量的交换，还能接受和捕捉客观世界的信息，并对这些信息进行解读、加工和运用，一句话，不仅能认识世界，还能有目的地改变世界，这样便使他超越了其他一切生物，使他在自然界的位置上升为顶点。但是，他仍然是自然界的一员。他的位置虽处于自然界的顶层，但他并没有超出自然界，更没有在自然界之上。所以，他还受自然界规律的支配。他的智慧和高明，不在不守自然界的规矩，和规律对抗，而在于能认识这些规律，尊崇自然界的规律。同时，人类的智慧使人类成为万物之灵。但是万物之灵，并不是万物之主。所以，人类应该尊重自然万物，学会和万物和谐相处。而且，人为万物之灵，是就人的综合素质与

---

① ［美］阿·戈尔：《濒临失衡的地球》，陈嘉映等译，中央编译出版社 1997 年版，第13 页。

能力而说的；如果就单项素质或能力来说，人比不上许多物种。比如，嗅觉不如狗，视力不如鹰，繁殖能力不如微生物，等等。某些病菌、病毒，在一定条件下，甚至可以置人于死地。所以，人对其他物种，亦应保持敬畏之心。人在自然界有他特有的位置，但和其他生物在自然界的位置，又并非绝对的截然的不同。

人为万物之灵，表明人有智慧，有能动性；他对包括自己在内的大千世界应该看得更远、更深、更透；他能为自己自由自在的美好未来描绘蓝图，并为它的实现而奋斗不息。但人绝不要想入非非，想超出自然界。想使自己的位置超出自然界，不按自然界的规矩（法则、规律）办事，是注定要失败的。人的位置，不可能超出自然界，更不可能在自然界之上，只能在自然界之中。

总之，弄清楚人类在自然界的位置以及人类与宇宙万物的关系，是人类问题中最重要的问题，因而也是有关人类命运的可持续发展问题中的最重要的问题。所以，它便成为引领人类前行的大写真理的核心问题之一。

2. 自然界支配世界的方式

作为正确反映整个大千世界及其规律的大写真理，不仅要正确解读作为认识和实践主体的人类，在这个大千世界中的位置以及他与其他万物的关系，而且还要能正确解读自然界这个最大客体的内在规律以及它支配整个世界的方式。

探索自然界支配世界的方式，人类认识世界的这个任务，最早是由法拉第提出的。

迈克尔·法拉第，英国物理学家、化学家。他一生中，尤其在电磁学领域，有许多科学发现和科学发明。因而，被誉为19世纪最伟大的科学家。他没有受过专门教育，早年做过书籍装订工。但他是一个思想渊博的人。他不但对自然界的事物善于和勤于观察和思考，而且很善于用哲学思维来观察自然，思考自然。他很喜欢"自然哲学家"这个称呼，并始终使用它；而不喜欢近代术语"物理学家"。

首先他认为，宇宙是可以理解的。事实都具有含义，但它们并不是令人琢磨不透的谜。他认为世间万物能够相互适应，和谐共存。他说，"大自然相辅相成的共存规律就如此：对甲有害的东西，对乙来说恰恰是极为宝贵和必不可少的。因此，我们在日常生活中，不但需要彼此支援，相互帮助，同时还有赖于整个生物界的大力配合。"①

法拉第在《蜡烛的进化史》讲座中说："黄澄澄的金子，白花花的银子，很好看，大家都见过，红玉和金刚钻之类的名贵宝石，显得更加耀眼，大家也见过。可是这些东西，都比不上火焰的明亮和美丽。"

火之所以神圣，不仅因为它赋予我们控制大自然的力量，同时还因为它是理解的象征——它能散发出光芒。法拉第不仅认为烛光是美丽的，甚至认为燃烧的蜡烛所代表的事物也是美丽的。因为"所有支配大地万物的法则和定律，在烛焰的各种现象里都有所引用，都一一涉及了"。表明世间万物是相互融通的，能够相互适应。

对于法拉第来说，烛焰所具有的绝不仅仅是物理学上的含义。对火的研究使我们了解到，世上一切生物都是相互依存的。火焰本身就是一种有生命力的东西，"它能迸发出相当奇妙的生命能量"。更有甚者，我们的呼吸也是一种火。空气与我们肺中的血液发生反应，"所生成的产物与蜡烛燃烧后得出

---

① 《西方名著入门》7《自然科学》，美国不列颠百科全书公司、中国商务印书馆1995年版，第402—403页。

的产物完全相同"。最后，我们把碳酸（亦称二氧化碳）呼出体外，它混入空气中，"成为维系地球表面植物和蔬菜生长的关键之物"，而这些植物和蔬菜，反过来又可以生成人所需要的氧。[①]

这里，不想也没有能力来全面阐述法拉第的哲学思想。只是想说明，在法拉第的科学研究中，的确是处处闪耀着他哲学思维的光芒。他提出"探索自然界支配世界的方式"这样具有哲学意蕴的课题，绝不是偶然的。他在给友人的一封信中说："我原先是个书商和装订工，但现在转而成为自然哲学家（法拉第很喜欢这个词并始终用它；他极不喜欢近代术语'物理学家'——原书注），事情经过是这样的：我当学徒的时候，作为消遣学过一点化学和其它自然科学，并热切希望沿着这个方向继续下去。我在当了六个月雇工之后，未经雇主同意而辞了职。由于 H. 戴维爵士的关心，我在大不列颠皇家研究院谋得了化学助理的职位，直到现在。"他接着说："我不断忙于观察自然界的事物，探索自然界支配世界秩序及布局的方式。"[②]

这里我们可以知道，"观察自然界的事物，探索自然界支配世界秩序及布局的方式"，是法拉第给自己制定的任务和目标。不过，我们也可以认为，这是他给自然科学研究和哲学认识论研究提出的一个重大课题。这是一个很有洞见的课题。因为它给自然科学研究指明了总任务和总目标；同时，这也应该是哲学尤其是认识论研究的任务和目标。自然科学归根到底，不就是要从各个层面、各个视角来探索自然界的"秩序"、"规律"吗？！这是人们较为普遍的看法。但法拉第认为，作为

[①] 《西方名著入门》7《自然科学》，美国不列颠百科全书公司、中国商务印书馆 1995年版，第 402—403 页。

[②] 同上书，第 10 页。

自然科学，仅知道自然界自身的秩序、规律等，还是不够的。还应通过这些"秩序"、"规律"，进一步懂得它们是如何支配世界（包括自然界和人类社会）的秩序及布局的。再深入一步，就是要弄清自然界支配世界秩序及布局的方式，即自然界是以怎样的方式来实现对世界秩序及布局的支配的。这样，才能把自然界、自然科学和人类及人类社会，联结到一起，结合到一起。弄清楚自然界和人类社会结合的机制，弄清楚自然界支配世界秩序及布局的方式，这才是研究自然科学的真正目标和任务。

"探索自然界支配世界秩序及布局的方式"，是一个很伟大的课题。说它伟大，是因为这个课题的实质，是要探索包括自然界和人类社会在内的整个世界的总规律。在"自然界支配世界秩序及布局的方式"这个命题里，自然界是主导的一方；是自然界支配世界，而不是世界支配自然界。自然界支配世界什么？即自然界支配世界哪些方面？这里说的是"秩序及布局"。就是说，我们要探索的并不是自然界支配世界的随随便便的哪个方面，而是指带有本质意义、全局意义的秩序及布局。而且，也还不是要直接探索被自然界支配的"世界秩序及布局"自身，而是要探索在发挥"支配"作用背后的具有普遍性和规律性的"方式"。所以，"探索自然界支配世界秩序及布局的方式"，它的实质就是要探索自然界支配世界的规律；或者说，是要探索包括自然界和人类社会在内的整个世界的总规律。这自然是有深远意义的重大课题。

关于自然界支配世界的问题，是一个十分重要而有意义的问题。因为，无论在法拉第以前，还是在法拉第以后，对于"到底是自然界支配世界还是世界支配自然界？"的问题，一直存有争议。当然这里说的"世界"，主要是指人类和人类社会。

因为整个世界，除去自然界之外，就是人类及其社会了。所以，实际的问题便是：是自然界支配人类及其社会，还是人类支配自然界？有一种看法认为，自从人类及其社会诞生以后，人类是整个自然界的最顶层，同时，他改变了自然界，使整个自然界的面貌一新。所以，人类是自然界的主人，是人类支配着世界（其中包括自然界）。法拉第显然是不赞同这种看法的，他认为，是自然界支配着世界。不过，我们需要探寻这种支配的方式。

　　"自然界支配着世界"，这一判断的真理性，是一目了然的。第一，人类生存和生活的基本条件，是由自然界提供的。人类生活中的衣、食、住、行等最基本的物质活动的物质基础，都来自于自然界。甚至连人一刻也不能停止的呼吸活动，也必须依赖和自然环境一刻不停地进行着氧和二氧化碳的交换运动。依靠环境提供氧，又依靠环境接受二氧化碳。就是说，离开自然界，就没有了人类生存和生活所必需的、必不可少的最基本的条件，自然也就没有了人类。在这里，到底是谁决定着谁，不是很清楚吗！第二，人类自诞生以后，人类社会在整个世界的大系统中形成一个具有新质的系统，有它特有的变化发展规律；同时，经过人类能动的实践活动，自然界的面貌也确实发生了前所未有的变化。但是，人类所有的活动只是在遵循自然界基本规律的范围内，才能取得成功；否则定会受到惩罚。人类活动违背自然规律而受到自然界惩罚的事例，不胜枚举。就是说，人类的活动，不管你有多么大的能动性，它的成败仍然是由（是否按照）自然界的规律决定的。同时，人类社会的规律，也是以自然界的规律为基础的。比如，社会存在决定社会意识的规律，便是建立在自然界中"物质先于意识，物质产生意识，意识反映物质"规律的基础上的。第三，人类改变世界取得的成就再大，但那种改变对于整个自然界来说，还只是冰山一角。同时，即使今天的科技如此发达，但从总体上说，人类仍然是"靠天吃饭"。人类改变世界的活动数千年，特别是近300年，的确取得了辉煌成就。人不仅可以"叫高山低头，叫河水让路"；而且，向外可以飞上太空，飞到月球的"广寒宫"，探测器可以飞抵火星；向内，深海探测船可以潜入海洋深处5000—7000米，可以到达"龙王庙"。今天，人类的足迹几乎遍布地球的绝大部分地区。即便如此，大自然被人类改变的部分和没有被改变的部分相比，还只占很小的比例。而且，很多地方，比如海洋深处，虽然人迹已至，但只是"走马观花"；根本谈不上什么"改变"。今天的科学技术虽然如此发达，但对于较大的天灾，人类仍然束手无策，也无法躲避。不要说海啸、地震、火山爆发、山体位移、山体滑坡、泥石流、龙卷风、雪崩、洪水泛滥等突发性的灾害，就是一些经常遇到的水、旱灾害，农业生产也常常轻则减产，重则颗粒无收。所以，农业生产者最最期盼的是风调雨顺；这也就是"靠天吃饭"。在自然灾害面前，人的力量，往往显得很渺小。几十颗原子弹的能量，比不上一次地震或一次火山爆发释放出的能量。一场地震或一场海啸，在短短数分钟内，可以吞噬掉数十万人的生命。在这里不难看出，世界的秩序及布局是由自然界支配的。

人的力量在自然界面前，虽然显得很渺小，但在局部范围内，它对世界秩序及布局的搅和作用，却又是不能轻视的。好好的天然森林和热带雨林，人为了某种需要，可以把它砍伐掉；好好的大江大河，人为了搞水力发电，可以拦截筑起大坝，不让河水自然流淌。等等。不一而足。不过，人对自然界的"胜利"，差不多每一次都遭到自然界的报复。人在这里总是成为"悲剧英雄"。"美国学者米克尔在《生存的喜剧》一书中指出，我们的文明是作为悲剧在与环境无终止的冲突中发展起来的。在这里人作为悲剧英雄处于与自然力的冲突中，但自然力比悲剧英雄更强有力。这样，人就陷入自己制造的悲剧之中了"。[①] 这也许算是自然界支配世界秩序及布局的一种方式。除了人为引起自然界对世界的支配方式以外，自然界支配世界还有哪些方式？海啸、地震等是一种什么样的支配方式？风调雨顺又是一种什么样的支配方式？而且，人的活动引起自然界的"报复"是一种方式，但没有引起报复的，又有哪些方式？特别是产生这些方式背后的原因是什么？我们应该也必须要弄清楚它们的因果关系。在这里，当然不是要停止人根据自己的需要，改变或改造自然界的活动。这种活动一停止，人类一天也无法生存。这里所要强调的是，人的活动应在世界运行的总规律的基础上或范围内进行，不能违背这个总规律（亦即大写真理）。人应该不断审视自己的"需要"，不断观察自己的活动对自然界支配世界方式的影响，从而调整自己活动的方式方法，使人的活动方式和自然界支配世界的方式相协调。这就是说，人对大写真理的探寻以及在大写真理引领下的活动，是一个过程，而且是一个无终止的过程。不存在静止的、终极的"大写真理"，也不存在固有的、冷峻的自然界支配世界的方式。所谓自然界支配世界的方式，我们应把它理解为，是以自然界的客观规律为底线的人与自然界的互动关系。这些关系有哪些特点？有哪些类型？其中哪些"秩序及布局"是最符合人类整体和长远利益的？都是在探寻自然界支配世界的方式中所要解决的。所以，探索自然界支配世界秩序及布局的方式，是

---

① 转引自余谋昌、王兴成《全球研究及其哲学思考》，中共中央党校出版社 1995 年版，第 184 页。

一个有着丰富内容而又很重要的问题。

在这里，法拉第说的"探索自然界支配世界秩序及布局的方式"和前面所引赫胥黎说的"确定人类在自然界的位置和人类与宇宙万物的关系"，是相辅相成的两个命题。在这两个命题中，用词和词义稍有不同。赫胥黎所说的"自然界"是包括自然界和人类社会在一起的；和法拉第的"世界"相当。而法拉第说的"自然界"就是指自然界自己，是不包括人类社会的。赫胥黎强调的是只有摆正人类在世界的位置，才能正确解决包括人类在内的整个世界的问题。法拉第则强调了弄清楚自然界支配世界秩序及布局的方式，对解决整个世界问题的至关重要性。就是说，在由自然界和人类社会组成的整个世界中，一个是着眼于和强调人类的一方，另一个则是着眼于和强调自然界的一方。所以，它们是相辅相成、相互补充的关系。不过，应该指出，赫胥黎在强调人类时，并没有忘记自然界；同样，法拉第在强调自然界时，也没有忘记人类社会。这就表现出了大科学家的思维的周密。

总之，摆正人在世界中的位置和弄清自然界支配世界的方式，是"大写真理"的两个核心问题。把这两个问题解决了，也就掌握了整个世界运行的总规律；亦即掌握了自然界、人、社会三者互动关系的总规律；也就是掌握了"大写真理"。自然界、人、社会三者的关系，并不是固定不变的，而是处于不断变化之中的，是一种动态关系。其中任何一方的变化，都会引起三者关系的变动。在这里的所谓总规律，实际便是指三者在各自运动的基础上，达到的相互间最适应、最协调、最和谐的那种关系。因为，在这种关系里，它既反映了人和人类社会变化发展中本然状态和应然诉求的统一，也反映了自然界支配世界秩序及布局的方式。因而，只有这种关系，才是真正符合人类整体和长远利益的，也才能保持社会持续发展。

有了对"大写真理"的认识、估量和追求，这样就不至于把"小写真理"误认为是真理的全部，把"小写真理"捧到天上，以致把人类的实践引领到片面发展的邪路上去。因而，也就能够从人的思维认识的指导思想（是"小写真理"，还是"大写真理"）方面，解决好社会的不可持续发展的问题，从而走上可持续发展的康庄大道。

（三）世界的时空格局为人类未来提供了充足条件

1. 人类命运的含义

人类的未来是和人类命运捆绑在一起的。在谈论人类未来之前，先把人类命运的含义说清楚，是很有必要的。

在哲学史尤其是中国哲学史上，谈论"命运"问题的哲学家不少。比如，中国先秦时代，孔子、孟子、荀子、庄子、墨子，东汉的王充，北宋的程颢，明清之际的王夫之等哲学家，都谈论过"命运"或"命"的问题。都谈论过人的寿夭贵贱、吉凶祸福等人生际遇的问题。但他们谈论的视角或立足点或强调的方面，并不完全相同。主要是在：命运是不是完全先定的？命运是否等同于人生际遇中的必然性？人在命运面前还有没有作为？有什么样的作为？在命运面前，人还有没有主观能动性？命和运有没有区别？在这些问题上，大家的看法是不尽相同，甚至对立的。一些人认为，命运是先定的，是指人生际遇的必然性。"生死有命，富贵在天"。命运是一种不可抗拒的力量，人对其无可奈何。所以，人在命运面前，只能顺其自然，安之若素。但另一种看法认为，命与运是有不同的。命是指人出生时业已注定的寿夭贵贱，运则指人生历程中的吉凶祸福。就是说，命是先定的，而运则是后天的际遇。人在命运面前，并非是无能为力的。人可以"知命"（孔子），"立命"、"正命"（孟子），"制天命"（荀子），"我命在我，不在天地"（老子），墨子也明确主张"非命"，反对听任命运摆布而无所作为。等等。所以，在哲学史上，对命运问题有不同的看法和不同的态度。

中国现当代哲学家、哲学史家冯友兰（1895—1990）1942年发表一篇《论命运》的文章。文章有独到之处，这里稍加介绍。文章说："世上有许多所谓'大哲学家'也谈命运，不过他们所谈的命运是指'先定'，既有'先定'，就有人要'先知'它，以便从中获利。……其实'先定'是没有的，即使有，也无用先知。如果有先定的命，命中注定你将来要发财，到时自然会发财；命定你要做官，将来自然做官；命定了将来要讨饭，自然要讨饭。先知了也不能更改，不能转变，又何必预先知道呢！"冯说："我说的'命运'和他们所说的不同。……孟子说：'莫之为而为者，天也。莫之致而至者，命也。'荀子说：'节遇之谓命。'我说的'命'就是他们所说的'命'。'莫之致而至'是不想他来而来；'节遇'是无意中的遭遇，这才是'命运'的真意。所以'命运'的定义就可以说是一个人无意中的遭遇。"

在命和运有否差别的问题上，文章认为"命和运不同：运是一个人在某一时期的遭遇，命是一个人在一生中的遭遇"。

在人能否战胜命运的问题上，文章说，"普通所谓努力能战胜'命运'，我以为这个'命运'是指环境而言。环境是努力可以战胜的，至于'命运'，照定义讲，人力不能战胜，否则就不成其为'命运'。……努力而不能战胜的遭遇才是命运。"

接着，文章说，"人生所能有的成就有三：学问，事功，道德，即古人所谓立言、立功、立德。而所以成功的要素亦有三：才、命、力，即天资、命运、努力。学问的成就需要才的成分大，事功的成就需要命运的成分大，道德的成就需要努力的成分大。……所以学问的成就需要才，事功的成就需要幸运的遭遇，道德的成就只要努力"。①

以上介绍的，从先秦的哲学家到现当代哲学家冯友兰，他们所讲的命运，都是关于人生际遇中的吉凶祸福、寿夭贵贱方面的遭遇问题，而且这些遭遇都是指个人的人生际遇。

本章所要谈的是"人类命运"。这里说的命运，不是指个人的人生际遇中的遭遇问题；而是指整个人类在生存发展过程中的遭遇问题。但作为"命运"，它们有共同的地方，即都是指过程中发生的事，或通过过程方能显现出的事；都是指带有突发性、偶然性、不可预测或无法预测事件背后的原因；这些事件都带有"好与不好"两个方面的可能性。它们不同的地方，除了上面说的命运的主体不同，一个是对个人主体来说的，另一个是对人的"类"主体来说的。除此之外，它们的内涵也不尽相同。个人的命运是指一个人在他的一生中所遇到的吉凶祸福、寿夭贵贱的问题；人类的命运则是指人类在生存和发展过程中顺利不顺利、顺畅不顺畅、自由不自由、幸福不幸福方面的问题，是关于人类社会可持续发展还是注定要走向自我毁灭的问题。个人命运与自然环境似乎没有太大关系，而人类命运则和自然环境的关系极大。个人命运作为一种"命定"（实际是不存在的）是和必然性等同的，而且是先定的，即使是人生际遇中一种偶发式的事件，也是命里注定的；人类命运则是人类生存发展中必然性和偶然性的统一。对于不可超越世界总规律，亦即必须遵循"大写真理"来说，人类的命运是必

---

① 转引自叶朗选编《文章选读》，华文出版社 2012 年版，第 142—144 页。

然的。但是，由于各种原因，人的行动不可能百分之百精准地符合世界的总规律；而总是围绕着"总规律"跳动，有时还离"总规律"很远。这里就有偶然性在起作用。所以，在人类生存发展中不存在单一的必然性；人类的发展总是实现于必然性和偶然性的统一。个人命运是无法抗拒的，只能承认"老天不长眼"、"老天不公平"、"人的命天注定"、"听天由命"吧！人类命运则掌握在人类自己手里，"我的命我做主"，人在规律面前并非是无能为力的，而是可以发挥人特有的能动性的。所以，人类命运是人类生存发展中的规律性与人的主观能动性的统一。

总之，"人类命运"这个概念，表明人类的生存和发展是一个过程。这个过程并非是一帆风顺、一条直线似的上升过程，而是一个曲折的、有时还有很大起伏性的、有许多复杂环节的过程。过程的顺与不顺，除了自然界不可抗拒的作用以外，人类自身的活动起着很大作用。在这里，必然性和偶然性、客观规律性和人的主观能动性，都在发挥着作用。人越能认清自然界支配世界秩序及布局的方式，摆正人自身在世界的位置，处理好人和其他万物的关系，认清人自己的活动对世界的影响，就越能掌握人类自己的命运。在面对自然力和人为引起的自然"报复"面前，我们应该把自己看成和打造成人类命运共同体。只有这样，才能以正能量影响人类的未来。

2. 人类发展的空间

世界上不存在脱离物质的空间和时间，也不存在脱离空间和时间的物质。同样，人类的生存和发展，一刻也不能脱离空间和时间。前面我们所讲的环境恶化、生态破坏，都是指人类在发展的长过程中，在特定的空间和时间里发生的情况。也就是说，人类对生态环境的破坏，实质便是对自己生存空间的糟蹂和破坏。当前其破坏的严重性达到"人类自己可以毁灭自己"的程度。那么，在这种情况下，人类的生存是否还有转圜的余地？发展是否还有空间呢？从唯物辩证法的观点看，从真理过程的观点看，回答是肯定的。

第一，"人类始终只提出自己能够解决的任务，因为只要仔细考察就可以发现，任务本身，只有在解决它的物质条件已经存在或者至少是在生成过程中的时候，才会产生"①。就是说，当代人类生态环境严重破坏问题的提出，已包含了解决该问题的物质条件，至少这种条件已在生成过程中。因为，人们对一个问题的提出，便意味着围绕这个问题，人的认识有了一个巨大的飞跃。有了问题，而不能认识或不被认识，那才是真正可怕的。比如，某个人得了不治之症，没有被发现，还自我感觉良好。这是最可怕的。因为等你感到不舒服的时候，往往就晚了。所以要通过体检，提早发现身体里隐藏的疾病。世界上并不存在什么"不治之症"，只有暂时未被认识之症；一旦认识了，就是可以医治的了。社会作为有机体，和每个人一样，一生中总会遇到灾难、疾病等的折磨，不可能一帆风顺。这是命运注定的。和人体一样，社会的疾病，也需要及时发现。发现了，就能被救治。"发现"可以说是救治的开始。如今可持续发展问题的提出，就是对人类生态环境被严重破坏"疾病"医治的开始。诚然，这里还有漫长的路要走。一是对此问题还没有足够的重视；二是大家的认识还不一致；三是真正的原因，也许还没有抓住；四是应对的方法涉及各方（民族、国家、地区、利益集团）的现实利益需要协调。但不管怎样，问题已被提出，就是解决问题的开始。

① 《马克思恩格斯选集》第2卷，人民出版社1995年版，第33页。

第二，当前人类生存的空间虽然被严重地污染了，糟蹋了，破坏了，但是还有许多"处女地"可供开发利用。已被严重地污染、糟蹋、破坏了的空间，是指"属人"的空间，即进入了人的认识和实践领域的空间；而不是指整个自然空间。按照唯物辩证法的观点，整个自然的空间是无限的，或者按照现代科学的说法，叫作"有边无界"。就是说，"属人"的空间，即已经进入了人的认识和实践领域（特别是能被人类活动改变）的空间，只是自然空间（包括地球以外的星球）的一部分，甚至是很小的一部分。就拿目前人类居住的地球来说，地球总面积约51000万平方公里，其中大部分是海洋。海洋总面积为36100万平方公里，陆地的总面积为14900万平方公里（其中包括1000万平方公里的岛屿）。就是说，地球表面七分是水，三分是陆。海面大于陆面。目前人类开发利用的绝大部分是在陆面，因而环境污染问题也主要发生在地球的陆面及陆面边缘区域。然而，21世纪，人类进入了大规模开发利用海洋的时期，探索、开发、利用和保护海洋，便成为当代人的共同责任。

占地球总面积70.8%的海洋，随着海洋底部石油和天然气等的开发、海洋运输的排泄物及事故造成的污染、沿岸陆地污染物的排放等造成的海洋环境污染外，相比较而言，就整个地球来说，海洋比陆地，还是比较干净，污染比较少，生态破坏更小的一个地区。就是说，海洋还是一个可供人类开发利用的巨大空间。这里包括海水、溶解和悬浮于水中的物质、海底沉积物，以及生活于海洋中的生物。根据海底地形特点，可把海底分为大陆架、大陆坡、大洋盆地和海沟四种地形区域。据目前已经知道的，在大陆架储藏着石油、天然气，还有各种矿藏；海水中有盐、鱼、贝等资源，并可提供航行（这是古代人便已知道，并已被开发利用）；如今知道海洋还可用来发电和养殖；海洋中富含超过 5000 种形态各异的浮游植物，它们构成了海洋食物链的底端，为单细胞生物、鱼类和鲸等提供营养。通过光合作用，这些微小的有机体提供了世界上超过一半的氧气，等等。目前已有科学家设想：利用海洋微生物建立气候变化模型。就是说，目前我们已经感知到的，海洋将为人类的生存，提供可观的发展空间。

以上是就我们已经认识或开始认识的海洋来说的，海洋还有许多方面没有被我们认识，甚至都没有进入我们的视线。正像雷切尔·卡森在《我们周围的大海》一书中所说的，"幽灵似的海底"，"这个区域具有比其他区域更加难以破译的秘密"。人们认为，我们对于太空深处的了解，较之对我们这颗行星的海洋深处，有更多的了解。为什么会是这样还不完全清楚。被卡森小姐论及的"漫漫长夜"——深海中的黑暗，可能是问题的关键所在。她说，人类与其说是陆地动物，还不如说是阳光下的动物。或许可以这样认为，黑暗的深海，对于"阳光下的动物"人来说，还比较陌生。它的许多秘密，还有待我们去揭示。比如，美国科学家最近发现，地球内部可能存在一个"隐藏的海洋"，它的水量相当于地表海洋总水量的三倍。它位于地球内部 410 公里至 600 公里深处的上下地幔过渡带。其水分子并不是液态、气态或固态，而是以水分子的形式存在于一种名为林伍德石的蓝色岩石中。这当然有待进一步证实。总的说，海洋"龙宫"还没有被打开；打开以后，也许（应该说是肯定）可以为我们提供另一个新天地。那里的表面积就比地球陆面大一倍，空间很宽敞。在那里有山有水有风光，有动物有植物有矿藏。到那里，人们喜欢的不是喧闹的城市，而是静谧的富有诗意的庄园。社会的目标不是城镇化，而是农村化田园化（当然，这是在更高层次上的"回归"）。到那时，人类不仅是"阳光下的动物"，而且是名副其实的"陆地和海洋的两栖动物"。一言以蔽之，神秘的广阔的海洋，为人类将来的发展预留了一片可供开发的空间。

第三，科学发现和科学创新，为人类发展创造空间。实际上，世界上的许多事物，在人没有认识它之前，它对人来说是零。一旦认识了它，它就为人的生存提供了一片发展空间。比如，电、电子、电磁，在人没有发现和认识它之前，它已存在，但对人的意义是零。在法拉第（以及他以前的科学家）发现了它以后，便逐渐地为人类的发展开辟了一个广阔空间——电的时代空间。又比如，既不是物质也不是能量，然而又和物质与能量休戚相关的"信息"，虽然客观地存在着，过去，人们也在自发地或本能地通过人体的器官接受、加工、传递、运用它，但在被人科学地认识之前，它的运用范围是有很大局限性的。直到 20 世纪 50 年代，信息才被人们作为一种科学对象来研究；此后又与控制论、系统论的研究结伴而行，相互交叉，相互促进。如今，捕捉信息、掌握信息、加工信息、运用信息，已成为人们生活中完全自觉的不可或缺的行动。掌握和运用信息，成为人们生活的组成部分。今天的社会，就是一个信息社会。信息为人类社会发展带来了巨大的空间。再如，目前正被认识、采用、开采的"清洁能源"，对人类社会来说，就是一个发展新空间。

可见，科学发现和科学（这里"科学"二字很重要；而且，它不是符合部分人的而是符合全人类的需要的）创新，实际是在为人类社会发展空间开辟道路。所以，人类的未来发展，要向科学发现和科学创新要空间。在这方面有很大的潜力（包括"飞出地球去"）。就是说，人类社会发展的空间相当广阔。

第四，人类对环境的适应本能和能力，为人类发展扩展了空间。人类对自然环境适应的能力越强，可供他生存的空间就越大；反之，适应的能力越弱，可供生存的空间就越窄。一个既能在寒带生活又能在热带生活的人的生存空间，比一个只能在温带生活的人的生存空间要大得多。这是连小孩子都能知道的。因为前者对温度的适应能力强，后者的适应能力弱。后者只能在不冷不热的地方生存；前者除了能在不冷不热的地方生存，还可在冷一点的地方和热一点的地方生存。自然，前者可生存的地方就大多了。人类和其他动物相比，人类对自然环境的适应能力要大得多。恩格斯曾经说过这样一段话："正如人学会吃一切可以吃的东西一样，人也学会了在任何气候下生活。人分布在所有可居住的地面上，人是唯一能独立自主地这样做的动物。其他的动物，虽然也习惯于各种气候，但这不是独立自主的行为，而只是跟着人学会这样做的，例如家畜和为害的小动物就是这样。"① 人在这里的独立自主性，不仅表现在人可以主动地迁移自己的居住地，更重要的还表现在人可以改变自然，使其与自己的适应能力相匹配。比如，为了防寒避暑，人们可以盖冬暖夏凉的房子，可以制造冬暖夏凉的衣裳。人的这种能力，随着人的认识的提高和科学的发展而不断提高和延伸。这便为人的生存发展，扩大了空间。

以上是就人们通常理解的"空间"来说的。

此外，从科学理论（主要是量子力学多世界解释理论）上讲，从可能的数学模型和逻辑推理上讲，除了存在三维空间、四维空间之外，理论上还有五维空间、六维空间、七维……并

---

① 《马克思恩格斯选集》第 4 卷，人民出版社 1995 年版，第 380 页。

认为整个宇宙是十一维的。但这些理论和模型，都处于探讨之中，还有待理论和观测实践的进一步检验。然而，作为科学探索又是很有意义的。有些科学成就，在刚刚提出设想被探索时，似乎是天方夜谭；而等到各方面的条件成熟时，它便变为现实。今天人们对多维空间的研究，为人类今后（可能是一个漫长历史以后）的生存和进一步发展，提供一个别开生面的崭新空间也是完全可能的。

总之，我们不能因为在发展过程中，严重地破坏了人类赖以生存的生态空间（环境）而气馁。我们需要反思、沉思，吸取教训；而不可一蹶不振，没有信心。我们要看到前面还有广阔的发展空间。当然，我们在开发利用新的空间时，必须警惕把现有的错误模式、错误方法带到那里去。我们不能把海洋当作另一片陆地来对待（现在已有那种错误的苗头）。我们要用新的理念、新的发展模式、新的实践方法，来开发利用新的空间。

3. 珍惜宝贵的时间

第一，时间是事物发展的基本条件。恩格斯曾经批判"黑格尔把发展是在空间以内、但在时间（这是一切发展的基本条件）以外发生的这种谬论强加于自然界"。恩格斯说，机械唯物主义"第二个特有的局限性在于：它不能把世界理解为一种过程，理解为一种处在不断的历史发展中的物质。这是同当时的自然科学状况以及与此相联系的形而上学的即反辩证法的哲学思维方法相适应的。人们已经知道，自然界处在永恒的运动中。但是根据当时的想法，这种运动是永远绕着一个圆圈旋转，因而始终不会前进；它总是产生同一结果。……因此，对自然界的非历史观点是不可避免的"。"在黑格尔看来，自然界只是观念的'外化'，它不能在时间上发展，只能在空间扩展自己的多样性，因此，它把自己包含的一切发展阶段同时地、并列地展示出来，并且注定永远重复始终是同一的过程。"①

在恩格斯看来，时间是一切事物发展的基本条件。一切发展不仅表现在空间的扩展，也表现在时间的推移，表现在历史发展的过程中。地质学、胚胎学、植物和动物生理学等等的建立，都论证了自然界的历史发展过程。不仅自然界是在时间中发展的，人类社会也是经过时间历史地发展的。

诚然，人类的生存发展不能没有一定的空间，但也不能脱离开时间。按照辩证唯物主义哲学的时空观，空间和时间是物质的存在形式。现代科学也论证了这一原理。它意味着空间、时间和物质三者，是一体而不可分离的。世界上既不存在没空间和时间的物质，也不存在没有时间和物质的空间，也不存在没有空间和物质的时间。自然，人类的生存发展，既离不开空间，也离不开时间。

第二，时间的一维性和单向性特点。爱因斯坦说，"大自然扑朔迷离，但没有恶意。"我想，这种扑朔迷离的景象，很大部分是由事物的空间、时间以及空间和时间的匹配造成的。我们的感官直接感知的空间是三维（长、宽、高）的。但还有四维的时空，还有五维（虽然它不能稳定存在）、六维乃至多维的空间。而时间却只有一维。时间，不但是一维的，而且是单向的。即时间的箭头始终是朝着一个方向的。时间是不可逆的。生物进化的不可逆性正是时间不可逆性的表现。正如诺贝尔奖获得者卢利亚所说，"进化，一如历史，并不像掷钱币或者一场纸牌戏。它具有另一种不可缺少的特征——不可逆性。所有的未来都是现在的后裔，所有的现在都来自实际的过去，

---

① 《马克思恩格斯选集》第 4 卷，人民出版社 1995 年版，第 229 页。

而不是来自可能的过去。人是现实的子孙，不是假设情况的子孙，而演化的现实——实际存在的生物，它们的范围只不过是过去所有可能的机会中很小的一个样本。"①

认识时间之箭的单向性不可逆性，有十分重要的意义。它可以帮助对宇宙演化的理解，也可以帮助我们对生物进化的理解，为什么人是从猿进化来的，而今天的猴子却不可能再变成人？它还可以帮助我们理解大自然为什么有那么多扑朔迷离的景象？人类社会发展中有那么多样的具体形态？这些问题，都可以从时间的单向性那里找到答案。掌握时间单向性的特点，不仅对于说明事物的过去有帮助，而且对于认识和处理事物复杂性的未来也会有启迪作用。

这里有一个问题，应该说清楚。那就是：既然时间是单向的，是不可逆的，同时按照熵增定律，事物随着时间的推移而熵增加，亦即意味着事物越来越复杂，越来越无序；既然如此，哪来的事物发展的规律呢？因为规律意味着有序，而且能重复。这不是和时间的单向性不可逆性相矛盾吗？其实，这也许是由一个误解造成的。那就是对复杂性理论中"混沌"的误解。认为混沌就是无序。而这个无序又是简单的绝对的无序。这样，在混沌与无序之间画了个等号。而实际上，混沌在复杂性理论中的含义比之简单绝对无序的含义要丰富得多。我们知道，科学家通过对混沌的研究，在那些令人望而生畏的复杂现象中，发现了许多惊人的规律性。正如一位作家所说，"它证明，在表观的有序背后埋藏着一种奇异的混沌，而在混沌的深处又埋藏着一种更奇异的秩序。"就是说，在复杂性理论看来，规律（非线性的）和混沌、有序和无序并存，是允许的。所以，规律和时间的单向性并

---

① 转引自彼得·柯文尼、罗杰·海菲尔德：《时间之箭》，江涛、向守平译，湖南科学技术出版社 1995 年版，第 257 页。

不是矛盾的，而是可以同时并存的。

我们要珍惜时间的单向性不可逆性特点。俗语说得好："光阴一去不复返"、"机不可失，时不再来"、"开弓没有回头箭"等，不但都表示了时间之箭是单向的不可逆的，而且还劝导人们要珍惜时间，珍惜时间给予的机会。

第三，时间对人的珍贵。虽然时间是无限的，但每一个人的生命却是有限的。我们每个人来到这世上，来也匆匆，去也匆匆。过去人的寿命很短，如今由于各方面的条件好了，人的寿命大大地延长了。目前世界人均寿命可达到七八十岁（各地区差距很大）。从人体与医学理论看，人可以活到120—130岁。即便如此，与要做的事情相比，生命还是很短暂的。所以，要珍惜生命，亦即珍惜时间。要在有限的时间内，做更多有益于长远的多数人的事。在这里，必须把个人的人生价值与人类的类价值统一起来。在这一点上，时不可失，时不我待，时不再来。

不管是就每个人来说，还是就一个时代人的整体来说，在发展过程中，都应抓住发展的机遇。所谓机遇，就是事物发展过程中的时间关节点。在这个节点上，事物可以朝这个方向发展，也可以朝另一个方向发展。也可以说，机遇是事物时间节点上发展方向的多种可能性。比如，当前就是人类还未失去保护地球生态的宝贵时机。由国际科学家组织"地球联盟"撰写的《气候变化：必要、可能与期待》报告（据国际应用系统分析研究所官网2014年12月1日报道，该文刊登在《地球未来》期刊上）指出，气候变化及随之而来的生态、社会、经济问题对世界各国的发展构成威胁，减缓气候变化、实现可持续繁荣的选择与机遇仍在我们手中。

报告举例说，近年来格陵兰岛大部分冰盖在夏季融化，深色的土地或地表水暴露在阳光下，光热被更多吸收而不是被反射回大气层，地表气温随之升高，带来更多冰盖融化，继而吸收更多光热，导致气温继续升高、海平面上升、粮食减产等一系列后果，这将对人类社会造成巨大危害。

报告预警称，从当前温室气体排放率来看，21世纪全球气温有可能升高4℃，届时地球气温条件与前工业时代的差距之大，相当于地球2万至1.8万年前从最后一次冰河时期进入温暖的间冰期。

不过，报告也强调，人类还未失去选择——是在高风险道路上继续前行，还是向新发展模式过渡？报告认为，我们还有机会把握住改变发展轨迹、保护地球生态系统的宝贵时机。"全球能源革命"已经开始，多国政府、商界、社会都展开了行动，许多国家在维持经济增长的同时降低能源需求，全球范围内可再生能源在能源构成中所占比例显著上升。报告提到，在不损害发展中国家发展权利的同时，向低碳经济迈进，重点是要建立低成本的现代能源体系，对曾因使用化石能源而大量排放温室气体的发达国家提出更严格的减排要求。①

以上实例告诉我们，就气温升高如何保护地球生态来说，当前是一个时间节点。人们可以在高风险的道路上继续前行，亦可改变发展模式，走上可持续的道路。选择与机遇仍掌握在我们手里。但机不可失，时不我待。

进入工业化社会以后，随着工作速度和生活节律的加快，人们更加感受到时间即金钱和财富的道理。但我们要看到，而又绝不能仅仅看到"时间就是金钱"，"时间就是财富"，还应看到在"时间就是金钱"思维背后可能隐藏的危险。

---

① 《气候变化：必要、可能与期待》，王悠然编译，《中国社会科学报》2014年12月8日。

我们更应该感受到时间和真理的关系。这对人来说，同样是至关宝贵的。培根曾说，真理是时间的女儿。就是说，真理是由时间诞生的，同时又是由时间来检验而确认的。人类社会空间发展的命运，也是通过时间的长河来显现的。所以，时间对人的认识来说，亦是特别重要、特别珍贵的。通常说人的认识是在实践中产生，又通过实践而得到发展的。这里的所谓实践，就是主体改变客体的时间过程。离开时间，就没有实践。所以说"真理是时间的女儿"和"实践出真知"，实质是相同的。就是说，作为正确认识的真理，更加是在时间（实践）中诞生（不是胡思乱想出的），而又由时间（实践）来检验的。而且，即使是真理性的认识，也还必须在时间（实践）中继续接受检验，继续发展。所谓真理是过程，真理的过程性，实际便是真理的时间性特性。

总之，时间对人的珍贵表现在诸多方面。它是生命；它是金钱，它是财富；它是智慧，它是真理。一句俗话说得好，一寸光阴一寸金，寸金难买寸光阴。

4. 真理过程为人类的光辉未来搭建平台

以上我们阐释了世界的时间空间格局，为人类社会的未来发展，提供了充足的条件。但是有了条件，并不一定就变为现实。在人类社会发展的过程中，就人生存的生态环境来说，曾经也有过很好的时空格局，但是人们并没有很好地把握它、利用它。进入工业资本主义社会以后，人们为了追求更加美好的生活（其实既没有一个标准，也没有一个尽头），资本追求更大的利润（更是无底洞），不惜破坏环境、破坏生态的事，就一个接一个地发生。以致使整个地球的生态系统，发展到今天濒临崩溃的地步。造成这种情况的具体原因固然很多，但如前所说，人的一切行动都是由人的认识（包括观念、思想、理论、情感、动机、目的和价值取向等精神性的东西）所指引的。就是说，造成目前危机的真正根源在人的认识。也如前面所分析的，这里所说的出问题的认识，不是指哪个单一的具体的认识，即不是指那些"小写的真理"，而是指"大写真理"的缺失、缺位。

这就是说，能否把握住当前世界的时空格局为人类社会发展提供的条件，能否抓住这个机遇，把人类社会转变到可持续繁荣的道路上来，关键是必须有"大写真理"的指引。但"大写真理"并非是一个固定的模式，并不是一个现成的工具，只要拿过来使用就可以了。"大写真理"是人的认识在自然、人、社会三者的关系的社会实践中，逐渐构建起来的。或者换个说法，"大写真理"是过程。

当然，真理过程不只指"大写真理"是过程，"小写真理"也是过程。应该说，人的认识从追寻"小写真理"发展到探寻"大写真理"，这本身既是一种进步，也是一个过程；而且在构建"大写真理"的过程中，也离不开对"小写真理"的反思和运用。所以，在这里，我们应该看到它们内在的关联。

在对待人类的生存和发展问题上，要构建"大写真理"来引领，这便意味着我们必须：反思过去，怀疑当前，构想未来。就是说，对到目前为止曾经实际参与过指导或引领社会实践的所有理论、学说、观点、观念等，必须进行全面的清查、清算、反思。看看它们引领社会发展的实际效应和结果，哪些是符合长远利益的，哪些只有短暂的好处，哪些是在短暂的好处之后引起了长久的坏处，等等。就是说，这里的清算、反思，必须从人类的整体利益和长远利益的视角来进行，而绝不能就事论事。只有通过这种全面的清理审查，才能找到那些把人类社会带到邪路上去的属于"认识论的元凶"。也只有这样，才能大胆地否定过去，告别旧有的思维方式、生活方式和社会发展模式，同时又把埋藏在泥沙中的珍珠保留下来。

怀疑当前，就是对当前正在做的事情保持清醒的头脑，对当前的做法（方式）敢于怀疑，敢于不断地审视、批判、质疑、挑剔，即要挑出那些不符合人与自然关系总规律或可能不符合人类整体和长远利益的东西，特别是要反复鉴别目前做法中可能隐藏的弊端。这不是什么没有事儿找事儿，更不是什么提倡怀疑主义。这是提倡一种思想方法和工作方法。因为，只有抱持怀疑的思维态势，才能保持头脑的清醒，不盲从，不随大溜，不麻木不仁。这样，才能使工作少走弯路，使认识通向真理。这和日常说的"要有信仰"是两码事。"要有信仰"是宗教术语和政治术语，是教会当权者和政治统治者要你不假思索地跟随他们。而这里说的"怀疑"是认识论术语，是指使认识达到真理的方法。因为，如果没有怀疑、质疑，就没有认识的进步。

构想未来，是说未来的人类社会发展模式到底是什么样儿的，并不是很清晰的，需要人们不断地根据新的情况，不断地去构想。从有文字记载的历史上看，对人类社会的未来，曾有过多种多样的设想和看法。它们的表现方法，也很不相同。有借用文学、诗歌来表达的，亦有直接就此问题提出自己的见解、学说、主义的。但这些看法，高明一些的，都带有模糊性。那些比较清晰的，往往是不甚高明的。甚至可以说，越是清晰的，便越是"乌托邦"的。因为，对于社会的未来，特别是对于较长远的未来，本来客观上便存在不确定性，即存在着多样的发展可能性。

但是，我们必须进一步探索和遵循社会发展规律。因为"大写真理"和社会发展规律是完全一致的，甚至可以说，"大写真理”就是人类社会发展的总规律。马克思曾经指出，人与自然和谐相处的真正实现，只有到人与人、人与社会和谐相处的共产主义，才能最终完成。他说，“这种共产主义，作为完成了的自然主义，等于人道主义，而作为完成了的人道主义，等于自然主义，它是人和自然界之间、人和人之间的矛盾的真正解决，是存在和本质、对象化和自我确证、自由和必然、个体和类之间的斗争的真正解决。它是历史之谜的解答”。① 这里的“历史之谜”，就是指建立在私有制基础上的资本主义，在破坏了人与自然的和谐之后，却不可能解决这个问题。只有到建立在公有制基础上的共产主义，才能真正解决这个问题。这是社会发展的必然。

当然，社会发展规律，只是从宏观上揭示了社会发展的内在根据，指出了社会发展的大方向。而我们这里所说的是要探寻未来社会的具体发展模式。因为，即使大方向找对了，而具体的发展模式没有找对，大方向也会落空，再美好的理想也是零。在这个意义上说，人类社会未来发展的具体模式，比美好的大方向更为现实。所以，我们要更加重视对未来社会发展模式的探寻、研究和构建。

有识之士指出，今天，气候变化带来的挑战是深刻的，应对这些困难是我们这个时代的首要任务。而面对真实世界的挑战，我们首先从理性上、从理论上寻求创造性的解决方案，是十分必要的。它自然不是闭着眼睛妄想，它是从我们面对的真实的现实情况出发，从实际经验出发来思考问题，目标是使人类社会走上一条可持续繁荣的发展道路。但这里必须是自由思想的自由创造。被称为“电话之父”的亚·格·贝尔在19世

---

① 《马克思恩格斯全集》第42卷，人民出版社1979年版，第120页。

纪一场演讲中说："有时你需要离开常走的大路，潜入森林，这样你定会发现一些前所未见的东西。"这句话被视为贝尔实验室（美国）创新的原则，并被镌刻在总部的纪念雕像上。就是说，只有自由的思想，才可有思想的创造、创新。至于这种思想创造对不对？符不符合人与自然关系的总规律？符不符合人类整体长远的利益？自然必须再反馈到实践中去检验。但唯有这样，才能冲破困境，找到新的发展之路。

总之，探寻、构建指引人类社会未来发展的"大写真理"，就是一个不断地反思过去、怀疑当前、创想未来的过程。这里有三点或许和一般的认识过程不完全相同的特点：

第一，无论是反思、怀疑、创想，都是以人与自然关系的总规律、总格局为前提，以人类生存和发展的整体利益和长远利益为出发点和落脚点。就是说，它不是一般的就问题反思问题。比如，为提高粮食生产的某项新发明、新措施，在经过实践之后，对它进行总结检查（反思），一般的只要看粮食是不是真的增产了。真的增产了，便证明那项发明或措施是正确的。而从"大写真理"视角进行反思，那就不仅要看它是否达到增产粮食的预期，还要检查这种新增的粮食及其生产措施，对人与自然关系的影响，对人类整体和长远利益的影响。同样，在对待其他一切创新发明时，一般的检验和这里说的反思，也是不完全相同的。视角不同，检验的方法、过程和结果，也就会有差异。"大写真理"的目标是要找到符合人与自然关系的总规律、总格局，符合人类整体利益和长远利益的社会发展道路（发展模式）。

第二，探寻"大写真理"过程中的每一次反思、怀疑、创想的参数是不一样的，总的说，参数在不断地增加着。探寻和检验一般的"小写真理"的参数是有限的，而且是相对稳定的。对"大写真理"的探寻和检验过程，其参数是不固定的，一般地总是在增加着。比如，打造一座"宜居城市"，标准是什么？开始可能是五个指标（5 个参数），过了一段时间，发现这五个指标达到了，也还不够是"宜居"的；要想称为"宜居"的，还应达到另五个标准（这样便变为 10 个参数），等等。而要达到符合人与自然关系的总规律，符合人类整体和长远利益的发展模式，其标准（参数）之多，是可想而知的。自然，这些参数不可能一下子进入人的认识领域和实践领域，只能随着过程的推移而不断地增加。

第三，探寻"大写真理"的手段，必须随着现代科技的发展而不断更新。"大写真理"的提出和现代科学技术的高度快速发展是相适应的。现代科技的迅猛发展，一方面促进和带动了社会生产的快速发展，另一方面也带来了严重的环境污染问题；由此才提出了"大写真理"问题。但高科技也为解决这个问题准备了条件，同时还将继续提供帮助。比如，在探寻"大写真理"过程中，在计算手段和检测手段方面，就必须依靠高科技的支撑。要解决具体的发展模式，特别是解决既符合人与自然关系的总规律，又符合人类整体和长远利益的社会发展模式，只凭经验式的定性研究，是无济于事，解决不了实际问题的。而必须把定性和定量结合起来，通过精细分析和精准计算的量化研究，才可能逐步地达到目标。就是说，要使人的认识达到"大写真理"，需要考察和研究很多参数。在这里，不仅数量大，而且相互之间的关系错综复杂。如果只用原来的计算方法和手段，那要等到多少年后才能看到结果？但是，如今的"建构模型"、"大数据"、"云计算"等技术，为解决这个问题提供了手段。当然，由于这个问题的超巨大、超复杂，目前的手段还是难以完全解决的。不过，随着科技不停顿的发展，还会有更新的手段来补充或取代。

总之，问题在发展，解决问题的思路、方法、手段等也在发展。"大写真理"的形成和发展，需要高科技的支撑，高科技的发展也需要"大写真理"的指引。

在"大写真理"的形成过程中，有许多具体问题的解决，还需通过对"小写真理"的研究来完成。比如，改变生态容许的度的问题，便是一个很值得研究的问题。自然生态是由各种要素构成的维持生命和发展的动态平衡系统。它具有自组织、自调节、自修复的能力。当人类这个具有高度智慧和能力的物种不满足于现状，而对自然进行改造之后，自然生态系统就处于不断地被破坏又不断地被修复之中，或者可称为处在加速度的改变之中。只不过，过去在生产力低下的情况下，在一定的范围内破坏程度有限，通过系统的自我调节能力，便把它修复了。正像有的学者指出的，"生态破坏"虽是个贬义词，但它和中性的"生态改造"甚至褒义的"生态改善"，在本质上并无不同，都是指在原有的自我调节的生态平衡之上，增加了人类的行为，从而导致生态系统的失衡。这种失衡通过自我调节，可以达到新的平衡。而后再失衡，再平衡。就是说，人的活动对原有生态系统平衡的冲击，是必然的，也就是说，人的活动造成生态破坏是必然的。因为，生态破坏并不必然地对人类有害。

例如一个湖泊的生态系统，人类如果只是钓鱼，那么就是在生态系统的自我调节能力限度之内，就没有破坏原有的生态平衡。如果在湖中大规模养殖某种鱼类，使原有的生物种群数量减少，甚至原有的一些鱼类因此而灭绝，这明显地是打破了原有的生态平衡。这种将物种丰富的湖泊变为物种单一的养鱼池，是明显的生态破坏。但这种生态破坏的行为，却为人类提供了更多的食物来源，也使从事养殖的渔民获得了更多的经济收入。①

为了提高鱼的产量，增加鱼的体重，便在鱼饵中添加了某种化学制剂，效果果然不错，大获丰收。又为了改善鱼肉的质量，提高细嫩度和鲜美味，又增添了另一种化学鱼饵，效果仍然很好。后来为了提高鱼的生长速度，让大家早点儿吃上鱼，渔民也能多赚钱，便又发明、创新了某种新鱼饵，结果是带来了更大的惊喜。如此一次次地改变鱼饵的成分和结构，实际也在一次次地改变着养鱼池的生态环境。终有一天，养鱼池的生态发生了质的改变。池水产生富营养化而使蓝藻泛滥，同时水质变臭而无法饮用。再后来，连鱼虾也一批批地死亡。显然是发生了生态危机和生态灾难。

从生态破坏到生态危机是一个过程。只要是人对环境的改变，便意味着对原有生态环境系统平衡的改变，也就是对原有环境的破坏。只不过在一定的限度内，这只是一种量变，而且这种变化错综复杂。一种化学成分添加到鱼饵中，不仅改变了鱼饵本身的成分和结构，而且还引起鱼体的生理发生变化，引起鱼的生活条件如引起其他生物与微生物种群的变化，等等。由于处于量变阶段，变化不显著，所以不易为人们注意。然而，这种对环境的改变，却是实实在在的，环境变化的积累也是很实在的。

对于这一类影响生态环境的事，我们不应该等到事事发生质变的时候再去采取措施。那么，这里就有一个容许改变原有生态平衡的度的问题。这就需要通过对若干专题的具体研究来解决。同时又不断地对各个专题的成果做综合研究。这也就是

---

① 参见侯东岳《经济哲学视域下的生态危机根源与解决途径》，《党政干部学刊》2014年第6期。

说，许多具体问题必须通过对"小写真理"的探寻来解决，尔后再通过对"小写真理"的综合研究（这是一个非常复杂的过程），逐渐达到"大写真理"。

所以，"大写真理"和"小写真理"是不能截然分离的，它们之间是一种互通、互动、互相促进又互相制约的关系。完全脱离"小写真理"的"大写真理"，只具有抽象的意义。而引领人类社会走上健康持续发展道路的"大写真理"，则是具体的，有着丰富内涵的，有无数"小写真理"做支撑的。

总之，大自然的时空格局，为人类社会的美好前景，提供了充足的条件。要使这个美好前景变为现实，避免再次陷入像目前环境灾难和生态危机这样重大的挫折，就必须合理地正确地使用这些条件。合理地正确地使用大自然给予的条件，这是人类的大实践，它必须由"大写真理"来引领。而这种"大写真理"乃是具体的，它不能脱离"小写真理"，不能没有"小写真理"做支撑。由于真理是过程（如前所说，大小真理都是过程），尤其是在"大写真理"的构建过程中，实际便是在为解决人类社会遇到的难题，比如当前最大难题——不可持续发展的难题，搭建平台。也可以说，构建"大写真理"的过程，实际便是解决问题（如当今的环境污染、气温升高等）的过程；便是让人类社会发展模式走上正确、合理、充分利用大自然给人类提供的条件的过程。一言以蔽之，真理过程，为人类的美好命运、社会的美好未来，为人类社会的可持续繁荣发展，搭建了平台。

主要参考文献

说明：1. 这里的"主要参考文献"，实际是指被本书直接引用了的文献。因为作为"参考文献"，内容比这要多得多。有许多文献，在理论观点、思维方式以及如何使材料精准、语言文字清晰生动等方面，对作者写作此书均有很多启发和裨益。但由于篇幅等原因，这里并没有也不可能加以列举和表述。这是需要特别说明的。

2. 在文献编排上，只是大体上分为：马克思主义哲学经典著作、中外哲学史、逻辑、科学技术哲学及其他等几大类；而在每类中具体篇章的次序上并无什么考究。

3. 马克思、恩格斯、列宁的著作，某些篇章在选集与全集之间及版本之间有交错，但不完全一样。所以，这里都列出。

一

《马克思恩格斯选集》第1卷，人民出版社1972年版和1995年版。

《马克思恩格斯选集》第2卷，人民出版社1972年版和1995年版。

《马克思恩格斯选集》第3卷，人民出版社1972年版和

1995 年版。

《马克思恩格斯选集》第 4 卷，人民出版社 1972 年版和 1995 年版。

《马克思恩格斯全集》第 1 卷，人民出版社 1956 年版。

《马克思恩格斯全集》第 2 卷，人民出版社 1957 年版。

《马克思恩格斯全集》第 3 卷，人民出版社 1960 年版。

《马克思恩格斯全集》第 20 卷，人民出版社 1971 年版。

《马克思恩格斯全集》第 23 卷，人民出版社 1972 年版。

《马克思恩格思全集》第 28 卷，人民出版社 1993 年版。

《马克思恩格斯全集》第 42 卷，人民出版社 1999 年版。

《马克思恩格斯通信集》第 4 卷。三联书店 1985 年版。

《资本论》第 3 卷，人民出版社 1954 年版。

《狄慈根哲学著作选集》，三联书店 1978 年版。

《列宁全集》第 14 卷，人民出版社 1957 年版。

《列宁全集》第 38 卷，人民出版社 1959 年版。

《列宁选集》第 1 卷，人民出版社 1992 年版和 1995 年版。

《列宁选集》第 4 卷，人民出版社 1992 年版和 1995 年版。

《苏联共产党（布）历史简明教程》，人民出版社 1954 年版。

《毛泽东选集》，人民出版社 1966 年的横排版。

二

1. 北京大学哲学系外国哲学史教研室编译：《古希腊罗马哲学》，三联书店 1957 年版。

2. 亚里士多德：《形而上学》，吴寿彭译，商务印书馆 1959 年版。

3. 汪子嵩等：《希腊哲学史》第 1 卷，人民出版社 1988

年版。

4. 汪子嵩等：《希腊哲学史》第 2 卷，人民出版社 1993 年版。

5. 汪子嵩等：《希腊哲学史》第 3 卷，人民出版社 2003 年版。

6. 汪子嵩等：《希腊哲学史》第 4 卷，人民出版社 2010 年版。

7. 弗·培根：《新工具》，许宝骙译，商务印书馆 1984 年版，1986 年第 2 次印刷。

8. 洛克：《人类理解论》，关文运译，商务印书馆 2012 年版。

9. 康德：《纯粹理性批判》，蓝公武译，商务印书馆 1960 年版，1995 年第 6 次印刷。

10. 黑格尔：《小逻辑》，贺麟译，商务印书馆 1980 年版。

11. 黑格尔：《哲学史讲演录》第 1 卷，贺麟译，商务印书馆 1959 年版。

12. 黑格尔：《哲学史讲演录》第 4 卷，贺麟译，商务印书馆 1978 年版。

13. 黑格尔：《法哲学原理》，范杨译，商务印书馆 1996 年版。

14. 黑格尔：《逻辑学》，杨一之译，商务印书馆 1976 年版。

15. 黑格尔：《精神现象学》上卷，贺麟、王玖兴译，商务印书馆 1962 年版。

16. 汪子嵩等编：《欧洲哲学史简编》，人民出版社 1972 年版。

17. 安徽劳动大学编：《欧洲近代哲学史》，商务印书馆

1974 年版。

18. 全增嘏主编：《西方哲学史》，上海人民出版社 1983 年版。

19. 敦尼克等主编：《哲学史》，三联书店 1962 年版。

20. 《西方名著入门》9《哲学》，美国不列颠百科全书公司、中国商务印书馆 1995 年版。

21. 北京大学哲学系外国哲学史教研室编：《十六—十八世纪西欧各国哲学》，商务印书馆 1961 年版。

22. 葛力：《十八世纪法国哲学》，商务印书馆 1963 年版。

23. 拉·美特利：《人是机器》，管士滨译，三联书店 1956 年版。

24. G. 福尔迈：《进化认识论》，舒远招译，武汉大学出版社 1994 年版。

25. 让·皮亚杰：《发生认识论原理》，王宪钿等译，商务印书馆 1981 年版。

26. 让·皮亚杰：《生物学与认识》，尚新建等译，三联书店 1989 年版。

27. H. 里克曼：《理性的探险》，姚休等译，商务印书馆 1996 年版。

28. 《费尔巴哈哲学著作选》，三联书店 1959 年版。

29. 任继愈主编：《中国哲学发展史·魏晋南北朝》，人民出版社 1988 年版。

30. 《张岱年文集》第 2 卷《中国哲学大纲》，清华大学出版社 1990 年版。

31. 夏甄陶：《中国认识论思想史稿》上卷，中国人民大学出版社 1992 年版。

32. 夏甄陶：《中国认识论思想史稿》下卷，中国人民大学出版社 1996 年版。

三

1. 金岳霖：《知识论》，商务印书馆 1983 年版。

2. 弓肇祥：《真理理论》，社会科学文献出版社 1999 年版。

3. 张清宇、郭世铭、李小五：《哲学逻辑研究》，社会科学文献出版社 1997 年版。

4. 张清宇：《弗协调逻辑》，中国社会出版社 2003 年版。

5. 李树琦：《中国古代对矛盾命题的思考》，《中国社会科学报》2012 年 11 月 16 日。

6. 余俊伟：《弗协调逻辑的哲学解读》，《哲学动态》2004 年第 11 期。

四

1.《现代科学的哲学探索》，北京大学出版社 1993 年版。

2. 赫胥黎：《人类在自然界的位置》，翻译组译，科学出版社 1971 年版。

3. I. 阿西摩夫：《人体和思维》，阮芳赋译，科学出版社 1978 年版。

4. 童天湘、林夏水主编：《新自然观》，中共中央党校出版社 1998 年版。

5. 苗东升：《钱学森与系统科学》，载《钱学森与现代科学技术》，人民出版社 2001 年版。

6. 北京大学现代科学与哲学研究中心编：《钱学森与现代科学技术》，人民出版社 2001 年版。

7.《西方名著入门》7《自然科学》，美国不列颠百科全书公司、中国商务印书馆 1995 年版。

8. 周德红、吴以义、陈敬全：《哥白尼日心说的建立何以是一次科学革命》，《科学》2014 年第 5 期。

9. 陈中立、杨楹、林振义、倪建民：《思维方式与社会发展》，社会科学文献出版社 2001 年版。

10. 詹姆斯·格莱克：《混沌学》，张彦、宋永华等译，社会科学文献出版社 1991 年版。

11. 《复杂性研究》，科学出版社 1993 年版。

12. 《我们共同的未来》（1978 年）、《世界自然保护大纲》（1980 年）、《里约热内卢环境与发展宣言》、《21 世纪行动议程》、《保护生物多样性公约》、《气候变化公约》（1992 年）。

13. 周生贤：《坚持不懈探索环境保护新路》，《学习时报》2013 年 8 月 19 日。

14. 蕾切尔·卡森：《寂静的春天》，吕瑞兰、李长生、鲍冰艳译，上海译文出版社 2015 年版。

15. D. 梅多斯等：《增长的极限》，于树生译，商务印书馆 1984 年版。

16. 巴巴拉·沃德、雷内·杜博斯主编：《只有一个地球》，燃料化学工业出版社 1974 年版。

17. 《世界日报》社论：《大国耽于国际竞争，忽视气候危机》，2014 年 4 月 5 日。

18. ［德］W. 勃兰特：《共同的危机》，载《全球研究与展望》，社科文献出版社 1988 年版。

19. ［美］阿尔·戈尔：《濒临失衡的地球》，陈嘉映等译，中央编译出版社 1997 年版。

20. 胡明艳：《"人类世"来临，人类准备好了吗?》，《学习时报》2015 年 8 月 13 日。

21．中国科学院自然科学史研究所近现代科学史研究室编著：《20 世纪科学技术简史》，科学出版社 1985 年版。

22．〔英〕W．C．丹皮尔：《科学史》，李珩译，商务印书馆 1979 年版。

23．《爱因斯坦文集》第 1 卷，商务印书馆 1976 年版。

24．余谋昌、王兴成：《全球研究及其哲学思考》，中共中央党校出版社 1995 年版。

25．彼得·柯文尼，罗生·海菲尔德：《时间之箭》，江涛、向守平译，湖南科技出版社 1995 年版。

26．王悠然编译：《气候变化：必要、可能与期待》，《中国社会科学报》2014 年 12 月 8 日。

27．侯东岳：《经济哲学视域下的生态危机根源与解决途径》，《党政干部学刊》2014 年第 6 期。

五

1．《一次心理学测验》，《自然辩证法通讯》1980 年第 1 期。

2．《新约圣经恢复本》，美国，水流职事站，2000 年简体字版。

3．《胡适文集》，北京大学出版社 1998 年版。

4．王守仁：《传习录》，中州古籍出版社 2008 年版。

5．罗鸿诏：《认识论入门》，商务印书馆 1934 年版。

6．阿尔森·古留加：《黑格尔小传》，卞伊始译，商务印书馆 1978 年版。

7．H．W．房龙：《人类的故事》，李牧华译，世界文物出版社 1976 年版。

8．叶朗选编：《文章选读》，华文出版社 2012 年版。

后　记

　　该书于 20 世纪 80 年代初初版。初版全书 18 万字，分七章（即现在的一、二、三、五、七、八、九章）。出版后，受到读者的厚爱和友人的赞许与鼓励。对此，作者深表感激。这次再版，增加了：序，主要对"真理"作为哲学认识论范畴的源流进行了梳理；第四章，思维方式和真理过程；第六章，真理系统与建构过程；第十章，主要阐述"真理"范畴和"真理过程"命题对人们认识世界活动的意义，其中特别论述了可持续发展、人类命运和真理过程的关系。这次再版，对原七章的基本观点没有改动，只做了个别的文字调整。唯根据弗协调逻辑的研究成果，在原书第七章（现第九章）二（二）之后，增加了（三）真理和谬误相互包含的逻辑支撑。此外，对原七章里某些哲学学派看法上的些许变化，在我新增加的章节的相关地方，给以了正面阐述。以上定有许多不妥之处，欢迎批评指正。

　　这次再版，首先我要感谢出版社老编审李树琦先生。是他启发了我，给了我动力。在三年多前的一次学术会议上，他对我说，他觉得《真理过程论》这本书还不错，现在仍有意义。可否考虑结合新的研究成果，针对新的问题，增加一些内容再版？他的建议，让我茅塞顿开。于是在我编完《真理的探寻》论文集后，便立刻投入了该书的增订工作。

该书的再版，与中国社会科学出版社社长兼总编辑赵剑英先生的大力支持以及责任编辑喻苗女士积极的辛勤劳作，是分不开的。正巧喻苗女士也是我那本论文集的责编，这次又麻烦她。这可能也是一种缘分。这次再版能如预期进行，还和林振义博士的鼓励和帮助分不开。还有我的小女儿陈矛和她丈夫张士平为原著全部扫描，很大地方便了修改工作。

在此，对所有在原版和这次再版过程中，给予我各种支持和帮助过的人士，一并表示真挚的深切的谢意。是他们的诚意、鼓励和辛劳，成就了我。

从初版到再版的30年中，不但我的认识思想有了发展变化，而且我的家庭生活也发生了很大变化。我和夫人裴瑞敏女士的两个女儿，在此期间都成家立业。大女儿陈予和她的丈夫陈凯，育有一男：洛伦斯陈；小女儿陈矛和她丈夫张士平育有三个女儿：张悦宁、张悦馨、张悦盈。第三代健康成长，活泼聪慧，给了我们很大鼓舞，是我精神和生命的期望和寄托。祈愿他们懂得热爱真理，敬畏真理，在人类掌握生生不息的漫漫真理长河中，自由自在地把玩和增添水滴！

陈中立

2015 年 12 月 20 日草

2016 年 1 月 28 日定于北京